RÉINVENTEZ VOTRE HISTOIRE DANS UN MONDE EN TRANSITION

Livre 1

APPRENDRE À SE CONNAÎTRE

KRISTY ANAMOUTOU

Préface par Romain Picq, Psychologue du travail

Mentions légales

"Réinventez votre histoire dans un monde en transition, Livre 1 : Apprendre à se connaître", Droits d'auteur © 2025 par Kristy Anamoutou.

Edition : 1

ISBN du livre électronique : 9791097673512

ISBN du livre broché : 9791097673550

ISBN du livre en format relié : 9791097673529

https://kristy-blog.fr/

Illustrations générées par Flux Ultra, Napkin

Couverture conçue par l'autrice

Pour Mémona et Noan.

Pour Timaë, Diane, Zackary, Mélaine et Davy.

TABLE DES MATIÈRES

PREFACE

Ce livre ne vous propose pas de méthode miracle, ni de formule magique vers l'épanouissement. Il vous invite simplement à faire une pause. À respirer. À questionner ce qui, peut-être, ne l'avait jamais été. À entrouvrir certaines portes que vous aviez laissées fermées, parfois depuis longtemps.

C'est cette capacité à faire émerger les bonnes questions qui fait la force de cet ouvrage. Car poser les bonnes questions, c'est déjà changer son rapport au monde. Trop souvent, nous cherchons à résoudre sans même avoir bien défini ce que nous cherchons. Ici, rien n'est imposé : pas de dogme, pas de solution unique. Seulement une invitation à l'exploration, à votre rythme, selon votre histoire.

Le développement personnel, aujourd'hui, se décline sous une multitude de facettes. Car chacun y va de sa propre théorie, son propre retour d'expérience, on y trouve le meilleur comme le pire. Il peut inspirer, mais aussi exercer une pression insidieuse : celle de *"réussir sa vie intérieure"*, de *"devenir la meilleure version de soi-même"*, en suivant des méthodes universelles qui, en réalité, ne conviennent qu'à une poignée de personnes. Ce livre s'en distingue justement par sa posture précieuse : il ne vous dicte rien. Il questionne. Il propose. Il accompagne. Il vous laisse maître à bord. C'est en cela qu'il constitue une véritable boîte à outils, un terrain d'exploration, jamais une vérité à appliquer ou encore moins un mode d'emploi à suivre au pied de la lettre.

En tant que psychologue du travail, je constate chaque jour à quel point la quête de sens, d'alignement, de cohérence est devenue centrale — dans la vie professionnelle comme personnelle. Cette quête est saine. Elle correspond à ce que le chercheur Corey Keyes appelle le « *fonctionnement psychologique* », l'un des trois piliers de la santé mentale positive, aux côtés du bien-être émotionnel et de la vitalité sociale. Longtemps reléguée derrière la santé physique, la santé mentale s'impose aujourd'hui comme une condition essentielle de notre équilibre global.

Et pour cause : les troubles du sommeil, les douleurs chroniques, les tensions musculaires ou les dérèglements hormonaux ne sont pas que physiques. Notre corps parle quand notre esprit souffre. Et inversement, une bonne santé mentale protège et soutient la santé physique.

Dans un monde où l'on vit plus longtemps, travaille plus longtemps, et change plus souvent de voie, parfois de manière radicale, prendre soin de sa santé psychique devient un impératif. Selon France Travail, une personne entrée aujourd'hui sur le marché du travail en France changera en moyenne 13 à 15 fois de poste au cours de sa carrière. Ces transitions, qu'elles soient choisies ou subies, exigent de la souplesse… et une capacité fine d'introspection. Cela signifie : savoir s'écouter, repérer les signaux faibles, faire la part entre un inconfort passager et une alerte durable. C'est une compétence qui s'apprend.

Mais l'introspection n'est pas seulement un outil de vigilance. C'est aussi un levier d'autonomisation. Le psychiatre Paul Conti évoque deux forces fondamentales pour renforcer notre santé mentale: *l'agency* et *la gratitude*.

L'agency, c'est ce moment où l'on réalise qu'on peut reprendre la main. Qu'on n'est pas uniquement défini par son passé, ses blessures ou ses circonstances. Que même face à l'adversité, on peut agir.

Faire un choix.

Dire non.

Recommencer.

La **gratitude**, elle, nous ramène à ce qui est déjà là. Ce qui fonctionne, ce qui soutient, ce qui fait sens. Elle nous aide à reconnaître les petits ancrages, même au cœur de la tempête.

L'une sans l'autre est bancale. Sans agency, la gratitude peut devenir résignation. Sans gratitude, l'agency peut se transformer en quête éreintante de contrôle. Ensemble, elles forment une boussole.

Et pourtant… même armé de cette boussole, on peut se sentir perdu. Car savoir ne suffit pas toujours. On peut avoir lu les bons livres, compris les bons concepts, pris mille notes, et rester bloqué. Le quotidien reprend vite ses droits.

L'espace de réflexion se réduit. Et puis, se retrouver seul face à soi-même n'a rien d'évident. Cela peut même faire peur. Que vais-je découvrir ? Quelles illusions devrai-je abandonner ? Quel changement cela implique-t-il dans ma vie ?

Agir en conscience coûte. Et parfois, nous préférons rester dans une situation inconfortable mais connue, plutôt que de risquer l'inconnu. Combien de personnes connaissez-vous qui restent dans un poste, une relation ou un mode de vie qui ne leur convient plus, simplement parce qu'il est "sûr" ?

Dans ce contexte, **APPRENDRE A SE CONNAITRE** peut être une main tendue. Un compagnon de route. Il ne vous pousse pas, il vous éclaire. Il ne vous promet pas la facilité, il vous rappelle que vous avez des ressources.

À titre personnel, deux chapitres m'ont particulièrement marqué.

Le premier, **Explorer ses racines**, m'a invité à reconsidérer mon rapport à l'héritage. Trop souvent, le passé est vu comme un fardeau. Ce chapitre rappelle qu'il peut aussi être un socle, une source de repères, une mémoire sur laquelle s'appuyer. Il m'a encouragé à aller questionner ma propre histoire familiale, à me rapprocher de mes aînés. J'ai réalisé que j'avais laissé ce champ en friche. Alors j'ai commencé à poser des questions. Et ce simple mouvement a changé quelque chose.

Le second, **Apprivoiser ses ombres**, aborde un sujet plus délicat : ce que nous ne voulons pas voir. Ces automatismes qui nous desservent, ces parties de nous que nous camouflons. Ce chapitre m'a rappelé certains outils utilisés en thérapie cognitivo-comportementale. Il fournit une bonne base d'analyse. Mais j'aimerais y ajouter une nuance : ces outils, aussi puissants soient-ils, prennent toute leur force dans une relation d'accompagnement thérapeutique.

Car parfois, seul, on tourne en rond. Et c'est là qu'un psychologue peut faire toute la différence.

Non pas pour donner des réponses, mais pour créer un espace. Un espace neutre, sécurisant, sans jugement. Un endroit où l'on peut déposer ce qui pèse, mettre des mots sur ce qui semblait confus, relier ce qui paraissait éparpillé.

L'accompagnement psychologique n'est pas l'opposé d'une démarche comme celle proposée ici, il en est souvent le prolongement logique. Là où le livre invite à réfléchir, le thérapeute aide à approfondir. Il accompagne la mise en mouvement, en tenant compte de votre rythme, de votre histoire, de vos fragilités. Il aide à faire la part entre les pensées héritées et les élans qui vous appartiennent.

Certaines résistances ne se dénouent pas avec la seule volonté. Elles ont besoin d'être accueillies, comprises, parfois traversées avec l'aide d'un professionnel formé. Le psychologue ne juge pas. Il n'a pas d'agenda. Il chemine à vos côtés, soutient les prises de conscience, sécurise les pas difficiles, célèbre les avancées, même infimes.

C'est pourquoi ce livre peut être une excellente porte d'entrée vers un accompagnement thérapeutique sans en faire un impératif. Il ouvre des brèches. Il fait émerger des prises de conscience. Et si vous ressentez que certaines choses vous touchent profondément sans que vous sachiez comment les transformer, un psychologue peut vous aider à franchir ce cap.

Le monde change vite. Les possibles sont immenses. Il est facile de se perdre. Mais ce qui compte, au fond, ce n'est pas tant de tout comprendre… que d'oser avancer.

Ce livre est une carte encore vierge. À vous maintenant d'y tracer votre chemin, à votre façon, à votre rythme.

Et si jamais vous sentez que ce chemin mérite d'être parcouru à deux, sachez que des professionnels sont là pour ça.

Romain Picq,

Psychologue du travail et des organisations

REMERCIEMENTS

À mes amis qui ont enrichi ce voyage par nos innombrables discussions sur la vie, l'héritage, les parcours personnels, l'identité, les carrières, les bouleversements inattendus et la puissance de la transformation. Vos perspectives ont nourri ces pages bien plus que vous ne pouvez l'imaginer.

Une profonde gratitude à la remarquable Isabelle Mangini-Nennot, dont les précieuses contributions au chapitre 3 et les encouragements constants ont élevé ce projet à des hauteurs que je n'aurais pu atteindre seule. Ta sagesse résonne à travers ces pages.

À Anne-Laure Pardijon, pour tout ce que tu as apporté à ce projet et à ma vie ces dernières années – la résidence d'écriture à *la Bargerie*, ton soutien indéfectible, ta bienveillance rayonnante, ton énergie contagieuse, ta sagesse inspirante, ta féminité authentique, et bien sûr, mon Tabasco... Tu incarnes la force tranquille qui nous permet de révéler notre véritable essence.

Une pensée pour mes collègues chez bluenove, une reconnaissance particulière pour être à la fois des sources d'inspiration quotidienne et un rappel constant que rien n'est acquis et que tout se construit jour après jour. Une mention spéciale à Frédéric qui, même pendant ses congés, a offert des retours toujours perspicaces sur le chapitre 7 – ton engagement reflète l'esprit même de ce livre.

À Romain, pour ton soutien et la lumière que tu apportes à ce projet.

Enfin, ma sincère reconnaissance à toutes les personnes qui ont inspiré ce livre lors des nombreux programmes de développement du leadership que j'ai eu l'honneur d'accompagner. Ensemble, nous avons explorer vos talents, la quête de conscience de soi, semant des graines qui ont éclos en magnifiques histoires humaines. Vos transformations m'ont enseigné que chaque transition, même la plus difficile, porte en elle les germes d'un renouveau extraordinaire.

PRÉAMBULE

LA PHILOSOPHIE DE CE LIVRE

Félicitations pour avoir ouvert ces pages et pour vous intéresser à ce qui compte vraiment : ***devenir la personne que vous aspirez à être.*** C'est un acte puissant de reprendre le contrôle de votre vie.

Ce livre n'est pas une lecture linéaire que vous devez achever d'une traite. C'est un compagnon de route, un allié dans votre quête personnelle. Vous pouvez le consulter, l'annoter, le surligner, le partager ou le mettre de côté selon vos besoins. Sentez-vous libre de l'utiliser comme bon vous semble, sans culpabilité si vous n'en lisez qu'une partie ou si vous y revenez après une longue pause.

QUAND CONSULTER CE LIVRE ?

La vie est ainsi faite que nous avons besoin de différentes ressources à différents moments. Ce livre pourrait vous être utile :

- Lorsque vous vous interrogez sur ce que vous voulez faire de votre vie
- Quand vous envisagez un changement professionnel
- Après une semaine ou une journée difficile, lorsque vous ressentez le besoin de faire le point
- Quand l'ennui s'installe dans votre quotidien
- Lorsque vous vous sentez perdu(e) et que vous ne savez plus quelle direction prendre
- Quand vous souhaitez consacrer du temps à votre développement personnel
- Lorsque vous vous demandez "et maintenant, quoi ?"
- Pendant que vous préparez les prochains chapitres de votre vie
- À l'approche de la retraite
- Durant vos vacances, ces moments précieux de recul
- Lors de vos trajets quotidiens
- Simplement quand vous avez besoin de vous recentrer sur vous-même

À QUI S'ADRESSE CE LIVRE ?

Ce livre est né d'une intention profondément personnelle. Je l'ai d'abord imaginé comme une boîte à outils pour ma mère qui prenait sa retraite après une carrière de soignante, souhaitant lui offrir inspiration et perspectives pour cette nouvelle étape.

Je l'ai également conçu comme un message de soutien pour ma sœur aux manettes d'une famille monoparentale, pour honorer son courage et lui transmettre, à ma façon, des messages inspirants.

Et je l'ai écrit en pensant à mon neveu, encore jeune, mais qui, je l'espère, pourra bientôt lire ces pages et comprendre qu'il peut devenir tout ce dont il rêve.

Cette boîte à outils s'adresse donc à tous ceux qui traversent une transition, qu'elle soit professionnelle ou personnelle. Elle est pour vous qui cherchez à évoluer avec équilibre, sérénité et fierté dans un monde en constante transformation.

CE QUE CE LIVRE N'EST PAS

Ce livre n'est pas un outil de comparaison avec les autres. Vous cherchez à comprendre où vous en êtes pour affirmer votre raison d'être, comprendre que prendre du temps pour cette réflexion est un signe sain. Ce processus ne concerne que vous.

Les modèles présentés proviennent parfois de psychologues, d'experts, ou de personnes ordinaires comme vous et moi. J'ai créé des liens entre ces outils car je les utilise depuis des années, tant dans ma vie professionnelle que personnelle, pour concevoir des programmes de développement du leadership, réfléchir aux situations individuelles de mes amis, ou pour moi-même.

Chaque modèle est comme une partition musicale que chacun peut interpréter à son rythme et selon sa sensibilité. Certains vous parleront plus que d'autres, résonnant avec les défis que vous traversez actuellement. D'autres prendront sens dans quelques semaines, peut-être même dans quelques mois ou quelques années.

Il n'y a pas de meilleures réponses que celles que vous construisez vous-même.

Le temps que vous consacriez à explorer ces modèles et à répondre aux questions vous permettra de constituer un véritable trésor : ***votre histoire, votre vérité. Vous êtes le héros de cette histoire, assumez vos réponses et soyez-en fier.***

Si les réponses ne viennent pas instantanément, c'est qu'elles méritent d'émerger progressivement. Prenez le temps de faire des liens entre les différentes questions, vos souvenirs spécifiques, vos décisions, peut-être même vos regrets et vos fiertés discrètes. Tout est lié, et vous êtes la clé. Accordez-vous ce temps pour permettre au territoire de votre histoire de se révéler.

INTRODUCTION AU LIVRE 1 : APPRENDRE À SE CONNAÎTRE

L'IMPORTANCE DE LA CONNAISSANCE DE SOI DANS UN MONDE EN MUTATION

Nous vivons à une époque où les paradigmes changent à une vitesse sans précédent. Les carrières à vie appartiennent au passé, et les compétences d'hier ne garantissent plus le succès de demain. Dans ce contexte d'incertitude permanente, il n'a jamais été aussi crucial d'adapter notre façon de comprendre le changement et nos propres dynamiques, tant individuellement que collectivement.

Ce premier livre, "Apprendre à se connaître", est le fondement de votre voyage de transformation. Car avant de pouvoir naviguer avec assurance dans un monde changeant, vous devez d'abord comprendre qui vous êtes véritablement.

POURQUOI LA CONNAISSANCE DE SOI EST FONDAMENTALE

La connaissance de soi n'est pas un luxe, c'est une nécessité, une pratique essentielle. Elle vous permet de :

- Identifier vos véritables forces et talents, au-delà des rôles que vous avez endossés
- Reconnaître vos valeurs profondes, celles qui guident authentiquement vos décisions
- Comprendre vos motivations intérieures et ce qui donne du sens à votre vie
- Transformer vos défis en opportunités de croissance
- Créer une vie alignée avec qui vous êtes réellement, et non avec ce que les autres attendent de vous

La conscience de soi en 5 étapes

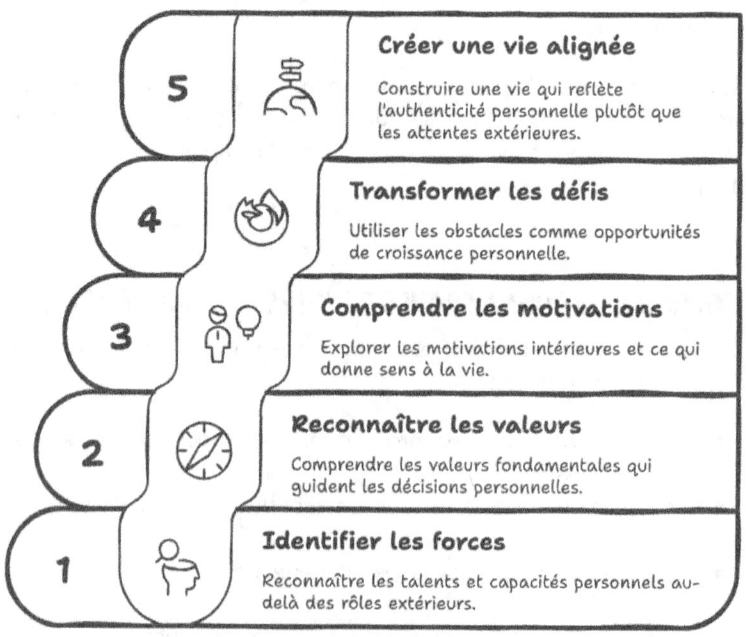

CE QUE VOUS DÉCOUVRIREZ DANS CE LIVRE

Au fil des chapitres, nous explorerons ensemble :

Chapitre 1 : L'éveil à la conscience de soi - comment reconnaître et comprendre vos besoins fondamentaux, explorer différents niveaux de conscience et poser les fondations de votre développement personnel.

Chapitre 2 : Embrasser votre voyage initiatique - comment utiliser le puissant modèle du voyage du héros pour donner du sens à vos transitions et transformer vos défis en étapes de croissance.

Chapitre 3 : Explorer vos racines - comment comprendre d'où vous venez, honorer votre héritage et intégrer votre histoire personnelle à votre identité actuelle.

Chapitre 4 : Révéler votre authenticité - comment identifier vos talents innés, reconnaître vos valeurs fondamentales et cultiver un dialogue intérieur bienveillant.

Chapitre 5 : Créer votre boussole de vie - comment découvrir votre ikigaï (raison d'être), aligner vos aspirations avec vos valeurs et définir votre mission personnelle.

Chapitre 6 : Transcender les obstacles - comment transformer vos défis en opportunités, développer votre résilience face à l'adversité et utiliser les moments difficiles comme tremplins vers votre évolution personnelle.

Chapitre 7 : Apprivoiser ses ombres - comment reconnaître et accepter les aspects méconnus de votre personnalité, transformer vos peurs en alliées et cultiver un dialogue intérieur constructif même dans les moments de doute.

Chapitre 8 : Tisser son réseau de soutien - comment identifier et cultiver des relations qui vous élèvent, oser la vulnérabilité authentique et créer une communauté bienveillante qui soutient votre croissance

Chapitre 9 : Transmettre son histoire - comment partager votre parcours et vos apprentissages avec authenticité, inspirer les autres par votre exemple et contribuer à un cycle vertueux d'échange et de croissance collective.

Chapitre 10 : Réaliser vos rêves - comment traduire vos rêves en objectifs réalisables, maintenir votre motivation au quotidien et célébrer chaque progrès sur le chemin de votre transformation.

Apprendre à se connaître

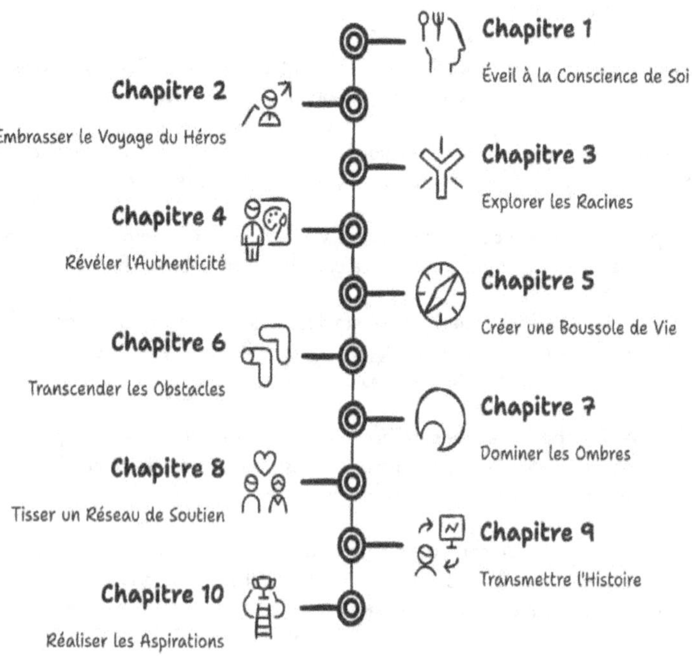

TROIS OBSERVATIONS ESSENTIELLES

Pour tirer le meilleur parti de ce livre, gardez à l'esprit ces trois vérités :

1. **Il est essentiel de créer des rendez-vous avec soi-même pour préparer son avenir**

   Cette pratique n'est pas courante lorsqu'on n'a pas grandi soutenu de personnes versées dans le mentorat, le coaching ou le développement personnel. La différence entre une personne qui sait prendre le temps de s'interroger et une personne qui n'est pas consciente de l'importance du développement personnel se traduit par des parcours de vie radicalement différents.

2. **Il est normal de ne pas savoir quelles seront les prochaines étapes**

   Il s'agit d'un processus, et le chemin importe autant que la destination. L'incertitude devient notre nouvelle normalité ; pour y faire face, il est salutaire de prendre du recul régulièrement. Est-ce que je consacre mon énergie à des projets qui ont du sens pour moi ? Suis-je dans un environnement qui me permet d'apprendre ? Ai-je l'opportunité de transmettre mes connaissances (considérant qu'un savoir qui ne circule pas est un savoir mort) ?

3. **Il est nécessaire de savoir explorer**

   Au cœur de l'incertitude, la capacité à se mouvoir, à prendre des initiatives, à tirer le meilleur parti de ce que l'on a appris, à expérimenter de nouvelles pratiques... Explorer est l'incarnation même de cette flexibilité salvatrice.

COMMENT UTILISER CE LIVRE

Ce livre a été conçu pour être une ressource pratique et bienveillante. Voici quelques conseils pour en tirer le meilleur parti :

- Prenez votre temps. La connaissance de soi n'est pas une course, c'est un voyage.
- Ayez un carnet dédié pour noter vos réflexions, vos prises de conscience et vos questions.
- Soyez honnête avec vous-même. C'est dans la vérité que réside le pouvoir de transformation.
- Revenez aux exercices et aux concepts qui vous touchent particulièrement. Souvent, c'est dans la répétition que naît la compréhension profonde.
- Partagez vos découvertes avec des personnes de confiance. Le dialogue enrichit la réflexion.
- Célébrez chaque prise de conscience, aussi petite soit-elle. Chaque pas compte.

UN VOYAGE QUI COMMENCE MAINTENANT

Vous tenez entre vos mains bien plus qu'un simple livre. C'est une invitation à entreprendre le plus important des voyages : celui qui mène à vous-même.

Ce voyage ne sera pas toujours facile. Il y aura des moments de doute, de confusion peut-être... Mais il y aura aussi des moments d'illumination, de profonde connexion et de clarté éblouissante. C'est le prix et la récompense de l'authenticité.

Alors que vous tournez cette page pour commencer votre exploration, rappelez-vous ceci : **vous avez déjà en vous toutes les réponses que vous cherchez.** Ce livre est simplement là pour vous aider à les révéler.

Belles découvertes et rencontre avec vous-même !

Kristy A.

Chapitre 1 : S'éveiller à la conscience de soi

Introduction

Vous avez fait le choix courageux d'entreprendre un voyage – peut-être le plus important de tous : celui qui mène à vous-même. Ce premier chapitre pose la pierre angulaire de votre transformation, car toute évolution authentique commence par une question fondamentale : ***"Qui suis-je vraiment ?"***

Dans les pages qui suivent, je vous guide à travers quatre territoires essentiels de la découverte de soi, chacun vous rapprochant un peu plus de votre essence véritable.

Nous commencerons par explorer l'**art de la conscience de soi** – cette capacité à vous observer avec clarté et bienveillance. Vous découvrirez pourquoi cette conscience est si vitale pour votre épanouissement, quelles en sont les composantes essentielles, et comment votre histoire personnelle façonne votre présent. Cette première section vous offre les outils pour devenir l'observateur lucide de votre propre vie.

Ensuite, nous plongerons dans les **fondements de la motivation humaine** à travers la pyramide de Maslow. Comme une carte qui révèle le terrain de vos besoins, ce modèle vous aidera à comprendre ce qui vous anime véritablement. Vous verrez comment vos aspirations s'organisent en niveaux interconnectés et comment cette compréhension peut transformer votre relation à vous-même et aux autres.

La troisième section vous dévoilera les **ressorts profonds de l'accomplissement personnel**. Qu'est-ce qui nous pousse naturellement vers la croissance ? Comment reconnaître les signes d'une vie épanouie ? Par quelles étapes passe toute personne en quête de réalisation ? Vous trouverez ici des réponses pratiques qui illumineront votre chemin.

Enfin, nous explorerons ensemble les **différents niveaux de conscience** qui jalonnent le développement humain. À travers le modèle Barrett, vous découvrirez comment votre perception du monde et de vous-même peut s'élargir progressivement. Cette section vous donnera des outils concrets pour évaluer où vous vous situez et comment franchir les prochaines étapes de votre évolution personnelle.

À la fin de ce chapitre, vous ne verrez plus votre vie de la même façon. Les défis que vous traversez, les transitions que vous négociez prendront une nouvelle signification – non plus comme des obstacles à surmonter, mais comme des invitations à vous révéler plus pleinement.

Ce voyage n'est pas toujours facile. Il demande courage, honnêteté et parfois la volonté de questionner des certitudes de longue date. Mais je vous promets ceci : **chaque pas vers une plus grande conscience de vous-même est un pas vers une vie plus riche, plus authentique et plus alignée avec qui vous êtes vraiment.**

Alors prenez une profonde respiration. Tournez la page avec l'intention d'être pleinement présente à cette exploration. Vous êtes exactement là où vous devez être, et ce que vous cherchez est déjà en train de vous trouver.

Commençons ensemble.

Section 1 : Avoir conscience de soi et de son histoire

A. L'importance vitale de la connaissance de soi

La conscience de soi est cette lumière intérieure qui éclaire notre chemin, révélant les multiples facettes de notre identité. Elle n'est pas un luxe, mais une nécessité vitale pour quiconque souhaite vivre pleinement. Lorsque je rencontre des personnes en période de transition — qu'elles soient à l'aube d'une reconversion professionnelle, face à un départ à la retraite ou à un nouveau chapitre de leur vie personnelle — je constate invariablement que la profondeur de leur connaissance d'elles-mêmes détermine leur capacité à naviguer ces eaux parfois tumultueuses.

◥ Le rôle central de la conscience de soi dans notre épanouissement

Contrairement à ce que l'on pourrait croire, la conscience de soi n'est pas une destination mais un voyage continu. Elle est cette voix intérieure qui nous guide au-delà des attentes externes et des pressions sociales. Lorsque vous apprenez à vous connaître véritablement, vous découvrez ce qui vous anime, ce qui vous passionne, et ce qui donne du sens à votre existence.

La conscience de soi agit comme une boussole dans les moments de doute. Elle permet de distinguer ce qui vous appartient réellement de ce qui vous a été imposé par votre éducation, votre culture ou votre environnement professionnel. Cette clarté est inestimable lorsqu'il s'agit de prendre des décisions alignées avec votre essence profonde.

◥ Les moments clés qui appellent à l'introspection

La vie vous offre régulièrement des invitations à l'introspection, souvent déguisées en défis ou en ruptures. Ces moments charnières — un changement professionnel, la fin d'une relation significative, un déménagement ou même le passage symbolique à une nouvelle décennie — sont des opportunités précieuses pour approfondir votre connaissance de vous-même.

Ces périodes de transition, bien que parfois déstabilisantes, constituent des portails vers une conscience accrue. Elles brisent la routine et vous obligent à reconsidérer ce que vous teniez pour acquis. C'est précisément dans ces interstices que vous pouvez redécouvrir qui vous êtes au-delà des rôles que vous avez endossés.

Posez-vous alors ces questions : Quels sont les événements récents qui m'ont poussée à me remettre en question ? Comment ai-je réagi face à ces changements ? Ces réponses révèlent souvent des aspects de vous-même que le quotidien avait obscurcis.

◥ L'équilibre entre bien-être physique et mental

La conscience de soi engage l'être dans sa globalité. Votre corps et votre esprit ne sont pas des entités séparées mais des alliés en constante communication. Négliger l'un affecte inévitablement l'autre. Avez-vous remarqué comme un simple exercice physique peut éclaircir vos pensées ? Ou comment une préoccupation mentale peut se manifester par une tension physique ?

Prendre soin de son corps n'est pas une vanité mais une fondation essentielle de l'épanouissement personnel. Cette attention portée à vos sensations physiques — la tension dans vos épaules, votre respiration, votre énergie fluctuante — constitue une porte d'entrée précieuse vers une conscience de soi plus profonde.

L'équilibre entre ces deux dimensions de votre être n'est pas statique mais dynamique. Il requiert une attention constante et des ajustements réguliers. C'est dans cette danse subtile entre corps et esprit que vous découvrirez les rythmes qui vous sont propres.

B. Les composantes de la conscience de soi

◥ L'écoute de nos émotions et sensations

Vos émotions sont des messagères. Elles vous parlent constamment, vous guidant vers ce qui résonne avec votre être profond ou vous alertant de ce qui lui est contraire. Pourtant, dans notre société valorisant la rationalité, nous avons souvent appris à les ignorer, voire à les réprimer.

Réapprendre à écouter vos émotions demande courage et pratique. Commencez par les accueillir sans jugement : cette colère soudaine, cette joie inexpliquée, cette anxiété persistante — chacune porte un message. Posez-vous la question : Que me dit cette émotion sur mes besoins, mes valeurs, mes limites ?

Vos sensations corporelles offrent également des indices précieux. Ce nœud à l'estomac avant une réunion importante, cette légèreté après une conversation nourrissante, cette fatigue chronique face à certaines obligations — votre corps parle un langage direct et authentique. Prenez l'habitude de l'écouter.

◥ La reconnaissance de nos schémas de pensée

Nous portons toutes des filtres à travers lesquels nous interprétons le monde. Ces schémas de pensée, souvent inconscients, influencent profondément notre expérience. Certains nous servent, d'autres nous limitent.

Peut-être avez-vous tendance à envisager le pire scénario possible, à vous comparer constamment aux autres, ou à penser que vous devez être parfaite pour être aimée ? Ces croyances ne sont pas des vérités absolues mais des récits intérieurs que vous pouvez identifier et, si nécessaire, transformer.

Observer vos pensées sans vous y identifier est un exercice puissant. Lorsqu'une pensée limitante surgit, demandez-vous : Est-ce vraiment vrai ? D'où vient cette croyance ? Me sert-elle aujourd'hui ? Cette pratique régulière vous permettra progressivement de distinguer les pensées qui vous élèvent de celles qui vous retiennent.

◥ L'identification de nos valeurs fondamentales

Vos valeurs sont les étoiles qui guident votre navigation personnelle. Elles définissent ce qui compte véritablement pour vous, au-delà des modes et des pressions extérieures. L'authenticité, la liberté, la connexion, la créativité, la sécurité — chacune de nous possède sa constellation unique de valeurs.

Identifier vos valeurs essentielles est une étape cruciale vers l'auto-conscience. Réfléchissez aux moments où vous vous êtes sentie profondément épanouie ou, à l'inverse, en total désaccord avec vous-même. Quelles valeurs étaient honorées ou bafouées dans ces situations ?

Une fois vos valeurs centrales identifiées, elles deviennent un puissant outil de discernement. Face à un choix important, demandez-vous : Cette option est-elle alignée avec mes valeurs ? Me rapproche-t-elle de la personne que je souhaite être ? La clarté qui émergera de cette réflexion vous guidera vers des décisions plus authentiques.

C. L'impact de notre histoire personnelle

◥ La puissance des expériences vécues

Chaque expérience que vous avez traversée a contribué à façonner la personne que vous êtes aujourd'hui. Des moments de joie pure aux épreuves les plus difficiles, rien n'a été vécu en vain. Ces expériences sont inscrites non seulement dans votre mémoire, mais aussi dans votre corps, vos réactions, votre vision du monde.

Les expériences marquantes de votre vie — succès éclatants, échecs formateurs, rencontres décisives, pertes douloureuses — sont comme des pierres qui ont sculpté le cours de votre rivière intérieure. Reconnaître leur influence ne signifie pas être déterminé par votre passé, mais comprendre comment il a contribué à créer votre présent.

Prenez un moment pour réfléchir aux expériences qui vous ont profondément marquée. *Comment ont-elles influencé vos choix ultérieurs ? Quelles leçons vous ont-elles enseignées ?* Cette exploration vous révélera souvent des motifs récurrents, des thèmes qui traversent votre parcours comme un fil rouge.

◥ Le rôle de notre héritage familial et culturel

Nous sommes tous les héritiers d'une histoire qui nous précède. L'environnement familial dans lequel vous avez grandi, les valeurs qui vous ont été transmises, les comportements que vous avez observés — tout cela constitue un héritage qui influence, souvent inconsciemment, votre manière d'être au monde.

Votre culture, qu'elle soit nationale, régionale, religieuse ou sociale, a également façonné votre identité. Elle vous a offert un langage, des rituels, une vision du monde. Elle vous a peut-être aussi imposé des limitations ou des attentes qui ne correspondent pas à votre nature profonde.

Explorer cet héritage avec curiosité et bienveillance vous permet de discerner ce que vous souhaitez conserver comme trésor et ce dont vous préférez vous libérer. Cette conscience vous donne le pouvoir de transformer votre héritage : honorer ce qui vous nourrit et transcender ce qui vous limite.

◥ La transformation de nos défis en forces

Chacune de nos épreuves porte en elle le germe d'une force nouvelle. Les défis que vous avez traversés — qu'il s'agisse d'obstacles professionnels, de difficultés relationnelles ou de crises personnelles — ne sont pas simplement des souvenirs douloureux. Ils sont aussi des forges où s'est trempée votre résilience.

Cette traversée des tempêtes vous a dotée de compétences précieuses : peut-être avez-vous développé une empathie profonde, une détermination inébranlable, ou une sagesse née de l'adversité. ***Ces qualités, forgées dans l'épreuve, sont aujourd'hui parmi vos plus grands atouts.***

L'alchimie qui transforme la difficulté en force n'est pas automatique. Elle exige une présence consciente à votre expérience, *une volonté de l'intégrer plutôt que de la refouler.* Posez-vous ces questions : Quelles forces ai-je développées à travers mes plus grands défis ? Comment ces épreuves m'ont-elles préparée aux défis d'aujourd'hui ?

La connaissance de soi est le fondement sur lequel repose toute transformation personnelle authentique. En explorant consciemment qui vous êtes — vos émotions, vos pensées, vos valeurs, votre histoire — vous posez les premières pierres d'un chemin qui vous appartient véritablement. Cette exploration n'est pas un exercice abstrait mais une pratique vivante qui illumine chaque aspect de votre existence.

Mais pour approfondir cette conscience de soi, nous devons comprendre ce qui nous motive profondément. Qu'est-ce qui vous pousse à agir chaque jour ? Pourquoi certains besoins semblent-ils si urgents alors que d'autres peuvent attendre ? C'est ici que la pyramide de Maslow nous offre une carte précieuse. En décodant cette hiérarchie des besoins, vous découvrirez comment vos motivations s'organisent naturellement — depuis les nécessités fondamentales jusqu'aux aspirations les plus élevées. Cette compréhension vous permettra d'honorer chaque niveau de votre être et de reconnaître à quel point vos besoins de base influencent votre capacité à vous accomplir pleinement. Plongeons ensemble dans cette cartographie fascinante de la motivation humaine.

L'exploration holistique pour une transformation personnelle authentique

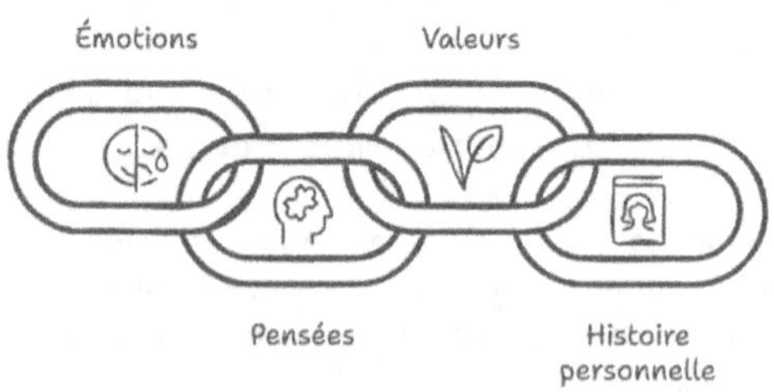

Section 2 : Décoder la pyramide de Maslow

A. Les fondations de nos besoins

Si vous avez déjà ressenti qu'il vous était impossible de vous concentrer sur vos rêves lorsque des préoccupations plus immédiates vous assaillent, vous avez intuitivement compris l'essence de la pyramide de Maslow. Ce modèle, loin d'être un simple concept théorique, offre une carte précieuse pour comprendre les forces qui nous animent et les conditions nécessaires à notre épanouissement.

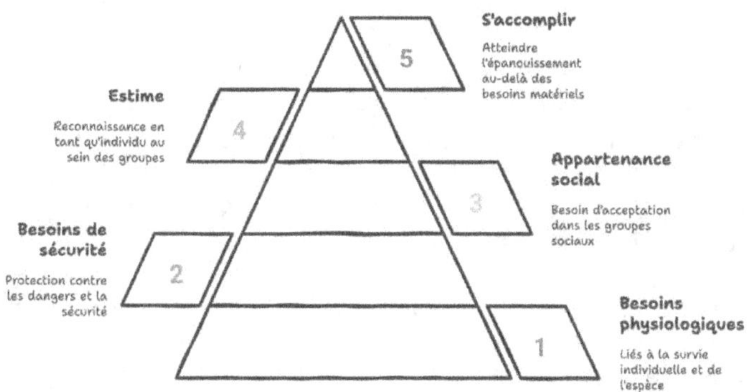

◤ Les besoins physiologiques essentiels

À la base de notre existence se trouvent nos besoins physiologiques les plus fondamentaux : **respirer, boire, manger, dormir, maintenir notre température corporelle.** Ces nécessités peuvent sembler évidentes, presque banales dans notre quotidien confortable. Pourtant, lorsqu'elles ne sont pas satisfaites, elles monopolisent toute notre attention et notre énergie.

Avez-vous déjà remarqué comment, lors d'une journée où vous avez sauté un repas ou manqué de sommeil, votre capacité à vous projeter dans l'avenir ou à créer se trouve considérablement réduite ? Cette expérience quotidienne illustre parfaitement la hiérarchie des besoins de Maslow[1]. Tant que ces besoins fondamentaux ne sont pas comblés, il nous est difficile, voire impossible, d'accéder aux niveaux supérieurs de motivation et d'accomplissement.

En période de transition, il est particulièrement crucial de porter une attention consciente à ces besoins de base. Le stress peut nous faire négliger notre alimentation, notre sommeil, notre hydratation – créant ainsi un cercle vicieux où notre capacité à gérer le changement se trouve affaiblie par cette négligence même.

Le besoin vital de sécurité

Une fois nos besoins physiologiques satisfaits, émerge notre besoin de **sécurité : stabilité financière, logement sûr, santé protégée, emploi stable**. Ce besoin fondamental explique pourquoi les périodes d'incertitude – comme un changement professionnel ou une transition de vie majeure – peuvent être si déstabilisantes.

La sécurité ne se limite pas à l'aspect matériel. Elle comprend également une dimension psychologique tout aussi essentielle : *le sentiment que notre monde est prévisible*, que nous avons un certain contrôle sur notre environnement, que nous pouvons faire confiance aux personnes qui nous entourent.

Lors des grands tournants de votre vie, observez comment ce besoin de sécurité s'exprime en vous.

Peut-être ressentez-vous une anxiété accrue face à l'incertitude financière ?

Peut-être cherchez-vous à établir de nouvelles routines pour créer des points d'ancrage dans ce paysage changeant ?

Reconnaître ces réactions comme l'expression naturelle d'un besoin fondamental vous permet de les accueillir avec bienveillance plutôt que de les juger comme des faiblesses.

L'importance d'une base solide

Ces premiers niveaux constituent les fondations sur lesquelles reposera tout votre développement personnel. Négliger ces besoins fondamentaux au profit de quêtes plus élevées, c'est comme construire un magnifique château sur du sable mouvant – l'édifice, aussi splendide soit-il, restera fragile.

Dans notre culture qui valorise souvent la performance et l'accomplissement, nous pouvons être tentées de minimiser l'importance de ces besoins fondamentaux, les considérant comme triviaux ou secondaires. Pourtant, les honorer n'est pas un signe de faiblesse mais de sagesse. C'est reconnaître notre nature humaine dans sa complexité et sa totalité.

Prenez un moment pour évaluer comment vous prenez soin de ces fondations dans votre vie actuelle. Votre sommeil est-il réparateur ? Votre alimentation vous nourrit-elle véritablement ? Votre situation matérielle est-elle suffisamment stable pour vous permettre de vous projeter au-delà des préoccupations immédiates ? Cette évaluation lucide est le premier pas vers une base solide.

B. L'ascension vers les besoins supérieurs

Une fois les fondations établies, un nouveau territoire s'ouvre à nous – celui des besoins qui nous définissent véritablement comme êtres humains, au-delà de notre simple survie.

Les besoins d'appartenance et d'amour

Nous sommes des êtres fondamentalement sociaux. Notre besoin de connexion – d'aimer et d'être aimés, d'appartenir à un groupe, de nous sentir compris et acceptés – est inscrit au cœur même de notre nature.

Les transitions de vie mettent souvent à l'épreuve nos liens sociaux. Un déménagement, un changement de carrière, un divorce, le départ des enfants – ces tournants peuvent bouleverser notre réseau de relations et faire émerger un sentiment de solitude ou de déracinement.

Pourtant, ces périodes de reconfiguration nous offrent aussi l'opportunité de réexaminer nos relations : lesquelles nous nourrissent véritablement ? Lesquelles, au contraire, nous drainent ou nous maintiennent dans des schémas limitants ? C'est l'occasion de cultiver des liens authentiques, alignés avec la personne que vous devenez.

La qualité de nos connexions importe davantage que leur quantité. Une seule relation profonde et nourrissante peut combler ce besoin d'appartenance bien plus efficacement qu'un vaste réseau de contacts superficiels. Interrogez-vous : quelles sont les personnes auprès desquelles vous vous sentez pleinement vous-même, sans masque ni armure ?

La quête d'estime et de reconnaissance

Au-delà de l'appartenance se trouve notre besoin d'estime – à la fois celle que nous recevons des autres et celle, plus fondamentale encore, que nous nous accordons à nous-mêmes.

L'estime externe se manifeste par **la reconnaissance, le respect, l'admiration** que nous témoignent nos pairs, nos proches, notre communauté. Cette validation extérieure nourrit notre confiance et confirme notre valeur sociale.

Cependant, l'estime personnelle – cette conviction profonde de notre propre valeur, indépendamment du regard des autres – constitue un fondement bien plus stable. Elle se construit à travers nos **accomplissements**, certes, mais aussi par notre **intégrité**, notre **fidélité à nos valeurs**, notre capacité à **honorer nos engagements envers nous-mêmes**.

Les périodes de transition peuvent ébranler temporairement ces deux formes d'estime. En quittant un rôle familier où votre compétence était reconnue, vous pouvez vous retrouver dans un environnement où vous devez reconstruire votre crédibilité. C'est précisément dans ces moments que l'estime personnelle devient votre ancre la plus précieuse.

◤ Le lien entre besoins et motivation

Comprendre la hiérarchie de vos besoins vous offre une clé précieuse pour décoder vos motivations profondes. Qu'est-ce qui vous pousse véritablement à agir ? Est-ce la recherche de sécurité ? Le désir d'appartenance ? La quête de reconnaissance ? Ou des aspirations qui transcendent ces niveaux ?

Nos motivations sont rarement unidimensionnelles. Elles s'entremêlent en une trame complexe où plusieurs niveaux de besoins s'expriment simultanément. Cette complexité explique pourquoi nous pouvons parfois nous sentir tiraillées dans des directions contradictoires.

Observer avec curiosité ces forces qui vous animent vous permettra d'aligner consciemment vos choix avec vos besoins les plus essentiels. Plutôt que d'être gouvernée par des motivations inconscientes, vous pourrez naviguer avec lucidité dans le paysage de vos désirs et aspirations.

C. L'application moderne de la pyramide

◤ Son adaptation à notre époque

Bien que conçue au milieu du XXe siècle, la pyramide de Maslow conserve une pertinence remarquable dans notre monde contemporain. Elle offre un langage commun pour comprendre les dynamiques humaines universelles qui transcendent les époques et les cultures.

Cependant, notre société moderne a introduit de nouvelles complexités dans ce modèle. La révolution numérique, par exemple, a créé de nouveaux territoires où s'expriment nos besoins d'appartenance et d'estime. Les réseaux sociaux peuvent nourrir notre besoin de connexion tout en créant parfois de nouvelles formes d'anxiété et d'isolement.

Les **plateformes de médias sociaux** sont des outils puissants qui répondent au besoin humain de connexion en permettant aux gens de communiquer, de partager des expériences et d'entretenir des relations à distance. Elles permettent aux utilisateurs d'entrer en contact avec des personnes partageant les mêmes idées, de trouver des communautés d'intérêt et de rester en contact avec leur famille et leurs amis. Cette accessibilité à une interaction constante peut procurer un sentiment d'appartenance et un soutien émotionnel.

Cependant, ces plateformes présentent également des défis qui peuvent conduire à l'anxiété et à l'isolement. Par exemple :

- **la culture de la comparaison** : les médias sociaux présentent souvent des versions idéalisées de la vie des gens, ce qui peut entraîner un sentiment d'inadéquation ou une faible estime de soi chez les utilisateurs qui se comparent aux autres.

- **la peur de manquer (FOMO[2])** : l'exposition constante aux activités des autres peut créer une anxiété d'être mis à l'écart ou de ne pas être à la hauteur des normes sociales perçues.

- **l'utilisation addictive** : la conception des médias sociaux encourage un engagement fréquent, ce qui peut perturber les interactions dans la vie réelle et entraîner une dépendance excessive à l'égard des connexions virtuelles.

- **les chambres d'écho :** tout en favorisant les connexions, les médias sociaux peuvent également isoler les utilisateurs dans des groupes aux vues similaires, limitant ainsi l'exposition à des perspectives diverses.

- **les cyberintimidations et les interactions négatives** : le harcèlement en ligne ou les commentaires négatifs peuvent nuire au bien-être mental et contribuer au sentiment d'isolement.

Ainsi, bien que les médias sociaux répondent au besoin inné de l'être humain d'être en contact, leur utilisation abusive ou excessive peut paradoxalement entraîner une augmentation de la solitude et des problèmes de santé mentale. Pour atténuer ces risques, il est essentiel de trouver un équilibre entre l'engagement en ligne et les relations hors ligne. D'ailleurs, l'un des apprentissages précieux de la mise en œuvre de ce projet fut un changement radical des usages et de la consommation sur les réseaux sociaux. Il a fallu apprendre à désapprendre la consultation des applications sociales (Instagram, TikTok, …), des services de streaming vidéo (Netflix, YouTube, Prime vidéo, Disney +, …) pour retrouver des moments de pleine conscience et le niveau de concentration permettant d'articuler une pensée holistique. Si vous souhaitez investir dans une meilleure conscience de vous-même, et que vous semblez manquer de temps, n'hésitez pas à changer vos habitudes sur les plateformes numériques.

L'accélération du rythme de vie et l'abondance d'informations caractéristiques de notre époque peuvent également rendre plus difficile l'écoute de nos besoins véritables. Dans ce flot constant de stimulations, prendre le temps de nous connecter à nos besoins fondamentaux devient un acte conscient et délibéré.

Les transitions que vous traversez aujourd'hui s'inscrivent dans ce contexte unique. Elles vous invitent à adapter ce modèle classique à votre réalité personnelle, en tenant compte des spécificités de votre environnement et de votre moment de vie.

◥ Les limites du modèle traditionnel

Malgré sa puissance explicative, la pyramide de Maslow présente certaines limites qu'il est important de reconnaître. Sa structure hiérarchique stricte suggère que les besoins doivent être satisfaits dans un ordre séquentiel rigide – une vision que la recherche contemporaine a nuancée[3].

En réalité, nous observons que les êtres humains peuvent poursuivre des aspirations élevées même lorsque certains besoins de base sont partiellement insatisfaits. Pensez aux artistes qui créent des œuvres transcendantes malgré la précarité matérielle, ou aux militants qui sacrifient leur confort personnel pour défendre des causes qui les dépassent.

De plus, la présentation originale du modèle peut sembler excessivement individualiste, ne tenant pas suffisamment compte de la dimension collective de notre existence[4]. Nos besoins ne s'expriment pas dans un vide social, mais sont profondément influencés par notre culture, notre communauté, nos relations.

Gardez à l'esprit que *ce modèle est un outil, une carte – non le territoire lui-même.* Comme toute carte, il simplifie la réalité pour la rendre plus lisible, au prix de certaines nuances. Son utilité réside dans sa capacité à éclairer votre expérience, non à la définir ou la limiter.

Les nouvelles perspectives à considérer

Des modèles complémentaires, comme celui de Richard Barrett[5], viennent enrichir notre compréhension de la motivation humaine en intégrant des dimensions spirituelles et collectives plus développées.

Le modèle Barrett identifie sept niveaux de conscience qui élargissent la vision de Maslow : survie, relation, estime de soi, transformation, cohésion interne, faire une différence et service. Cette approche met davantage l'accent sur notre évolution consciente et notre contribution au bien commun.

Ces perspectives contemporaines nous rappellent que notre épanouissement ne se limite pas à la satisfaction de nos besoins individuels. Il s'étend à notre capacité à nous connecter à quelque chose de plus grand que nous – qu'il s'agisse d'une communauté, d'une cause, d'une vision spirituelle ou d'un héritage que nous souhaitons laisser.

Dans votre propre parcours, ces modèles vous invitent à élargir votre perspective – à considérer non seulement ce dont vous avez besoin pour vous épanouir individuellement, mais aussi comment votre épanouissement peut contribuer au bien-être collectif.

La pyramide de Maslow nous offre une carte précieuse pour explorer le territoire de nos motivations et besoins fondamentaux. En comprenant comment ces différents niveaux s'articulent dans votre vie, vous pouvez naviguer avec plus de conscience et d'intentionnalité à travers vos transitions.

Plutôt qu'une simple théorie, considérez ce modèle comme un miroir qui vous aide à voir plus clairement les forces qui vous animent. Cette clarté est particulièrement précieuse dans les périodes de changement, où la boussole de vos besoins peut vous guider vers des choix alignés avec votre nature profonde.

Maintenant que vous avez saisi comment vos besoins s'organisent en niveaux interconnectés, il est temps d'explorer plus spécifiquement ce qui se trouve au sommet de cette pyramide : **le besoin d'accomplissement**. Cette aspiration profonde à réaliser votre potentiel n'est pas un luxe réservé à quelques privilégiés, mais une force vitale qui pulse en chacun de nous. Qu'est-ce qui vous pousse vraiment à grandir et à vous dépasser ? Comment reconnaître les signes d'une vie qui s'épanouit pleinement ? Quels sont les obstacles qui freinent cette magnifique impulsion vers la réalisation de soi ? Dans la section suivante, nous plongerons au cœur de ces questions essentielles pour libérer cette force transformatrice qui sommeille en vous.

Section 3 : Comprendre les ressorts du besoin d'accomplissement

A. Les moteurs de la réalisation de soi

◥ Le désir naturel de croissance

Au cœur de chaque être humain pulse un désir profond de déployer son potentiel. Cette aspiration n'est pas un luxe réservé à quelques privilégiés, mais une force vitale inscrite dans notre nature même. Comme une graine contient déjà tout le potentiel du chêne majestueux qu'elle peut devenir, vous portez en vous les germes de votre plus grande expression.

Ce désir de croissance se manifeste différemment selon les personnes et les périodes de la vie. Pour certaines, il prend la forme d'une soif d'apprendre insatiable ; pour d'autres, c'est un élan créatif irrépressible ou une quête de sens persistante qui ne se satisfait pas des réponses toutes faites. Quelle que soit sa forme, cette impulsion vous appelle constamment vers une version plus complète, plus authentique de vous-même.

Avez-vous remarqué *comment, une fois un objectif atteint, un nouveau se présente naturellement à l'horizon* ? Cette progression n'est pas le fruit du hasard, mais l'expression de cette tendance naturelle à l'expansion. Même dans les périodes où vous semblez stagner, ce désir de croissance continue de travailler en coulisses, préparant silencieusement votre prochain bond en avant.

◥ Les catalyseurs du développement personnel

Si le désir de croissance est inné, certaines circonstances l'activent avec une intensité particulière. Ces catalyseurs sont comme des alchimistes qui transforment le plomb de nos routines en or de notre évolution.

Les **transitions de vie** – qu'il s'agisse d'un changement professionnel, d'une séparation, d'un déménagement ou de l'entrée dans une nouvelle décennie – sont parmi les plus puissants déclencheurs de développement personnel. Ces périodes de déséquilibre nous obligent à remettre en question nos certitudes et à puiser dans des ressources inexploitées.

Les **rencontres significatives** jouent également un rôle crucial. Un mentor qui croit en vous plus que vous ne croyez en vous-même, un livre qui semble avoir été écrit spécialement pour vous, ou une conversation qui illumine soudain votre chemin – ces moments de connexion profonde peuvent catalyser des années de croissance en quelques instants.

Les **défis et les échecs**, loin d'être de simples obstacles, sont souvent les accélérateurs les plus efficaces de notre développement. Comme le dit si justement le proverbe : *"Le diamant ne peut être poli sans friction, ni l'être humain perfectionné sans épreuves."*

Réfléchissez un instant : quels ont été les principaux catalyseurs de votre propre évolution jusqu'à présent ? Un défi qui vous a poussé à développer de nouvelles compétences ? Une perte qui vous a obligée à redéfinir vos priorités ? Un succès qui vous a ouvert de nouveaux horizons ?

◥ Les obstacles à surmonter

Sur ce chemin vers la réalisation de soi, certains obstacles se dressent avec une régularité presque prévisible. Les reconnaître est la première étape pour les transcender.

La **peur**, sous ses multiples déguisements, est sans doute l'obstacle le plus universel. Peur de l'échec qui paralyse l'action, peur du succès qui sabote nos efforts au moment décisif, peur du jugement qui nous maintient dans notre zone de confort... Ces craintes ne sont pas des signes de faiblesse, mais des compagnons naturels du changement. Les accueillir sans les laisser dicter vos choix est un art à cultiver.

Les **croyances limitantes**, ces convictions profondes sur ce que nous méritons ou sommes capables d'accomplir, forment un autre obstacle majeur. Souvent héritées de notre enfance ou de notre environnement social, ces croyances opèrent généralement sous le radar de notre conscience. "Je ne suis pas du genre créatif", "Le succès n'est pas pour les gens comme moi", "Il est trop tard pour changer" – ces affirmations apparemment anodines peuvent saboter silencieusement votre épanouissement.

Les **habitudes et les schémas inconscients** sont également de redoutables freins à notre évolution. Notre cerveau, programmé pour l'efficacité énergétique, préfère naturellement les chemins déjà tracés, même lorsqu'ils ne nous mènent plus là où nous voulons aller. Transformer ces automatismes demande une vigilance constante et une patience à toute épreuve.

Quel obstacle reconnaissez-vous comme le plus présent dans votre vie actuellement ? Est-ce une peur particulière qui vous retient ? Une croyance que vous commencez à remettre en question ? Un schéma comportemental qui ne vous sert plus ?

B. Les manifestations de l'accomplissement

◥ Les signes de l'épanouissement personnel

Comment savoir si vous progressez vers votre accomplissement ? Certains signes, subtils mais révélateurs, témoignent de cette évolution positive.

La **présence** constitue peut-être le signe le plus fondamental. Lorsque vous êtes de plus en plus capable d'habiter pleinement l'instant présent, sans être constamment propulsée dans les regrets du passé ou les anxiétés du futur, vous manifestez un épanouissement croissant. Cette présence se traduit par une attention plus soutenue, des conversations plus riches, des moments de conscience pure où le temps semble suspendu.

L'**authenticité** grandissante est un autre marqueur puissant. Vous vous surprenez à exprimer vos opinions avec plus de naturel, à faire des choix qui reflètent vraiment vos valeurs plutôt que les attentes extérieures. Cette authenticité n'est pas à confondre avec l'impulsivité ; elle est plutôt une expression fidèle de votre vérité intérieure, même lorsque celle-ci va à contre-courant.

La **résilience** accrue face aux défis révèle également votre progression. Les obstacles qui autrefois vous auraient terrassée deviennent des occasions d'apprentissage et de croissance. Cette résilience ne signifie pas l'absence d'émotions difficiles, mais plutôt une capacité à les traverser sans être submergée, à en extraire la sagesse sans s'y enliser.

Enfin, une **joie** plus fréquente et moins dépendante des circonstances extérieures témoigne de votre accomplissement. Cette joie profonde, différente du plaisir passager, émerge d'un sentiment d'alignement avec votre nature essentielle et votre chemin de vie. Elle peut coexister avec des difficultés ou des peines – comme une mélodie qui continue de résonner, même dans les passages plus sombres de votre parcours.

◥ L'alignement entre valeurs et actions

Au cœur de la réalisation de soi se trouve cet alignement précieux entre ce que vous valorisez profondément et ce que vous vivez au quotidien. Cet alignement n'est pas un état statique à atteindre une fois pour toutes, mais plutôt une danse continue qui demande attention et ajustements constants.

Lorsque vos actions, grandes et petites, reflètent vos valeurs fondamentales, une cohérence intérieure s'installe. Cette cohérence est libératrice : elle réduit le conflit interne et libère l'énergie auparavant consacrée à maintenir des comportements contradictoires avec vos convictions profondes.

Imaginez un individu qui valorise profondément la créativité mais dont le quotidien est tellement structuré qu'aucun espace n'existe pour l'expression artistique. Ou une personne pour qui la famille est une valeur cardinale, mais dont l'emploi du temps ne permet aucun moment de qualité avec ses proches. Ces désalignements créent une dissonance intérieure qui, même inconsciente, épuise et fragmente.

À l'inverse, lorsque chaque domaine de votre vie – travail, relations, loisirs, engagements – devient un canal d'expression de vos valeurs essentielles, une puissante synergie se crée. Vous n'avez plus besoin de compartimenter votre existence ou de porter différents masques selon les contextes. Cette intégration est la signature d'une vie en voie d'accomplissement.

Pour cultiver cet alignement, commencez par clarifier vos valeurs non-négociables. Puis, examinez honnêtement dans quels domaines de votre vie ces valeurs trouvent – ou ne trouvent pas – leur expression. Chaque petit pas vers une plus grande cohérence est une victoire significative sur ce chemin.

◥ L'impact sur notre qualité de vie

Les bénéfices d'une vie orientée vers l'accomplissement se manifestent bien au-delà de la sphère personnelle. Ils irradient dans chaque aspect de votre existence.

Sur le plan de la **santé**, les recherches démontrent que les personnes engagées dans un processus d'actualisation de leur potentiel présentent généralement de meilleurs indicateurs de bien-être physique. Leur système immunitaire est plus robuste, leur récupération après la maladie plus rapide, leur sommeil plus réparateur. Cette corrélation s'explique notamment par une meilleure gestion du stress et une plus grande conscience des besoins du corps.

Dans le domaine **relationnel**, l'impact est tout aussi significatif. En vous réalisant pleinement, vous devenez naturellement plus disponible pour des relations authentiques et nourrissantes. Libérée du besoin compulsif d'approbation ou de la peur du rejet, vous pouvez vous engager dans des connexions véritables, où donner et recevoir s'équilibrent harmonieusement.

Professionnellement, l'accomplissement personnel se traduit souvent par une contribution plus significative et une satisfaction accrue. Même dans un contexte qui n'est pas idéal, votre capacité à infuser votre travail de sens et à l'aligner avec vos valeurs transforme l'expérience quotidienne. Vous devenez également plus résistante aux pressions externes et développez un discernement dans vos choix de carrière.

Sur le plan **spirituel**, enfin, la quête d'accomplissement ouvre à une dimension de profondeur et de transcendance. Elle vous connecte à quelque chose de plus grand que vous-même – que vous le nommiez univers, nature, conscience collective ou divin. Cette connexion nourrit un sentiment durable de sens et de contribution qui dépasse les préoccupations égocentrées.

Comme le disait si justement Alain : *"Le bonheur est une récompense qui vient à ceux qui ne l'ont pas cherché. "*[6] L'accomplissement personnel offre précisément cette raison d'être.

Les résultats de l'accomplissement personnel

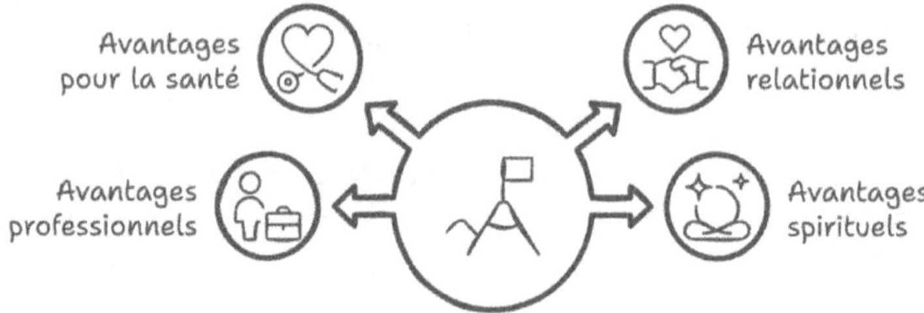

C.   Le chemin vers la réalisation

Les étapes clés du développement

Le chemin vers la réalisation de soi n'est pas une ligne droite mais une spirale ascendante, où nous revisitons souvent les mêmes thèmes à des niveaux de compréhension plus profonds. Certaines étapes, cependant, se retrouvent invariablement dans ce parcours.

La première étape est **l'éveil** – ce moment où vous prenez conscience que votre vie actuelle ne reflète pas pleinement qui vous êtes ou pourriez être. Cet éveil peut survenir doucement, comme un murmure persistant, ou brutalement, à la faveur d'une crise ou d'une rencontre déterminante. Ce qui importe n'est pas tant la forme que prend cet éveil, mais votre disposition à l'accueillir comme une invitation plutôt qu'une menace.

Vient ensuite **l'exploration** – cette phase où vous commencez à investiguer activement qui vous êtes vraiment, au-delà des rôles et des identités acquises. Cette exploration implique souvent de questionner vos suppositions, d'expérimenter de nouvelles façons d'être et d'agir, de revisiter votre histoire personnelle avec un regard neuf. C'est un temps de découverte, parfois déconcertant mais toujours enrichissant.

La troisième étape est celle de **l'engagement,** où vous commencez à faire des choix délibérés alignés avec votre vérité émergente. Ces choix peuvent concerner tous les domaines de votre vie – relations, travail, loisirs, environnement. Ils témoignent d'une volonté de concrétiser votre vision, même lorsque cela implique de sortir de votre zone de confort ou de décevoir certaines attentes extérieures.

Suit **l'intégration**, cette phase où vous incorporez pleinement vos découvertes et vos nouveaux comportements dans le tissu de votre vie quotidienne. L'intégration demande patience et persévérance, car transformer des habitudes anciennes et établir de nouveaux schémas requiert une pratique constante. Les rechutes font naturellement partie du processus et deviennent elles-mêmes des occasions d'apprentissage.

Enfin vient **l'expansion**, où votre développement personnel commence naturellement à rayonner au-delà de votre sphère individuelle. Vous ressentez un désir croissant de contribuer, de partager ce que vous avez appris, de mettre vos dons au service de quelque chose qui vous dépasse. Cette orientation vers l'autre n'est pas un abandon de soi, mais son expression la plus accomplie.

Le chemin vers la réalisation de soi

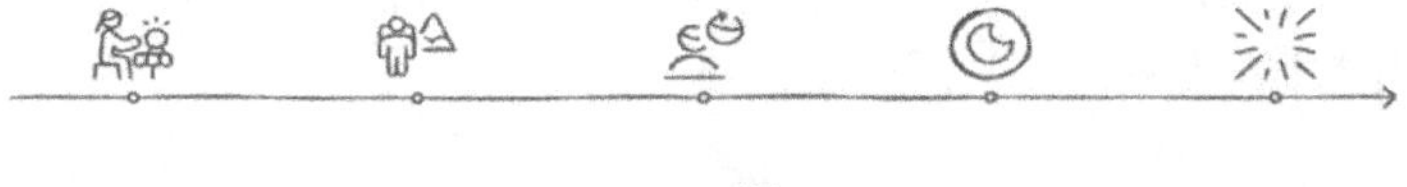

Éveil	Exploration	Engagement	Intégration	Expansion

À quelle étape vous situez-vous actuellement ? Peut-être naviguez-vous entre plusieurs d'entre elles, selon les domaines de votre vie ?

◣ Les outils et pratiques essentiels

Pour soutenir votre cheminement vers l'accomplissement, certains outils et pratiques ont fait leurs preuves à travers les âges et les cultures. Voici les plus fondamentaux :

La **réflexion régulière**, qu'elle prenne la forme d'un journal intime, de méditations guidées ou de conversations profondes, est sans doute l'outil le plus accessible et le plus puissant. En prenant le temps de faire une pause et d'observer votre expérience sans jugement, vous cultivez cette conscience qui est le préalable à toute transformation. Commencez par de courtes sessions quotidiennes – même cinq minutes peuvent faire une différence significative.

Les **pratiques corporelles** jouent également un rôle crucial, car corps et esprit sont indissociablement liés. Yoga, tai-chi, danse, marche consciente en nature – toute activité qui vous ramène à la sensation directe de votre corps peut devenir un puissant véhicule de présence et d'intégration. Ces pratiques ancrent vos insights dans l'expérience vécue, transformant la compréhension intellectuelle en sagesse incarnée.

Les **rituels de transition** méritent une attention particulière. Ces moments conscients qui marquent le passage d'un état à un autre – du sommeil à l'éveil, du travail au repos, d'une saison à l'autre – sont des opportunités précieuses pour réaligner vos intentions et honorer votre parcours. Un simple rituel du matin, comme quelques respirations profondes et l'évocation de trois gratitudes, peut transformer radicalement la qualité de votre journée.

L'apprentissage continu, sous toutes ses formes, nourrit votre croissance. Lectures inspirantes, formations dans des domaines qui vous passionnent, conversations avec des personnes aux perspectives différentes – ces sources de stimulation intellectuelle et émotionnelle élargissent votre vision du monde et de vous-même. Cultivez une curiosité insatiable, en vous rappelant que chaque nouvelle compréhension est une porte vers plus d'accomplissement.

Enfin, **l'engagement dans une communauté** de soutien amplifie considérablement votre capacité à évoluer. Qu'il s'agisse d'un groupe formalisé partageant des objectifs similaires ou d'un cercle plus intime d'amis bienveillants, ces connexions offrent à la fois miroir et soutien.

Elles vous reflètent vos angles morts et célèbrent vos progrès, deux fonctions essentielles pour toute personne en chemin.

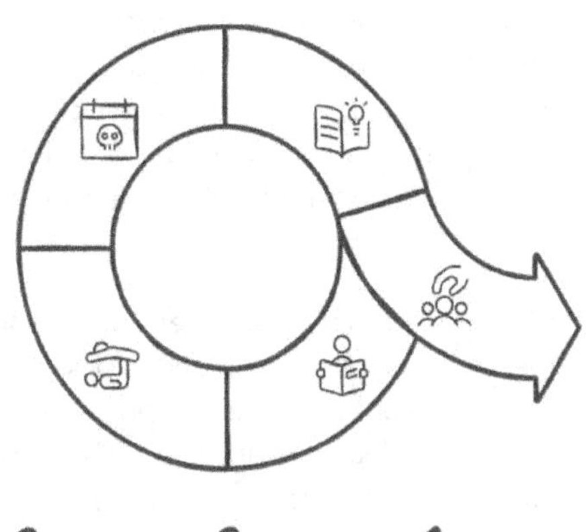

La mesure de nos progrès

Comment évaluer votre avancement sur ce chemin qui n'a pas de destination finale ? Cette question mérite une réflexion nuancée, car les mesures traditionnelles – comme le succès extérieur ou les acquisitions matérielles – s'avèrent souvent inadéquates pour jauger l'accomplissement véritable.

La première clé est de **privilégier les mesures internes plutôt qu'externes**. Plutôt que de vous comparer aux autres ou d'accumuler des signes visibles de réussite, observez les changements subtils dans votre expérience subjective. *Votre relation à vous-même s'est-elle adoucie ? Votre présence aux petits miracles du quotidien s'est-elle affinée ? Votre réponse aux défis est-elle devenue plus souple et créative ?*

La deuxième clé consiste **à reconnaître et célébrer les micro-progrès**. Trop souvent, nous n'accordons de valeur qu'aux transformations spectaculaires, négligeant les petits pas qui, cumulés, créent un changement durable. Le jour où vous avez choisi de répondre avec compassion plutôt que de réagir avec colère, la fois où vous avez osé exprimer un besoin au lieu de le réprimer – ces moments apparemment anodins sont les pierres qui pavant le chemin de votre évolution.

La troisième clé invite à **considérer l'impact de votre développement sur vos relations**. La qualité de vos interactions devient un miroir fidèle de votre croissance intérieure. Observez comment évolue votre capacité à écouter vraiment, à offrir une présence sans agenda, à maintenir vos frontières avec respect. Ces indicateurs relationnels sont souvent plus révélateurs que n'importe quelle métrique personnelle.

Enfin, la quatrième clé suggère d'**évaluer votre progrès à l'aune de votre contribution**. À mesure que vous vous accomplissez, votre désir naturel de partager, de servir, de créer de la valeur pour les autres s'amplifie. Cette orientation vers le don n'est pas un sacrifice, mais l'expression naturelle d'une personne qui a suffisamment reçu pour commencer à déborder vers l'extérieur.

Prenez l'habitude de faire régulièrement – peut-être trimestriellement – un bilan personnel de ces différentes dimensions. Sans vous juger, avec une curiosité bienveillante, notez simplement où vous percevez du mouvement et où vous ressentez encore des résistances. Ce regard lucide et compatissant sur votre parcours est lui-même un puissant moteur de croissance.

Le besoin d'accomplissement n'est pas un luxe réservé à quelques privilégiés, mais un appel qui résonne en chacun d'entre nous. En comprenant ses ressorts, en reconnaissant ses manifestations et en vous engageant consciemment sur ce chemin, vous honorez ce qu'il y a de plus noble dans votre humanité.

Rappelez-vous que ce voyage vers la réalisation de soi n'est pas une course vers un point d'arrivée, mais une danse continue d'évolution et d'expression. *Chaque pas compte, chaque prise de conscience est précieuse, chaque choix aligné avec votre vérité profonde est une victoire.*

Pourtant, l'accomplissement personnel s'inscrit dans une perspective encore plus vaste : celle de **l'évolution de votre conscience**. À mesure que vous vous réalisez, votre façon même de percevoir le monde et de vous y relier se transforme. Imaginez votre conscience comme une maison à sept étages, chacun offrant une vue plus panoramique que le précédent. C'est exactement ce que propose le modèle Barrett que nous allons maintenant explorer ensemble.

Ce référentiel nous permet de comprendre comment notre conscience peut s'élever graduellement — depuis les préoccupations de survie jusqu'à une vision englobant le bien-être collectif et les générations futures. En cartographiant ces niveaux, vous découvrirez où vous vous situez actuellement et, plus important encore, quelles portes s'ouvrent pour votre prochaine étape de développement. Embarquons ensemble dans cette exploration des territoires de la conscience.

Section 4 : Explorer les différents niveaux de conscience

A. Le modèle Barrett comme boussole

▼ Introduction aux sept niveaux

Imaginez votre conscience comme une maison à sept étages, chacun offrant une vue plus vaste et plus complète que le précédent. C'est exactement ce que propose le modèle Barrett – une carte précieuse pour comprendre les différentes altitudes de notre expérience humaine.

Au premier niveau, la **survie**, vous êtes concentrée sur votre sécurité physique et financière. C'est l'étage des besoins fondamentaux, où la question centrale est : "*Ai-je assez pour survivre ?*" Ce niveau n'est pas à négliger – il constitue les fondations solides sur lesquelles tout le reste s'édifie. Quand ce niveau est satisfait, vous ressentez stabilité et sécurité. Quand il est en déséquilibre, l'anxiété et la peur du manque peuvent dominer votre expérience.

Au deuxième niveau, les **relations**, votre attention se porte sur vos liens avec les autres. Vous cherchez à appartenir, à être aimée, à créer des connexions harmonieuses. La question essentielle devient : "*Suis-je aimée, suis-je protégée ?*" Lorsque ce niveau est épanoui, vous expérimentez des relations nourrissantes et un sentiment d'appartenance. En déséquilibre, la dépendance affective ou la peur du rejet peuvent prendre le dessus.

Le troisième niveau, l'**estime de soi**, concerne votre valeur personnelle et votre efficacité. Vous cherchez à vous sentir compétente, respectée, reconnue pour vos talents. La question clé est : "*Suis-je assez valorisée, assez compétente ?*" Dans son expression équilibrée, ce niveau se manifeste par une confiance saine en vos capacités. En déséquilibre, il peut se traduire par un besoin excessif d'approbation ou un perfectionnisme paralysant.

Le quatrième niveau marque une transition majeure. C'est celui de la **transformation**, où vous commencez à vous libérer des peurs qui vous limitent et à embrasser votre croissance. Vous vous demandez : "*Puis-je devenir plus que ce que je suis aujourd'hui ?*" C'est l'étage du courage, de l'évolution personnelle, de l'adaptabilité. À ce niveau, vous commencez à vous réinventer consciemment.

Au cinquième niveau, la **cohésion interne**, vous alignez votre vie extérieure avec vos valeurs les plus authentiques. L'intégrité, l'honnêteté et la fidélité à vous-même deviennent primordiales. La question centrale devient : "*Ma vie reflète-t-*

elle qui je suis vraiment ?" Vous n'êtes plus guidée principalement par les attentes externes, mais par votre boussole intérieure.

Le sixième niveau, **faire une différence**, vous oriente vers une contribution plus large. Vous cherchez à collaborer avec d'autres pour créer un impact positif qui dépasse votre seule personne. La question clé est : *"Comment puis-je contribuer au bien commun ?"* À ce niveau, le mentorat, le coaching et les partenariats significatifs prennent une importance croissante.

Enfin, le septième niveau, le **service**, vous connecte à une perspective à long terme et au bien-être des générations futures. Vous vous demandez : *"Comment puis-je servir l'humanité et la planète ?"* C'est le niveau de la sagesse, de la vision élargie et de la responsabilité sociale.

L'évolution de la conscience personnelle

Notre conscience ne stagne pas – elle est naturellement orientée vers l'expansion, comme une fleur qui cherche la lumière. Cette évolution n'est cependant pas linéaire ; elle ressemble davantage à une spirale ascendante où nous revisitons les mêmes thèmes avec une compréhension toujours plus profonde.

Les trois premiers niveaux – survie, relations et estime de soi – constituent nos besoins fondamentaux. Ils sont orientés vers le "moi" et correspondent à ce que Barrett appelle la *"conscience de soi"*. Ces niveaux ne sont jamais complètement dépassés" – ils restent des aspects essentiels de notre expérience humaine. Même la personne la plus évoluée spirituellement a besoin de manger et de se sentir en sécurité !

Le niveau quatre, la transformation, représente un pont crucial. C'est ici que nous commençons à nous interroger sur notre potentiel inexploré, sur ce que nous pourrions devenir au-delà des conditionnements et des attentes. Ce passage est souvent déclenché par un moment de crise ou une prise de conscience profonde – ce que certains appellent *"l'appel à l'aventure"*.

Les niveaux cinq à sept – cohésion interne, faire une différence et service – représentent la *"conscience du nous"*. À ces altitudes, votre sens du moi s'élargit pour inclure progressivement les autres, la communauté, l'humanité, puis toutes les formes de vie. Votre motivation évolue de la satisfaction de vos besoins personnels vers une contribution au bien commun.

Cette évolution n'implique pas de rejeter les niveaux précédents, mais de les intégrer dans une perspective plus vaste. Comme le dit si bien Ken Wilber : "*Transcender et inclure*" – chaque nouveau niveau transcende les limitations du précédent tout en conservant ses forces.

La dynamique de transformation

Qu'est-ce qui nous pousse d'un niveau à l'autre ? Comment s'opère cette alchimie intérieure qui transforme notre conscience ?

La transformation commence souvent par une tension créatrice – cet écart ressenti entre "où je suis" et "où j'aspire à être". Cette tension peut être inconfortable, mais elle est profondément fertile. C'est le terreau même de votre évolution.

Les catalyseurs de transformation sont multiples. Parfois, c'est une crise qui ébranle vos certitudes et vous oblige à élargir votre perspective. D'autres fois, c'est une inspiration – un modèle, un livre, une rencontre – qui vous révèle de nouvelles possibilités. Ou encore, c'est un désir d'authenticité croissant qui vous pousse à aligner davantage votre vie extérieure avec votre vérité intérieure.

La dynamique de transformation implique toujours un certain lâcher-prise. Pour accéder à un niveau supérieur de conscience, vous devez être prête à abandonner certaines sécurités, croyances ou identités qui vous définissaient jusque-là. Ce processus peut être inconfortable, voire douloureux, mais il libère l'espace nécessaire à l'émergence d'une conscience plus vaste.

Un aspect fascinant de cette dynamique est sa nature auto-renforçante. Chaque petit pas vers un niveau de conscience plus élevé crée une nouvelle perspective qui rend visible des possibilités auparavant imperceptibles. Comme si, en montant quelques marches, vous apercevez soudain un horizon que vous ne pouviez imaginer d'en bas.

B. L'application pratique du modèle

L'évaluation de notre niveau actuel

Comment déterminer où vous vous situez dans ce voyage de conscience ? Cette exploration demande honnêteté, curiosité et bienveillance envers vous-même.

Commencez par observer vos préoccupations quotidiennes. *Quelles questions occupent le plus souvent votre esprit ?* Si vous vous inquiétez fréquemment de votre sécurité financière ou de votre survie matérielle, le niveau

1 requiert probablement votre attention. Si vos pensées tournent autour de vos relations, de votre appartenance à un groupe, vous naviguez principalement au niveau 2. Si la reconnaissance professionnelle et l'estime sont au centre de vos préoccupations, le niveau 3 est probablement dominant.

Examinez ensuite vos motivations profondes. Qu'est-ce qui vous pousse réellement à agir ? Est-ce la peur (niveaux 1-3) ou l'amour et l'inspiration (niveaux 5-7) ? Est-ce le désir d'avoir plus ou d'être plus ? Les motivations évoluent naturellement avec votre niveau de conscience.

Portez également attention à vos valeurs vécues – non pas celles que vous proclamez, mais celles que vos actions quotidiennes révèlent. Si vous valorisez la sécurité et la stabilité, vous opérez peut-être principalement au niveau 1. Si l'harmonie relationnelle est primordiale pour vous, le niveau 2 est probablement central. Si l'excellence et la reconnaissance professionnelle sont vos moteurs principaux, le niveau 3 est sans doute dominant dans votre vie.

Rappelez-vous que nous opérons généralement sur plusieurs niveaux simultanément, avec des dominantes qui peuvent varier selon les domaines de notre vie. Vous pourriez, par exemple, être au niveau 5 (Cohésion interne) dans votre vie personnelle, mais encore principalement au niveau 3 (Estime de soi) dans votre contexte professionnel.

L'évaluation formelle proposée par le Barrett Values Centre peut également vous offrir un portrait détaillé de votre profil de valeurs actuel. C'est un outil précieux pour clarifier objectivement votre position et identifier vos prochaines opportunités d'évolution.

Les transitions entre niveaux

Les passages d'un niveau à l'autre représentent souvent les périodes les plus intenses et transformatrices de notre vie. Comprendre ces transitions peut vous aider à les naviguer avec plus de grâce et moins de résistance.

La transition des niveaux 1-3 (besoins du moi) vers les niveaux 5-7 (besoins du nous) en passant par le niveau 4 (Transformation) est particulièrement significative. C'est le passage d'une orientation principalement centrée sur soi à une perspective plus inclusive et contributive. Cette transition implique souvent une forme de "mort à soi" – non pas une négation de votre individualité, mais une transcendance de l'ego limité.

Cette traversée s'accompagne fréquemment de symptômes reconnaissables : questionnements existentiels, remise en question de choix antérieurs, désir de changements profonds, parfois même une forme de crise du sens. Ce que certains appellent "la nuit noire de l'âme" est souvent simplement le passage intensif du niveau 3 au niveau 5, via la transformation du niveau 4.

Pour faciliter ces transitions, plusieurs approches peuvent vous soutenir :

- Acceptez l'inconfort comme signe de croissance, non comme un problème à éliminer
- Entourez-vous de personnes qui opèrent déjà au niveau que vous aspirez à atteindre
- Créez des rituels qui honorent à la fois ce que vous laissez derrière vous et ce vers quoi vous évoluez
- Soyez patiente – les transitions authentiques ne s'opèrent pas en un jour mais s'inscrivent dans un processus organique

◣ Localiser votre conscience du moment

Le modèle de Barrett vous invite à explorer plus profondément les niveaux de conscience qui façonnent notre expérience. Richard Barrett a étendu le concept de l'auto-actualisation de Maslow en identifiant sept niveaux de conscience qui éclairent non seulement nos motivations personnelles, mais aussi notre relation au monde[7].

Imaginez ces sept niveaux comme un voyage ascendant vers une conscience plus élevée et une vie plus significative :

1. **Survie** – Assurer votre stabilité et votre sécurité physique et financière
2. **Relations** – Développer des liens harmonieux où vous vous sentez protégée et aimée
3. **Estime de soi** – Cultiver la confiance en votre valeur et vos compétences
4. **Transformation** – Vous libérer des peurs qui vous limitent et embrasser votre croissance
5. **Cohésion interne** – Aligner votre vie avec vos valeurs les plus authentiques
6. **Faire une différence** – Collaborer avec d'autres pour créer un impact positif
7. **Service** – Contribuer au bien commun avec une perspective à long terme

◥ Exercice : Où vous situez-vous aujourd'hui ?

Prenez un moment pour réfléchir à votre position actuelle dans ce voyage de conscience. Sans jugement, avec curiosité et bienveillance, demandez-vous :

1. Quels niveaux occupent la majorité de mon attention et de mon énergie quotidienne ?
   - Est-ce que je consacre l'essentiel de mes ressources à assurer ma sécurité financière et mes relations ?
   - Ou suis-je dans une phase où je cherche davantage à exprimer mon authenticité et à faire une différence ?

2. Quels sont les messages que m'envoient mes préoccupations actuelles ?
    - Si je m'inquiète constamment pour ma sécurité financière, ce niveau 1 n'est peut-être pas suffisamment satisfait.
    - Si je ressens un manque de reconnaissance, le niveau 3 (estime de soi) mérite peut-être plus d'attention.
3. Vers quel niveau suis-je appelée à évoluer ?
    - Quel est le prochain territoire qui m'attire, même s'il m'intimide ?
    - Quelle expansion de conscience pourrait enrichir ma vie maintenant ?

N'oubliez pas que ce n'est pas une échelle de valeur – un niveau n'est pas "meilleur" qu'un autre. Chaque niveau a sa fonction essentielle dans votre développement. De plus, nous naviguons généralement à travers plusieurs niveaux simultanément, avec des degrés d'attention variables.

Le modèle de Barrett nous rappelle que la vie n'est pas seulement une question de satisfaction des besoins, mais aussi d'expansion de conscience. Chaque niveau transcendé ne signifie pas l'abandon des précédents, mais leur intégration dans une vision plus vaste et plus riche de vous-même et de votre contribution au monde.

Dans cette perspective élargie, vos transitions de vie – qu'il s'agisse d'un changement de carrière, d'un départ à la retraite ou d'une reconversion – deviennent des opportunités précieuses d'évolution de votre conscience, des portails vers une expression plus authentique et plus profonde de qui vous êtes vraiment.

Quels sont ces stades ?

- **La survie**. C'est le stade que nous traversons jusqu'à l'âge de 2 ans. L'objectif est de rester en vie, de satisfaire nos besoins physiologiques : dormir, manger, boire, maintenir la température du corps.
- **L'adaptation**. Intervient entre 3 et 7 ans. Nous avons besoin de nous sentir en sécurité (affective). Nous faisons tout ce qu'il faut pour *être aimé, apprécié*.
- **La différenciation**. De 8 à 24 ans. Nous avons besoin de *reconnaissance* pour nourrir notre estime de nous-mêmes. Nous agissons pour *faire partie* d'un groupe. Cela nous aide à nous forger notre identité.
- **L'individualisation**. De 25 à 39 ans. L'objectif est de prendre la responsabilité de sa vie. Nous construisons une famille, un lieu de vie, une carrière... pour voler de nos propres ailes. Nous avons besoin *d'autonomie* et de *liberté*.
- **Le renouveau**. Typiquement entre 40 et 49 ans. C'est l'âge où nous faisons de multiples prises de conscience. Nous ajustons certaines choses dans notre vie. Nous nous rendons compte que tout ce que nous faisons n'est pas en phase avec qui nous sommes. L'objectif est de *devenir pleinement soi*, d'exprimer qui nous sommes vraiment. Nous avons besoin de *sens*, de *direction*, d'une *raison d'être*.
- **L'intégration**. De 50 à 59 ans. Le mot clé ici, c'est *connecter*. Nous cherchons un moyen d'entrer en relation sincère et authentique avec les autres, d'avoir des relations emphatiques, de faire l'expérience d'un amour inconditionnel... Nous avons besoin de *faire une différence positive* autour de nous.
- **Le service**. 60 ans et plus. Le mot clé à ce stade est la contribution. Nous sommes dans le don de soi, mobilisés par le désir de *servir le bien commun*, de partager, de rendre autour de nous ce que la vie nous a offert.

Le parcours de la vie à travers les étapes du développement

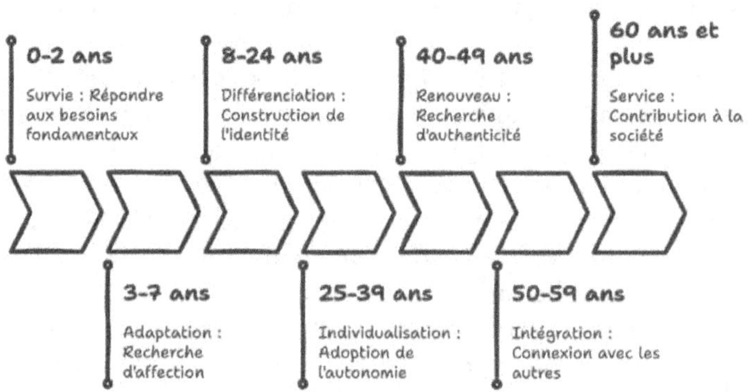

◣ Les exercices de développement

Pour chaque niveau de conscience, certaines pratiques peuvent soutenir spécifiquement votre développement. Voici quelques suggestions concrètes :

Pour renforcer le **niveau 1** (Survie) de façon saine :

- Établissez un budget conscient et une relation équilibrée à l'argent ;
- Développez une routine qui honore les besoins fondamentaux de votre corps ;
- Créez un environnement physique qui vous procure sécurité et confort.

Pour épanouir le **niveau 2** (Relations) :

- Pratiquez l'écoute profonde et la communication non-violente ;
- Développez votre intelligence émotionnelle ;
- Cultivez des moments de qualité avec vos proches, sans distractions.

Pour équilibrer le **niveau 3** (Estime de soi) :

- Tenez un journal de vos accomplissements, même les plus modestes ;
- Développez une compétence qui vous passionne ;
- Pratiquez l'affirmation de soi équilibrée, sans arrogance ni effacement.

Pour faciliter le **niveau 4** (Transformation) :

- Explorez des pratiques de pleine conscience et de méditation ;
- Sortez régulièrement de votre zone de confort par de petits défis ;
- Rejoignez un groupe de développement personnel où vous pouvez partager authentiquement.

Pour cultiver le **niveau 5** (Cohésion interne) :

- Clarifiez vos valeurs essentielles par des exercices d'introspection ;
- Pratiquez la cohérence entre vos paroles et vos actions ;
- Prenez régulièrement du temps en solitude pour vous reconnecter à votre vérité.

Pour développer le **niveau 6** (Faire une différence) :

- Engagez-vous dans un projet qui sert une cause qui vous tient à cœur ;
- Devenez mentor pour quelqu'un qui pourrait bénéficier de votre expérience ;
- Cherchez des partenariats créatifs où 1+1 peut égaler bien plus que 2.

Pour vous ouvrir au **niveau 7** (Service) :

- Adoptez une perspective à long terme dans vos décisions ;
- Considérez l'impact de vos actions sur les générations futures ;
- Développez une pratique spirituelle qui nourrit votre connexion à plus grand que vous.

Ces exercices ne sont pas des fins en soi, mais des échafaudages qui soutiennent votre évolution naturelle. Choisissez ceux qui résonnent avec vous à ce stade de votre parcours, en gardant à l'esprit que le développement le plus durable vient de l'intérieur, non d'une application mécanique de techniques.

C. Le voyage vers une conscience élevée

Les étapes de la progression

Le voyage vers une conscience plus élevée n'est pas une ligne droite mais plutôt une spirale d'expansion. Certains motifs se dégagent néanmoins dans ce parcours universel.

La première étape est souvent l'**éveil** – ce moment où vous prenez conscience qu'il existe quelque chose au-delà de la réalité consensuelle qui vous a été présentée. Cet éveil peut être subtil ou fulgurant, progressif ou soudain.

Il s'accompagne généralement d'un sentiment d'émerveillement mêlé d'inconfort, comme si un voile se levait pour révéler à la fois plus de beauté et plus de complexité que vous ne l'imaginiez.

Suit généralement une phase d'**exploration active**, où vous cherchez à comprendre et à intégrer cette nouvelle perspective. C'est une période d'apprentissage intense, de questionnements profonds, parfois de confusion créative. Vous absorbez de nouvelles idées, expérimentez des pratiques variées, cherchez des guides et des mentors. Cette phase peut durer des mois ou des années, selon votre rythme unique.

La troisième étape est celle de l'**intégration**, où vous commencez à incarner concrètement votre niveau de conscience élargi. Les insights ne sont plus seulement des compréhensions intellectuelles mais deviennent partie intégrante de votre être. Vos choix, vos réactions, vos priorités se transforment naturellement pour refléter cette conscience accrue. C'est une phase de consolidation, parfois moins spectaculaire mais tout aussi essentielle.

Vient ensuite la phase de **rayonnement**, où votre transformation personnelle commence naturellement à influencer votre entourage. Sans prosélytisme, simplement par résonance, votre présence et vos actions inspirent les autres. Vous devenez, peut-être sans même vous en rendre compte, un catalyseur de changement dans votre sphère d'influence.

Enfin s'ouvre la phase d'**expansion continue**, où vous reconnaissez que l'évolution de la conscience n'a pas de point d'arrivée final. Chaque niveau atteint ouvre la porte à de nouvelles possibilités d'expansion. Cette compréhension apporte à la fois humilité et enthousiasme – vous savez que vous serez toujours en chemin, et c'est précisément ce qui rend le voyage si riche.

Les signes de transformation

Comment reconnaître que votre conscience est effectivement en train d'évoluer ? Certains signes tangibles se manifestent généralement lors de ce processus.

Votre **perspective temporelle** s'élargit. Vous commencez à considérer naturellement les conséquences à plus long terme de vos actions. Les cycles immédiats de gratification s'effacent au profit d'une vision plus étendue.

Votre **cercle d'empathie** s'agrandit progressivement. Vous vous sentez concernée par le bien-être d'un nombre croissant d'êtres – au-delà de votre famille immédiate, de votre communauté, voire de l'espèce humaine. Cette expansion n'est pas une obligation morale mais une expérience directe d'interconnexion.

Votre **réponse aux défis** devient plus créative et moins réactive. Les situations qui autrefois déclenchaient automatiquement peur ou colère deviennent des invitations à une réponse plus consciente et nuancée. Vous découvrez un espace entre le stimulus et la réponse – cet espace que Viktor Frankl identifiait comme *"le berceau de la liberté humaine"*.

Vos **désirs** évoluent également. Les objets de satisfaction qui vous attiraient auparavant perdent progressivement de leur attrait, remplacés par des aspirations plus subtiles – connexion authentique, contribution signifiante, beauté, vérité, transcendance. Ce n'est pas un rejet austère du monde, mais une réorientation naturelle vers ce qui nourrit véritablement.

Vous notez aussi une plus grande **fluidité identitaire**. Vous vous attachez moins rigidement à des étiquettes fixes et des définitions limitantes de qui vous êtes. Votre sens du "je" devient à la fois plus solide dans son essence et plus souple dans ses manifestations.

Enfin, la **synchronicité** semble se manifester plus fréquemment dans votre vie. Des coïncidences significatives, des rencontres au moment opportun, des réponses qui semblent arriver juste quand vous posez la question – comme si votre vie entrait dans une danse plus harmonieuse avec un ordre plus vaste.

Signes de Transformation de la Conscience

◤ Les bénéfices à chaque niveau

Chaque niveau de conscience apporte ses propres dons, ses propres saveurs d'expérience. Reconnaître ces bénéfices peut nourrir votre motivation à poursuivre ce voyage d'expansion.

Au **niveau 1** (Survie), lorsqu'il est satisfait de façon équilibrée, vous bénéficiez d'un sentiment de sécurité et de stabilité qui libère votre énergie pour d'autres aspects de la vie. La peur primitive du manque s'apaise, vous permettant d'être plus présente et moins réactive.

Au **niveau 2** (Relations), vous goûtez à la joie profonde de la connexion authentique. L'isolement et la solitude existentielle qui caractérisent tant notre époque s'atténuent, remplacés par un sentiment d'appartenance à la communauté humaine.

Au **niveau 3** (Estime de soi), vous récoltez les fruits d'une confiance saine en vos capacités. L'auto-sabotage et le doute paralysant cèdent la place à une appréciation équilibrée de votre valeur et de vos talents uniques.

Au **niveau 4** (Transformation), vous découvrez l'exaltation de la croissance continue. La stagnation et l'ennui sont remplacés par un sentiment d'aventure et de possibilités infinies. Votre vie devient un voyage d'exploration plutôt qu'une routine prédéterminée.

Au **niveau 5** (Cohésion interne), vous expérimentez la paix profonde qui vient de l'alignement avec votre vérité. Le conflit intérieur et la dissonance s'apaisent, vous permettant d'accéder à une intégrité et une authenticité renouvelées.

Au **niveau 6** (Faire une différence), vous connaissez la satisfaction incomparable de voir votre unique constellation de dons créer un impact positif. Le sentiment d'insignifiance qui hante tant de vies modernes se dissipe devant l'évidence de votre contribution.

Au **niveau 7** (Service), vous touchez à une forme de joie systémique qui transcende les circonstances. Vous vous sentez partie intégrante du grand mouvement de la vie, participant consciemment à l'évolution collective.

Ces bénéfices ne sont pas des récompenses lointaines à mériter, mais des expériences naturelles qui émergent à mesure que vous évoluez. Ils ne remplacent pas les défis inhérents à la condition humaine, mais transforment profondément votre manière de les vivre et de leur donner sens.

Le voyage de la conscience est à la fois le plus intime des parcours – personne ne peut le faire à votre place – et la plus universelle des aventures humaines. En explorant les différents niveaux de conscience à travers le modèle Barrett, vous vous inscrivez dans une quête qui a animé les chercheurs de vérité à travers les âges et les cultures.

Rappelez-vous que ce voyage n'est pas une compétition. Il n'y a pas de "meilleur" niveau à atteindre le plus rapidement possible. Chaque étape a sa beauté, ses leçons, sa saveur unique. La valeur est dans le voyage lui-même, dans l'expansion graduelle de votre être vers des horizons toujours plus vastes de compréhension et de connexion.

Au terme de ce premier chapitre, prenez un moment pour intégrer tout ce que vous avez découvert sur vous-même. De la connaissance de soi à la compréhension de vos besoins fondamentaux, de l'exploration de votre désir d'accomplissement à la cartographie de votre conscience — chaque section vous a offert une pièce du puzzle de votre être authentique.

Ce voyage intérieur que vous avez entamé n'est pas une simple lecture, mais une invitation à transformer votre vie de l'intérieur. Les concepts que nous avons explorés ne sont pas destinés à rester théoriques, mais à devenir des outils vivants pour illuminer votre chemin. Alors que nous concluons ce premier pas ensemble, rappelez-vous que l'éveil à la conscience de soi n'est pas une destination, mais une danse continue que vous pouvez maintenant pratiquer avec plus de grâce et de discernement.

Comme le disait si magnifiquement T.S. Eliot : *"Nous ne cesserons pas d'explorer, et la fin de toute notre exploration sera d'arriver là où nous avons commencé, et de connaître l'endroit pour la première fois."*

Conclusion

L'aventure intérieure commence maintenant !

Vous venez de franchir la première porte de votre voyage intérieur – celle de la connaissance de soi. En explorant les différentes dimensions de votre conscience, vous avez posé le pied sur un chemin transformateur qui ne demande qu'à se déployer.

La vérité est simple : **vous êtes un être en évolution constante.** Ni figée dans votre passé, ni limitée par vos circonstances actuelles. Vous êtes cette conscience magnifique qui peut, à chaque instant, choisir d'élargir sa perspective et d'approfondir sa connexion avec la vie.

Ce que vous avez découvert dans ce chapitre n'est pas qu'une théorie abstraite. C'est une cartographie vivante de votre propre paysage intérieur. Les modèles de Maslow et de Barrett ne sont pas des cadres rigides, mais des invitations à explorer vos propres territoires – vos besoins fondamentaux, vos aspirations profondes, vos niveaux de conscience actuels et potentiels.

Prenez un moment, maintenant, pour vous poser ces questions :

- o   Qu'est-ce qui résonne le plus fortement en vous parmi ce que vous venez de lire ?
- o   Quel niveau de conscience semble vous appeler en ce moment précis de votre vie ?
- o   Quelle petite action pourriez-vous entreprendre dès aujourd'hui pour honorer cet appel ?

Rappelez-vous : la plus grande aventure n'est pas celle qui vous mène vers des sommets extérieurs, mais celle qui vous guide vers les profondeurs de votre être. Les transitions que vous traversez – professionnelles, relationnelles, ou existentielles – sont des portails vers une conscience plus vaste, des invitations à vous connaître sous un jour nouveau.

Vous n'avez pas à parcourir ce chemin d'un seul bond. L'évolution authentique se déploie pas à pas, dans la bienveillance et la patience envers vous-même. Chaque prise de conscience, chaque petit changement d'habitude, chaque choix aligné avec vos valeurs profondes vous rapproche de la personne que vous êtes appelée à devenir.

Je vous invite à garder ce livre comme un compagnon fidèle dans les semaines à venir. Revenez à ces pages quand vous sentez le besoin de vous réorienter. Soulignez ce qui vous parle, notez vos réflexions dans les marges, faites de ces concepts des outils vivants pour votre croissance.

Et surtout, célébrez chaque pas de votre évolution. Reconnaissez votre courage d'avoir choisi ce chemin d'éveil à vous-même. Dans un monde qui valorise souvent l'action extérieure avant tout, vous avez choisi d'honorer cette dimension intérieure essentielle qui donne sens et profondeur à toute expérience humaine.

Le chapitre suivant vous guidera plus concrètement dans l'art d'embrasser votre voyage personnel comme une quête héroïque – avec ses défis, ses alliés, ses récompenses. Mais pour l'instant, je vous invite simplement à respirer profondément et à reconnaître la vérité la plus fondamentale : votre conscience est votre plus grand don, et l'éveiller est le plus beau cadeau que vous puissiez vous offrir.

Le voyage a commencé. Et vous avez tout ce qu'il faut pour le poursuivre avec grâce et courage.

10 POINTS ESSENTIELS A RETENIR SUR L'EVEIL DE LA CONSCIENCE DE SOI

1. La conscience de soi est votre boussole intérieure

Développer une conscience de soi profonde n'est pas un luxe, mais une nécessité vitale. Cette lumière intérieure vous permet de naviguer à travers les transitions avec clarté et de découvrir qui vous êtes véritablement au-delà des rôles que vous avez endossés.

2. Vos émotions sont des messagères précieuses

Accueillez vos émotions sans jugement. Elles portent des messages essentiels sur vos besoins, vos valeurs et vos limites. En les écoutant attentivement, vous accédez à une sagesse intérieure qui guidera vos choix avec justesse.

3. Votre histoire personnelle est un trésor de force

Chaque expérience vécue, même difficile, a contribué à façonner la personne exceptionnelle que vous êtes aujourd'hui. Reconnaître la singularité de votre parcours vous permet de transformer vos défis en forces authentiques.

4. Des fondations solides soutiennent votre épanouissement

Honorez vos besoins fondamentaux sans culpabilité. Prendre soin de votre sécurité, de votre bien-être physique et de vos relations n'est pas égoïste, mais essentiel pour libérer l'énergie nécessaire à votre développement personnel.

5. L'alignement entre vos valeurs et vos actions crée l'harmonie

Identifiez vos valeurs essentielles et alignez consciemment vos choix quotidiens avec elles. Cette cohérence intérieure est libératrice – elle réduit le conflit interne et permet l'expression authentique de qui vous êtes vraiment.

6. Votre conscience évolue naturellement par niveaux

Reconnaissez que votre conscience se développe comme une spirale ascendante. Chaque niveau transcende et inclut le précédent, vous offrant une perspective plus vaste et plus inclusive sur vous-même et le monde.

7. Les transitions sont des portails de transformation

Accueillez les périodes de transition comme des invitations précieuses à l'évolution. Ces moments de déséquilibre, bien qu'inconfortables, sont les plus fertiles pour votre croissance personnelle et votre expansion de conscience.

8. Les petits pas créent les grands changements

Célébrez chaque micro-progrès sur votre chemin. Les transformations durables se construisent rarement par des bonds spectaculaires, mais par une succession de petits choix alignés qui, jour après jour, façonnent une vie plus authentique.

9. Votre croissance personnelle enrichit toutes les dimensions de votre vie

Reconnaissez comment votre développement personnel rayonne dans toutes les sphères de votre existence – santé, relations, travail, spiritualité. Une conscience élargie transforme naturellement la qualité de votre expérience dans chaque domaine.

10. Vous êtes à la fois le voyageur et le chemin

Embrassez cette vérité fondamentale : vous êtes simultanément celle qui voyage et le chemin lui-même. Votre conscience est votre plus grand don, et l'éveiller est l'aventure la plus significative que vous puissiez entreprendre.

"Le voyage d'éveil à soi-même n'est pas une destination à atteindre, mais une danse continuelle d'expansion et d'expression. Chaque pas compte, chaque prise de conscience est précieuse."

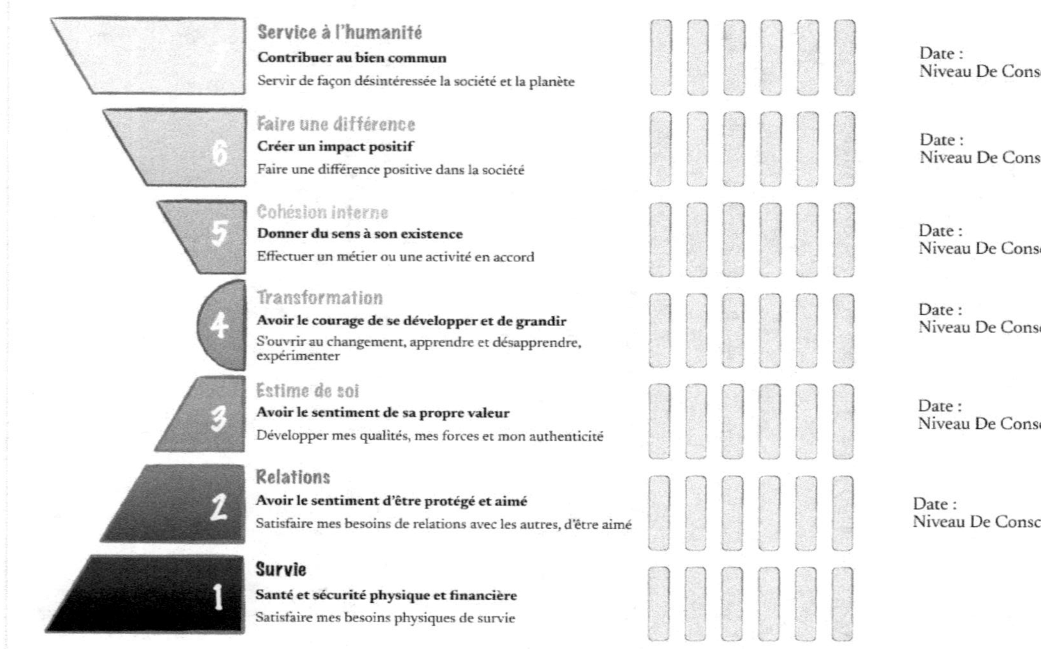

Ma conscience du moment
Service à l'humanité
Contribuer au bien commun
Servir de façon désintéressée la société et la planète
Faire une différence
Créer un impact positif
Faire une différence positive dans la société
Cohésion interne
Donner du sens à son existence
Effectuer un métier ou une activité en accord
Transformation
Avoir le courage de se développer et de grandir
S'ouvrir au changement, apprendre et désapprendre, expérimenter
Estime de soi
Avoir le sentiment de sa propre valeur
Développer mes qualités, mes forces et mon authenticité
Relations
Avoir le sentiment d'être protégé et aimé
Satisfaire mes besoins de relations avec les autres, d'être aimé
Survie
Santé et sécurité physique et financière
Satisfaire mes besoins physiques de survie
Date :
Niveau De Conscience :
Date :
Niveau De Conscience :
Date :
Niveau De Conscience :
Date :
Niveau De Conscience :
Date :
Niveau De Conscience :
Date :
Niveau De Conscience :

Guide de réflexion pour votre voyage de conscience

Comment utiliser votre canevas de conscience du moment

Ce canevas n'est pas un simple outil d'évaluation – c'est un miroir vivant de votre transformation intérieure. En vous invitant à documenter régulièrement votre conscience du moment, il vous offre un panorama précieux de votre évolution personnelle à travers les différents niveaux de conscience définis par Richard Barrett.

Instructions pour votre pratique réflexive

1. Choisissez votre moment

Réservez un espace de calme, à l'abri des distractions, où vous pourrez vous connecter authentiquement à votre état intérieur. Les transitions naturelles – début de mois, changement de saison, anniversaire personnel – constituent des occasions idéales pour cette réflexion.

2. Évaluez votre niveau pour chaque dimension

Pour chacun des sept niveaux, coloriez les rectangles (de 1 à 6) qui représentent votre expérience actuelle :

- **1-2 rectangles** : Ce niveau retient peu votre attention et votre énergie
- **3-4 rectangles** : Ce niveau occupe régulièrement vos pensées et vos efforts
- **5-6 rectangles** : Ce niveau est dominant dans votre conscience actuelle

3. Notez la date et vos observations

Après avoir colorié, inscrivez la date et quelques mots clés pour capturer votre compréhension de votre niveau de conscience. Que remarquez-vous ? Qu'est-ce qui vous surprend ? Quelles perspectives s'ouvrent à vous ?

4. Accueillez sans juger

Rappelez-vous qu'il n'y a pas de "bon" ou de "mauvais" niveau. Chaque niveau a sa fonction essentielle. L'objectif n'est pas d'atteindre le sommet à tout prix, mais d'observer avec bienveillance votre parcours unique d'évolution.

5. Revisitez régulièrement

Engagez-vous à revenir à ce canevas tous les trois mois environ. Cette constance vous permettra d'observer les motifs subtils de votre développement et d'honorer chaque pas de votre transformation.

Questions pour approfondir votre réflexion

Lorsque vous remplissez votre canevas, laissez-vous guider par ces questions :

- Quel niveau mobilise actuellement ma plus grande énergie ?
- Ai-je remarqué des changements depuis ma dernière évaluation ?
- Y a-t-il un niveau qui m'appelle, même silencieusement ?
- Quels événements récents ont potentiellement influencé ma conscience ?
- Comment puis-je honorer mon niveau actuel tout en restant ouvert(e) à l'expansion ?

Un témoignage vivant de votre parcours

Au fil des mois et des années, ce canevas deviendra le témoin fidèle de votre voyage intérieur. Il célébrera vos moments d'expansion et vous soutiendra dans les périodes de consolidation. Chaque remplissage est une pierre posée sur le chemin de votre éveil – un acte d'amour envers vous-même et votre potentiel illimité.

Rappelez-vous : ce n'est pas la destination qui importe, mais la conscience que vous apportez à chaque pas du voyage.

Chapitre 2 : Comprendre votre voyage du héros

Avez-vous déjà ressenti ce frémissement intérieur, cette certitude silencieuse que quelque chose dans votre vie devait changer ? Ce moment où, malgré le confort de la routine, une voix en vous murmure qu'il est temps d'emprunter un nouveau chemin ? Si tel est le cas, vous vous tenez au seuil de votre propre voyage de transformation.

Les transitions de vie ne sont jamais de simples changements de décor. Qu'il s'agisse d'une reconversion professionnelle, d'un départ à la retraite, d'un déménagement ou d'une remise en question profonde de vos valeurs, ces passages représentent de véritables invitations à vous réinventer. Ces moments, bien que parfois déstabilisants, sont les catalyseurs de votre croissance la plus significative.

Dans ce chapitre, nous explorerons ensemble la puissante métaphore du voyage du héros – ce modèle universel qui résonne à travers les millénaires dans nos mythes et qui se révèle étonnamment pertinent pour comprendre les transformations personnelles que nous traversons aujourd'hui. Plus qu'un simple cadre théorique, cette approche vous offrira une carte précieuse pour naviguer dans les eaux parfois tumultueuses du changement.

Notre exploration se déroulera en quatre parties essentielles :

Dans la **première section**, nous découvrirons les étapes universelles du voyage du héros et comment ce modèle ancestral éclaire nos transitions modernes. Vous comprendrez les trois grandes phases de toute transformation authentique : le départ courageux qui vous éloigne du connu, l'initiation qui vous teste et vous transforme, et le retour qui vous permet d'intégrer et de partager votre nouvelle sagesse.

La **deuxième section** vous aidera à identifier précisément où vous vous situez dans votre propre voyage. Vous apprendrez à reconnaître les signes révélateurs de chaque phase et à comprendre les défis spécifiques qui les accompagnent, transformant ainsi l'incertitude en clarté et l'anxiété en confiance.

Dans la **troisième section**, nous passerons à l'action en cartographiant votre parcours personnel. Vous créerez votre propre ligne de temps héroïque, identifierez vos ressources actuelles et préparerez consciemment vos prochaines étapes, traduisant les concepts en une feuille de route concrète adaptée à votre situation unique.

Enfin, la **quatrième section** vous équipera pour maintenir l'élan de votre transformation à travers les défis inévitables que vous rencontrerez. Vous découvrirez des pratiques quotidiennes puissantes, des stratégies pour surmonter les obstacles et des méthodes pour cultiver le soutien essentiel à votre réussite.

Chaque transition significative dans votre vie est une invitation à écrire un nouveau chapitre de votre histoire. Ce n'est pas simplement un changement extérieur, mais une opportunité de révéler des dimensions de vous-même que vous n'avez peut-être jamais explorées. En vous engageant dans ce voyage avec conscience et courage, vous ne vous contentez pas de survivre au changement – vous vous transformez à travers lui.

Tournez la page, et commençons ensemble à cartographier votre propre voyage héroïque.

Section 1 : Les étapes universelles du voyage du héros

A. Comprendre le pouvoir du voyage intérieur

Nous traversons tous des moments de transition qui appellent à une profonde transformation. Que ce soit un changement de carrière, une séparation, un déménagement ou simplement cette voix intérieure qui vous murmure qu'il est temps d'évoluer, ces périodes charnières vous invitent à entreprendre votre propre voyage du héros.

◥ Pourquoi cette métaphore résonne avec nos transitions de vie

La métaphore du voyage du héros n'est pas qu'un simple schéma narratif - c'est le reflet de notre expérience humaine universelle. Cette trame, identifiée par Joseph Campbell dans son œuvre majeure "Le Héros aux mille visages"[8], se retrouve dans les mythes, contes et récits de toutes les cultures. Sa persistance à travers les siècles témoigne d'une vérité fondamentale : *nous sommes tous appelés, à différents moments de notre vie, à quitter notre zone de confort pour nous aventurer vers l'inconnu, affronter des défis et revenir transformés.*

Cette vérité se connecte directement à ce que nous avons exploré avec la pyramide de Maslow : l'appel à l'aventure correspond souvent à l'émergence de besoins supérieurs – appartenance, estime, réalisation de soi – qui ne peuvent plus être ignorés.

Dans votre vie professionnelle et personnelle, chaque transition majeure suit ce même schéma. Lorsque vous ressentez ce besoin profond de changement, ce n'est pas un caprice passager - c'est l'appel de votre propre évolution qui vous convie à écrire un nouveau chapitre de votre histoire.

◥ Comment ce cadre peut éclairer votre parcours actuel

Le cadre du voyage du héros offre une carte précieuse pour naviguer dans les eaux parfois tumultueuses du changement. En reconnaissant les étapes qui composent ce parcours, vous pouvez :

- Situer précisément où vous vous trouvez dans votre propre transformation
- Anticiper les défis qui vous attendent et vous y préparer consciemment
- Comprendre que les obstacles ne sont pas des échecs mais des opportunités de croissance essentielles

- Reconnaître les alliés et mentors qui peuvent vous guider
- Accepter que la résistance au changement soit naturelle et fait partie intégrante du processus

Ce cadre transforme votre perception des difficultés : les moments de doute, de peur ou de résistance ne sont plus des anomalies à éviter, mais des passages nécessaires vers votre renouveau.

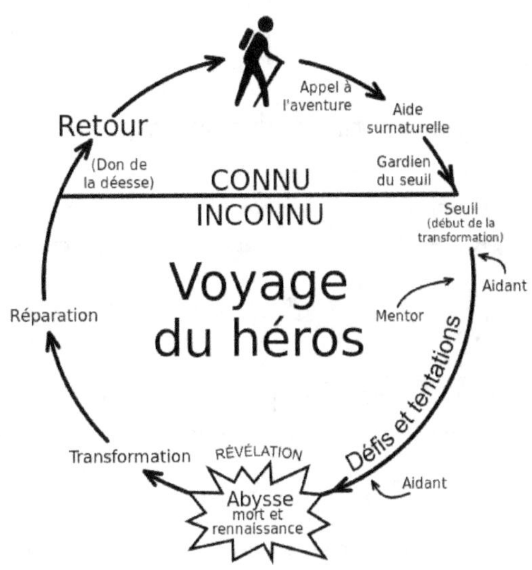

◥ Les bénéfices de voir sa vie comme un voyage héroïque

Adopter cette perspective du voyage du héros pour votre propre vie offre des avantages considérables :

- **Une structure qui donne du sens** - vos expériences, même les plus douloureuses, s'inscrivent dans une trame plus large qui mène à votre croissance.
- **Le courage face à l'incertitude** - sachant que l'inconfort et l'incertitude sont des composantes normales de toute transformation, vous abordez ces phases avec plus de sérénité.
- **La confiance dans vos ressources** - cette perspective vous rappelle que vous portez en vous les capacités de surmonter les obstacles qui se dressent sur votre chemin.

- **La valorisation de votre parcours unique** - votre histoire personnelle devient une source de fierté et de sagesse à partager avec les autres.
- **L'autonomisation** - vous devenez l'auteur conscient de votre propre récit plutôt que la victime passive des circonstances.

Voir votre vie comme un voyage héroïque, c'est reconnaître la noblesse de votre quête personnelle et professionnelle. C'est accepter que chaque transition, même difficile, vous rapproche de la personne que vous êtes appelé(e) à devenir.

B. Les trois grandes phases de transformation

Le voyage du héros se déploie en trois phases distinctes mais interconnectées. Comprendre ces phases vous permettra d'anticiper le flux naturel de votre propre transformation et d'accueillir chaque étape avec plus de conscience.

1. Le départ : quitter le connu

Toute transformation commence par l'abandon de ce qui vous est familier. Cette première phase essentielle établit les fondations de votre voyage.

Reconnaître l'appel au changement

L'appel se présente sous diverses formes : un malaise persistant dans votre situation actuelle, une opportunité inattendue, une crise qui bouleverse vos repères, ou cette intuition profonde qu'il est temps d'évoluer. Cet appel est souvent subtil au début - un murmure plutôt qu'un cri. Il se manifeste par :

- Une insatisfaction croissante dans votre rôle actuel
- Des rêves récurrents ou des aspirations qui refusent de se taire
- Des synchronicités qui semblent vous guider vers une nouvelle direction
- Un événement déclencheur qui remet en question votre statu quo

Être attentif à ces signaux constitue la première étape de votre transformation.

Surmonter la résistance initiale

Face à l'appel, votre première réaction est souvent le refus. Cette résistance est naturelle - elle est l'expression de votre attachement au confort du connu, à votre identité actuelle et à vos habitudes établies.

Vous pourriez vous interroger : "*Suis-je vraiment prêt(e) ? Est-ce le bon moment ? Et si j'échouais ?*"

Cette résistance peut prendre la forme de :

- Rationalisation et justification de votre situation actuelle
- Procrastination et recherche constante de "plus d'informations"
- Doutes sur vos capacités à réussir cette transition
- Peur de décevoir les attentes des autres

Reconnaître cette résistance comme une étape normale du processus vous aide à la traverser avec plus de compassion envers vous-même.

Trouver ses guides et mentors

Pour franchir le seuil de l'inconnu, vous aurez besoin de guides. Ces mentors peuvent être des personnes physiques - un coach, un supérieur bienveillant, un ami qui a traversé une expérience similaire - ou des ressources comme des livres, des formations ou des pratiques qui vous soutiennent.

Le rôle de ces mentors est crucial :

- Ils vous offrent une perspective que vous ne pouvez pas avoir seul(e)
- Ils vous transmettent des outils et des connaissances essentielles
- Ils vous encouragent lorsque votre confiance vacille
- Ils vous aident à voir votre potentiel quand vous doutez

N'hésitez pas à rechercher activement ces guides - leur présence peut faire toute la différence dans votre parcours.

Franchir le premier pas

Vient enfin le moment décisif : franchir le seuil. C'est l'instant où vous vous engagez concrètement dans votre transformation. Ce premier pas demande courage et détermination. Il s'agit de :

- Prendre une décision qui vous engage vers votre nouvelle direction
- Accepter de quitter votre zone de confort
- Vous ouvrir à de nouvelles possibilités
- Faire confiance au processus malgré l'incertitude

Ce passage marque votre entrée dans un territoire inconnu où vous serez mis(e) à l'épreuve, mais aussi où vous découvrirez des ressources insoupçonnées.

2.   L'initiation : traverser les épreuves

Une fois le seuil franchi, vous entrez dans la phase d'initiation - le cœur de votre transformation. C'est ici que vous serez véritablement mis(e) à l'épreuve, que vous développerez de nouvelles compétences et que vous vous découvrirez sous un jour nouveau.

Faire face aux défis

Dans cette nouvelle réalité, vous rencontrerez inévitablement des obstacles qui testeront votre détermination et votre engagement. Ces défis prennent diverses formes :

- Remise en question de vos anciennes certitudes
- Confrontation à vos limites et à vos peurs
- Échecs et revers qui mettent à l'épreuve votre persévérance
- Moments de doute où vous pourriez être tenté(e) d'opérer un demi-tour

Ces défis ne sont pas des punitions, mais des opportunités cruciales de croissance. Chaque obstacle vous invite à puiser dans des ressources que vous ignoriez posséder et à développer votre résilience.

Développer de nouvelles compétences

Pour surmonter ces épreuves, vous devrez acquérir de nouvelles compétences, tant techniques que personnelles :

- Apprentissage de nouveaux savoirs et savoir-faire
- Développement de nouvelles approches face aux problèmes
- Renforcement de votre intelligence émotionnelle
- Cultivation de qualités comme la patience, la persévérance et l'adaptabilité

Ce processus d'apprentissage est souvent inconfortable, mais chaque nouvelle compétence acquise vous rapproche de votre nouvelle identité.

Construire des alliances

Aucun héros ne réussit seul. Sur votre chemin, vous rencontrerez des alliés qui deviendront essentiels à votre progression :

- Des pairs qui partagent votre quête et comprennent vos défis
- Des experts qui vous offrent leur savoir et leur expérience

- Des soutiens qui vous encouragent dans les moments difficiles
- Des témoins qui reconnaissent et célèbrent votre évolution

Ces alliances vous apportent non seulement un soutien pratique, mais aussi la force émotionnelle nécessaire pour persévérer lorsque le chemin devient ardu.

Affronter ses peurs profondes

L'épreuve suprême de cette phase consiste à affronter vos peurs les plus profondes - ce que Campbell appelle "l'antre du dragon". Il s'agit souvent de :

- Confronter les croyances limitantes qui vous retiennent
- Faire face à vos insécurités fondamentales
- Lâcher des aspects de votre identité qui ne vous servent plus
- Embrasser pleinement votre vulnérabilité

Cette confrontation, bien que redoutable, est la porte vers votre transformation la plus profonde. C'est en traversant vos plus grandes peurs que vous découvrez votre véritable force.

3.   Le retour : incarner la transformation

La phase finale du voyage est souvent négligée, mais elle est essentielle pour intégrer pleinement votre transformation. Le retour ne signifie pas revenir à votre point de départ inchangé(e), mais plutôt revenir à votre vie avec une nouvelle sagesse et une nouvelle identité.

Intégrer ses apprentissages

La première étape du retour consiste à assimiler consciemment tout ce que vous avez appris :

- Reconnaître les leçons tirées de chaque épreuve
- Identifier comment vous avez changé et évolué
- Comprendre comment ces apprentissages s'appliquent à l'ensemble de votre vie
- Consolider vos nouvelles compétences et perspectives

Cette intégration demande réflexion et temps de pause. Sans elle, vos expériences risquent de rester des événements isolés plutôt que des éléments transformateurs.

Partager sa sagesse

Une fois vos apprentissages intégrés, vous êtes appelé(e) à les partager :

- Témoigner de votre parcours auprès de ceux qui pourraient en bénéficier
- Mentorer d'autres personnes qui commencent un voyage similaire
- Transmettre vos connaissances et insights dans votre environnement
- Contribuer à votre communauté avec vos nouvelles capacités

Ce partage n'est pas un acte d'égo, mais de générosité. Il permet à votre transformation de créer des ondulations positives au-delà de vous-même.

Inspirer les autres

Par votre exemple, vous devenez une source d'inspiration :

- Votre courage face au changement encourage les autres à oser
- Votre authenticité dans le partage de vos difficultés normalise les défis
- Votre réussite rend tangible ce qui semblait impossible
- Votre transformation démontre le potentiel inhérent à chacun

Sans même chercher à convaincre, votre simple présence transformée devient un phare pour ceux qui sont prêts à entreprendre leur propre voyage.

S'ouvrir aux nouveaux cycles

Enfin, vous reconnaissez que le voyage ne s'arrête jamais vraiment :

- Vous restez ouvert(e) aux nouveaux appels à l'aventure
- Vous abordez les prochains cycles avec plus de confiance et de sagesse
- Vous acceptez que la croissance soit un processus continu
- Vous célébrez chaque spirale ascendante de votre développement

Cette ouverture aux nouveaux cycles vous permet de vivre avec fluidité et d'accueillir le changement non plus comme une menace, mais comme une invitation perpétuelle à devenir plus pleinement vous-même.

À travers ces trois phases - le départ, l'initiation et le retour - le voyage du héros offre un cadre élémentaire pour comprendre et naviguer vos propres transformations. En reconnaissant où vous vous situez dans ce cycle, vous pouvez embrasser chaque étape avec plus de conscience et de sérénité, sachant que chacune a sa place et son importance dans votre évolution personnelle et professionnelle.

Pour vous permettre d'aller plus en profondeur dans votre compréhension, explorons maintenant une version moderne et détaillée du voyage du héros en 12 étapes clés. Cette feuille de route constitue un « zoom » pratique sur les trois grandes phases que nous venons d'explorer : les étapes 1 à 4 correspondent au **Départ**, les étapes 5 à 9 à l'**Initiation**, et les étapes 10 à 12 au **Retour**. Chaque étape vous offre des repères plus précis pour identifier exactement où vous vous trouvez et quels défis spécifiques vous attendent.

Les étapes du voyage du héros selon Joseph Campbell

Sources : Cette infographie est une réinterprétation inédite des propositions faites par :

1° Jonah Sachs, Gagner la guerre des histoires[9]

2° Nancy Duarte, Resonate[10]

3° Alper Tonga, Introduire le voyage du héros dans la gestion évolutive du changement[11]

Invitation à l'action : Avant de poursuivre votre lecture, vous pouvez prendre le canevas « Mon parcours du héros » disponible à la fin de ce chapitre ou en ligne (scannez le QR Code ci-dessous). Gardez-le à portée de main et, pour chaque étape que vous allez découvrir, prenez quelques instants pour noter vos réflexions en réponse aux questions proposées. Cette pratique transformera votre lecture en une véritable exploration personnelle et vous permettra de créer votre carte en temps réel."

Les 12 étapes du voyage du héros moderne

◣ L'étape 1 : la région du confort habituel

C'est votre point de départ, ce monde familier où tout vous semble prévisible. Ici, vous évoluez dans une routine établie, entouré de repères rassurants. Bien que confortable, cet espace finit souvent par devenir limitant - vous y ressentez parfois ce léger malaise, cette intuition qu'il y a davantage à explorer au-delà de vos frontières habituelles. C'est dans cette zone que naissent vos premières prises de conscience, encore embryonnaires, des changements possibles.

Voici quelques questions pour vous permettre de réfléchir aux caractéristiques de cette étape :

- Quels aspects de votre vie actuelle vous semblent familiers et prévisibles ?
- Quels signaux subtils vous indiquent qu'il pourrait être temps d'évoluer ?
- Quelles routines vous apportent à la fois confort et limitation ?
- Dans quels domaines ressentez-vous un décalage entre ce que vous faites et ce à quoi vous aspirez ?
- Comment votre environnement actuel influence-t-il votre vision de ce qui est possible pour vous ?

◥ L'étape 2 : Le point d'activation du déclencheur

Un événement, une rencontre ou une réalisation vient soudain perturber votre équilibre. Ce déclencheur amplifie votre sensibilisation aux possibilités qui s'offrent à vous et provoque une prise de conscience plus profonde. Il peut s'agir d'une opportunité inattendue, d'une perte significative ou simplement de cette voix intérieure qui devient impossible à ignorer. Ce moment catalyseur vous invite à envisager sérieusement une autre voie.

Voici quelques questions pour vous permettre de réfléchir aux caractéristiques de cette étape :

- o   Quel événement récent a remis en question vos certitudes ou vos habitudes ?
- o   Quelle prise de conscience vous a profondément marqué ces derniers temps ?
- o   Quelle voix intérieure devient de plus en plus difficile à ignorer ?
- o   Quelle rencontre ou lecture a changé votre perspective sur votre situation ?
- o   Quelle opportunité se présente à vous, même si elle vous effraie ?

Par exemple : Charlotte, manager depuis 15 ans, a ressenti son déclencheur lors d'une présentation où elle s'est entendue répéter les mêmes arguments qu'il y a 3 ans. Cette prise de conscience l'a bouleversée : elle réalisait qu'elle n'évoluait plus.

◥ L'étape 3 : le plateau de résistance au changement

Face à l'appel au changement, votre première réaction est souvent le refus. Cette résistance naturelle se manifeste par des hésitations, des doutes, des rationalisations pour maintenir le statu quo. Vous vous trouvez sur ce plateau, tiraillé entre le désir d'évolution et la peur de l'inconnu. Cette étape est cruciale - c'est le moment où vous devez reconnaître vos peurs pour pouvoir les transformer en tremplins vers l'action.

Voici quelques questions pour vous permettre de réfléchir aux caractéristiques de cette étape :

- o   Quelles peurs précises émergent face à l'idée de changement ?
- o   Quelles justifications utilisez-vous pour maintenir le statu quo ?
- o   Comment vous sentez-vous physiquement quand vous envisagez de quitter votre zone de confort ?
- o   Quels scénarios catastrophes imaginez-vous pour vous dissuader d'avancer ?
- o   Quelle partie de votre identité actuelle craignez-vous de perdre en changeant ?

◣ L'étape 4 : le camp d'entraînement

Vous avez décidé de répondre à l'appel. Dans ce camp d'entraînement, vous commencez à vous préparer activement pour votre voyage. Vous développez de nouvelles compétences, renforcez votre détermination et créez les conditions nécessaires pour franchir le seuil de l'inconnu. C'est le moment d'engagement véritable, où vous surmontez votre réticence initiale pour vous consacrer pleinement à votre transformation.

Voici quelques questions pour vous permettre de réfléchir aux caractéristiques de cette étape :

- o   Quelles nouvelles compétences devez-vous développer pour réussir votre transformation ?
- o   Quelles habitudes pourriez-vous instituer dès maintenant pour préparer votre changement ?
- o   Qui pourrait vous servir de guide ou de mentor dans cette phase préparatoire ?
- o   Quel petit pas concret pourriez-vous faire cette semaine pour signaler votre engagement ?
- o   Quelles ressources (livres, cours, communautés) pourraient soutenir votre préparation ?

Par exemple : Julien, comptable aspirant photographe, a transformé ses soirées en 'camp d'entraînement' : cours en ligne le lundi, pratique photo le mercredi, networking avec d'autres photographes le vendredi. Cette structure l'a préparé concrètement à sa transition.

◥ L'étape 5 : l'accélérateur de leadership

En embrassant ce nouvel engagement, vous développez naturellement vos qualités de leader - d'abord envers vous-même. Votre vision s'affine, votre confiance grandit, et vous commencez à prendre véritablement les commandes de votre transformation. Cet accélérateur vous propulse vers l'action concrète et fait émerger des ressources intérieures que vous ne soupçonniez peut-être pas.

Voici quelques questions pour vous permettre de réfléchir aux caractéristiques de cette étape :

- o Comment prenez-vous actuellement les commandes de votre propre vie ?
- o Quelle vision guidera vos prochaines décisions ?
- o Quelles qualités de leader devez-vous développer pour avancer ?
- o Comment pourriez-vous inspirer les autres par votre démarche de transformation ?
- o Quelle responsabilité êtes-vous prêt(e) à assumer pleinement dès maintenant ?

◥ L'étape 6 : le terrain d'expérimentation

L'heure est venue de mettre en pratique vos nouvelles compétences. Ce terrain d'expérimentation vous invite à essayer, à tester, à ajuster votre approche dans des conditions réelles. C'est l'étape des premiers pas concrets, parfois maladroits mais toujours précieux. Chaque essai, réussi ou non, enrichit votre expérience et affine votre compréhension du chemin à parcourir.

Voici quelques questions pour vous permettre de réfléchir aux caractéristiques de cette étape :

- o Quelle expérience concrète pourriez-vous tenter cette semaine ?
- o Quels risques calculés êtes-vous prêt(e) à prendre pour avancer ?
- o Comment pourriez-vous transformer vos échecs en apprentissages précieux ?
- o Dans quel environnement sécurisé pourriez-vous tester vos nouvelles approches ?
- o Quelle action, même imparfaite, vous ferait progresser significativement ?

◥ L'étape 7 : l'espace de compréhension

Dans cette phase réflexive, vous intégrez les leçons de vos expérimentations. Les pièces du puzzle commencent à s'assembler, et vous percevez plus clairement les schémas qui se dessinent. Cette compréhension approfondie vous permet de rendre vos actions plus intentionnelles et alignées avec votre objectif de transformation. C'est un moment d'éclaircissement où vous donnez du sens à votre parcours.

Voici quelques questions pour vous permettre de réfléchir aux caractéristiques de cette étape :

- o   Quelles leçons essentielles avez-vous tirées de vos récentes expériences ?
- o   Quels schémas commencez-vous à identifier dans votre parcours ?
- o   Comment vos récentes découvertes s'intègrent-elles à votre vision plus large ?
- o   Quel temps accordez-vous à la réflexion sur votre cheminement ?
- o   Quelle intuition profonde mérite votre attention en ce moment ?

◥ L'étape 8 : l'aire d'amélioration

Fort de votre nouvelle compréhension, vous entrez dans une phase d'amélioration consciente. Vous ajustez, affinez, et perfectionnez vos approches. C'est ici que vous vous préparez à réaliser un changement plus significatif, en appliquant avec discernement les leçons apprises. Cette aire représente votre capacité à évoluer délibérément, à vous transformer graduellement par des ajustements constants et réfléchis.

Voici quelques questions pour vous permettre de réfléchir aux caractéristiques de cette étape :

- o   Dans quels domaines précis pouvez-vous affiner votre approche ?
- o   Quels ajustements spécifiques pourriez-vous apporter à vos actions ?
- o   Comment transformez-vous vos erreurs en opportunités d'amélioration ?
- o   Quelle pratique quotidienne vous aiderait à progresser constamment ?

o   Quelles sont les particularités de cette nouvelle version de vous-même qui commence à émerger ?

◤ L'étape 9 : la zone des nouvelles connaissances

Dans cette zone fertile, vous récoltez les fruits de votre parcours. Vos tentatives et améliorations se cristallisent en nouvelles connaissances et compétences solides. Ces révélations vous permettent de voir le monde et vous-même sous un jour nouveau. C'est un espace d'expansion où votre conscience s'élargit et où vous intégrez profondément les leçons de votre voyage.

Voici quelques questions pour vous permettre de réfléchir aux caractéristiques de cette étape :

o   Quelles révélations importantes avez-vous eues récemment ?
o   Comment votre vision du monde a-t-elle évolué depuis le début de votre parcours ?
o   Quelles nouvelles compétences avez-vous développées qui vous surprennent ?
o   Comment intégrez-vous ces nouvelles connaissances dans votre quotidien ?
o   Quelle sagesse personnelle pourriez-vous maintenant partager avec d'autres ?

◤ L'étape 10 : la plateforme de transformation

C'est le moment où votre transformation devient manifeste - non seulement pour vous, mais aussi pour ceux qui vous entourent. Cette plateforme marque votre engagement définitif à incarner le changement. Vous n'essayez plus simplement de nouvelles approches - vous êtes devenu la personne capable de vivre selon ces nouvelles valeurs et perspectives, avec une authenticité renouvelée.

Voici quelques questions pour vous permettre de réfléchir aux caractéristiques de cette étape :

o   Comment incarnez-vous concrètement votre transformation au quotidien ?
o   Quels changements les autres remarquent-ils en vous ?

- o Comment votre engagement envers votre nouvelle voie se manifeste-t-il ?
- o Quelles anciennes habitudes ou croyances avez-vous définitivement abandonnées ?
- o Comment maintenez-vous votre transformation même dans les moments difficiles ?

◥ L'étape 11 : La place des démonstrations

À cette étape, vous commencez naturellement à partager votre transformation avec le monde. Ce n'est pas par vanité, mais par une authentique expression de votre nouvelle façon d'être. Vos actions et votre présence témoignent de votre parcours. Cette démonstration, souvent silencieuse mais puissante, inspire les autres et valide votre propre transformation. Vous prouvez, d'abord à vous-même puis aux autres, que le changement est réel et durable.

Voici quelques questions pour vous permettre de réfléchir aux caractéristiques de cette étape :

- o Comment partagez-vous naturellement votre transformation avec le monde ?
- o Quelles actions concrètes témoignent de votre évolution personnelle ?
- o Comment inspirez-vous les autres ?
- o Quelles preuves tangibles avez-vous que votre transformation est réelle et durable ?
- o Comment votre exemple pourrait-il éclairer le chemin des autres ?

◥ L'étape 12 : l'espace des résultats et des célébrations

Dans cet espace final, vous récoltez pleinement les fruits de votre voyage. Vous constatez les résultats tangibles de votre transformation et prenez le temps de les célébrer consciemment. Cette célébration n'est pas superflue - elle ancre vos réalisations et honore le chemin parcouru. Avec cette maîtrise finale de votre problématique initiale, vous êtes prêt à revenir dans le monde ordinaire, enrichi de votre élixir de transformation, pour peut-être entamer un nouveau cycle de croissance.

Voici quelques questions pour vous permettre de réfléchir aux caractéristiques de cette étape :

- o Quels résultats concrets votre transformation a-t-elle produits dans votre vie ?
- o Comment célébrez-vous consciemment vos réussites et votre parcours ?
- o Quelle est votre plus grande fierté quand vous regardez le chemin parcouru ?
- o Quel "élixir" ou sagesse rapportez-vous de votre voyage pour enrichir votre monde ?
- o Vers quel nouveau cycle d'évolution vous sentez-vous appelé(e) maintenant ?

Ce modèle en douze étapes vous offre une carte précieuse pour votre voyage de transformation personnelle. Souvenez-vous que ce parcours n'est jamais parfaitement linéaire - vous pouvez revisiter certaines étapes, en approfondir d'autres, ou parfois sembler stagner avant une percée significative. L'important n'est pas la perfection du cheminement, mais la progression.

Section 2 : Identifier votre position dans le voyage

Imaginez que vous teniez entre vos mains une carte détaillée d'un territoire inconnu. Sans savoir où vous vous trouvez précisément sur cette carte, même les indications les plus précises perdent leur valeur. Il en va de même pour votre voyage de transformation. Reconnaître exactement où vous vous situez dans ce parcours est la clé qui transforme l'incertitude en clarté et l'anxiété en direction.

Chaque phase du voyage du héros possède sa propre signature émotionnelle, ses défis caractéristiques et ses opportunités uniques. En apprenant à reconnaître ces marqueurs, vous développez une boussole intérieure qui vous guidera même dans les moments de doute.

A. Les signes du départ

◤ Les signes avant-coureurs du changement

Le changement murmure souvent longtemps avant de crier. Apprenez à reconnaître ses premières manifestations :

- **L'insatisfaction croissante** - Ce sentiment subtil que quelque chose ne correspond plus dans votre situation actuelle. Cette insatisfaction fait écho à ce que nous avons vu avec les niveaux de conscience de Barrett : vous ressentez l'appel à passer d'un niveau de survie ou de relation à un niveau de transformation personnelle. Vous accomplissez vos tâches, mais l'enthousiasme s'est évaporé. Cette insatisfaction n'est pas un défaut de caractère, mais un message précieux de votre être profond.
- **Les rêves récurrents** - Ces aspirations qui refusent de se taire, qui émergent dans vos moments de calme ou qui vous réveillent la nuit. Elles peuvent sembler déraisonnables ou utopiques, mais leur persistance est significative.
- **Les coïncidences signifiantes** - Ces rencontres, conversations ou opportunités qui semblent arriver "par hasard" mais qui pointent vers une nouvelle direction. Comme si l'univers plaçait des indices sur votre chemin.
- **Les questionnements existentiels** - Ces moments où vous vous demandez : "*Est-ce vraiment ce que je veux faire de ma vie ?*" ou "*Est-ce que je vis selon mes valeurs profondes ?*". Ces questions ne sont pas de simples divagations, mais des invitations à l'introspection.

- **Les signes physiques** - Fatigue inexpliquée, troubles du sommeil, tension constante. Votre corps parle souvent avant que votre esprit ne comprenne pleinement qu'un changement est nécessaire.

Si vous reconnaissez plusieurs de ces signes, vous êtes probablement au seuil du départ. Accueillez ces messages comme des alliés bienveillants qui vous guident vers votre prochain chapitre.

◥ Les résistances typiques à reconnaître

La résistance au changement est naturelle et universelle. La reconnaître vous permet de la traverser avec plus de compassion :

- **La peur de l'inconnu** - Cette appréhension face à ce qui n'est pas encore défini. Rappelez-vous : le confort du connu peut sembler sécurisant, mais c'est dans l'inexploré que réside votre croissance.
- **Le perfectionnisme paralysant** - "Je ne suis pas encore prêt(e)" ou "J'ai besoin de plus d'information." Ces pensées semblent raisonnables mais masquent souvent une peur profonde d'agir. Rappelez-vous que la préparation parfaite est un mythe.
- **L'attachement à l'identité actuelle** - "*Si je change, qui serai-je ?*". Cette inquiétude touche à votre sens même de qui vous êtes. Pourtant, votre identité n'est pas fixe mais fluide, capable d'intégrer de nouvelles dimensions.
- **La loyauté envers les autres** - "*Que penseront-ils si je change ?*" ou "*Je vais les décevoir.*" Cette préoccupation témoigne de votre sensibilité, mais rappelle également que votre vie vous appartient avant tout.
- **Le doute de soi** - "*Suis-je vraiment capable de réussir ?*". Ce questionnement de vos capacités est normal, mais sachez que vos ressources intérieures dépassent souvent ce que vous imaginez.

Reconnaître ces résistances ne signifie pas les combattre férocement. Accueillez-les comme des parties de vous qui cherchent à vous protéger, tout en reconnaissant qu'elles ne doivent pas avoir le dernier mot.

◥ Comment accueillir l'appel au changement

Lorsque l'appel au changement se fait entendre, voici comment l'accueillir avec courage et lucidité :

- **Créez un espace de réflexion** - Accordez-vous des moments de calme réguliers pour écouter votre voix intérieure. La clarté émerge rarement dans l'agitation constante.
- **Dialoguez avec vos peurs** - Plutôt que de les fuir, invitez vos inquiétudes à s'exprimer. Posez-vous : "*Quelle est ma plus grande crainte face à ce changement ?*" puis " *Comment pourrais-je y faire face si elle se réalisait ?*".
- **Recherchez des signes de confirmation** - Notez les synchronicités qui confirment votre direction. Ces petits signes peuvent devenir une source précieuse de motivation.
- **Commencez par des pas modestes** - Des actions même minimes dans la direction de votre appel créent un élan et renforcent votre confiance. Qu'est-ce que vous pourriez faire aujourd'hui qui honorerait cet appel ?
- **Trouvez des modèles inspirants** - Recherchez des personnes qui ont entrepris un voyage similaire. Leurs récits vous rappelleront que vous n'êtes ni le premier ni le dernier à emprunter ce chemin.

Accueillir l'appel ne signifie pas nécessairement tout bouleverser immédiatement. Il s'agit plutôt d'ouvrir une porte intérieure et de commencer à envisager de nouvelles possibilités.

B. Les marqueurs de l'initiation

Les défis caractéristiques de cette phase

Une fois le seuil franchi, vous entrez dans le territoire de l'initiation. Reconnaître les défis propres à cette phase vous permettra de les aborder avec plus de sérénité :

- **La désorientation initiale** - Ce sentiment troublant que tout ce qui était familier ne l'est plus. Comme un voyageur dans un pays étranger, vous devez apprendre de nouvelles règles et de nouveaux codes.
- **Les tests répétés** - Ces défis qui semblent surgir les uns après les autres, testant votre résolution et votre engagement. Chacun est une opportunité d'affiner vos compétences et votre détermination.
- **La solitude du pionnier** - Ce sentiment d'être incompris par ceux qui n'ont pas entrepris un voyage similaire. Même entouré, vous pouvez vous sentir seul dans votre expérience.

- **Le doute cyclique** - Ces moments où vous vous demandez : *"Ai-je fait le bon choix ?"* ou *"Devrais-je faire demi-tour ?"*. Ces questionnements font naturellement partie du processus.
- **La confrontation avec l'ombre** - Cette rencontre avec des aspects de vous-même que vous préféreriez ignorer : vos peurs profondes, vos limitations, vos schémas inconscients. Cette confrontation, bien que difficile, est profondément libératrice.

Chacun de ces défis n'est pas un obstacle sur votre chemin - il est le chemin lui-même. C'est à travers eux, et non en les évitant, que votre transformation s'opère.

Les ressources à mobiliser

Face aux défis de l'initiation, certaines ressources deviennent particulièrement précieuses :

- **La résilience adaptative** - Cette capacité à rebondir après les revers et à ajuster votre approche sans abandonner votre vision. Elle se cultive en célébrant chaque petit pas et en tirant des leçons de chaque difficulté.
- **La présence consciente** - Cette aptitude à rester ancré dans le moment présent plutôt que de vous projeter anxieusement dans

le futur ou de ressasser le passé. La pleine conscience devient votre alliée précieuse.

- **La curiosité bienveillante** - Cette attitude d'exploration ouverte face aux situations nouvelles. Au lieu de juger immédiatement, vous observez avec intérêt et vous vous demandez : "*Que puis-je apprendre ici ?*".
- **La flexibilité stratégique** - Cette disposition à adapter vos plans tout en restant fidèle à votre intention profonde. Comme l'eau qui contourne les obstacles mais poursuit inexorablement son chemin.
- **L'alliance transformationnelle** - Ces relations qui vous soutiennent et vous challengent pendant votre traversée. Entourez-vous de personnes qui croient en vous, particulièrement lorsque votre propre foi vacille.

Ces ressources ne sont pas des talents innés réservés à quelques privilégiés. Elles sont des capacités que vous pouvez consciemment cultiver et renforcer jour après jour.

Les pièges à éviter

Certains écueils sont particulièrement fréquents pendant la phase d'initiation. Les reconnaître vous aidera à les contourner :

- **L'abandon prématuré** - Cette tentation de renoncer juste avant une percée significative. Rappelez-vous que les plus grandes difficultés précèdent souvent les plus grandes avancées.
- **La comparaison toxique** - Cette tendance à mesurer votre progression à l'aune du parcours des autres. Votre voyage est unique et suit son propre rythme.
- **La rigidité excessive** - Cet attachement inflexible à votre plan initial qui vous empêche de saisir de nouvelles opportunités ou d'intégrer des apprentissages inattendus.
- **L'activisme sans réflexion** - Cette agitation constante qui confond mouvement et progression. Sans moments de recul et d'intégration, l'action peut devenir une forme d'évitement.
- **L'isolement prolongé** - Cette tendance à affronter tous les défis seul(e). L'autonomie est une force, mais la connexion avec d'autres est essentielle à votre résilience.

Naviguer entre ces pièges demande vigilance et humilité. Rappelez-vous que trébucher ne signifie pas échouer - c'est simplement une invitation à affiner votre approche.

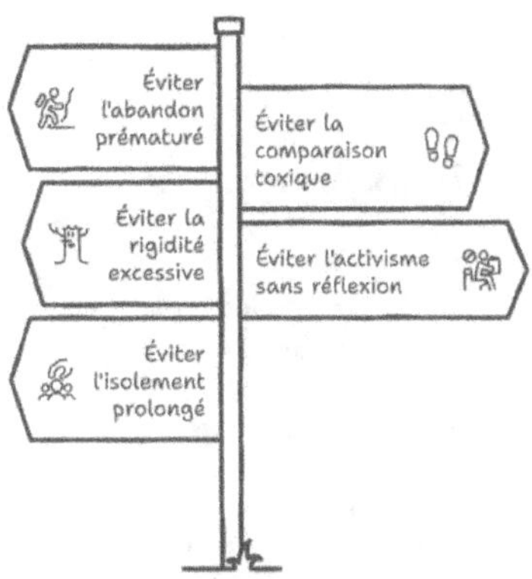

C. Les indices du retour

> Comment savoir que vous émergez « transformés » ?

La phase de retour s'annonce par des signes subtils mais significatifs :

- **La clarté retrouvée** - Cette sensation que le brouillard s'est dissipé et que vous percevez maintenant avec une nouvelle lucidité votre parcours et sa signification.
- **La paix intérieure** - Cette tranquillité qui remplace progressivement l'agitation et les doutes constants. Non pas une absence de défis, mais une nouvelle manière de les accueillir.
- **L'intégration des polarités** - Cette capacité à réconcilier des aspects de vous-même qui semblaient auparavant contradictoires. Force et vulnérabilité, détermination et souplesse coexistent harmonieusement.
- **Le désir de contribuer** - Cette impulsion naturelle de partager vos apprentissages et d'accompagner d'autres personnes dans leur propre voyage. Votre expérience devient une ressource pour autrui.
- **La gratitude envers l'ensemble du parcours** - Cette reconnaissance profonde que même les moments les plus

difficiles ont contribué à votre évolution. Les épreuves d'hier révèlent aujourd'hui leur sens caché.

Ces signes n'apparaissent pas tous simultanément, mais progressivement. Soyez attentif à leur émergence - ils témoignent de votre transformation.

Signes de Transformation Personnelle

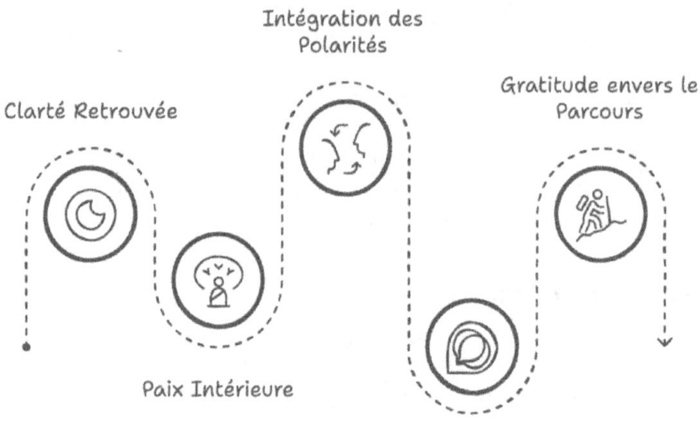

◥ Les nouvelles capacités acquises

La traversée de l'initiation vous a doté de nouvelles compétences qui se manifestent désormais :

- **La sagesse expérientielle** - Cette compréhension profonde qui ne vient pas des livres mais de l'expérience vécue et intégrée. Vous ne savez plus seulement avec votre tête, mais avec tout votre être.
- **L'authenticité assumée** - Cette capacité à vous exprimer et à agir en alignement avec vos valeurs profondes, sans besoin excessif d'approbation externe. Votre boussole interne guide vos choix.

- **La résilience éprouvée** - Cette confiance tranquille que, quoi qu'il arrive, vous trouverez les ressources pour faire face. Les défis ne disparaissent pas, mais votre relation à eux est transformée.
- **L'adaptabilité consciente** - Cette aptitude à naviguer dans l'incertitude avec plus d'aisance, en maintenant un équilibre entre structure et flexibilité, entre vision et pragmatisme.
- **L'empathie approfondie** - Cette capacité enrichie à comprendre les autres dans leurs propres voyages, sans jugement mais avec une présence authentique. Votre expérience nourrit votre compassion.

Ces capacités ne sont pas des acquisitions figées mais des qualités vivantes qui continuent d'évoluer et de s'approfondir avec le temps et la pratique.

La façon d'honorer votre parcours

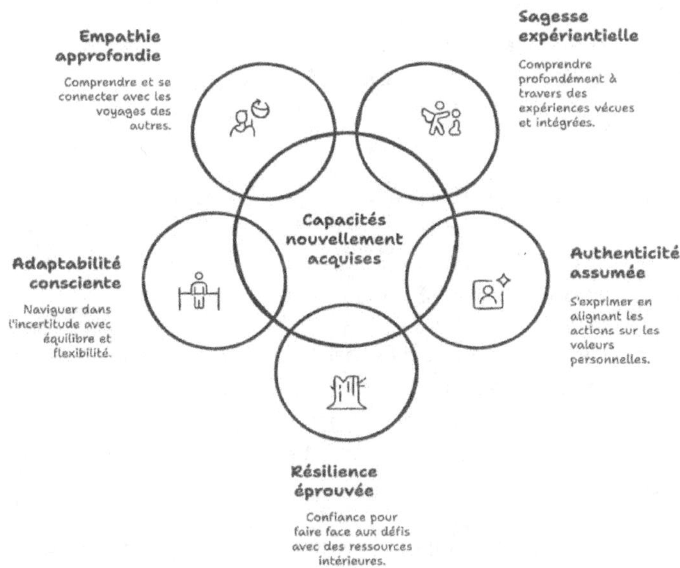

Honorer votre voyage de transformation est essentiel pour en intégrer pleinement les bénéfices :

- **Créez un rituel de reconnaissance** - Prenez le temps de célébrer consciemment le chemin parcouru. Un rituel, aussi simple soit-il, marque symboliquement cette transition importante.
- **Documentez votre voyage** - Écrivez votre histoire, non comme un simple journal des événements, mais comme le récit de votre évolution intérieure. Cette narration donne sens et cohérence à votre expérience.
- **Identifiez vos pierres de gué** - Reconnaissez les moments décisifs, les personnes clés, les insights transformateurs qui ont jalonné votre parcours. Ils sont les joyaux de votre voyage.
- **Exprimez votre gratitude** - Remerciez ceux qui vous ont soutenu, guidé, challengé ou simplement accompagné pendant cette traversée. La gratitude amplifie les bénéfices de votre expérience.
- **Transmettez vos apprentissages** - Trouvez des façons appropriées de partager votre sagesse nouvellement acquise. En enseignant aux autres, vous approfondissez votre propre intégration.

Honorer votre parcours n'est pas un acte narcissique mais une reconnaissance respectueuse de la valeur de votre expérience humaine. C'est aussi une façon de créer un pont vers vos prochaines aventures.

Identifiez votre position dans le voyage du héros n'est pas un exercice théorique mais une pratique d'orientation intérieure essentielle. Cette clarté vous permet d'accueillir les défis propres à chaque phase avec plus de compréhension et de mobiliser les ressources appropriées.

Souvenez-vous que ce voyage n'est pas linéaire mais cyclique. Vous pouvez expérimenter simultanément des aspects de différentes phases, ou revisiter certaines étapes à un niveau plus profond. L'important n'est pas de vous catégoriser rigidement mais de développer une conscience plus fine de votre propre processus d'évolution.

Où que vous soyez dans votre voyage aujourd'hui, honorez cette position exacte. Chaque phase a sa beauté, ses défis et ses trésors. Vous êtes exactement là où vous devez être pour votre prochaine étape de croissance.

Section 3 : Cartographier votre parcours personnel

Chaque grand explorateur commence son aventure avec une carte. La vôtre est unique — elle trace les contours de votre passé, marque votre position actuelle et esquisse les chemins possibles de votre avenir. Cartographier votre parcours personnel n'est pas un exercice théorique, mais un acte puissant de prise de conscience et d'orientation.

Cette carte n'existe pas encore dans sa forme complète. C'est à vous de la dessiner, trait par trait, en reliant les points significatifs de votre histoire et en identifiant les territoires encore inexplorés de votre potentiel. Cette section vous guide dans cette création essentielle.

A. Créer votre ligne de temps héroïque

Identifier vos moments clés de transformation

Votre vie est ponctuée de moments pivots — ces instants où tout a basculé, où vous avez changé de direction, où quelque chose en vous s'est transformé. Ces moments, comme des phares dans la nuit, illuminent votre parcours et révèlent le fil rouge de votre histoire personnelle.

Prenez maintenant un cahier et tracez une ligne horizontale au milieu de la page. Cette ligne représente votre parcours de vie. Commencez par marquer trois à cinq moments décisifs qui ont véritablement changé la trajectoire de votre existence :

- Un défi majeur que vous avez surmonté
- Une décision courageuse qui a ouvert de nouvelles possibilités
- Une rencontre qui a transformé votre vision du monde
- Une perte qui vous a profondément changé
- Une réussite significative qui a confirmé votre direction

Pour chacun de ces moments, notez non seulement l'événement extérieur, mais aussi la transformation intérieure qu'il a déclenchée. Qu'avez-vous découvert sur vous-même ? Quelle croyance a été remise en question ? Quelle force s'est révélée ?

Ces moments de vérité sont les chapitres essentiels de votre récit héroïque. En les reconnaissant, vous honorez à la fois vos épreuves et vos victoires.

◣ Repérer les schémas récurrents

Votre parcours révèle des motifs, des thèmes qui se répètent sous différentes formes. Ces schémas ne sont pas des coïncidences, mais des messages essentiels que la vie vous adresse.

Examinez votre ligne de temps et posez-vous ces questions révélatrices :

- Quel type de défis revient régulièrement dans ma vie ?
- Quelle leçon semble-t-il que je doive apprendre encore et encore ?
- Quelles situations me font systématiquement grandir ?
- Quels talents ou ressources est-ce que je redécouvre à chaque étape ?
- Quel thème semble unifier les différents chapitres de ma vie ?

Un exemple parlant : Marie remarque que chaque dizaine d'années, elle traverse une période d'incertitude professionnelle suivie d'un renouveau. Ce schéma n'est pas un hasard — il révèle son besoin cyclique de réinvention et sa capacité à renaître de ses cendres.

Ces motifs ne sont pas des condamnations à la répétition, mais des invitations à une conscience plus profonde. En les identifiant, vous pouvez transformer des cycles inconscients en spirales d'évolution consciente.

◣ Célébrer les victoires, même petites

Dans notre empressement à avancer, nous négligeons souvent de reconnaître le chemin parcouru. Pourtant, célébrer vos victoires n'est pas un luxe — c'est un carburant essentiel pour votre voyage.

Retournez à votre ligne de temps et marquez délibérément :

- Les obstacles que vous avez surmontés
- Les peurs que vous avez affrontées
- Les compétences que vous avez développées
- Les moments où vous avez fait preuve de courage
- Les fois où vous vous êtes relevé après une chute

Ces victoires ne sont pas toujours spectaculaires. Parfois, simplement persévérer dans l'adversité ou faire un petit pas en direction de vos rêves constitue un triomphe significatif.

Laurent, cadre en reconversion, a compris cela en célébrant non pas seulement l'obtention de son nouveau poste, mais aussi le courage qu'il a fallu pour envoyer sa première candidature, la résilience dont il a fait preuve face aux refus, et la créativité qu'il a déployée pour se démarquer.

En célébrant consciemment ces victoires, vous construisez un réservoir de confiance et de gratitude qui vous soutiendra dans les passages difficiles à venir.

B.   Clarifier votre position actuelle

◥ Évaluer votre situation présente

Pour naviguer efficacement, vous devez connaître avec précision votre point de départ. Cela implique une évaluation honnête de votre situation actuelle, sans complaisance ni sévérité excessive.

Prenez un moment pour réfléchir à ces dimensions de votre vie :

- **Alignement** : À quel point vos activités quotidiennes reflètent-elles vos valeurs profondes ?
- **Énergie** : Qu'est-ce qui vous vitalise et qu'est-ce qui vous épuise actuellement ?
- **Croissance** : Dans quels domaines êtes-vous en apprentissage actif ?
- **Relations** : Quelles personnes vous soutiennent et lesquelles vous freinent ?
- **Satisfaction** : Sur une échelle de 1 à 10, quel est votre niveau de contentement dans les différentes sphères de votre vie ?

Cette évaluation n'est pas un jugement, mais un diagnostic empathique qui vous permet de voir clairement où vous vous trouvez. Comme un médecin bienveillant, vous observez votre situation avec précision pour pouvoir agir avec justesse.

Sophie, thérapeute, réalisait qu'elle était épuisée non par son travail avec les patients qu'elle aimait, mais par les tâches administratives qu'elle laissait s'accumuler. Cette clarté lui a permis de cibler précisément ce qui devait changer.

◥ Identifier vos ressources disponibles

Vous possédez déjà de nombreuses ressources pour votre voyage — certaines évidentes, d'autres cachées à votre regard. Les identifier, c'est reconnaître les atouts que vous pouvez mobiliser dès maintenant.

Dressez l'inventaire de vos ressources dans ces catégories :

- **Internes** : quelles sont vos forces, compétences, qualités et expériences pertinentes ?
- **Externes** : quels outils, espaces, technologies et ressources matérielles avez-vous à disposition ?
- **Relationnelles** : qui peut vous soutenir, vous conseiller, vous inspirer ou vous accompagner ?
- **Temporelles** : quels moments pouvez-vous consacrer à votre transformation ?
- **Spirituelles** : quelles pratiques, croyances ou valeurs vous soutiennent dans les moments difficiles ?

Souvent, nous sous-estimons nos ressources parce qu'elles nous semblent ordinaires. Pourtant, c'est souvent ce que nous tenons pour acquis qui constitue notre plus grand trésor.

Marc, en pleine reconversion, a redécouvert que sa capacité d'écoute, développée durant vingt ans de management, était un atout précieux dans son nouveau domaine — une ressource qu'il avait presque oubliée tant elle lui semblait naturelle.

◥ Définir vos prochaines étapes

La clarté sur votre destination ne suffit pas — vous avez besoin d'identifier les prochains pas concrets qui vous y mèneront. Les étapes les plus puissantes combinent ambition et réalisme.

Pour définir vos prochaines actions :

1. Identifiez un objectif significatif mais atteignable dans les trois prochains mois
2. Décomposez cet objectif en 3-5 étapes concrètes
3. Pour chaque étape, définissez une action spécifique que vous pouvez entreprendre dans la semaine à venir
4. Déterminez la toute première action, si petite soit-elle, que vous pouvez réaliser dans les 24 heures

Ces prochains pas doivent être suffisamment accessibles pour ne pas vous décourager, mais suffisamment substantiels pour vous faire avancer réellement.

Anne, qui rêvait d'écrire un livre depuis des années, a compris que sa prochaine étape n'était pas "écrire un chapitre" (trop intimidant), ni "penser à son livre" (trop vague), mais "écrire pendant 15 minutes chaque matin cette semaine" — une action précise, réalisable et mesurable.

En définissant ces étapes concrètes, vous transformez une aspiration abstraite en un chemin tangible sous vos pieds.

C. Préparer les prochaines étapes

◤ Anticiper les défis à venir

La prévoyance n'est pas pessimisme — c'est sagesse. Anticiper les obstacles potentiels vous permet de les aborder avec stratégie plutôt que de les subir avec surprise.

Pour chaque objectif important que vous vous êtes fixé :

- Identifiez les 2-3 obstacles les plus probables
- Pour chaque obstacle, envisagez une stratégie préventive et un plan de contournement
- Réfléchissez aux moments où vous avez surmonté des défis similaires par le passé
- Préparez des phrases de recadrage positif pour transformer vos pensées limitantes
- Déterminez à l'avance à qui vous pourriez demander de l'aide si nécessaire

Cette préparation mentale est comme l'entraînement d'un athlète avant la compétition — elle ne garantit pas l'absence de difficultés, mais elle augmente considérablement vos chances de les surmonter avec grâce.

Thomas, préparant sa transition vers le travail indépendant, a anticipé la solitude comme obstacle majeur. Il a donc prévu de rejoindre un espace de coworking et d'organiser des déjeuners réguliers avec d'autres entrepreneurs dès le premier mois — une stratégie simple qui a fait toute la différence.

◤ Constituer votre équipe de soutien

Aucun héros ne réussit seul, contrairement aux mythes de l'individualisme. Votre voyage nécessite une équipe de soutien délibérément constituée.

Réfléchissez aux rôles dont vous avez besoin :

- **Le mentor** qui a parcouru un chemin similaire et peut vous guider
- **Le compagnon de route** qui traverse une transformation parallèle à la vôtre

- **Le supporter inconditionnel** qui croit en vous même quand vous doutez
- **Le challenger bienveillant** qui vous pousse à dépasser vos limites auto-imposées
- **L'expert technique** qui peut vous aider dans des domaines spécifiques

Certaines personnes peuvent remplir plusieurs rôles, tandis que certains rôles peuvent nécessiter plusieurs personnes. L'important est de constituer consciemment cette équipe et de communiquer clairement vos besoins.

Isabelle, en reconversion vers l'entrepreneuriat, a identifié une ancienne collègue devenue entrepreneure comme mentor, a rejoint un groupe de pairs entrepreneurs débutants, et a expliqué clairement à son conjoint comment il pouvait la soutenir émotionnellement pendant cette période d'incertitude.

Développer votre boîte à outils

Chaque voyageur a besoin d'équipements adaptés à son parcours spécifique. Votre boîte à outils personnelle contient les pratiques, ressources et méthodes qui soutiendront votre transformation.

Explorez et sélectionnez des outils dans ces catégories :

- **Pratiques quotidiennes** : méditation, journal, visualisation, exercice physique
- **Ressources d'apprentissage :** livres, cours, podcasts, mentors
- **Outils de productivité** : applications, systèmes d'organisation, rituels de travail
- **Méthodes de réflexion** : questions puissantes, bilans réguliers, cartographie mentale
- **Techniques de régulation émotionnelle** : respiration, pleine conscience, reformulation

L'efficacité de ces outils est très personnelle — ce qui fonctionne parfaitement pour l'un peut être inefficace pour l'autre. Expérimentez avec curiosité et retenez ce qui vous sert véritablement.

Paul, en transition de carrière, a découvert que la combinaison d'une séance matinale de journaling, d'une application de suivi d'objectifs et d'un groupe de *mastermind* mensuel constituait sa triade d'outils indispensables — une combinaison unique qu'il a découverte par expérimentation.

Cartographier votre parcours personnel n'est pas un exercice ponctuel, mais un processus vivant. Votre carte s'affine à mesure que vous avancez, révélant de nouveaux territoires et de nouvelles possibilités. Revisitez-la régulièrement pour célébrer votre progression, ajuster votre trajectoire et raviver votre motivation.

Rappelez-vous que cette carte n'est pas un simple document — c'est un dialogue constant avec votre vie. En la créant consciemment, vous devenez non plus le personnage passif de votre histoire, mais son auteur délibéré et son explorateur courageux.

La beauté de cette cartographie personnelle réside dans sa nature profondément créative. Vous ne découvrez pas simplement un chemin existant — vous le créez en marchant.

Section 4 : Maintenir l'élan de votre voyage

La transformation n'est pas un événement ponctuel mais un parcours qui s'étend dans le temps. Les moments d'inspiration et de clarté sont précieux, mais c'est votre capacité à maintenir l'élan dans la durée qui déterminera véritablement l'ampleur de votre évolution. Comme un feu qui doit être régulièrement alimenté, votre transformation nécessite une attention soutenue et des soins constants.

Cette section vous offre les outils pratiques pour entretenir cette flamme, même quand les vents contraires se lèvent. Car le véritable défi n'est pas de commencer votre voyage - c'est de continuer à avancer, jour après jour, à travers les plateaux, les détours et les moments de doute.

A.   Les pratiques quotidiennes

Rituels d'ancrage

Les rituels sont des ponts entre nos intentions profondes et notre vie quotidienne. Ils transforment des aspirations abstraites en actions concrètes et régulières. Un rituel bien choisi devient un ancrage qui stabilise votre transformation, quelle que soit la turbulence du jour.

Pour créer des rituels qui vous soutiennent véritablement :

- **Commencez petit mais significatif** - Un rituel de trois minutes pratiqué chaque jour aura plus d'impact qu'une pratique d'une heure abandonnée après une semaine. Choisissez quelque chose de simple mais profondément aligné avec vos valeurs.
- **Attachez-le à un déclencheur existant** - Liez votre nouveau rituel à une habitude déjà établie. "Après mon premier café du matin, je prends cinq respirations profondes et je me connecte à mon intention du jour." Cette technique d'association augmente considérablement vos chances de maintenir la pratique.
- **Créez une transition consciente** - Vos rituels marquent des seuils symboliques entre différents espaces de votre vie. Un simple geste comme allumer une bougie avant votre temps de réflexion, ou ranger votre espace de travail en fin de journée, devient un signal puissant pour votre esprit.
- **Honorez les débuts et les fins** - Les rituels du matin ancrent vos intentions pour la journée, tandis que ceux du soir vous aident

à intégrer vos expériences. Même quelques minutes à ces moments charnières peuvent transformer radicalement votre relation au temps.

Sylvie, cadre en pleine reconversion professionnelle, a créé un rituel simple : chaque matin, elle note trois actions alignées avec sa nouvelle direction. Ce petit geste quotidien a maintenu son cap à travers les mois d'incertitude, comme une boussole fidèle dans la tempête.

Journal de bord

Tenir un journal de votre voyage transformationnel n'est pas un luxe – c'est un outil puissant de clarté et de progression. Cette pratique vous permet de capturer vos insights, de remarquer vos schémas récurrents et de célébrer votre évolution.

Pour faire de votre journal un véritable allié :

- **Adoptez la constance, non la perfection** - Mieux vaut quelques lignes régulières que des pages occasionnelles. Trouvez un rythme réaliste que vous pouvez maintenir, même dans les périodes chargées.
- **Variez vos approches** - Certains jours, vous voudrez explorer des questions profondes. D'autres jours, une simple liste de gratitudes suffira. Donnez-vous la permission d'adapter votre pratique à votre énergie du moment.
- **Posez des questions puissantes** - "Qu'ai-je appris aujourd'hui ?", "Où ai-je senti de la résistance ?", "Quel petit pas ai-je fait vers mon objectif ?". Les bonnes questions révèlent des perspectives que vous n'auriez pas vues autrement.
- **Relisez-vous périodiquement** - Prenez le temps, chaque mois, de revisiter vos entrées précédentes. Vous serez souvent surpris de voir les schémas émerger et de constater vos progrès, parfois invisibles au quotidien.

Marc, en transition vers l'entrepreneuriat, a découvert grâce à son journal qu'il procrastinait systématiquement sur les tâches administratives. Cette prise de conscience l'a conduit à déléguer ces aspects pour se concentrer sur ce qu'il aimait vraiment - un ajustement simple mais décisif.

Célébration des progrès

Dans notre culture orientée vers les résultats, nous négligeons souvent de célébrer le chemin parcouru. Pourtant, reconnaître et honorer vos progrès, même modestes, est essentiel pour maintenir votre motivation et votre résilience.

Pour intégrer cette pratique dans votre quotidien :

- **Créez un rituel de bilan hebdomadaire** - Réservez un moment chaque semaine pour identifier trois avancées, quelle que soit leur taille. Cette pratique réoriente votre attention des manques vers les réussites.
- **Matérialisez vos progrès** - Utilisez un système visuel simple : pierres dans un bocal, notes sur un tableau, application de suivi. Ces représentations tangibles deviennent des témoins de votre parcours.
- **Partagez vos victoires** - Identifiez une personne de confiance avec qui partager régulièrement vos petites réussites. Verbaliser vos progrès renforce leur réalité et multiplie leur impact.
- **Célébrez le processus, pas seulement les résultats** - Honorez votre courage, votre persévérance, votre adaptabilité face aux défis. Ces qualités intérieures sont souvent plus significatives que les accomplissements extérieurs.

Caroline, après des années de procrastination, a commencé à célébrer chaque session d'écriture de son livre – pas seulement le nombre de pages, mais l'acte même de s'asseoir et d'essayer. Cette pratique a transformé son projet d'un fardeau angoissant en un rendez-vous qu'elle attendait avec impatience.

B. Surmonter les obstacles

Transformer la peur en alliée

La peur n'est pas votre ennemie – elle est une messagère qui mérite d'être écoutée, non pas supprimée. Bien comprise, elle peut devenir une ressource précieuse dans votre transformation.

Pour recadrer votre relation avec la peur :

- **Donnez un nom à vos peurs** - En identifiant précisément ce qui vous effraie, vous transformez une anxiété diffuse en préoccupation spécifique que vous pouvez adresser. *"J'ai peur d'échouer"* devient "J'ai peur de ne pas pouvoir subvenir aux besoins de ma famille pendant ma transition".

- **Interrogez vos peurs avec curiosité** - Demandez-vous : *"Que cherche à me protéger cette peur ? Quelle vérité contient-elle ? Quelle action constructive suggère-t-elle ?"*. Ces questions transforment la peur d'un obstacle en une information.
- **Distinguez la peur de la prudence** - La peur paralyse ; la prudence prépare. Utilisez vos préoccupations légitimes pour élaborer des plans de contingence et des filets de sécurité, transformant ainsi l'anxiété en préparation.
- **Pratiquez l'exposition graduelle** - Identifiez de petites actions qui vous confrontent à votre peur dans un cadre contrôlé. Chaque pas renforce votre confiance et recalibre votre perception du risque.

Laurent, terrorisé à l'idée de parler en public mais conscient que cette compétence était essentielle pour sa nouvelle carrière, a commencé par prendre la parole dans des petits groupes bienveillants. Six mois plus tard, sa nervosité s'était transformée en une vigilance productive qui améliorait ses performances.

◥ Rebondir après les échecs

Les revers ne sont pas des anomalies dans votre parcours – ils en sont une composante inévitable et précieuse. Votre capacité à rebondir détermine l'impact durable de ces moments difficiles.

Pour développer votre résilience face aux échecs :

- **Pratique le débriefing sans jugement** - Après un revers, posez-vous trois questions simples : *"Que s'est-il passé exactement ? Quelles leçons puis-je en tirer ? Comment puis-je appliquer ces apprentissages ?"*. Cette approche transforme l'échec en feedback précieux.
- **Distinguez l'événement de votre identité** - Un projet qui échoue ne fait pas de vous une personne qui échoue. Séparez ce qui s'est produit de qui vous êtes. *"J'ai manqué cette opportunité"* plutôt que *"Je suis un raté"*.
- **Recherchez le cadeau caché** - Demandez-vous : *"Comment cet échec pourrait-il être exactement ce dont j'avais besoin ?"*. Souvent, nos plus grandes percées émergent de nos déceptions les plus amères.
- **Restaurez votre énergie avant d'analyser** - Donnez-vous l'espace émotionnel nécessaire avant de tirer des conclusions. Une marche dans la nature, une conversation avec un ami, une bonne nuit de

sommeil – ces simples actes peuvent radicalement changer votre perspective.

Sophie, après l'échec de son premier projet entrepreneurial, s'est accordé une semaine de recul avant d'analyser la situation. Cette distance lui a permis d'identifier précisément ce qui n'avait pas fonctionné – et son second projet, enrichi de ces apprentissages, a connu un succès remarquable.

Maintenir sa motivation

La motivation n'est pas un état permanent mais une ressource dynamique qui demande à être régulièrement renouvelée. Comprendre ses fluctuations vous permet de créer des stratégies efficaces pour maintenir votre élan.

Pour cultiver une motivation durable :

- **Connectez-vous régulièrement à votre "pourquoi"** - Revenez fréquemment à la raison profonde de votre démarche. Créez un rappel visuel de votre intention fondamentale et placez-le là où vous le verrez quotidiennement.
- **Alternez entre motivation interne et externe** - Certains jours, votre discipline viendra de votre passion intrinsèque. D'autres jours, vous aurez besoin de structures externes – un rendez-vous, un engagement public, une échéance. Cette flexibilité est essentielle.
- **Ajustez vos attentes aux cycles d'énergie** - Reconnaissez les rythmes naturels de votre énergie – quotidiens, hebdomadaires, saisonniers. Planifiez les tâches exigeantes pendant vos périodes de haute énergie et les activités plus légères pendant les creux.
- **Créez des boucles de rétroaction positives** - Identifiez quelles actions vous donnent de l'énergie et de l'enthousiasme. Intégrez régulièrement ces "activités énergisantes" pour maintenir votre réservoir motivationnel.

Thomas, en pleine reconversion professionnelle, a découvert que sa motivation fluctuait considérablement. Il a créé un "menu d'actions" pour chaque niveau d'énergie : des tâches légères pour les jours difficiles, des défis stimulants pour les périodes d'enthousiasme. Cette flexibilité lui a permis de progresser constamment, malgré les inévitables variations de sa motivation.

C. Cultiver le soutien

◤ Créer son cercle de confiance

Aucune transformation significative ne s'accomplit en isolation. Votre environnement relationnel peut soit amplifier votre croissance, soit la freiner considérablement. Créer délibérément votre cercle de soutien est une décision stratégique cruciale.

Pour constituer un entourage qui vous élève :

- **Identifiez vos besoins relationnels spécifiques** - Certaines transitions nécessitent plus d'encouragement émotionnel, d'autres plus de challenges intellectuels ou de guidance pratique. Clarifiez ce dont vous avez besoin dans cette phase particulière.
- **Évaluez votre écosystème actuel** - Observez honnêtement qui vous dynamise et qui vous draine. Sans culpabilité, prenez conscience des relations qui ne soutiennent pas votre évolution actuelle.
- **Communiquez clairement vos intentions** - Partagez votre démarche avec vos proches et exprimez concrètement comment ils peuvent vous soutenir. La plupart des gens veulent aider mais ne savent pas comment.
- **Créez des structures de soutien intentionnelles** - Un groupe de *mastermind*, un collectif de partenaires engagés dans leurs parcours héroïques, des rendez-vous réguliers avec des personnes inspirantes – ces structures formalisent le soutien dont vous avez besoin.

Marie, en transition vers l'entrepreneuriat, a formé un trio avec deux autres personnes en démarrage. Leur rendez-vous hebdomadaire est devenu un pilier de sa transformation, offrant à la fois soutien émotionnel et résolution pratique de problèmes quand les défis semblaient insurmontables.

◤ Trouver des mentors

Un bon mentor peut vous faire gagner des années d'apprentissage par essais et erreurs. Cette relation précieuse mérite une approche réfléchie et stratégique.

Pour attirer et cultiver des relations de mentorat fructueuses :

- **Cherchez l'expérience spécifique, pas la perfection** - Le mentor idéal n'est pas une personne qui excelle dans tous les domaines, mais quelqu'un qui a traversé avec succès le chemin particulier qui vous intéresse.

- **Commencez par des demandes précises et limitées** - Au lieu de demander *"Voulez-vous être mon mentor ?"* (intimidant et vague), sollicitez un conseil sur un point précis. Les relations de mentorat se construisent organiquement, une interaction à la fois.
- **Offrez de la valeur en retour** - Un mentorat n'est pas à sens unique. Identifiez ce que vous pouvez apporter – votre perspective fraîche, vos compétences complémentaires, votre enthousiasme, votre gratitude sincère.
- **Honorez leur temps et leurs conseils** - Soyez préparé pour vos interactions, mettez en pratique leurs suggestions, et partagez vos progrès. Rien n'encourage plus un mentor que de voir ses conseils mis en action.

Paul, ingénieur se réorientant vers le design, a identifié un professionnel dont il admirait le parcours. Au lieu de demander un mentorat formel, il a sollicité une seule conversation sur un défi précis. Impressionné par sa préparation et son authenticité, le designer l'a spontanément invité à poursuivre les échanges, initiant une relation de mentorat qui dure depuis trois ans.

◥ S'entourer d'autres héros en chemin

Il existe une énergie particulière dans la compagnie de ceux qui sont engagés dans leur propre voyage de transformation. Ces "compagnons de route" comprennent vos défis d'une manière que d'autres ne peuvent pas, et leur présence peut devenir un puissant catalyseur de votre progression.

Pour cultiver ces alliances transformationnelles :

- **Recherchez activement vos pairs** - Identifiez des espaces, physiques ou virtuels, où vous pourriez rencontrer d'autres personnes engagées dans des parcours similaires. Groupes professionnels, communautés d'apprentissage, ateliers thématiques – ces environnements attirent naturellement les esprits en évolution.
- **Privilégiez la diversité dans la similarité** - Les meilleurs groupes de pairs combinent un objectif commun avec une diversité d'expériences et de perspectives. Cette alchimie particulière enrichit considérablement les échanges.
- **Établissez des attentes claires** - Pour les relations de soutien formelles, clarifiez la fréquence, la structure et les objectifs de vos interactions.

Cette clarté initiale prévient les malentendus et renforce l'engagement mutuel.

- o **Cultivez la vulnérabilité réciproque** - Le véritable soutien émerge quand tous les participants se sentent en sécurité pour partager leurs défis réels, pas seulement leurs succès. Soyez le premier à montrer cette authenticité.

Anne, en reconversion vers le coaching, a rejoint un cercle d'apprentissage de six personnes en formation. Leur engagement à se réunir mensuellement pendant leur certification a créé un espace où chacun pouvait partager ses doutes, célébrer ses avancées et recevoir un feedback précieux. Ce groupe est devenu un ancrage essentiel dans sa transformation.

Maintenir l'élan de votre voyage transformationnel n'est pas une question de volonté surhumaine ou de détermination héroïque. C'est plutôt l'art de créer des structures de soutien intelligentes et des pratiques adaptées à votre nature unique.

Les plateaux, les revers et les moments de doute ne sont pas des signes d'échec – ils sont des composantes naturelles et nécessaires de toute transformation authentique. En vous équipant des pratiques quotidiennes qui vous ancrent, des stratégies pour surmonter les obstacles, et d'un réseau de soutien intentionnel, vous transformez ces moments difficiles en opportunités d'approfondissement et de renforcement.

Rappelez-vous que le voyage du héros n'est jamais une ligne droite ascendante, mais plutôt une spirale qui passe par des cycles d'expansion et de contraction, d'avancée et de consolidation.

La question n'est pas "*Vais-je rencontrer des obstacles ?*" mais plutôt "*Comment vais-je répondre lorsqu'ils se présenteront ?*". Avec les outils et perspectives de cette section, vous êtes maintenant équipé(e) pour transformer chaque défi en une opportunité d'approfondissement et chaque revers en un tremplin vers votre prochaine percée.

Conclusion : le courage d'écrire votre histoire

Votre voyage de transformation n'est pas une simple série d'événements - c'est l'histoire vivante de votre évolution. À travers ce chapitre, nous avons exploré ensemble la carte qui vous guidera dans ce territoire parfois incertain mais infiniment riche de possibilités.

Vous comprenez maintenant que chaque transition majeure suit les étapes universelles du voyage du héros - ce n'est pas par hasard que cette structure résonne à travers les siècles dans nos mythes et récits. Ce cadre vous offre non seulement un réconfort (vous n'êtes pas le premier à traverser ces eaux), mais aussi une boussole pour naviguer avec plus d'assurance.

Vous avez appris à identifier précisément où vous vous trouvez dans ce voyage. Cette conscience est votre plus grande alliée - elle transforme l'anxiété de l'incertitude en clarté d'intention. Qu'importent les défis de votre phase actuelle, vous savez maintenant qu'ils ont un sens et une raison d'être.

Vous possédez désormais les outils pour cartographier votre parcours personnel, comprendre vos schémas récurrents et célébrer vos victoires, même modestes. Cette carte n'est pas figée - elle évolue avec vous, s'enrichit de chaque expérience et vous révèle progressivement des territoires intérieurs insoupçonnés.

Et peut-être le plus important : vous avez découvert comment maintenir votre élan sur la durée, à travers les rituels quotidiens qui vous ancrent, les stratégies qui transforment les obstacles en opportunités et le soutien précieux d'autres voyageurs sur des chemins parallèles.

Sachez ceci : *le courage n'est pas l'absence de peur, mais la volonté d'avancer malgré elle.* Chaque pas que vous faites en direction de votre transformation authentique est un acte de courage. *Chaque fois que vous choisissez de vous réinventer plutôt que de vous résigner, vous affirmez votre pouvoir de créer votre vie plutôt que simplement la subir.*

Ne vous attendez pas à une progression parfaitement linéaire. Les reculs temporaires, les moments de doute et les plateaux font partie intégrante du voyage. Ce sont souvent dans ces espaces apparemment "vides" que se préparent vos plus grandes percées.

Je vous invite maintenant à prendre un moment pour réfléchir : *quelle est la toute première action, si petite soit-elle, que vous pouvez entreprendre aujourd'hui pour honorer votre appel au changement ?* Peut-être est-ce de partager votre intention avec une personne de confiance, de créer un rituel d'ancrage quotidien, ou simplement de noter les schémas que vous commencez à identifier dans votre vie.

Cet acte initial, aussi modeste puisse-t-il paraître, possède une puissance symbolique immense. Il marque le moment où vous passez de la contemplation à l'action, où vous franchissez le seuil de votre propre aventure héroïque.

Dans le prochain chapitre, nous explorerons comment vos racines - votre histoire personnelle, familiale et culturelle - peuvent devenir non pas des ancres qui vous retiennent, mais des fondations solides sur lesquelles bâtir votre transformation. Car pour savoir où vous allez, il est essentiel de comprendre d'où vous venez.

Rappelez-vous : ***votre histoire ne se limite pas à ce que vous avez vécu jusqu'ici. C'est aussi - et surtout - ce que vous choisissez d'en faire maintenant.*** Avancez avec confiance, un pas à la fois. Votre voyage a déjà commencé.

10 clés pour naviguer votre voyage de transformation

1. Reconnaissez votre appel à l'aventure

Chaque transition significative dans votre vie est une invitation à l'évolution. Ce murmure d'insatisfaction, ce rêve récurrent ou cette opportunité inattendue n'est pas un hasard — c'est l'appel de votre prochaine étape de croissance. Écoutez cette voix intérieure avec curiosité et bienveillance ; elle vous guide vers votre véritable potentiel.

2. Transformez votre résistance en alliée

La peur face au changement n'est pas un signe de faiblesse, mais une réaction naturelle à l'inconnu. Plutôt que de la combattre, accueillez-la comme une messagère qui tente de vous protéger. En dialoguant avec vos inquiétudes, vous transformez la paralysie en préparation consciente et avancez avec plus de discernement.

3. Identifiez votre position dans le voyage

Savoir exactement où vous vous trouvez dans votre parcours transformationnel est votre plus grande source de clarté. Que vous soyez au seuil du départ, dans les épreuves de l'initiation ou dans l'intégration du retour, chaque phase possède ses défis spécifiques et ses dons uniques. Cette conscience vous permet d'aligner vos actions sur les besoins de votre étape actuelle.

4. Cultivez des rituels d'ancrage quotidiens

Les petites actions régulières ont un impact plus profond que les grands élans occasionnels. Créez des rituels simples mais significatifs qui vous reconnectent chaque jour à votre intention profonde. Ces moments d'ancrage deviennent vos phares dans la tempête, maintenant le cap même quand le chemin semble incertain.

5. Cartographiez votre ligne de temps héroïque

Prenez le temps d'identifier les moments pivots de votre parcours — ces expériences qui ont véritablement transformé votre trajectoire. En reconnaissant ces chapitres essentiels de votre histoire, vous révélez le fil conducteur de votre évolution et honorez à la fois vos épreuves et vos victoires.

6. Célébrez chaque petit pas sur votre chemin

Dans notre impatience d'atteindre la destination, nous négligeons souvent la beauté du chemin. Instaurez la pratique de célébrer consciemment chaque avancée, même modeste. Ces reconnaissances régulières nourrissent votre motivation intrinsèque et construisent progressivement votre confiance en votre capacité de transformation.

7. Constituez délibérément votre équipe de soutien

Aucun héros ne réussit seul. Identifiez consciemment les différents types de soutien dont vous avez besoin — le mentor qui a parcouru un chemin similaire, les compagnons de route qui partagent votre quête, les alliés qui croient en vous même quand vous doutez. Ces connexions intentionnelles multiplient votre résilience et enrichissent votre voyage.

8. Transformez les obstacles en tremplins

Les défis ne sont pas des anomalies sur votre parcours mais des composantes essentielles de votre croissance. Chaque obstacle contient un apprentissage précieux qui vous prépare pour la suite. En adoptant une posture de curiosité face aux difficultés, vous transformez ce qui pourrait vous arrêter en ce qui vous propulse vers votre prochaine évolution.

9. Développez votre boîte à outils personnelle

Équipez-vous d'outils adaptés à votre voyage unique. Pratiques réflexives, techniques de régulation émotionnelle, méthodes de clarification — expérimentez avec curiosité pour découvrir les ressources qui résonnent avec votre nature spécifique. Cette boîte à outils évolutive vous soutient dans chaque phase de votre transformation.

10. Honorez la nature cyclique de votre voyage

La transformation authentique n'est jamais une ligne droite mais une spirale qui passe par des phases d'expansion et de consolidation. Les plateaux et les retours apparents font partie intégrante du processus. En honorant ce rythme naturel, vous libérez l'attente de la progression constante et découvrez la sagesse cachée dans chaque cycle de votre évolution.

Rappelez-vous que vous n'êtes pas simplement le personnage de votre histoire, mais son auteur conscient. Chaque jour vous offre l'opportunité d'écrire une nouvelle page de votre voyage héroïque, un pas à la fois.

Mon parcours du héros

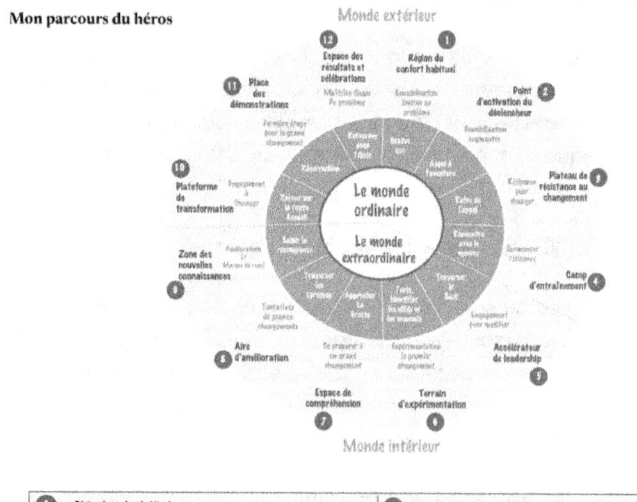

1 Région du confort habituel	12 Espace des résultats et des célébrations
2 Point d'activation du déclencheur	11 Place des démonstrations
3 Plateau de résistance au changement	10 Plateformes de transformation
4 Camp d'entraînement	9 Zone de nouvelles connaissances
5 Accélérateur du leadership	8 Aire d'amélioration
6 Terrain d'expérimentation	7 Espace de compréhension

Canevas disponible pour impression

Chapitre 3 : Explorer ses racines - le socle de votre identité

Introduction

Dans les moments de changement, le besoin de revenir à l'essentiel se fait criant, de comprendre ce qui vous a façonné. Comme un arbre majestueux qui puise sa force dans ses racines invisibles, votre capacité à naviguer les transitions dépend largement de notre connexion avec vos origines.

Qui êtes-vous, vraiment ? Derrière les rôles professionnels et sociaux que vous endossez chaque jour se cache une identité riche et complexe, forgée par des générations d'histoires, de valeurs et d'expériences. Explorer ses racines n'est pas un simple exercice de nostalgie – c'est un acte puissant de conscience qui vous équipe pour affronter les changements avec assurance et authenticité.

Dans ce chapitre, nous entreprendrons ensemble un voyage transformateur vers vos fondations. D'abord, nous plongerons dans la **compréhension de vos origines** – cette trame unique tissée par votre histoire personnelle, familiale et culturelle qui influence silencieusement vos choix et perspectives. Vous découvrirez comment cartographier les expériences qui ont sculpté votre identité et révéler les strates qui composent votre être profond.

Nous apprendrons ensuite à **honorer votre héritage culturel**, ce trésor souvent négligé qui constitue pourtant un réservoir inépuisable de sagesse et de force. À travers des pratiques concrètes, vous créerez des ponts entre les générations et célébrerez la richesse de votre diversité identitaire.

Dans la troisième section, nous vous guiderons pour **tisser les fils de votre histoire** personnelle. Vous donnerez du sens aux transitions que vous avez traversées, identifierez vos schémas de résilience et transformerez vos expériences – même les plus difficiles – en sources de sagesse.

Enfin, nous vous inviterons à **dessiner votre arbre de vie**, cet outil puissant qui vous permettra de visualiser vos racines, vos branches et vos feuilles – les fondations, relations et aspirations qui définissent qui vous êtes aujourd'hui et qui vous deviendrez demain.

À travers des exercices pratiques, des questions de réflexion profonde et des outils concrets, ce chapitre vous aidera à établir une connexion authentique avec vos racines. Car c'est en comprenant d'où vous venez que vous pourrez naviguer avec confiance vers où vous souhaitez aller.

Le moment est venu d'entreprendre ce voyage intérieur. Tournez la page et commencez par comprendre les trois piliers qui soutiennent votre identité unique.

Section 1 : Comprendre ses origines

A. La puissance de votre histoire

Les trois dimensions de votre héritage

Votre histoire n'est pas un simple album de souvenirs – c'est un trésor vivant qui illumine votre chemin vers demain. En ce moment de transition, ce trésor devient votre guide le plus fiable. Car voici une vérité que j'ai observée chez des milliers de personnes : celles qui transforment brillamment leur vie sont celles qui osent d'abord regarder d'où elles viennent.

Trois dimensions essentielles composent votre héritage. Chacune détient des clés uniques pour débloquer votre potentiel.

La dimension personnelle : vos expériences comme boussole intérieure

Pensez à votre vie comme une série d'expériences qui ont forgé votre conscience. Ce premier emploi qui vous a révélé votre abnégation. Cette rupture qui vous a enseigné votre résilience. Ce projet audacieux qui a dévoilé votre courage.

Ces moments ne sont pas des anecdotes du passé – ils sont les indices de votre génie personnel. Quand vous les reconnaissez consciemment, quelque chose de magique se produit : *vous cessez de subir les schémas invisibles de votre histoire. Vous devenez l'architecte conscient de votre avenir.*

Voici le secret : **vos plus grandes forces se cachent souvent dans vos expériences les plus marquantes.** Les retrouver, c'est comme allumer une lumière dans une pièce que vous pensiez connaître par cœur.

La dimension familiale : l'héritage invisible qui vous porte

Votre famille vous a légué bien plus qu'un nom ou des traits physiques. Elle vous a transmis une manière unique de voir le monde, comme des lunettes invisibles que vous portez depuis l'enfance.

Cette grand-mère qui transformait chaque obstacle en opportunité ? Son optimisme coule peut-être dans vos veines. Ce père qui valorisait l'intégrité avant tout ? Sa boussole morale guide encore vos décisions importantes. Cette tradition familiale de persévérance face à l'adversité ? Elle est votre force secrète dans les moments difficiles.

Reconnaître ces héritages ne vous emprisonne pas – au contraire. C'est en les voyant clairement que vous pouvez choisir : "Oui, je garde cette force" ou "Non, cette limitation s'arrête avec moi". Vous devenez le gardien conscient de votre lignée, libre de transformer l'or et de laisser le plomb.

La dimension culturelle : votre connexion à quelque chose de plus grand

Au-delà de votre famille, une culture entière a façonné votre identité. Ses valeurs, ses rituels, ses façons de célébrer la vie ou d'affronter les défis – tout cela vit en vous.

Cette richesse culturelle n'est pas un folklore désuet. C'est une bibliothèque de sagesse collective à votre disposition. Votre culture vous a peut-être enseigné l'art de la résilience communautaire, la valeur du respect des anciens, ou l'importance de l'hospitalité. Dans notre monde globalisé, ces perspectives uniques deviennent vos super-pouvoirs.

Le défi ? Distinguer ce qui vous élève de ce qui vous limite. Certaines croyances culturelles libèrent votre potentiel, d'autres le brident. Votre pouvoir réside dans votre capacité à honorer vos racines tout en écrivant votre propre partition.

◥ Le lien vital entre conscience et transformation

Quand ces trois dimensions s'harmonisent en vous – vos expériences personnelles, votre héritage familial et votre bagage culturel – vous accédez à une puissance extraordinaire. Vous n'êtes plus ballotté par des forces invisibles. Vous devenez le capitaine éclairé de votre destinée.

Cette conscience n'est pas un luxe intellectuel. C'est votre fondation pour bâtir le futur que vous méritez. Car comment naviguer vers votre destination si vous ne savez pas d'où vous partez ?

Le voyage commence maintenant. Êtes-vous prêt à découvrir la richesse cachée dans votre histoire ?

B.   Cartographier votre parcours

◥ Les moments charnières qui vous ont construit

Dans la mosaïque de votre vie, certaines pièces brillent d'un éclat particulier. Ce sont ces moments déterminants – certains choisis, d'autres imposés – qui ont altéré la trajectoire de votre vie et forgé votre caractère.

Pensez à vos premières réussites et à la confiance qu'elles ont semée en vous. Rappelez-vous ces échecs qui semblaient insurmontables mais dont vous avez extrait des leçons précieuses. Considérez les rencontres qui ont élargi vos horizons et les défis qui ont révélé des forces insoupçonnées.

Ces moments charnières sont comme des carrefours sur la carte de votre vie. En les identifiant consciemment, vous comprenez mieux les décisions qui vous ont conduit où vous êtes aujourd'hui. Cette compréhension n'est pas un exercice de regret, mais une source précieuse d'informations pour vos choix futurs.

L'empreinte familiale et culturelle

Nous portons tous l'empreinte indélébile de nos familles (biologique, d'adoption ou de cœur) – ses valeurs, ses non-dits, ses espoirs et ses blessures. Cette transmission subtile influence profondément notre vision du succès, nos relations et notre rapport à nous-mêmes.

Examinez les messages explicites et implicites que vous avez reçus dans votre enfance. Quelles étaient les attentes concernant votre carrière, vos relations ou votre expression émotionnelle ? Ces attentes résonnent-elles encore en vous lorsque vous prenez des décisions importantes ?

Parallèlement, votre culture a gravé en vous certaines perspectives sur le monde. Que vous ayez grandi dans un environnement teinté de diversités ou plus homogène, ces influences ont façonné votre rapport au temps, à l'autorité, à la communauté et à l'individualité. Reconnaître ces empreintes culturelles vous donne la liberté d'en célébrer les aspects enrichissants tout en questionnant ceux qui pourraient limiter votre évolution.

L'impact de vos environnements de vie

Les lieux où vous avez vécu ne sont pas de simples décors – ils ont activement participé à la construction de votre identité. Chaque environnement a laissé sa marque distinctive sur votre façon d'être au monde.

Avez-vous grandi dans une métropole vibrante ou dans une communauté rurale tranquille ? Avez-vous connu la stabilité d'un même foyer ou l'adaptation constante à de nouveaux lieux ? Ces contextes ont développé en vous des compétences spécifiques – peut-être une aisance sociale particulière, une capacité d'adaptation remarquable ou une autonomie précoce.

Vos environnements professionnels ont également sculpté votre identité. La culture d'entreprise, les dynamiques d'équipe et les défis sectoriels auxquels vous avez été exposé ont affûté certaines compétences et valeurs qui vous distinguent aujourd'hui.

En cartographiant ces influences environnementales, vous accédez à une compréhension plus nuancée de vos forces et de vos zones de développement. Cette conscience devient un atout précieux lorsque vous envisagez de nouveaux environnements professionnels ou personnels.

C.   Décoder les influences qui vous ont construit

◥ Distinguer l'essentiel du superficiel

Au cœur de votre identité se trouve votre récit personnel – cette histoire unique que vous vous racontez sur qui vous êtes et comment vous êtes arrivé là. Ce récit n'est pas figé ; il évolue constamment selon votre interprétation des événements de votre vie.

Prenez un moment pour examiner ce récit intérieur. Est-il constructif ou limitant ? Vous présente-t-il comme le protagoniste actif de votre vie ou comme une victime passive des circonstances ? La façon dont vous racontez votre histoire influence profondément votre sentiment d'efficacité personnelle et votre capacité à embrasser le changement.

Les enseignements les plus précieux viennent souvent des chapitres les plus difficiles. Ces périodes de défi ont forgé en vous des qualités distinctives – peut-être une résilience exceptionnelle, une empathie profonde ou une créativité dans la résolution de problèmes. En reconnaissant la valeur de ces apprentissages, vous transformez les épreuves du passé en ressources pour votre avenir.

◥ Identifier les transmissions générationnelles

Vous êtes le maillon d'une chaîne qui s'étend loin dans le passé et se projette vers l'avenir. L'héritage que vous avez reçu – qu'il soit tangible ou intangible – contient une sagesse accumulée à travers les générations.

Considérez les récits familiaux qui vous ont été transmis. Ces histoires de courage, de persévérance ou d'innovation contiennent des leçons qui peuvent vous inspirer dans vos propres défis. Même les récits plus sombres – ceux de luttes ou d'échecs – offrent une sagesse précieuse sur la résilience et l'adaptation.

Les traditions familiales, les métiers transmis ou les valeurs héritées constituent un patrimoine vivant. En les examinant avec discernement, vous pouvez choisir consciemment ce que vous souhaitez préserver, adapter ou transformer pour votre propre parcours et celui des générations futures.

◥ Pour les personnes adoptées : votre héritage unique

Si vous êtes adopté, votre relation à l'héritage familial possède une richesse et une complexité toutes particulières. Vous êtes au carrefour d'histoires multiples – celle de votre famille adoptive qui vous a choisi avec amour et peut-être celle de vos origines biologiques, connues ou inconnues. Cette position unique vous offre une perspective précieuse que peu de personnes possèdent. Vous avez peut-être appris très tôt que la famille se définit par les liens du cœur plutôt que seulement par ceux du sang. Cette sagesse est votre force. Que vous ayez accès à l'histoire de votre famille biologique ou non, sachez que votre identité n'est pas diminuée mais enrichie par cette dualité.

Vous avez le privilège rare de choisir consciemment les traditions et valeurs qui résonnent profondément en vous, de créer des ponts entre différents mondes, et de définir votre propre narration familiale avec une intentionnalité que d'autres prennent rarement le temps de développer. Cette capacité à intégrer diverses influences et à forger votre propre héritage est un don puissant pour les générations futures.

◥ Reconnaître vos ressources culturelles cachées

Votre identité s'enracine également dans un patrimoine culturel plus large. Que vous soyez profondément connecté à une culture spécifique ou que vous naviguiez entre plusieurs influences, cette dimension enrichit votre perspective et vos ressources intérieures.

La langue, les arts, les célébrations, la cuisine et les coutumes de votre héritage culturel ne sont pas de simples marqueurs extérieurs – ils façonnent votre façon de percevoir le monde et de vous exprimer. Dans un environnement professionnel de plus en plus global, cette richesse culturelle devient un atout distinctif.

En période de transition, ce patrimoine peut devenir une source réconfortante de continuité et d'appartenance. Il vous rappelle que vous faites partie d'une histoire plus grande que votre parcours individuel. Cette perspective élargie apporte souvent la sérénité nécessaire pour embrasser le changement avec confiance.

Cadre d'identité personnelle

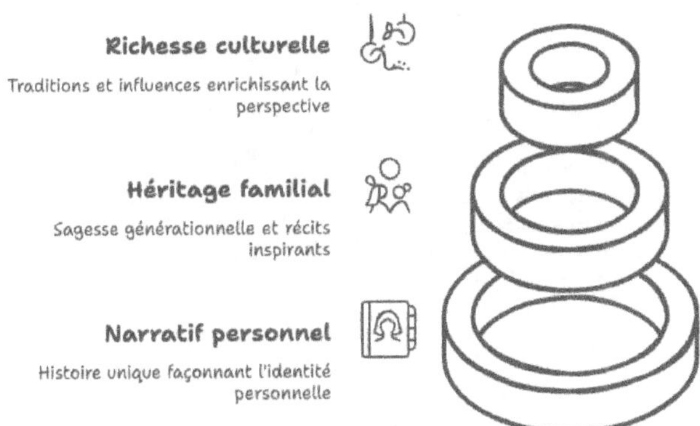

Richesse culturelle

Traditions et influences enrichissant la perspective

Héritage familial

Sagesse générationnelle et récits inspirants

Narratif personnel

Histoire unique façonnant l'identité personnelle

Exercice pratique : Cartographier vos origines

Prenez un moment pour réfléchir à ces questions fondamentales :

1. Quels sont les trois événements qui ont le plus fortement influencé qui vous êtes aujourd'hui ?
2. Quelles valeurs familiales continuent de guider vos décisions ?
3. Comment votre environnement d'origine a-t-il façonné votre vision du succès ?
4. Quel récit vous racontez-vous sur votre parcours de vie ? Est-il habilitant ou limitant ?
5. Quelle sagesse issue de votre héritage souhaiteriez-vous préserver et transmettre ?

Notez vos réponses dans votre journal. Ce premier exercice de cartographie constitue le fondement sur lequel nous bâtirons votre compréhension approfondie de vos racines.

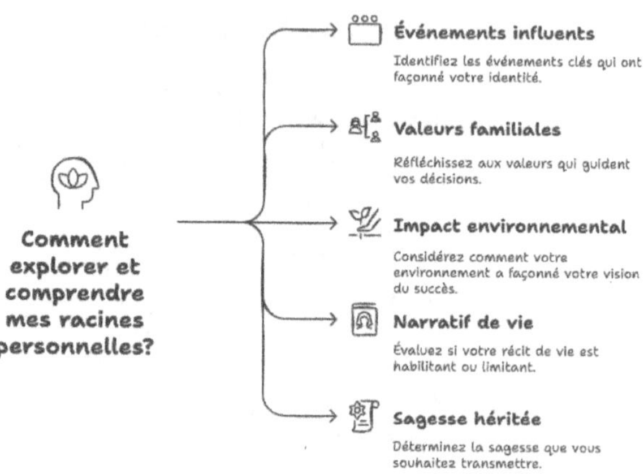

Maintenant que vous avez cartographié les influences qui vous ont façonné, explorons comment honorer activement cet héritage dans votre vie quotidienne.

Section 2 : Honorer son héritage culturel

A. Embrasser ses fondations culturelles

Les traditions qui vous définissent

Nos traditions ne sont pas de simples rituels – elles sont des ancres qui nous stabilisent dans un monde en perpétuel changement. Ces pratiques transmises à travers les générations vous offrent un sentiment d'appartenance précieux, particulièrement durant les périodes de transition.

Quelles sont les traditions qui ont marqué votre enfance ? Peut-être des célébrations familiales, des recettes transmises avec soin, ou des rituels quotidiens qui rythmaient votre vie ? Ces pratiques ont silencieusement façonné votre conception du monde et de votre place en son sein.

Aujourd'hui, à l'heure où vous naviguez cette transition, ces traditions peuvent devenir de puissants alliés. Non pas comme des obligations rigides, mais comme des ressources vivantes qui vous reconnectent à votre essence. Choisissez consciemment celles qui résonnent encore avec vos valeurs actuelles et donnez-vous la permission de les adapter à votre réalité présente.

◥ Les valeurs transmises à travers les générations

Derrière chaque tradition se cachent des valeurs profondes qui ont guidé votre famille pendant des générations. Qu'il s'agisse du sens de la communauté, du respect des aînés, de la persévérance ou de la générosité – ces principes ont été implantés en vous bien avant que vous ne puissiez les nommer.

Prenez un moment pour identifier les valeurs essentielles héritées de votre culture familiale. Lesquelles continuent de résonner profondément en vous ? Lesquelles avez-vous naturellement intégrées dans votre vie professionnelle et personnelle ?

Ces valeurs ne sont pas des reliques du passé – elles sont des boussoles intérieures qui peuvent vous guider vers des choix authentiques dans cette nouvelle phase de votre vie. Quand vous prenez une décision alignée avec vos valeurs fondamentales, vous ressentez cette sensation unique de justesse et d'intégrité profonde.

◥ L'expression de votre culture

Votre héritage culturel s'exprime à travers de multiples canaux – la langue que vous parlez, la nourriture que vous savourez, les arts que vous appréciez, et même votre rapport au temps et à l'espace. Cette expression n'est pas figée dans le temps mais continue d'évoluer à travers vous.

Comment laissez-vous votre culture s'exprimer dans votre quotidien ? Peut-être à travers la cuisine, la musique, certaines expressions linguistiques ou des préférences esthétiques ? Ces manifestations, même subtiles, enrichissent votre vie et celle de votre entourage.

Dans un monde professionnel standardisé, votre héritage culturel peut devenir votre signature distinctive. Ne sous-estimez pas la valeur ajoutée que votre perspective unique apporte à votre environnement de travail. Les entreprises les plus innovantes reconnaissent aujourd'hui que la diversité culturelle est un puissant moteur de créativité et d'adaptation.

B. Créer des ponts entre générations

◥ Se connecter à la sagesse familiale

La sagesse accumulée par vos aînés représente un trésor inestimable, particulièrement précieux en période de transition. Vos parents, grands-parents ou mentors familiaux ont eux aussi traversé des changements majeurs, souvent dans des contextes bien plus difficiles.

Ouvrez un dialogue authentique avec les membres plus âgés de votre famille. Posez des questions profondes sur leurs propres transitions de vie : Comment ont-ils navigué les incertitudes ? Quelles ressources intérieures ont-ils mobilisées ? Quels conseils auraient-ils souhaité recevoir ?

Cette démarche ne vous apportera pas seulement des perspectives précieuses – elle créera également des liens intergénérationnels nourrissants. En écoutant leurs histoires avec une position d'accueil neutre, vous validez leur parcours tout en enrichissant le vôtre. Cette connexion devient alors une source mutuelle de force et de résilience.

◥ Préserver les récits essentiels

Chaque famille possède ses récits fondateurs – ces histoires qui révèlent l'essence de votre lignée. Il peut s'agir de récits de migration, de résilience face à l'adversité, de réussites contre toute attente ou de valeurs défendues envers et contre tout.

Ces récits ne sont pas de simples anecdotes – ils sont les clés de votre identité collective. Malheureusement, dans notre monde accéléré, ils risquent de se perdre si nous ne prenons pas soin de les préserver intentionnellement.

Si vous le souhaitez endossez le rôle du gardien actif de cette mémoire familiale. Enregistrez les témoignages de vos aînés, rassemblez les photographies anciennes, documentez les traditions. Cette démarche n'est pas tournée uniquement vers le passé – elle enrichit votre présent et prépare l'avenir en créant un patrimoine immatériel pour les générations futures.

◥ Forger des traditions significatives

Si certaines traditions héritées méritent d'être préservées, vous avez également le pouvoir d'en créer de nouvelles qui reflètent vos valeurs actuelles et votre réalité spécifique.

Ces nouvelles traditions peuvent émerger naturellement en réponse aux transitions que vous traversez. Peut-être un rituel hebdomadaire qui célèbre vos avancées, une pratique annuelle qui marque les étapes importantes, ou une façon distinctive de reconnaître les accomplissements dans votre famille ou votre équipe.

L'important n'est pas la complexité de ces traditions, mais leur capacité à créer du sens et de la connexion. Les traditions les plus puissantes sont souvent les plus simples – celles qui nous ancrent dans le présent tout en nous reliant à notre histoire collective.

C.   Célébrer la diversité de son identité

◥ La richesse des influences multiples

Dans notre monde interconnecté, rares sont ceux qui peuvent se définir par une seule influence culturelle. Votre identité est probablement tissée de multiples fils – peut-être différentes origines familiales, des régions où vous avez vécu, des communautés qui vous ont accueilli, ou des mentors qui vous ont marqué.

Cette multiplicité n'est pas une dilution – c'est une richesse. Chaque influence vous a apporté des perspectives uniques, des compétences distinctives et des ressources diversifiées pour faire face aux défis. Plutôt que de chercher à simplifier votre identité, embrassez sa complexité dynamique.

Identifiez consciemment les différentes influences qui vous ont façonné. Comment chacune d'elles a-t-elle enrichi votre vision du monde ? Quelles capacités uniques vous a-t-elle permis de développer ? Cette reconnaissance vous aidera à mobiliser intentionnellement ces ressources dans votre parcours de transition actuel.

◥ Naviguer entre différents univers

Beaucoup d'entre nous vivons simultanément dans plusieurs mondes culturels – naviguant entre traditions familiales, exigences professionnelles et environnements sociaux variés. Cette capacité à passer d'un contexte à l'autre représente une compétence précieuse, mais peut aussi générer des tensions internes.

Reconnaissez les défis spécifiques liés à cette navigation interculturelle. Peut-être ressentez-vous parfois des attentes contradictoires, ou l'impression de n'appartenir pleinement à aucun groupe ? Ces sentiments sont naturels et partagés par de nombreuses personnes en transition.

Transformez ce défi en force en cultivant votre flexibilité adaptative. Votre capacité à comprendre et à naviguer différents codes culturels est un atout majeur dans notre économie mondialisée. Elle vous permet de créer des ponts, d'innover à l'intersection des perspectives et de vous adapter rapidement à des environnements changeants.

◣ Puiser sa force dans la complexité

La complexité de votre identité n'est pas un obstacle à surmonter, mais une source inépuisable de résilience et de créativité. Les personnes les plus innovantes sont souvent celles qui peuvent intégrer des perspectives diverses et naviguer l'ambiguïté avec aisance.

Dans votre parcours de transition actuel, cette complexité devient votre super-pouvoir. Elle vous permet d'envisager les défis sous multiples angles, d'imaginer des solutions originales et de vous connecter authentiquement avec des personnes d'horizons divers.

Embrassez pleinement toutes les facettes de votre identité, même celles qui semblent contradictoires. C'est précisément à l'intersection de ces apparentes contradictions que réside votre contribution unique au monde. Votre richesse culturelle n'est pas seulement un héritage personnel – c'est un cadeau que vous pouvez offrir généreusement à votre entourage professionnel et personnel.

Exercice pratique : Honorer votre héritage culturel

1. **Entretien avec un aîné** : Planifiez une conversation avec le membre le plus âgé de votre famille. Préparez cinq questions profondes sur son parcours de vie, les transitions qu'il a traversées et les valeurs qui l'ont guidé.

2. **Cartographie culturelle** : Sur une page, dessinez un cercle au centre avec votre nom. Autour, notez toutes les influences culturelles qui vous ont façonné (origines familiales, lieux de résidence, communautés significatives). Pour chacune, notez un ou deux dons spécifiques qu'elle vous a apportés.

3. **Tradition renouvelée** : Identifiez une tradition familiale qui vous tient à cœur mais que vous avez peut-être négligée. Comment pourriez-vous la réintégrer dans votre vie actuelle, peut-être sous une forme adaptée ? Planifiez une action concrète pour la semaine à venir.

Ces exercices vous aideront à tisser consciemment le lien entre votre héritage et votre avenir, transformant vos racines culturelles en ressources vivantes pour votre parcours de transition.

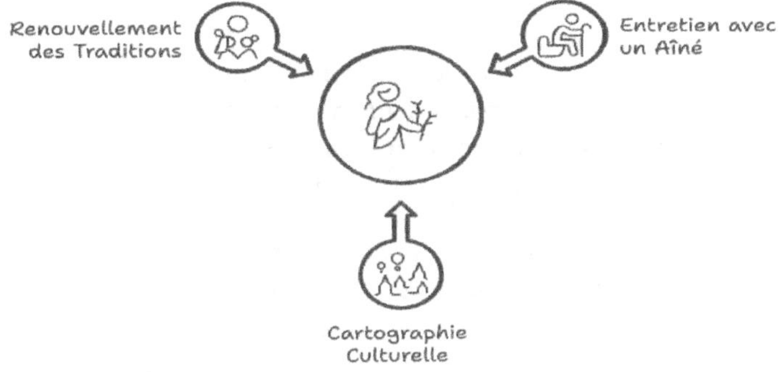

Section 3 : Tisser les fils de son histoire

A. Décrypter sa narration personnelle

Les transitions marquantes

Votre vie est ponctuée de moments où tout a changé. Ces périodes de transition – qu'elles soient choisies ou imposées – sont les fils d'or qui brillent dans la tapisserie de votre existence. Elles marquent les moments où vous avez quitté l'ancien pour embrasser le nouveau, souvent avec un mélange d'appréhension et d'espoir.

Prenez un moment pour identifier ces transitions majeures. Le passage à l'âge adulte. Votre premier emploi significatif. Peut-être un déménagement dans une nouvelle ville ou un nouveau pays. Un changement de carrière. Une relation qui a transformé votre vie. La naissance d'un enfant ou la perte d'un être cher.

Chacune de ces transitions a exigé que vous abandonniez quelque chose de familier pour avancer vers l'inconnu. En revisitant ces moments charnières, vous découvrez non pas une série d'événements isolés, mais un parcours cohérent – le vôtre. Cette prise de conscience est libératrice : vos transitions actuelles ne sont pas des anomalies, mais les prochains chapitres de votre histoire continuent.

Les défis transformateurs

Les défis les plus difficiles de votre vie sont souvent ceux qui vous ont le plus profondément façonné. Comme le diamant formé sous pression, votre essence s'est révélée dans les moments où vous avez dû puiser au plus profond de vous-même.

Ces défis prennent de nombreuses formes. Peut-être avez-vous surmonté un échec professionnel qui semblait insurmontable. Affronté une maladie ou une perte dévastatrice. Navigué dans un environnement hostile ou injuste. Ou simplement persévéré quand tout vous disait d'abandonner.

L'invitation n'est pas de romantiser la souffrance, mais de reconnaître son pouvoir transformateur. Ces moments difficiles ont forgé en vous des qualités exceptionnelles – peut-être une résilience inébranlable, une compassion profonde pour les autres, ou une clarté nouvelle sur ce qui compte vraiment. En reconnaissant ces dons cachés dans vos plus grands défis, vous transformez votre histoire de victime en récit de transformation.

Les victoires fondatrices

Vos victoires révèlent vos forces uniques et les valeurs qui vous guident. Elles sont les moments où vous avez exprimé votre plein potentiel, où votre essence a brillé sans entrave.

Quelles sont les réalisations dont vous êtes le plus fier ? Au-delà des succès extérieurs, pensez aux moments où vous avez vécu en parfaite cohérence avec vos valeurs. Lorsque vous avez tenu bon face à la pression. Quand vous avez choisi l'authenticité plutôt que la facilité. Ou quand vous avez célébré un petit pas qui représentait une victoire personnelle immense.

Ces victoires ne sont pas des trophées à exposer, mais des fondations sur lesquelles bâtir votre avenir. Elles contiennent le code de votre réussite personnelle – les conditions dans lesquelles vous prospérez, les forces que vous pouvez mobiliser, et l'impact unique que vous êtes capable de créer dans le monde.

B.   Identifier ses schémas de transformation

De la crise à l'éveil

Les crises de votre vie – ces moments où le sol semblait se dérober sous vos pieds – ont souvent précédé vos plus grandes percées. Ce schéma universel de transformation commence par la désintégration de l'ancien pour faire place au nouveau.

Repensez aux moments où tout semblait s'effondrer. Une relation qui se terminait. Un projet professionnel qui échouait. Une certitude qui volait en éclats. Au cœur de ces crises, quelque chose en vous s'est éveillé – une nouvelle perspective, une compréhension plus profonde, une direction inattendue.

En reconnaissant ce schéma dans votre histoire, vous pouvez aborder votre transition actuelle avec une confiance renouvelée. La turbulence que vous traversez n'est pas un signe d'échec, mais l'indication que quelque chose de nouveau cherche à émerger. Faites confiance à ce processus de transformation dont vous avez déjà fait l'expérience.

De la vulnérabilité à la force

Les moments où vous vous êtes senti le plus vulnérable sont paradoxalement ceux qui ont révélé votre force la plus authentique. Ce schéma puissant traverse probablement toute votre histoire.

Pensez aux fois où vous avez dû vous montrer tel que vous êtes, sans masque ni protection. Quand vous avez dû demander de l'aide ou admettre que vous ne saviez pas. Quand vous avez pris le risque d'échouer publiquement ou d'être rejeté. Ces moments de vulnérabilité assumée ont libéré en vous une force nouvelle – non pas la force rigide de la perfection, mais la force souple et résiliente de l'authenticité.

Ce schéma vous offre une sagesse précieuse pour votre transition actuelle : ce n'est pas en vous protégeant derrière des certitudes que vous trouverez votre chemin, mais en osant embrasser les questions ouvertes et les zones d'inconfort. Votre vulnérabilité n'est pas votre faiblesse – elle est le portail vers votre pouvoir le plus profond.

De la résilience à l'adaptation

La résilience – cette capacité à rebondir après les difficultés – est inscrite dans votre histoire. Mais au-delà de cette qualité s'est développée une compétence encore plus précieuse : l'adaptation créative.

Observez comment, face aux obstacles, vous avez non seulement résisté, mais vous vous êtes transformé. Vous n'êtes pas simplement revenu à votre état d'origine – vous avez évolué. Vous avez développé de nouvelles compétences, changé de perspective, ou découvert des ressources insoupçonnées en vous.

Ce schéma d'adaptation créative est votre plus grand atout dans un monde en perpétuel changement. Votre capacité à vous réinventer n'est pas une qualité que vous devez développer – c'est une force que vous avez déjà démontrée maintes fois dans votre parcours. Faites-lui confiance alors que vous naviguez votre transition actuelle.

C. Donner du sens à son expérience

Les leçons du passé

Chaque expérience de votre vie – positive ou difficile – contient une sagesse unique destinée spécifiquement à vous. Ces leçons personnelles sont des trésors qui n'attendent que d'être découverts et intégrés.

Qu'avez-vous appris sur vous-même à travers vos diverses expériences ? Sur vos besoins fondamentaux et vos limites ? Sur ce qui vous donne de l'énergie et ce qui vous en privé ? Sur les environnements dans lesquels vous prospérez ?

Ces leçons ne sont pas des vérités abstraites mais des guides pratiques pour vos choix futurs. Elles constituent votre sagesse personnelle, plus précieuse que n'importe quel conseil extérieur. En réfléchissant consciemment à ces apprentissages, vous transformez chaque expérience – même les plus douloureuses – en un investissement pour votre avenir.

La transformation des épreuves en sagesse

Les épreuves que vous avez traversées ne sont pas simplement des obstacles surmontés – elles sont des alchimistes qui ont transformé votre plomb intérieur en or.

Comment vos moments les plus difficiles vous ont-ils enrichi ? Peut-être ont-ils développé votre compassion pour la souffrance des autres.

Affiné votre discernement sur ce qui mérite vraiment votre énergie. Révélé une force intérieure que vous ignoriez posséder. Ou clarifié vos valeurs les plus profondes.

Cette alchimie n'est pas automatique – elle exige un travail conscient de réflexion et d'intégration. En donnant un sens à vos épreuves, vous ne réécrivez pas l'histoire pour la rendre plus acceptable, mais vous révélez la sagesse cachée dans votre parcours. Cette pratique transforme votre relation au passé et libère votre énergie pour l'avenir.

La construction d'un récit authentique

L'histoire que vous vous racontez sur votre vie façonne profondément votre identité et vos possibilités futures. En tissant un récit authentique qui honore à la fois vos difficultés et vos triomphes, vous créez un sentiment de continuité qui vous portera à travers les transitions.

Ce récit n'est pas une fiction qui ignore les aspects difficiles de votre parcours, mais une narration authentique qui reconnaît la complexité de votre voyage. Il intègre les contradictions apparentes, les détours inattendus et les moments d'incertitude comme des éléments essentiels de votre développement.

La cohérence que vous recherchez n'est pas la simplicité d'une ligne droite, mais la richesse d'une symphonie où chaque note – même les dissonances – contribue à l'harmonie de l'ensemble. En construisant ce récit intégrateur, vous créez un fondement solide pour embrasser les prochains chapitres de votre histoire avec confiance et sérénité.

Exercice pratique : Tisser votre histoire personnelle

1. **Cartographie des transitions** : Sur une feuille, tracez une ligne du temps de votre vie. Identifiez les 3-5 transitions majeures qui ont façonné votre parcours. Pour chacune, notez :

    o   Ce que vous avez dû laisser derrière vous
    o   Ce que vous avez gagné ou découvert
    o   La qualité intérieure qui s'est développée

TRANSITION

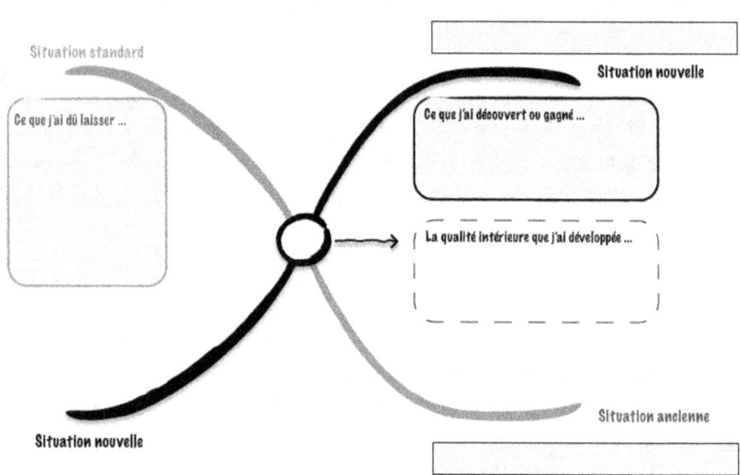

La cartographie de vos transitions de vie

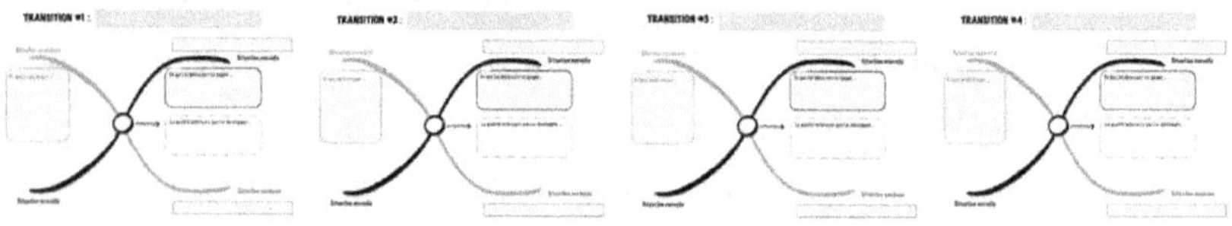

1. **L'alchimie des épreuves** : Identifiez un défi significatif que vous avez surmonté. Répondez à ces questions :

   - Quelle force cette épreuve a-t-elle révélée en vous ?
   - Quelle compréhension nouvelle vous a-t-elle apportée ?
   - Comment cette expérience vous sert-elle aujourd'hui ?

2. **Le fil conducteur** : Complétez ces phrases pour révéler le thème intégrateur de votre histoire :

   - "Je suis quelqu'un qui a toujours..."
   - "À travers toutes mes expériences, j'ai constamment..."
   - "La contribution unique que je peux apporter est..."

Prenez le temps d'explorer ces exercices en profondeur. Ils vous aideront à reconnaître la cohérence cachée dans votre parcours et à puiser dans la sagesse de votre histoire pour éclairer votre chemin actuel.

Découverte de soi à travers transitions et défis personnels

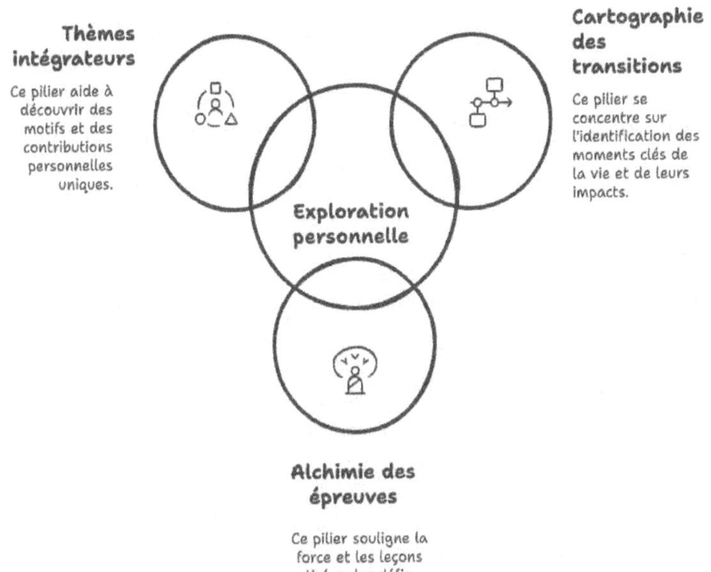

Ces fils tissés de votre histoire prennent maintenant vie dans une image puissante : votre arbre personnel, symbole vivant de votre identité complète.

Section 4 : Dessiner son arbre de vie

L'arbre est l'un des symboles les plus puissants et universels de notre connexion entre le passé, le présent et l'avenir. Comme vous, il s'enracine profondément, se développe avec force et s'épanouit en touchant le ciel. Dessiner votre arbre de vie n'est pas un simple exercice créatif – c'est une invitation à visualiser votre identité dans toute sa splendeur et sa complexité.

A.   Les racines de votre être

Les connexions familiales structurantes

Vos racines sont composées des personnes qui vous ont façonné dès vos premiers jours. Ces connexions familiales – qu'elles soient de sang ou de cœur – ont créé la fondation sur laquelle vous vous tenez aujourd'hui.

Qui sont ces personnes qui vous ont nourri, guidé et protégé ? Peut-être une grand-mère dont la sagesse tranquille vous habite encore. Un père dont l'éthique de travail a défini votre approche professionnelle. Une tante qui a cru en vous quand personne d'autre ne le faisait.

Ces connexions ne sont pas figées dans le passé – elles vivent en vous, nourrissant silencieusement vos décisions et vos réactions. En honorant ces influences, vous reconnaissez que vous n'êtes pas une île, mais le résultat d'un réseau d'amour, d'inspiration et parfois même d'adversité qui vous a rendu unique.

Les valeurs fondamentales

Au cœur de vos racines se trouvent les valeurs qui guident vos choix, souvent à votre insu. Ces principes fondamentaux sont votre boussole intérieure dans les moments d'incertitude.

Est-ce l'intégrité qui vous fait dire la vérité, même quand elle coûte ? La curiosité qui vous pousse toujours à apprendre ? Le courage qui vous permet d'avancer malgré la peur ? La compassion qui ouvre votre cœur aux autres ?

Ces valeurs ne sont pas des concepts abstraits – elles sont les fils d'or qui traversent toute votre vie. Quand vous agissez en accord avec elles, vous ressentez cette sensation profonde d'alignement et d'authenticité. Quand vous vous en écartez, un malaise subtil vous rappelle à l'ordre. En période de transition, ces valeurs deviennent vos alliées les plus fiables pour naviguer les eaux inconnues.

Les expériences fondatrices

Certaines expériences ont marqué votre vie de manière indélébile. Comme la pluie qui nourrit les racines d'un arbre, ces moments ont pénétré profondément en vous pour façonner votre vision du monde.

Pensez à ces premiers succès qui ont construit votre confiance. Ces échecs qui vous ont enseigné la résilience. Ces rencontres qui ont élargi votre horizon. Ces défis qui ont révélé votre force intérieure.

Ces expériences ne sont pas de simples souvenirs – elles sont des enseignements vivants, des guides pour votre présent. En les reconnaissant consciemment, vous transformez votre passé en une source infinie de sagesse personnelle pour éclairer votre chemin actuel.

B. Le développement de vos branches

◥ Les choix décisifs

Vos branches représentent les directions que vous avez prises, ces moments où vous avez dit "oui" à certains chemins et "non" à d'autres. Ces choix décisifs reflètent votre croissance et votre expansion dans le monde.

Rappelez-vous ces carrefours importants. La carrière que vous avez choisie ou rejetée. La ville où vous avez décidé de vivre. Les relations que vous avez cultivées. Les risques que vous avez osé prendre.

Chaque décision significative a créé une nouvelle branche de possibilités dans votre vie. Certaines se sont épanouies au-delà de vos espérances, d'autres se sont révélées plus difficiles – mais toutes ont contribué à la magnifique complexité de votre être. Ces choix ne sont pas simplement des événements passés, mais des expressions de votre pouvoir créatif, de votre capacité à façonner votre existence.

◥ Les relations essentielles

Les branches de votre arbre s'entrelacent avec d'autres arbres – ces personnes significatives qui ont grandi à vos côtés, partageant lumière et ombre, tempêtes et accalmies.

Qui sont ces compagnons de route essentiels ? Le mentor qui a cru en votre potentiel avant même que vous ne le voyiez. L'ami qui est resté présent dans vos moments les plus sombres. Le partenaire qui vous a mis au défi de grandir. L'enfant qui vous a appris l'amour inconditionnel.

Ces relations ne sont pas des accessoires dans votre vie – elles sont le tissu même de votre existence. Elles vous ont offert des miroirs pour vous voir plus clairement, des épaules pour vous soutenir, des défis pour vous fortifier. En période de transition, ces connexions deviennent plus précieuses que jamais, vous rappelant qui vous êtes quand tout semble incertain.

◥ Les accomplissements professionnels, associatifs ou civils

Vos réalisations dans la société civile ou professionnelle représentent des branches particulièrement visibles de votre arbre. Elles témoignent de vos talents, de votre persévérance et de votre contribution unique.

Quels sont ces projets dont vous êtes le plus fier ? Ces défis que vous avez surmontés ? Ces compétences que vous avez maîtrisées ? Ces moments où vos talents ont vraiment fait une différence ?

Ces accomplissements racontent une histoire importante sur vous – non pas celle de simples succès externes, mais celle de la façon dont vous exprimez vos dons dans le monde. Ils révèlent vos zones d'excellence, vos passions naturelles et les contextes dans lesquels vous prospérez. Dans votre transition actuelle, ces réalisations sont des indices précieux sur le type de contribution qui vous apportera épanouissement et sens.

C.   L'épanouissement de vos feuilles

◥ Vos aspirations futures

Les feuilles de votre arbre atteignent le ciel – elles représentent ce vers quoi vous grandissez, ces rêves et aspirations qui vous appellent vers l'avant.

Quels sont ces désirs qui vous inspirent aujourd'hui ? Cette contribution que vous souhaitez apporter ? Cette version de vous-même que vous aspirez à devenir ? Ce futur que vous voulez cocréer ?

Ces aspirations ne sont pas de simples fantaisies – elles sont l'expression de votre potentiel qui cherche à s'actualiser. Elles contiennent des indices importants sur votre prochaine phase de croissance et d'évolution. En les articulant clairement, vous commencez déjà à les manifester, transformant l'invisible en visible, le potentiel en réalité.

◥ Vos zones de croissance

Même l'arbre le plus majestueux continue de grandir, développant de nouvelles feuilles chaque saison. Vos zones de croissance représentent ces aspects de vous-même qui sont en plein développement.

Quelles sont ces qualités que vous souhaitez cultiver davantage ? Ces compétences que vous êtes en train d'affiner ? Ces aspects de votre caractère que vous travaillez à transformer ?

Ces zones de croissance ne sont pas des défauts à corriger, mais des invitations à l'évolution. Elles témoignent de votre courage à rester humble et apprenant, même dans vos domaines de maîtrise. Cette posture d'apprentissage continu est peut-être votre plus grande force – celle qui vous permettra de vous renouveler à chaque saison de votre vie.

◥ L'héritage que vous souhaitez laisser

Les feuilles de votre arbre finiront un jour par nourrir le sol, contribuant à la vie bien au-delà de votre existence. Quel est cet héritage que vous souhaitez cultiver dès maintenant ?

Comment voulez-vous être remembré ? Quelles valeurs espérez-vous transmettre ? Quelle différence souhaitez-vous avoir faite dans la vie des autres et dans le monde ?

Cette réflexion n'est pas morbide – elle est profondément stimulante. Elle vous connecte à une perspective plus large que l'immédiat, vous invitant à vivre chaque jour en alignement avec ce qui compte vraiment pour vous. Dans les moments de transition, cette vision d'héritage devient une ancre puissante, vous rappelant le sens plus grand de votre voyage.

Conclusion : vos racines, votre force

Au terme de ce voyage au cœur de vos origines, prenez un moment pour intégrer les découvertes essentielles de ce chapitre.

Vous avez exploré le terrain fertile de vos racines, cette fondation invisible mais puissante qui soutient tout ce que vous êtes. Comprendre d'où vous venez n'est pas un exercice de nostalgie, mais un acte courageux qui éclaire votre chemin futur. Votre histoire n'est pas une simple succession d'événements – c'est un trésor de sagesse personnelle qui vous appartient pleinement.

Vous avez redécouvert la richesse de votre héritage culturel, ces traditions et valeurs qui vous ont façonné et qui peuvent aujourd'hui devenir des ressources précieuses en période de transition. Loin d'être des contraintes, ces influences représentent un réservoir de force dans lequel vous pouvez puiser à volonté.

En tissant les fils de votre récit personnel, vous avez observé les schémas récurrents de votre vie – ces cycles de transformation qui témoignent de votre capacité innée à évoluer et à vous réinventer. Vos épreuves, désormais reconnues comme des catalyseurs de croissance, révèlent la profondeur de votre résilience.

Enfin, en dessinant votre Arbre de Vie, vous avez créé une carte vivante de votre identité – depuis les racines profondes qui vous nourrissent jusqu'aux feuilles nouvelles qui annoncent votre devenir. Cette vision holistique vous permet d'honorer votre passé tout en embrassant votre futur avec confiance.

◥ Pour aller plus loin

Au terme de ce voyage d'exploration de vos racines, vous avez déjà redécouvert des aspects essentiels de votre identité. Mais comme tout explorateur passionné, vous pourriez ressentir cet appel à plonger encore plus profondément. Voici trois perspectives complémentaires qui élargissent notre compréhension de qui nous sommes vraiment — au-delà de notre histoire consciente.

La fusion identité-culture : l'enseignement des peuples originels

Contrairement à notre vision occidentale qui sépare souvent l'identité personnelle de l'héritage culturel, les peuples autochtones comme les Inuits nous offrent une perspective transformatrice. Pour eux, l'identité n'est pas une quête individuelle — elle est indissociable de leur appartenance culturelle.

Chez les Inuits, le récit personnel s'entrelace naturellement avec celui de la communauté. Leur relation profonde avec leur environnement, leurs traditions de transmission orale et leur vision cyclique du temps créent une conscience collective où chaque individu se comprend comme le gardien temporaire d'une sagesse millénaire[12].

Cette perspective nous invite à une question inspirante : *et si votre identité n'était pas seulement ce que vous choisissez d'être, mais également l'expression vivante d'une lignée qui s'exprime à travers vous ?*

Application pratique : Imaginez-vous comme le pont entre le passé et le futur de votre lignée.

- o Quelles valeurs essentielles de votre culture familiale méritent d'être préservées et transmises, même sous une forme adaptée à notre époque ?
- o Quelles traditions vous connectent à quelque chose de plus grand que vous-même ?

Ressources sur les cultures autochtones :

- **Centre du patrimoine mondial de l'UNESCO** - Explorez leur section sur les connaissances des peuples autochtones[13]
- **Cultural Survival** - Organisation internationale dédiée aux droits et cultures des peuples autochtones[14]
- **Survival International** - Propose des témoignages et perspectives autochtones authentiques[15]

La mémoire cellulaire : quand le corps se souvient

Des recherches fascinantes en épigénétique suggèrent que nos cellules pourraient porter bien plus que notre ADN[16] — elles conserveraient également l'empreinte d'expériences vécues par nos ancêtres. Cette "mémoire cellulaire" pourrait expliquer certaines réactions instinctives, préférences ou peurs que nous ressentons sans comprendre leur origine[17].

Imaginez un instant : ces moments inexplicables où vous vous sentez attiré par un lieu jamais visité, ces compétences qui semblent couler naturellement en vous, cette sagesse que vous possédez sans l'avoir consciemment acquise — et si tout cela était l'expression de connaissances transmises biologiquement à travers les générations ?

Cette perspective nous invite à considérer que nos blocages inexpliqués pourraient parfois venir de mémoires ancestrales — tout comme certains de nos talents innés.

Application pratique : Observez avec curiosité vos réactions instinctives face à certaines situations.

- o Y a-t-il des peurs qui semblent disproportionnées ou des compétences qui vous semblent naturelles sans explication ?
- o Tenez un journal de ces intuitions et recherchez si elles trouvent écho dans l'histoire de votre famille.

Pour approfondir :

- **Revue Nature** - Articles sur l'épigénétique transgénérationnelle[18]
- **Center for Mind-Body Medicine** - Recherches sur les liens entre traumatismes hérités et santé [19]
- **Conférence de Boris Cyrulnik** - sur la transmission des traumatismes[20]

<u>Le cycle de vie mémoriel de Marc Fréchet : réinterpréter notre histoire</u>

Le modèle du psychologue Marc Fréchet propose que notre mémoire ne soit pas un simple enregistreur passif, mais un système dynamique qui réinterprète constamment notre passé à la lumière de notre présent. Selon lui, nous traversons des "cycles de vie mémoriels" où certains souvenirs deviennent plus saillants à différentes périodes de notre existence.

Ce qui est fascinant, c'est que ces cycles suivent souvent un rythme prévisible — la quarantaine nous reconnecte souvent aux souvenirs d'adolescence, tandis que la soixantaine nous ramène à l'enfance. Ce n'est pas par hasard, mais parce que notre psyché cherche à résoudre et intégrer des aspects inachevés de ces périodes.

Cette perspective nous libère de la tyrannie d'un récit personnel figé. Elle nous invite à comprendre que notre histoire n'est pas gravée dans le marbre — elle est un matériau vivant que nous pouvons retravailler et réinterpréter.

Application pratique : Identifiez à quelle période de votre vie vous vous sentez émotionnellement connecté actuellement.

- o Quels souvenirs remontent spontanément ?
- o Quels apprentissages inachevés de cette période pourraient chercher à se compléter dans votre vie présente ?
- o Comment pourriez-vous consciemment réinterpréter ces souvenirs pour soutenir votre évolution actuelle ?

Ressources pratiques :

- **La psychologie narrative** – article sur l'importance de la psychologie narrative en cas de dépression[21]
- **Les cycles biologiques cellulaires mémorisés du cerveau** – découverts par Marc Fréchet et expliqués de façon empirique par Baudoin Labrique[22]
- **La grille de vie** - modèle pour réaliser sa grille depuis sa naissance https://www.la-memoire-cellulaire.fr/blog/grille-de-vie-dates/

Communautés et pratiques

Au-delà des ressources informatives, vous pourriez souhaiter partager cette exploration avec d'autres :

- **Cercles de mémoire familiale** - Créez ou rejoignez un groupe local dédié au partage des histoires familiales
- **Ateliers d'écriture autobiographique** - Souvent proposés par les centres culturels et bibliothèques
- **Plateformes de généalogie collaborative** - Comme MyHeritage ou Geneanet

Rappelez-vous que ces explorations ne sont pas de simples exercices intellectuels — elles sont des invitations à une compréhension plus profonde et intégrée de qui vous êtes. En embrassant ces dimensions supplémentaires de votre identité, vous enrichissez non seulement votre propre voyage, mais vous créez également un espace plus vaste pour ceux qui vous entourent.

Quelle que soit la direction que prendra votre exploration, gardez un esprit ouvert et curieux. La véritable richesse de cette quête ne réside pas tant dans les réponses définitives que dans les questions profondes qu'elle vous inspire à poser.

Ces trois perspectives nous rappellent que l'exploration de nos racines n'est pas un voyage à destination fixe. C'est une spirale d'évolution où chaque retour nous permet de découvrir de nouvelles dimensions de notre identité.

En intégrant ces approches plus profondes à votre quête personnelle, vous enrichissez non seulement votre compréhension de vous-même, mais vous accédez aussi à des ressources insoupçonnées pour naviguer vos transitions avec grâce et conscience.

Rappelez-vous cette vérité essentielle : comprendre d'où vous venez n'est jamais une limitation — c'est une invitation à embrasser la totalité de qui vous êtes, avec ses multiples facettes, ses mystères, et son potentiel illimité.

Exercices pratiques

◥ Questions de réflexion personnelle pour votre journal

Prenez un moment de calme et répondez à ces questions dans votre journal. Écrivez spontanément, laissant votre intuition vous guider :

1. Si vos racines pouvaient parler, quelle sagesse vous transmettrait-elles aujourd'hui ?
2. Quelle branche de votre vie mérite plus de lumière et d'attention en ce moment ?
3. Quelles nouvelles feuilles commencent à émerger en vous – ces talents ou aspirations qui demandent à s'exprimer ?
4. Si vous pouviez ajouter une nouvelle branche majeure à votre arbre dans les cinq prochaines années, que serait-elle ?
5. Quelles tempêtes votre arbre a-t-il traversées, et comment ces expériences l'ont-elles renforcé ?

◥ Guide d'entretien familial

Créez des moments précieux de connexion et de découverte avec vos proches à travers ces questions :

1. "Quel a été l'un des moments décisifs de ta vie, et comment a-t-il influencé la personne que tu es devenue ?"
2. "Quelles valeurs espères-tu m'avoir transmise, consciemment ou non ?"
3. "Quelle tradition familiale te tient particulièrement à cœur, et pourquoi ?"
4. "Y a-t-il une sagesse que tu as acquise avec l'âge que tu aurais aimé connaître plus tôt ?"
5. "Comment notre famille a-t-elle surmonté ses plus grands défis ?"

Conseil : enregistrez ces conversations si possible – elles sont des trésors qui enrichiront non seulement votre compréhension de vous-même, mais aussi les générations futures.

 Inventaire de votre patrimoine culturel

Sur une feuille, créez quatre colonnes intitulées :

- Traditions et célébrations significatives
- Arts et expressions culturelles qui me touchent
- Valeurs culturelles que je souhaite préserver
- Aspects culturels que je choisis de transformer

Complétez chaque colonne en réfléchissant aux différentes influences culturelles qui ont façonné votre identité. Cet inventaire vous aidera à reconnaître la richesse de votre héritage et à choisir consciemment ce que vous souhaitez honorer et transmettre.

LES OUTILS POUR APPRENDRE À SE CONNAÎTRE

Traditions et célébrations significatives	Arts et expressions culturelles qui me touchent	Valeurs culturelles que je souhaite préserver	Aspects culturels que je choisis de transformer
Exemples : Noël en famille, repas de mariage berbère, chants religieux, fêtes régionales (Pâques, Holi, Aïd), rituels de deuil, anniversaires marquants	*Exemples : Musique andalouse, calligraphie, danses afro-contemporaines, théâtre engagé, recettes familiales, tatouages rituels*	*Exemples : hospitalité, respect des aînés, lien à la terre, solidarité, transmission orale, rapport au silence, rapport au sacré*	*Exemples : injonction au sacrifice, tabou autour des émotions, patriarcat, hiérarchies rigides, vision figée de l'identité culturelle*
Pourquoi cela m'est cher ? Que cela m'apporte-t-il ?	*Pourquoi cela me touche ? Comment cela m'inspire ?*	*En quoi ces valeurs façonnent-elles mes choix et mes relations ?*	*Pourquoi ai-je besoin de faire évoluer cet aspect ? Vers quoi voudrais-je le transformer ?*
Influence de ma famille, mon pays, mes voyages, mes communautés d'appartenance	*Influence d'une rencontre, d'un lieu, d'un art, d'un enseignant ou d'un mentor*	*Résonance dans mes engagements, mes projets, mes valeurs profondes*	*Points de tension avec mes aspirations, conflits intérieurs, besoin de modernité ou d'émancipation*

Connexions et tensions identifiées :

- Quels liens voyez-vous entre les arts et les valeurs ?
- Y a-t-il une tradition qui vous émeut mais que vous ressentez comme en décalage avec vos choix actuels ?
- Une valeur ancienne nourrit-elle encore un rêve d'avenir ?

Question d'ancrage :

Comment puis-je honorer ce qui m'a été transmis, tout en me donnant la liberté d'innover, d'ajuster ou de transcender mon héritage ?

https://playbook.kristy-blog.fr/exercices

Le canevas est disponible pour impression : https://playbook.kristy-blog.fr/exercices/1018

◥ Atelier de visualisation de votre arbre de vie

Matériel nécessaire : Une grande feuille de papier, des crayons de couleur ou marqueurs, des photos ou images découpées (optionnel)

1. Dessinez le contour d'un grand arbre occupant toute la page, avec des racines visibles sous terre, un tronc solide, des branches s'étendant largement et des feuilles abondantes.
2. Dans les racines, inscrivez les noms de vos ancêtres, les lieux d'origine de votre famille, vos valeurs fondamentales et les expériences qui ont forgé votre caractère.
3. Sur le tronc, notez vos forces principales, ces qualités qui vous soutiennent quelles que soient les circonstances.
4. Sur chaque branche majeure, identifiez un domaine important de votre vie (carrière, relations, créativité, santé, etc.) et notez vos choix décisifs et réalisations sur des branches plus petites.
5. Dans les feuilles, inscrivez vos rêves, aspirations et l'héritage que vous souhaitez créer.
6. Optionnel : Ajoutez des oiseaux représentant les personnes qui vous soutiennent et vous inspirent.
7. Contemplez régulièrement cette représentation visuelle de votre vie, en l'actualisant à mesure que vous évoluez.

Enrichir votre arbre avec les dimensions invisibles

Après avoir pris connaissance de la section « **Pour aller plus loin** » de ce chapitre, vous pouvez ajouter de la profondeur à votre arbre de vie :

- **Mémoire cellulaire** : Observez les talents ou peurs inexpliqués dans votre arbre. Ces *"feuilles mystérieuses"* pourraient être l'expression d'héritages transgénérationnels. Notez-les d'une couleur différente sur votre arbre.
- **Cycles mémoriels** : Identifiez à quelle période de votre passé vous vous sentez le plus connecté actuellement. Marquez cette branche d'un symbole spécial - elle contient probablement des clés pour votre transition actuelle.
- **Fusion identité-culture** : Si vous ressentez que certaines racines culturelles sont particulièrement vivantes en vous, épaississez ces racines sur votre dessin. Elles sont votre connexion à une sagesse collective.

◥ Création de votre ligne de vie en photos

1. Rassemblez des photos significatives représentant les moments clés de votre parcours – depuis votre enfance jusqu'à aujourd'hui.

2. Disposez-les chronologiquement sur une surface plane ou créez un album numérique.

3. Pour chaque photo, rédigez une brève légende qui capture :
   - Ce que ce moment représentait pour vous
   - Ce que vous avez appris ou découvert
   - Comment cette expérience vous a façonné
4. Identifiez les thèmes récurrents et les fils conducteurs qui traversent votre histoire visuelle.

5. Concluez avec une photo récente de vous-même, accompagnée d'un message d'appréciation pour la personne que vous êtes devenue et celle que vous êtes en train de devenir.

Cette ligne de vie photographique devient un puissant rappel visuel de votre parcours, mettant en lumière votre résilience et votre capacité à évoluer à travers les différentes saisons de votre existence.

Approfondir votre ligne de vie

En revisitant vos photos avec les perspectives avancées :

Repérez les schémas : Y a-t-il des cycles qui se répètent (tous les 7 ans, 12 ans) ? Marc Fréchet suggère que nous revisitons inconsciemment certaines périodes.

Notez les synchronicités : Certains talents ou défis familiaux se manifestent-ils à des âges similaires à travers les générations ?

Identifiez les photos "chargées" : Celles qui vous émeuvent particulièrement pourraient révéler des mémoires cellulaires actives.

Plan d'action concret

La connaissance sans action reste stérile. Voici quatre étapes simples mais puissantes pour ancrer ces découvertes dans votre quotidien :

1. **Créez un rituel d'ancrage** - Choisissez un objet symbolisant votre héritage (une photo, un bijou, un livre) et placez-le dans un endroit visible. Prenez un moment chaque matin pour le toucher et vous connecter intentionnellement à la force de vos racines.

2. **Initiez une conversation significative** - Dans la semaine qui vient, programmez un échange sincère avec un membre de votre famille ou un ami de longue date. Partagez une découverte de ce chapitre et explorez ensemble une facette de votre histoire commune.

3. **Adoptez une pratique de votre héritage** - Identifiez une tradition, une recette, un rituel ou une valeur issue de votre culture que vous souhaitez réintégrer consciemment dans votre vie. Commencez petitement mais régulièrement.

4. **Journalisez votre transformation** - Consacrez dix minutes, trois fois par semaine, à écrire sur la façon dont vous intégrez la sagesse de vos racines dans votre transition actuelle. Notez les insights, les défis et les moments de clarté.

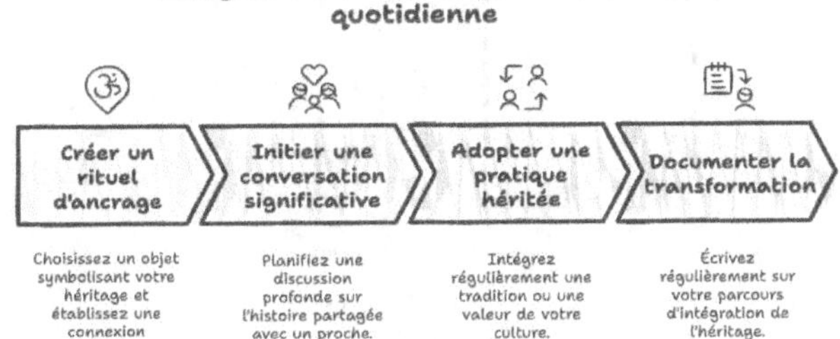

Questions d'intégration

Pour approfondir votre compréhension et ancrer ces apprentissages, contemplez ces questions dans les jours qui viennent :

1. Quelle est la découverte la plus surprenante que vous avez faite sur vos origines, et comment pourrait-elle éclairer votre chemin actuel ?

2. Si vous deviez distiller la sagesse de votre histoire en un message essentiel pour vous-même, quel serait-il ?

3. Quelle force héritée de vos ancêtres vous sera particulièrement utile dans la transition que vous traversez ?

4. Comment pourriez-vous honorer à la fois votre héritage et votre besoin d'évolution personnelle quand ils semblent en tension ?

5. Quelle partie de votre histoire mérite d'être réécrite – non pas pour changer le passé, mais pour en transformer la signification ?

Voyage vers la Compréhension de Soi

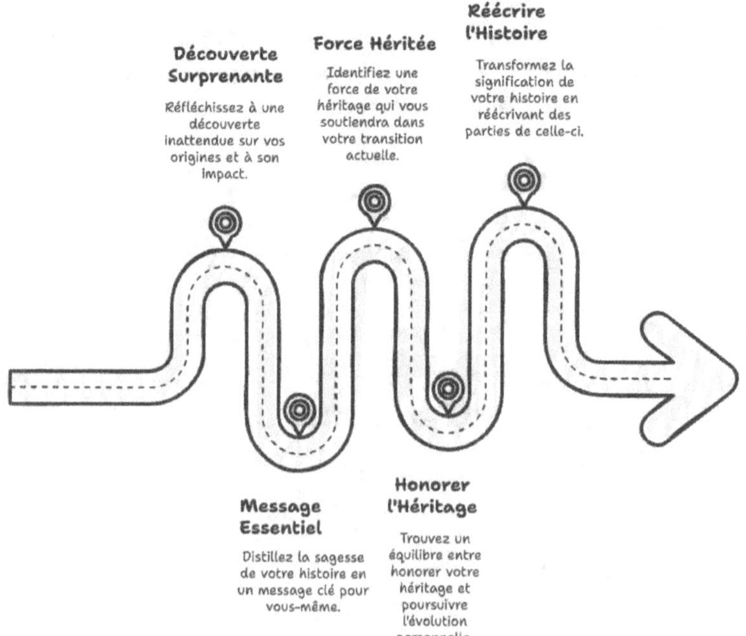

Engagement personnel

Le moment est venu de sceller votre intention. Complétez cette déclaration et inscrivez-la dans votre journal ou partagez-la avec une personne de confiance :

- "En honorant mes racines, je m'engage à...
- Je reconnais que ma force vient de...
- À partir d'aujourd'hui, je choisis consciemment de...
- Je sais que cette exploration m'aidera à traverser ma transition actuelle en...
- Je me promets de revisiter mon arbre de vie chaque fois que j'aurai besoin de me rappeler qui je suis vraiment."

Souvenez-vous que la connaissance de vos origines n'est pas une destination mais un voyage continu. Chaque retour à vos racines vous révèle de nouvelles nuances, de nouvelles forces, de nouvelles possibilités.

C'est en comprenant profondément d'où vous venez que vous gagnerez la clarté nécessaire pour décider où vous souhaitez aller. Vos racines ne vous limitent pas – elles vous libèrent en vous donnant l'ancrage nécessaire pour vous élever vers de nouveaux horizons.

Le chapitre suivant vous guidera pour naviguer les courants du changement avec cette nouvelle conscience comme boussole intérieure. Mais pour l'instant, prenez le temps d'honorer le voyage que vous venez d'accomplir – celui de la redécouverte de la source même de votre force.

Les 10 clés pour cultiver la force de vos racines

1. Vos origines sont votre tremplin

Votre histoire n'est pas un déterminisme mais un socle de ressources. Les expériences qui vous ont façonné, qu'elles soient douces ou difficiles, contiennent des trésors de sagesse qui éclairent votre chemin actuel. Reconnaissez que comprendre votre passé vous libère pour créer votre avenir.

2. Votre vision du monde est unique et précieuse

La façon dont vous percevez la réalité a été sculptée par votre famille, votre culture et vos expériences. Cette perspective n'est pas universelle mais singulière – c'est votre contribution distinctive au monde. Valorisez cette richesse et partagez-la sans hésitation.

3. Les moments charnières révèlent votre essence

Les tournants décisifs de votre vie ne sont pas de simples anecdotes mais des révélateurs de qui vous êtes vraiment. Revisitez ces carrefours avec compassion et vous y découvrirez le fil rouge de votre identité profonde.

4. Vos traditions sont des ancres dans un monde changeant

Dans la tempête des transitions, vos traditions familiales et culturelles offrent stabilité et réconfort. Elles ne vous enferment pas dans le passé mais vous ancrent pour mieux vous élancer vers l'avenir. Choisissez celles qui vous nourrissent et adaptez-les à votre réalité présente.

5. Chaque défi traversé a forgé une force en vous

Les épreuves que vous avez surmontées ne sont pas des cicatrices à cacher mais des médailles d'honneur. Chacune a développé en vous une qualité distinctive – résilience, compassion, créativité – qui devient votre alliée dans les défis d'aujourd'hui.

6. Vos schémas de transformation suivent un rythme naturel

Observez comment vous avez navigué les changements précédents : de la crise à l'éveil, de la vulnérabilité à la force. Cette conscience de vos cycles personnels vous permet d'aborder votre transition actuelle avec confiance, sachant que vous portez déjà en vous la capacité de vous réinventer.

7. L'héritage que vous créez commence maintenant

L'empreinte que vous laisserez ne se dessine pas à la fin de votre parcours mais à chaque décision quotidienne. Clarifiez les valeurs que vous souhaitez transmettre et incarnez-les consciemment dès aujourd'hui, transformant ainsi votre vie en un message cohérent et inspirant.

8. Vos racines sont vivantes et continuent de s'étendre

Votre identité n'est pas figée mais en perpétuelle évolution. Comme un arbre qui étend ses racines, vous pouvez consciemment développer de nouvelles connexions avec votre histoire, découvrir des aspects inexplorés de votre héritage, et intégrer de nouvelles influences qui enrichissent votre être.

9. La sagesse familiale est un trésor à partager

Les récits, les leçons et les valeurs transmis dans votre famille ne sont pas des reliques poussiéreuses mais une source vive d'inspiration. En partageant ces trésors, vous créez des ponts entre les générations et renforcez le sentiment d'appartenance qui nourrit votre confiance intérieure.

10. Votre histoire est un choix

Vous n'êtes pas condamné à répéter votre passé ni à le rejeter entièrement. Vous avez le pouvoir de réinterpréter votre histoire, d'en extraire les enseignements précieux et de transformer consciemment les aspects limitants. C'est dans cette liberté créative que réside votre plus grande puissance.

Souvenez-vous : Explorer vos racines n'est pas un détour nostalgique mais un acte courageux qui vous équipe pour embrasser l'avenir avec authenticité. Ce n'est pas en ignorant d'où vous venez, mais en l'honorant pleinement, que vous trouverez la force de devenir qui vous êtes vraiment appelé à être.

Mon arbre de vie

Mes racines

Chapitre 4 : Révéler son authenticité

Se connaître véritablement est peut-être le voyage le plus important que vous entreprendrez jamais.

Dans un monde qui nous presse constamment de nous adapter, de nous conformer et de répondre aux attentes extérieures, retrouver le chemin vers notre essence authentique devient un acte révolutionnaire. Ce chapitre vous invite à cette révolution personnelle – celle qui consiste à vous redécouvrir, à honorer qui vous êtes réellement, et à aligner votre vie sur cette vérité profonde.

Au cœur de toute transition se trouve la question fondamentale : 'Qui suis-je vraiment ?' L'authenticité n'est pas un état à atteindre, mais une pratique quotidienne – la capacité à reconnaître vos désirs profonds et à exprimer votre singularité. Dans les moments de transformation, elle devient votre boussole intérieure.

À travers ce chapitre, nous explorerons ensemble plusieurs chemins complémentaires vers cette connaissance de soi :

Nous commencerons par cartographier votre identité à travers la métaphore puissante de l'Arbre de Vie, révélant les multiples dimensions de votre croissance passée, présente et future.

Nous plongerons ensuite au cœur de vos motivations grâce au cercle d'or, cet outil transformateur qui vous permettra de clarifier votre "pourquoi" – cette raison d'être qui donne sens à vos actions et décisions.

Nous célébrerons votre essence unique en identifiant vos talents naturels, votre signature personnelle et cette combinaison spéciale de dons qui n'appartient qu'à vous.

Enfin, nous transformerons ces découvertes en action concrète à travers la création de votre manifeste personnel et l'intégration de pratiques d'authenticité dans votre quotidien.

Ce voyage de découverte n'est pas toujours facile. Il exige courage, honnêteté et une volonté de confronter parfois des vérités inconfortables. Mais je vous promets que chaque pas vers votre authenticité vous rapprochera d'une vie plus alignée, plus épanouissante et plus significative.

Alors que vous vous apprêtez à tourner cette page, je vous invite à ralentir, à respirer profondément, et à vous engager pleinement dans ce processus de révélation. Les outils, exercices et réflexions qui suivent ne sont pas de simples théories – ce sont des invitations à l'action et à la transformation.

Votre authenticité est le plus beau cadeau que vous puissiez vous offrir et offrir au monde. Il est temps de la dévoiler.

Section 1 : Explorer votre identité à travers l'arbre de vie

Imaginez un arbre majestueux, solidement ancré dans le sol, avec des branches qui s'étendent vers le ciel. Cet arbre n'est pas simplement une métaphore – il est le miroir vivant de votre identité, de votre croissance et de votre potentiel.

Si au chapitre précédent nous avons exploré les racines de votre arbre de vie – ces fondations qui vous ancrent – nous allons maintenant porter notre regard vers le haut. Cette fois, nous cartographions vos branches actuelles, vos feuilles nourricières et les fruits que vous portez déjà. C'est une exploration complémentaire qui révèle non pas d'où vous venez, mais qui vous êtes en train de devenir.

L'arbre de vie est bien plus qu'un simple outil de développement personnel. C'est une carte visuelle puissante qui vous permet de voir d'un seul coup d'œil d'où vous venez, où vous êtes et où vous pourriez aller. Il honore votre passé, célèbre votre présent et ouvre des fenêtres vers votre avenir.

A. Cartographier votre croissance actuelle

Vos branches : les différents domaines de votre vie

Les branches de votre arbre représentent les différentes dimensions de votre existence. Certaines sont peut-être robustes et bien développées – ces aspects de votre vie où vous vous sentez compétent et épanoui. D'autres peuvent être plus fines ou nouvellement formées – ces domaines en développement qui appellent votre attention.

Prenez un moment pour identifier ces branches principales. Est-ce votre vie professionnelle, vos relations familiales, votre santé, votre créativité, votre spiritualité ? Chaque branche raconte une histoire sur la façon dont vous avez investi votre énergie jusqu'à présent.

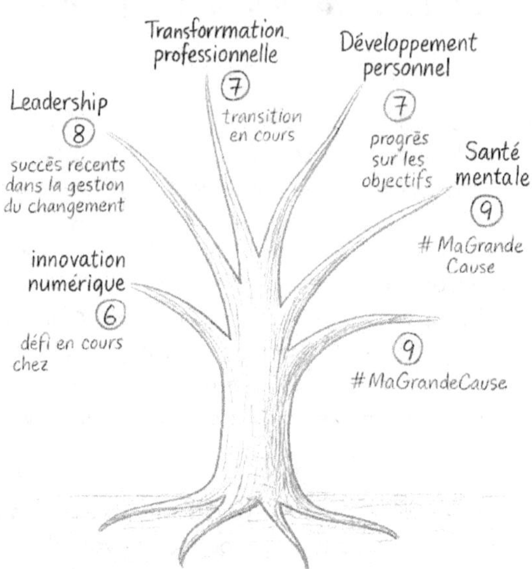

Exercice pratique : Sur une feuille, dessinez un grand arbre avec 5 à 7 branches principales. Nommez chacune d'elles selon un domaine significatif de votre vie. Pour chaque branche, évaluez sa robustesse sur une échelle de 1 à 10. Qu'observez-vous ?

Y a-t-il un déséquilibre qui attire votre attention ?

◥ Vos feuilles : les expériences qui vous nourrissent

Les feuilles de votre arbre sont les expériences quotidiennes qui vous nourrissent. Ce sont ces moments, souvent simples mais essentiels, qui vous donnent de l'énergie et du sens. Peut-être est-ce la marche matinale qui vous centre, la conversation profonde avec un ami, le moment de création, ou cet instant de connexion avec un être cher.

Ces expériences ne sont pas de simples activités – elles sont les canaux par lesquels vous absorbez l'énergie vitale, tout comme les feuilles transforment la lumière du soleil en nourriture pour l'arbre.

Question réflexive : Quelles sont les 5 expériences régulières qui vous apportent le plus de vitalité ? Comment pourriez-vous leur faire plus de place dans votre quotidien ?

◤ Vos fruits : vos réalisations et contributions

Les fruits de votre arbre symbolisent ce que vous avez créé et partagé avec le monde. Ce ne sont pas seulement vos accomplissements professionnels, mais toutes les façons dont vous avez contribué positivement – un enfant que vous avez élevé, un projet que vous avez mené à bien, une relation que vous avez cultivée, une personne que vous avez aidée.

Vos fruits révèlent ce qui a véritablement compté pour vous, au-delà des attentes sociales ou des définitions conventionnelles du succès. Ils témoignent de votre impact unique.

Exercice d'ancrage : Recensez 10 contributions dont vous êtes fier(ère), grandes ou petites. Pour chacune, notez la valeur fondamentale qu'elle exprime. Ces valeurs dessinent le contour de votre authenticité.

B.   Dessiner votre carte d'identité

◤ Les qualités qui vous définissent profondément

Au-delà des rôles que vous jouez et des étiquettes qui vous ont été attribuées, certaines qualités vous définissent essentiellement. Ce sont ces traits de caractère qui persistent à travers le temps et les circonstances – peut-être votre curiosité insatiable, votre compassion naturelle, votre persévérance face aux obstacles, ou votre capacité à voir la beauté là où d'autres ne la voient pas.

Ces qualités ne sont pas des accessoires – elles sont le cœur même de votre être, la signature énergétique que vous apportez dans chaque situation.

Dialogue intérieur : Si vos proches les plus intimes devaient identifier trois qualités qui vous définissent fondamentalement, quelles seraient-elles ? Ces qualités vous semblent-elles justes ? Sinon, quelles qualités vous paraissent plus authentiques ?

Les relations qui façonnent votre développement

Nous ne sommes pas des îles. Votre identité s'est formée et continue d'évoluer à travers vos relations. Certaines personnes vous ont aidé à découvrir des parties de vous-même que vous ignoriez. D'autres vous ont mis au défi de grandir. D'autres encore vous ont simplement aimé tel que vous êtes.

Ces relations sont comme le sol fertile autour de votre arbre – elles apportent des nutriments essentiels à votre développement.

Exercice de cartographie : Identifiez les 5 à 7 relations qui ont le plus profondément influencé qui vous êtes aujourd'hui. Pour chacune, notez le don spécifique qu'elle vous a apporté. Comment pourriez-vous honorer ces influences ?

Les réussites qui jalonnent votre parcours

Votre chemin a été marqué par des moments de réussite – des moments où vous avez surmonté un obstacle, atteint un objectif ou simplement fait un pas important dans votre croissance personnelle. Ces réussites ne sont pas de simples événements passés ; elles sont des preuves vivantes de votre capacité, de votre résilience et de votre potentiel.

Trop souvent, nous minimisons nos réussites ou les considérons comme acquises. Pourtant, elles constituent une source précieuse de confiance et d'inspiration pour les défis à venir.

Rituel d'ancrage : Chaque soir pendant une semaine, notez trois réussites de votre journée – une grande, une moyenne, une petite. Observez comment cette pratique transforme votre perception de vous-même.

Maintenant que vous avez cartographié votre croissance actuelle, tournons-nous vers l'horizon de vos possibilités.

C.   Visualiser votre croissance future

◥ Les zones d'épanouissement à développer

Tout comme un arbre continue de croître tout au long de sa vie, votre identité n'est jamais figée. Certaines zones de votre être appellent à plus d'attention, de nourriture et d'espace pour s'épanouir pleinement.

Ces zones ne sont pas des faiblesses à corriger, mais des invitations à un développement plus complet et équilibré.

Question réflexive : Si vous vous donniez pleinement permission de vous épanouir dans un nouveau domaine, quel serait-il ? Qu'est-ce qui vous attire vers cette direction ?

◥ Les nouvelles directions à explorer

L'évolution authentique implique parfois d'emprunter des chemins inexplorés. Peut-être sentez-vous un appel vers une nouvelle façon d'être, de travailler ou de vous exprimer. Ces impulsions ne sont pas aléatoires – elles émergent de la sagesse profonde de votre être qui cherche son expression la plus complète.

Explorer ces nouvelles directions demande courage et curiosité, mais peut conduire à des découvertes transformatrices sur qui vous êtes vraiment.

Exercice d'exploration : Identifiez trois nouvelles directions qui vous intriguent. Pour chacune, faites un petit pas exploratoire dans la semaine à venir – une conversation, une recherche, une expérience. Notez ce que ces explorations révèlent sur vos désirs authentiques.

◥ Les rêves en attente d'éclosion

Au plus profond de vous résident des rêves – peut-être à peine formulés, peut-être longtemps mis de côté. Ces aspirations ne sont pas de simples fantaisies ; elles sont des graines de potentiel qui attendent les conditions favorables pour éclore.

Reconnaître et honorer ces rêves est une étape essentielle dans votre voyage vers l'authenticité.

Exercice de visualisation : Fermez les yeux et imaginez votre arbre dans cinq ans, pleinement épanoui selon votre vision la plus authentique. Quels nouveaux fruits porte-t-il ? Quelles branches se sont développées ? Quelle sensation éprouvez-vous en contemplant cet arbre ? Notez ce que cette visualisation vous révèle sur vos aspirations profondes.

Votre Arbre de vie n'est pas un concept abstrait – c'est une représentation vivante et évolutive de qui vous êtes. En le cartographiant consciemment, vous créez un outil puissant pour naviguer les transitions avec intention et authenticité.

Souvenez-vous que cet arbre est unique, tout comme vous. Il n'existe pas de modèle parfait à imiter. La beauté de votre arbre réside dans sa singularité – dans la façon particulière dont ses branches se déploient, dont ses racines s'ancrent, dont ses fruits se forment.

Prenez le temps d'explorer, de dessiner et de vous connecter régulièrement à votre Arbre de Vie. Il deviendra non seulement un miroir fidèle de qui vous êtes, mais aussi un guide précieux pour qui vous êtes en train de devenir.

Section 2 : Découvrir vos valeurs fondamentales avec le cercle d'or

Au cœur de chaque vie authentique se trouve une clarté profonde – non pas sur ce que nous faisons, mais sur pourquoi nous le faisons. Cette clarté est la boussole qui nous guide à travers les transitions et les décisions complexes.

Le Cercle d'Or, conceptualisé par Simon Sinek[23], nous offre un cadre puissant pour découvrir et articuler notre vérité intérieure. Ce modèle simple mais révolutionnaire nous invite à explorer notre existence de l'intérieur vers l'extérieur : en commençant par notre POURQUOI (notre raison d'être), puis en découvrant notre COMMENT (notre approche unique), et enfin en définissant notre QUOI (nos actions concrètes).

Cette exploration n'est pas un simple exercice intellectuel – c'est une révélation de ce qui vous anime réellement et de la façon dont vous pouvez créer une vie qui honore pleinement votre essence.

A. Identifier votre POURQUOI

◥ Les convictions qui guident vos choix

Vos convictions profondes sont les vérités que vous tenez pour essentielles. Elles ne sont pas toujours visibles à la surface de votre vie quotidienne, mais elles influencent chacun de vos choix significatifs.

Ces convictions ne sont pas des opinions passagères. Ce sont les principes fondamentaux qui forment la lentille à travers laquelle vous percevez le monde – votre vision de ce qui compte vraiment, de ce qui est juste, et de ce qui mérite votre énergie.

Exercice de réflexion : Pensez à trois moments où vous avez pris position pour quelque chose qui comptait pour vous, même si c'était difficile. Qu'est-ce que ces moments révèlent sur vos convictions fondamentales ? Quelles vérités défendriez-vous, même face à l'opposition ?

◥ Les motivations qui vous animent

Sous la surface de vos actions quotidiennes bouillonnent des motivations profondes – ces forces qui vous poussent à vous lever chaque matin et à persévérer face aux obstacles.

Ces motivations peuvent inclure votre désir de créer de la beauté, de résoudre des problèmes complexes, de prendre soin des autres, de promouvoir la justice, ou de transmettre des connaissances. Elles sont le carburant invisible de votre vie.

Question de découverte : Quelles sont les activités qui vous font perdre la notion du temps ? Quand vous sentez-vous pleinement vivant(e) et engagé(e) ? Ces moments ne sont pas accidentels – ils pointent directement vers vos motivations authentiques.

◥ Votre mission de vie

Votre mission n'est pas nécessairement grandiose ou définie une fois pour toutes. C'est simplement la contribution unique que vous êtes naturellement porté(e) à offrir au monde.

Votre mission émerge à l'intersection de vos dons, de vos passions et des besoins que vous percevez autour de vous. Elle répond à la question fondamentale : pourquoi êtes-vous ici, spécifiquement vous, avec votre combinaison unique d'expériences, de talents et de perspectives ?

Exercice d'exploration : Complétez cette phrase : "Le monde a besoin de plus de personnes qui ___________." Votre réponse spontanée révèle souvent un aspect crucial de votre mission personnelle.

B.   Comprendre votre COMMENT

◥ Votre façon unique d'agir

Nous avons tous une manière distinctive d'aborder les défis et les opportunités. Ce "comment" est votre signature opérationnelle – la façon dont vous transformez naturellement vos intentions en actions.

Peut-être avancez-vous méthodiquement, en planifiant chaque détail. Ou peut-être prospérez-vous dans la spontanéité et l'adaptation. Votre "comment" n'est ni bon ni mauvais – il est simplement votre voie authentique vers l'accomplissement.

Exercice d'observation : Réfléchissez à trois réussites dont vous êtes particulièrement fier(ère). Comment les avez-vous accomplies ? Quelles approches avez-vous naturellement adoptées ? Quels schémas émergent ?

◥ Vos méthodes personnelles

Vos méthodes personnelles sont les processus et les stratégies que vous avez développés au fil du temps pour naviguer efficacement dans le monde.

Ces méthodes peuvent être conscientes ou intuitives, mais elles constituent votre boîte à outils unique pour résoudre des problèmes, créer des connexions, ou générer des résultats.

Question réflexive : Lorsque les autres viennent vous voir pour obtenir de l'aide, quel type de soutien recherchent-ils spécifiquement chez vous ? Qu'est-ce que cela révèle sur vos méthodes distinctives ?

◥ Votre style d'engagement

Votre style d'engagement est la qualité d'énergie et d'attention que vous apportez à vos interactions et à vos projets.

Certains d'entre nous brillent dans l'intensité et la concentration, d'autres dans la fluidité et l'adaptabilité. Certains excellent dans la profondeur contemplative, d'autres dans l'action dynamique et l'enthousiasme contagieux.

Exercice de clarification : Demandez à trois personnes qui vous connaissent bien de décrire comment vous abordez typiquement les nouvelles situations ou les défis. Leurs observations peuvent révéler des aspects de votre style d'engagement que vous ne reconnaissez pas complètement.

C.   Définir votre QUOI

◥ L'expression concrète de vos valeurs

Vos valeurs ne sont pleinement réalisées que lorsqu'elles se manifestent dans des actions tangibles. Le "quoi" de votre vie est l'expression visible de votre vérité intérieure.

Ces manifestations peuvent prendre d'innombrables formes – des projets professionnels, des initiatives créatives, des relations significatives, ou des contributions communautaires. L'essentiel est qu'elles soient alignées avec votre "pourquoi" profond.

Exercice d'alignement : Listez vos cinq valeurs les plus importantes. Pour chacune, identifiez une action concrète que vous avez récemment entreprise qui l'exprime. Y a-t-il des valeurs qui manquent d'expression dans votre vie actuelle ?

◥ Vos actions quotidiennes

La vraie mesure de nos valeurs n'est pas dans nos déclarations, mais dans nos choix quotidiens. Ces petites décisions – comment vous utilisez votre temps, où vous dirigez votre attention, comment vous répondez aux autres – sont les briques avec lesquelles vous construisez votre vie.

En examinant ces actions quotidiennes, vous pouvez découvrir s'il existe un décalage entre vos valeurs proclamées et vos véritables priorités.

Rituel de conscience : Pendant trois jours, notez comment vous passez chaque heure. À la fin, identifiez les activités qui reflètent vos valeurs fondamentales et celles qui semblent déconnectées. Quels ajustements pourraient apporter plus d'alignement ?

◥ Votre impact sur les autres

L'effet que vous avez sur les personnes qui vous entourent est peut-être la manifestation la plus révélatrice de vos valeurs en action.

Cet impact peut être direct et intentionnel, ou subtil et inconscient. Il peut se produire à travers vos paroles, vos actions, ou simplement par votre présence et votre exemple.

Question profonde : Comment voulez-vous que les autres se sentent après avoir interagi avec vous ? Cette intention est-elle cohérente avec l'impact que vous avez réellement ? Quels ajustements pourraient approfondir l'authenticité de vos interactions ?

D.   Mise en pratique

◥ Un cadre pour prendre des décisions alignées

Lorsque vous clarifiez votre Cercle d'or – votre pourquoi, votre comment et votre quoi – vous créez un puissant cadre de référence pour naviguer dans les décisions difficiles.

Face à un choix, posez-vous simplement ces questions :

- Cette option honore-t-elle mon pourquoi fondamental ?
- Est-elle cohérente avec mon comment naturel ?
- Produira-t-elle un quoi qui reflète authentiquement mes valeurs ?

Exercice d'application : Identifiez une décision à laquelle vous êtes actuellement confronté(e). Examinez chaque option à travers le prisme de votre Cercle d'Or. Quelle voie vous semble maintenant la plus alignée ?

◥ Des objectifs ancrés dans vos valeurs

Les objectifs qui émergent de vos valeurs profondes possèdent une puissance que les objectifs purement externes ne peuvent jamais atteindre. Ils ne sont pas motivés par la comparaison ou les attentes externes, mais par un désir authentique d'expression et de contribution.

Ces objectifs ancrés dans vos valeurs engendrent naturellement l'engagement et la persévérance, car ils sont connectés à ce qui compte vraiment pour vous.

Exercice de transformation : Prenez un objectif que vous poursuivez actuellement. Reformulez-le en termes de valeurs qu'il vous permet d'exprimer ou de la contribution qu'il vous permet d'apporter. Comment cette perspective transforme-t-elle votre motivation et votre approche ?

◤ Une vie authentique

Vivre authentiquement n'est pas un état final à atteindre, mais une pratique quotidienne d'alignement entre votre intérieur et votre extérieur.

Cette pratique exige courage et vigilance. Elle vous invite à examiner régulièrement vos choix, vos relations et vos engagements pour vous assurer qu'ils reflètent fidèlement qui vous êtes vraiment.

Rituel d'authenticité : Chaque matin, posez-vous cette question simple mais puissante : "Comment puis-je honorer mon vrai moi aujourd'hui ?" Laissez la réponse guider vos choix, grands et petits, tout au long de la journée.

Le Cercle d'or n'est pas qu'un simple exercice de réflexion – c'est une invitation à une vie entière vécue de l'intérieur vers l'extérieur. En commençant par votre pourquoi, vous créez une fondation inébranlable pour des choix authentiques dans tous les domaines de votre existence.

Cette clarté intérieure devient particulièrement précieuse dans les moments de transition. Lorsque tout change autour de vous, votre cercle d'or reste une ancre stable – un rappel de qui vous êtes vraiment et de ce qui compte véritablement pour vous.

Votre cercle d'or peut évoluer au fil du temps, non pas dans son essence fondamentale, mais dans sa profondeur et sa nuance. Chaque nouvelle exploration vous rapproche de votre vérité la plus authentique et la plus

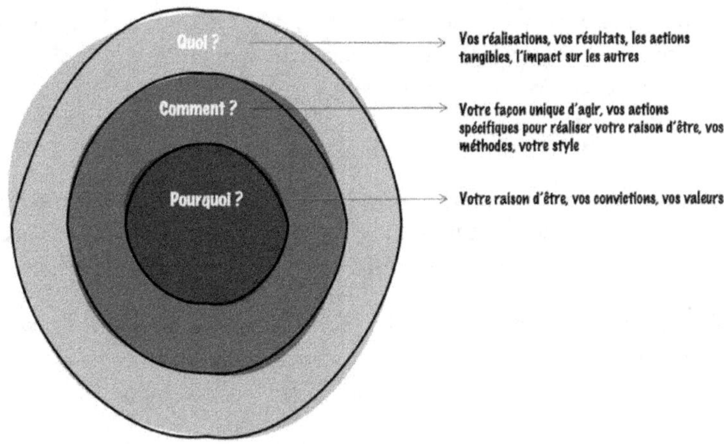

Le cercle d'or éclaire ainsi le chemin : du pourquoi profond au comment unique, jusqu'au quoi tangible. Cette clarté devient votre guide dans chaque décision.

Section 3 : Célébrer votre essence unique

Dans un monde qui valorise souvent la conformité, reconnaître et embrasser votre singularité devient un acte de courage et de libération. Votre essence unique n'est pas un accident – c'est un don précieux que vous seul pouvez offrir au monde.

Cette section vous invite à explorer et célébrer ce qui fait de vous un être irremplaçable. Non pas pour cultiver l'égo, mais pour honorer pleinement les talents et qualités qui vous ont été confiés.

A. Embrasser vos talents naturels

Reconnaître vos forces innées

Certaines capacités semblent avoir toujours fait partie de vous. Peut-être avez-vous naturellement le sens des mots, une intuition aiguisée pour comprendre les émotions des autres, ou une facilité à voir des solutions là où d'autres voient des problèmes.

Ces forces innées ne sont pas le fruit du hasard. Elles sont les fils d'or tissés dans la tapisserie de votre être, attendant d'être pleinement reconnus et exprimés.

Exercice de révélation : Demandez-vous : *"Quelles sont les choses que je fais si naturellement que je suppose, à tort, que tout le monde peut les faire aussi facilement que moi ?"* Ces compétences que vous tenez pour acquises sont souvent vos dons les plus précieux.

Comprendre vos inclinations naturelles

Vos inclinations naturelles révèlent votre orientation unique dans le monde. Êtes-vous instinctivement attiré vers les gens ou les idées ? Préférez-vous créer ou analyser ? Êtes-vous naturellement porté vers l'action ou la réflexion ?

Ces tendances ne sont ni bonnes ni mauvaises – elles constituent simplement la façon dont votre énergie se déploie naturellement.

Questionnement révélateur : Quelles activités vous donnent un sentiment d'aisance et de fluidité, même quand elles exigent de l'effort ? Vers quoi vous tournez-vous spontanément quand vous avez du temps libre ? Ces choix spontanés sont des indices précieux sur vos inclinations profondes.

◥ Exploiter vos capacités uniques

Vos capacités uniques ne demandent qu'à être libérées et mises au service de votre mission. Lorsque vous osez les exprimer pleinement, vous accédez à un niveau d'impact et d'accomplissement que nulle autre approche ne pourrait vous offrir.

L'exploitation de ces capacités n'est pas égoïste – c'est la plus grande contribution que vous puissiez faire au monde.

Exercice d'expansion : Identifiez une capacité naturelle que vous n'avez pas pleinement exploitée. Comment pourriez-vous lui donner plus d'espace dans votre vie ? Quel serait l'impact si vous osiez l'exprimer à 100% ?

B. Découvrir votre signature personnelle

◥ Vos traits de caractère distinctifs

Tout comme une empreinte digitale, votre combinaison de traits de caractère est absolument unique. Peut-être êtes-vous à la fois analytique et intuitif, pragmatique et rêveur, structuré et spontané.

Ces apparentes contradictions ne sont pas des défauts – elles sont les nuances qui font la richesse de votre personnalité.

Exercice de découverte : Complétez cette phrase plusieurs fois : "Je suis une personne qui __________." Ne vous censurez pas. Observez les combinaisons inattendues qui émergent. C'est précisément dans ces associations uniques que réside votre signature personnelle.

◥ Vos tendances naturelles

Nous avons tous des façons habituelles de répondre aux situations – nos tendances naturelles pour traiter l'information, prendre des décisions et interagir avec le monde.

Ces tendances ne sont pas figées, mais elles représentent le chemin de moindre résistance pour votre énergie. Les comprendre vous permet de travailler avec votre nature plutôt que contre elle.

Question de clarification : Comment répondez-vous typiquement face à un nouveau défi ? Préférez-vous chercher des informations ou passer directement à l'action ? Consultez-vous les autres ou suivez-vous votre propre voie ? Ces réponses révèlent vos tendances naturelles.

◥ Votre style de communication

La façon dont vous transmettez vos pensées et vos émotions constitue une part essentielle de votre signature unique. Certains inspirent par des histoires vivantes, d'autres persuadent par la logique et les données, d'autres encore touchent par leur authenticité émotionnelle.

Votre style de communication n'est pas qu'un simple outil – c'est une expression directe de votre essence.

Exercice de prise de conscience : Demandez à trois personnes de confiance de décrire comment vous communiquez à votre meilleur. Quels mots, quelles images ou métaphores utilisent-elles ? Leurs observations peuvent révéler des aspects de votre style que vous ne reconnaissiez pas pleinement.

C. Développer votre combinaison de dons

◥ Vos compétences spéciales

Au-delà de vos talents naturels, vous avez développé des compétences spéciales – ces capacités que vous avez cultivées au fil du temps grâce à la pratique, l'expérience et l'apprentissage.

Ces compétences, infusées de votre touche personnelle, deviennent des expressions uniques que personne d'autre ne pourrait reproduire exactement.

Exercice d'inventaire : Listez cinq compétences que vous avez développées au fil des années. Pour chacune, identifiez ce qui la rend spéciale dans votre façon de l'exprimer. Comment y insufflez-vous votre signature personnelle ?

◥ L'alchimie unique de vos talents

La véritable magie se produit à l'intersection de vos différents talents et compétences. C'est cette combinaison inédite qui crée votre proposition de valeur unique dans le monde.

Un musicien qui comprend aussi la technologie, un enseignant doté d'un sens aigu des affaires, une dirigeante qui maîtrise également l'art de la narration – ces alchimies créent des possibilités que personne d'autre ne pourrait imaginer.

Question d'exploration : Quelles combinaisons uniques de talents possédez-vous ? Comment ces intersections pourraient-elles créer quelque chose de nouveau et de précieux ?

◥ Vos zones d'excellence

Vos zones d'excellence sont ces espaces où vos talents naturels, vos compétences développées et vos passions se rencontrent. Ce sont les domaines où vous brillez naturellement, où vous créez une valeur exceptionnelle avec une apparente facilité.

Identifier ces zones vous permet de concentrer votre énergie là où vous aurez le plus grand impact et la plus grande satisfaction.

Exercice de cartographie : Dessinez trois cercles qui se chevauchent, représentant respectivement "Ce que j'aime faire", "Ce que je fais exceptionnellement bien" et "Ce dont le monde a besoin". Explorez les intersections, en particulier la zone centrale où les trois cercles se rencontrent. Cette zone représente votre potentiel d'excellence et de contribution uniques.

Célébrer votre essence unique n'est pas un exercice de vanité – c'est un acte de responsabilité. Car ce que vous ne reconnaissez pas en vous-même, vous ne pouvez l'offrir pleinement au monde.

En embrassant vos talents naturels, en honorant votre signature personnelle et en développant votre combinaison unique de dons, vous ne faites pas que vous épanouir personnellement – vous contribuez exactement ce que vous êtes venu apporter à notre monde commun.

Alors que vous continuez votre voyage d'authenticité, gardez cette vérité essentielle à l'esprit : le monde n'a pas besoin que vous soyez comme quelqu'un d'autre. Il a désespérément besoin que vous soyez pleinement vous-même.

Section 4 : Intégration et action

Jusqu'ici, vous avez exploré votre identité à travers l'arbre de vie, découvert vos valeurs fondamentales avec le cercle d'or, et célébré votre essence unique. Ces explorations ont dévoilé des trésors intérieurs d'une valeur inestimable. Mais la véritable magie se produit lorsque ces découvertes franchissent le seuil entre la réflexion et l'action.

Cette section est votre invitation à transformer la conscience en pratique, à intégrer ces précieuses découvertes dans le tissu même de votre vie quotidienne. Car la connaissance de soi n'est réellement puissante que lorsqu'elle s'exprime dans vos choix, vos relations et votre façon d'être dans le monde.

A. Créer votre manifeste personnel

◤ La synthèse de vos découvertes

Un manifeste personnel est bien plus qu'un simple document – c'est une déclaration d'intention, un phare intérieur qui éclaire votre chemin dans les moments de clarté comme dans les temps d'incertitude.

Ce manifeste rassemble les fils d'or que vous avez découverts : vos valeurs essentielles, vos talents uniques, vos aspirations profondes. Il transforme ces éléments en une vision cohérente qui peut guider vos décisions, grandes et petites.

Exercice de création : Prenez une feuille blanche et commencez par ces mots : "Je suis..." Laissez votre stylo couler librement, sans censure. Intégrez les découvertes clés des exercices précédents – vos valeurs, vos forces, vos aspirations. Écrivez à la première personne et au présent, comme si vous viviez déjà cette vérité.

Exemple d'inspiration : *"Je suis une personne qui crée des ponts entre les idées et les gens. Je suis guidée par la conviction que chaque voix mérite d'être entendue. Je transforme les conflits en conversations et les différences en richesses. Mon authenticité s'exprime dans ma capacité à voir le potentiel là où d'autres voient des obstacles..."*

"Je suis un bâtisseur patient qui trouve sa joie dans les détails. Je crois profondément que la beauté naît de la précision et du soin. Ma mission est de créer des espaces – physiques ou émotionnels – où les autres peuvent s'épanouir..."

◥ L'expression de votre moi authentique

Votre manifeste n'est pas figé dans le marbre – c'est un document vivant qui évolue avec vous. Il ne s'agit pas de perfection, mais d'authenticité.

Ce manifeste devient l'ancre qui vous maintient fidèle à vous-même, même lorsque les vents du changement soufflent fort. C'est un rappel tangible de qui vous êtes vraiment, au-delà des rôles et des attentes.

Question puissante : Si vous pouviez vous libérer totalement de la peur du jugement, que proclameriez-vous haut et fort sur qui vous êtes et ce que vous défendez ? Cette réponse sans filtre contient souvent le cœur de votre vérité authentique.

◥ Votre vision pour l'avenir

Votre manifeste ne reflète pas seulement qui vous êtes aujourd'hui, mais aussi qui vous aspirez à devenir. Il capture l'essence de la personne que vous êtes en train d'émerger – votre potentiel le plus élevé.

Cette vision n'est pas une liste d'objectifs à atteindre, mais un état d'être à incarner progressivement.

Rituel d'ancrage : Une fois votre manifeste rédigé, trouvez un moment tranquille pour le lire à haute voix. Ressentez chaque mot résonner dans votre corps. Remarquez les passages qui vous émeuvent particulièrement – ils contiennent souvent les vérités les plus puissantes pour vous.

B. Vivre votre vérité

◥ Des pratiques quotidiennes d'authenticité

L'authenticité n'est pas une destination, mais une pratique quotidienne – une série de petits choix alignés qui, ensemble, créent une vie fidèle à votre essence.

Ces pratiques peuvent être simples mais profondes : dire la vérité avec compassion, honorer vos limites, suivre vos intuitions, ou exprimer votre créativité sans jugement.

Exercice d'intégration : Identifiez trois pratiques quotidiennes qui vous aideront à vivre votre vérité. Commencez modestement – même cinq minutes consacrées à une pratique authentique peuvent transformer votre journée. Peut-être une méditation matinale sur votre manifeste, un moment de créativité sans jugement, ou une réflexion du soir sur les moments d'alignement.

Des stratégies pour rester aligné

La vie a une façon de nous éloigner de notre centre. Les pressions extérieures, les attentes des autres, et nos propres habitudes peuvent nous faire dériver loin de notre vérité.

Des stratégies d'alignement conscientes vous aident à reconnaître quand vous vous éloignez et à retrouver votre chemin authentique.

Question d'alignement : Quels sont vos signaux d'alarme personnels – ces sensations, émotions ou pensées qui vous indiquent que vous avez perdu le contact avec votre authenticité ? Pour certains, c'est une tension physique, pour d'autres, un sentiment de vide ou d'irritabilité. Identifiez vos signaux et créez un plan simple pour retrouver votre centre quand ils apparaissent.

Surmonter les défis identitaires

Le chemin vers l'authenticité n'est pas toujours facile. Vous rencontrerez des résistances – à la fois internes et externes – à mesure que vous vous alignez avec votre vérité.

Ces défis ne sont pas des obstacles à éviter, mais des opportunités d'approfondir votre engagement envers vous-même.

Exercice de préparation : Anticipez trois défis susceptibles d'apparaître lorsque vous vivrez plus authentiquement. Pour chacun, identifiez une ressource intérieure (comme une valeur ou une force) et une ressource extérieure (comme un allié ou un outil) qui vous aideront à le surmonter avec grâce.

Exercices pratiques et réflexions

Votre carnet d'exploration identitaire

Un carnet dédié à votre exploration identitaire crée un espace sacré pour votre dialogue intérieur. Ce n'est pas un journal ordinaire, mais un compagnon de voyage dans votre quête d'authenticité.

Ce carnet devient à la fois un témoin et un guide pour votre évolution – un lieu où vous pouvez observer vos schémas, célébrer vos progrès et affiner votre compréhension de vous-même.

Mise en pratique : Consacrez un carnet spécial à votre exploration d'authenticité. Commencez par y transcrire votre manifeste personnel. Puis, établissez un rendez-vous régulier – même 10 minutes par semaine – pour y noter vos réflexions, découvertes et questions. La constance compte plus que la durée.

Vos exercices de clarification des valeurs

Vos valeurs ne sont pas statiques – elles s'approfondissent et se nuancent avec l'expérience. Des exercices réguliers de clarification vous aident à rester connecté à ce qui compte vraiment pour vous.

Ces exercices vous permettent d'affiner votre boussole intérieure, assurant que vos choix restent alignés avec votre essence la plus profonde.

Pratique de clarification : Chaque mois, revisitez vos valeurs fondamentales. Pour chacune, posez-vous ces questions : "Comment ai-je honoré cette valeur récemment ? Qu'ai-je appris sur l'importance de cette valeur dans ma vie ? Comment puis-je l'exprimer plus pleinement dans le mois à venir ?"

Votre inventaire des forces

Vos forces sont des ressources vivantes qui se développent lorsque vous les reconnaissez et les utilisez consciemment. Un inventaire régulier vous aide à rester conscient de ces précieux atouts.

Cet inventaire n'est pas seulement un recensement – c'est une célébration active de qui vous êtes et une invitation à déployer pleinement vos dons.

Rituel d'approfondissement : Au-delà de vos talents naturels explorés précédemment, créez une 'collection de moments forts' – ces instants où vos forces se sont pleinement déployées en action. Cette pratique révèle comment vos dons s'expriment concrètement dans différents contextes.

La véritable intégration de l'authenticité ne se produit pas en un jour – c'est un voyage de toute une vie fait de petits pas courageux. Chaque fois que vous choisissez la vérité plutôt que la façade, l'alignement plutôt que l'approbation, vous renforcez votre connexion à votre essence authentique.

Rappelez-vous que ce voyage n'exige pas la perfection, mais la présence. Être authentique ne signifie pas ne jamais vaciller ou douter, mais revenir patiemment à votre vérité chaque fois que vous vous en éloignez.

Alors que vous fermez ce chapitre, emportez cette vérité essentielle : votre authenticité est peut-être le cadeau le plus précieux que vous puissiez vous offrir à vous-même et au monde. Pas parce qu'elle vous rend parfait, mais parce qu'elle vous rend réel. Et dans un monde affamé de connexions véritables, votre réalité sans fard est exactement ce dont nous avons tous besoin.

10 Points essentiels pour révéler votre authenticité

1. Embrassez la métaphore de l'Arbre de Vie

Cartographiez les différentes dimensions de votre existence comme les branches d'un arbre. Identifiez vos domaines d'épanouissement, les expériences qui vous nourrissent et les fruits que vous offrez au monde. Cette vision holistique révèle votre croissance passée et ouvre les portes de votre potentiel futur.

2. Clarifiez votre "Pourquoi" fondamental

Explorez la raison d'être qui guide vos choix et vos actions. Vos convictions profondes et motivations intérieures constituent le centre de votre Cercle d'or – cette boussole intérieure qui vous maintient aligné(e) lors des transitions de vie les plus turbulentes.

3. Décryptez votre signature personnelle

Reconnaissez que vos traits de caractère distinctifs, même ceux qui semblent contradictoires, forment une combinaison absolument unique. C'est précisément dans ces associations inattendues que réside votre génie particulier – votre empreinte irremplaçable.

4. Honorez vos talents naturels

Ces capacités que vous tenez pour acquises sont souvent vos dons les plus précieux. Demandez-vous : "Quelles sont les choses que je fais si naturellement que je suppose, à tort, que tout le monde peut les faire aussi facilement que moi ?" Oser les exprimer pleinement est votre plus grande contribution.

5. Créez l'alchimie de vos compétences

La véritable magie se produit à l'intersection de vos différents talents et savoir-faire. Explorez ces zones d'excellence où vos dons naturels, vos compétences développées et vos passions se rencontrent – c'est là que vous créerez une valeur exceptionnelle avec une apparente facilité.

6. Rédigez votre manifeste personnel

Transformez vos découvertes en une déclaration d'intention vivante. Ce n'est pas un document figé, mais un phare intérieur qui évolue avec vous et vous guide à travers les moments d'incertitude. Qu'affirmeriez-vous haut et fort sur qui vous êtes si vous étiez libéré(e) de toute peur du jugement ?

7. Instaurez des pratiques quotidiennes d'authenticité

L'authenticité n'est pas une destination, mais une pratique quotidienne. Identifiez trois petits rituels qui vous aideront à rester aligné(e) – comme une méditation matinale sur votre manifeste, un moment de créativité sans jugement, ou une réflexion du soir sur les moments d'alignement.

8. Reconnaissez vos signaux d'éloignement

Identifiez ces sensations, émotions ou pensées qui vous indiquent que vous avez perdu le contact avec votre authenticité. Créez un plan simple pour retrouver votre centre lorsque ces signaux apparaissent, vous permettant de revenir consciemment à votre vérité.

9. Transformez les défis en opportunités d'approfondissement

Le chemin vers l'authenticité n'est pas toujours facile. Anticipez les résistances – internes et externes – que vous pourriez rencontrer. Pour chaque défi, identifiez une ressource intérieure et une ressource extérieure qui vous aideront à le transformer en occasion de croissance.

10. Célébrez votre réalité sans fard

Rappelez-vous que l'authenticité n'exige pas la perfection, mais la présence. Être authentique signifie revenir patiemment à votre vérité chaque fois que vous vous en éloignez. Dans un monde affamé de connexions véritables, votre réalité sans masque est exactement ce dont nous avons tous besoin.

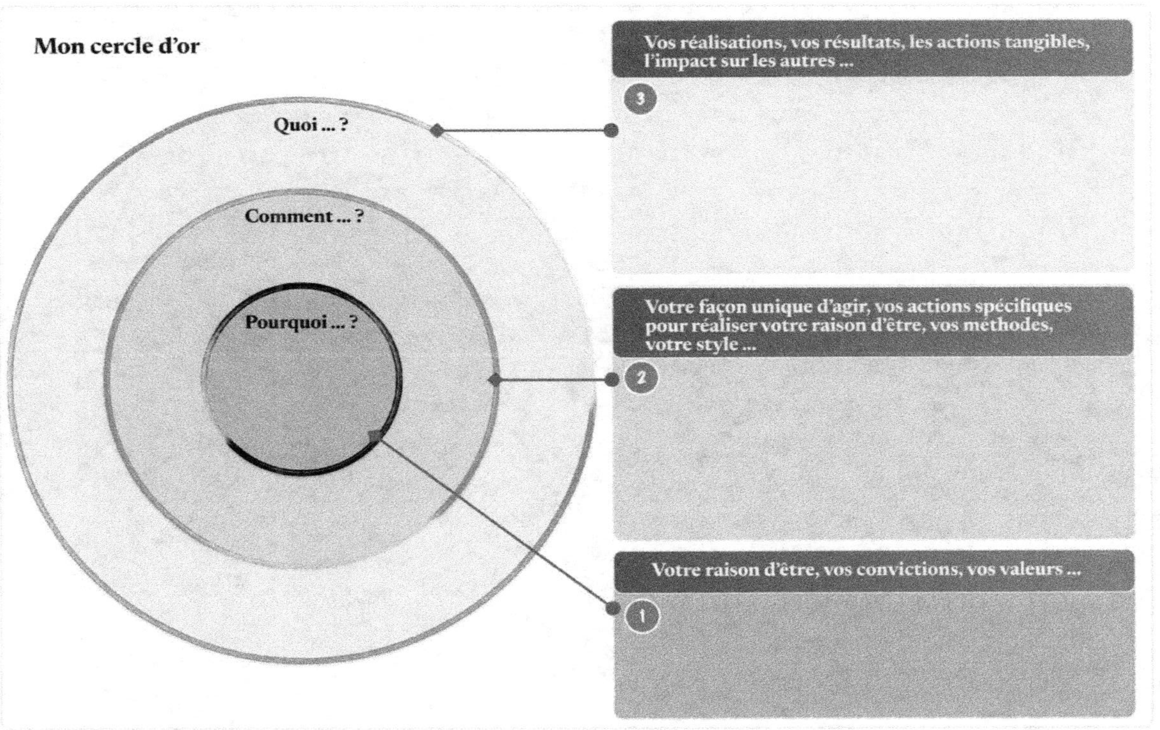

https://playbook.kristy-blog.fr/exercices/1013

Chapitre 5 : Créer sa boussole de vie

Introduction

Dans un monde où le changement est la seule constante, nous avons plus que jamais besoin d'une boussole intérieure pour naviguer avec assurance à travers les transitions de la vie. Comme un marin qui garde le cap malgré les vents changeants et les mers agitées, nous devons ancrer notre voyage dans quelque chose de plus profond que les circonstances extérieures. Cette boussole, nous la créons nous-mêmes, non pas avec de l'acier et du magnétisme, mais avec nos passions, nos talents, nos valeurs et notre vision.

Vous êtes peut-être à un carrefour dans votre vie, confronté à la question fondamentale : "Quelle direction maintenant ?" Que vous envisagiez une nouvelle carrière, que vous approchiez de la retraite, ou que vous cherchiez simplement plus de sens dans votre quotidien, ce chapitre vous offre des outils pratiques pour créer cette boussole qui vous guidera vers un avenir authentiquement vôtre.

Au cœur de notre exploration se trouve le concept japonais d'Ikigaï, cette sagesse millénaire qui a éclairé le chemin de générations entières vers une vie épanouissante. L'Ikigaï – littéralement "une raison d'être" – émerge à l'intersection de ce que vous aimez, ce en quoi vous excellez, ce pour quoi le monde vous rétribuera, et ce dont le monde a besoin. Cette harmonie parfaite n'est pas un luxe réservé à quelques privilégiés, mais un droit de naissance que nous possédons tous.

Les Japonais, particulièrement dans la région d'Okinawa connue pour sa longévité exceptionnelle, n'envisagent pas l'ikigaï comme un objectif lointain à atteindre un jour. Ils le vivent comme une pratique quotidienne, un fil conducteur qui donne sens à chaque journée. C'est à la fois une destination et un chemin – la joie se trouve autant dans la quête que dans la découverte.

Notre voyage à travers ce chapitre se déroulera en quatre étapes essentielles, chacune vous rapprochant un peu plus de cette boussole intérieure que vous cherchez à créer.

Dans la première section, **"Découvrir son ikigaï - la quête du sens"**, nous plongerons dans les racines de cette philosophie japonaise et explorerons les quatre dimensions qui constituent votre raison d'être. À travers des exercices pratiques, vous cartographierez vos passions, identifierez vos talents naturels, analyserez vos compétences valorisables et reconnaîtrez les besoins du monde auxquels vous pouvez répondre.

La deuxième section, **"Aligner ses aspirations avec ses valeurs"**, vous guidera dans la découverte de vos valeurs fondamentales – ces principes qui constituent le socle inébranlable de votre identité. Vous apprendrez à créer des objectifs authentiquement alignés avec ce qui compte vraiment pour vous, et découvrirez des outils pratiques pour maintenir cet alignement au quotidien.

Dans la troisième section, **"Visualiser son futur désirable"**, nous explorerons la puissance de l'imagination dirigée pour sculpter l'avenir que vous souhaitez vraiment. Vous développerez une vision claire et inspirante, tout en identifiant les étapes concrètes pour la transformer en réalité tangible.

Enfin, la quatrième section, **"Définir sa mission personnelle"**, vous aidera à formuler cet appel profond qui transcende les simples objectifs professionnels. Vous clarifierez votre contribution unique au monde et établirez un plan d'action réaliste pour incarner cette mission dans tous les domaines de votre vie.

Ce chapitre est une invitation à prendre le temps – ce temps précieux que nous négligeons souvent – pour contempler les questions essentielles : Qu'est-ce qui me fait vibrer ? Quels sont mes dons uniques ? Comment puis-je contribuer au monde de façon significative ? Comment puis-je vivre pleinement, en accord avec mes valeurs les plus chères ?

Rappelez-vous que créer sa boussole de vie n'est pas un exercice théorique. C'est un acte courageux d'autodéfinition, un engagement envers vous-même et envers le monde. Les outils et exercices proposés ici sont conçus pour être mis en pratique, expérimentés, adaptés à votre réalité unique.

Êtes-vous prêt à commencer ce voyage de découverte et à forger votre propre boussole intérieure ? Tournons ensemble la page vers une vie plus intentionnelle, alignée et profondément satisfaisante.

Conseil du voyage intérieur

Ce chapitre est dense et profond - c'est intentionnel. Comme un bon vin, il mérite d'être savouré lentement. Je vous suggère de le parcourir d'abord dans son ensemble pour en saisir la structure, puis de revenir explorer chaque section à votre rythme. Certains lecteurs consacrent une semaine à chaque section, d'autres préfèrent y revenir régulièrement. L'important n'est pas la vitesse mais la profondeur de votre exploration. Faites-vous ce cadeau : **prenez le temps qu'il faut.**

Section 1 : Découvrir son ikigaï - la quête du sens

A. L'origine et la sagesse du concept d'Ikigaï

Imaginez un moment que vous vous réveillez chaque matin avec une clarté absolue sur votre raison d'être. Une raison si puissante qu'elle vous fait bondir hors du lit, impatient de commencer votre journée. Ce n'est pas un rêve inaccessible, mais la réalité quotidienne de nombreux habitants d'Okinawa, cette île japonaise réputée pour abriter parmi les personnes les plus âgées — et les plus heureuses — au monde.

Le secret de leur longévité et de leur joie de vivre ? L'*Ikigaï* (prononcé "iki-guy").

Ce terme japonais, composé de "iki" (vie) et "gai" (valeur ou mérite), se traduit approximativement par "une raison d'être" ou plus simplement, "ce qui rend la vie digne d'être vécue". Contrairement à nos conceptions occidentales qui associent souvent le but de la vie à de grands accomplissements ou à la réussite professionnelle, l'ikigaï embrasse une vision plus holistique et quotidienne du sens.

Dans la tradition japonaise, l'ikigaï n'est pas quelque chose que l'on cherche à atteindre dans un futur lointain après des années de sacrifice. C'est plutôt une pratique quotidienne, un équilibre subtil que l'on cultive jour après jour. Pour les habitants d'Okinawa, l'ikigaï peut être aussi simple que de cultiver son jardin, préparer un repas pour sa famille, ou enseigner un savoir-faire ancestral aux jeunes générations.

Ce qui rend ce concept si précieux dans notre monde contemporain, c'est sa capacité à nous reconnecter avec l'essentiel. Dans une société qui valorise souvent la productivité et la performance au détriment du bien-être, l'ikigaï nous rappelle que notre valeur ne réside pas uniquement dans ce que nous accomplissons, mais dans l'harmonie que nous créons entre différentes dimensions de notre vie.

L'ikigaï n'est pas une formule magique qui transformera votre vie du jour au lendemain. C'est plutôt une boussole intérieure que vous affinez continuellement, un phare qui vous guide à travers les transitions et les remises en question. C'est aussi un processus d'exploration et de découverte qui évolue avec vous, s'adaptant aux différentes saisons de votre vie.

B. Les quatre dimensions fondamentales

L'ikigaï émerge à l'intersection de quatre cercles essentiels, formant ce que j'aime appeler "la fleur de l'épanouissement". Chaque pétale représente une dimension fondamentale de votre être, et c'est dans leur harmonieuse convergence que vous trouverez votre direction la plus authentique.

◥ Ce que vous aimez (passion)

Au cœur de votre ikigaï se trouve d'abord ce qui fait vibrer votre âme. Ces activités qui vous absorbent complètement, où le temps semble suspendu. Rappelez-vous ces moments où vous étiez tellement immergé dans ce que vous faisiez que vous en oubliez de manger. Cette dimension concerne vos passions profondes, ces activités qui vous procurent une joie intrinsèque.

Votre passion n'est pas nécessairement spectaculaire aux yeux des autres. Elle peut être aussi discrète que l'art de composer des haïkus ou aussi dynamique que l'escalade en montagne. L'essentiel est qu'elle résonne profondément en vous, qu'elle vous connecte à votre véritable nature.

Une question simple mais puissante à vous poser est : "Quelles activités me feraient lever à cinq heures du matin, enthousiasmé à l'idée de les pratiquer ?" La réponse révèle souvent ce qui vous passionne vraiment, au-delà des attentes sociales ou familiales que vous avez peut-être intériorisées.

◥ Ce en quoi vous excellez (talent)

Le deuxième cercle de l'ikigaï concerne vos talents naturels et vos compétences acquises. Ces capacités qui semblent couler de source pour vous, mais qui peuvent impressionner les autres. Souvent, nous sous-estimons nos propres dons précisément parce qu'ils nous viennent naturellement.

Vos talents peuvent être techniques comme la programmation informatique, relationnels comme la capacité à créer des ponts entre des personnes différentes, ou créatifs comme l'écriture ou la musique. Ils peuvent être évidents ou plus subtils, reconnus professionnellement ou simplement appréciés dans votre cercle intime.

L'identification de vos véritables talents nécessite parfois le regard des autres. Demandez-vous : "Pour quelles compétences mes proches viennent-ils spontanément chercher mon aide ?" ou "Quelles activités me semblent faciles alors que d'autres les trouvent difficiles ?" Ces questions vous aideront à reconnaître vos dons uniques, même ceux que vous tenez pour acquis.

◥ Ce pour quoi le monde vous rétribuera (profession)

Le troisième cercle représente les compétences et services pour lesquels les autres sont prêts à vous rémunérer. Cette dimension ancre votre ikigaï dans la réalité pratique et vous permet de subvenir à vos besoins tout en poursuivant ce qui vous passionne.

Dans notre monde en rapide évolution, cette dimension est particulièrement dynamique. Des métiers qui n'existaient pas il y a dix ans sont aujourd'hui florissants, tandis que d'autres disparaissent. L'économie actuelle valorise particulièrement la créativité, l'adaptabilité et la capacité à résoudre des problèmes complexes.

La bonne nouvelle est qu'il existe probablement un marché pour presque toutes les compétences, à condition d'identifier le bon créneau. La question centrale ici est : "Quelles sont les compétences que je possède ou que je pourrais développer, pour lesquelles des personnes ou des organisations seraient prêtes à payer ?" La réponse vous aide à transformer vos passions et talents en moyens de subsistance.

◥ Ce dont le monde a besoin (mission)

Le quatrième cercle élargit notre perspective au-delà de nous-mêmes. Il s'agit de votre contribution au monde, de la manière dont vous pouvez répondre aux besoins de votre communauté, de la société ou même de la planète.

Cette dimension donne à votre ikigaï sa profondeur et sa résonance. Elle connecte votre épanouissement personnel à quelque chose qui vous dépasse, créant ainsi un sentiment de sens et d'appartenance. C'est ce qui transforme un simple travail en véritable vocation.

Les besoins du monde sont nombreux : du mentorat pour les jeunes à la protection de l'environnement, du soutien aux personnes âgées à l'innovation technologique. Votre mission peut s'exprimer à grande échelle ou dans votre environnement immédiat.

La question fondamentale est : "Quels problèmes ou besoins m'interpellent profondément ? Comment puis-je utiliser mes passions et talents pour y répondre ?" En explorant cette dimension, vous découvrirez comment votre unicité peut servir une cause qui vous tient à cœur.

Note importante : La dimension "mission" que nous explorons ici dans l'ikigaï représente votre contribution spécifique à un besoin du monde. Elle diffère de la mission personnelle que nous développerons en Section 4, qui sera votre déclaration de vie globale intégrant toutes les découvertes de ce chapitre - votre ikigaï, vos valeurs et votre vision. Considérez cette dimension comme une première exploration de votre désir de contribuer, que nous approfondirons et élargirons plus tard.

C.   Les exercices pratiques d'exploration

Maintenant que nous avons exploré les quatre dimensions de l'ikigaï, il est temps de passer à l'action. Je vous propose quatre exercices pratiques, un pour chaque dimension, qui vous aideront à clarifier votre propre ikigaï.

◣ Cartographie de vos centres d'intérêt

Pour explorer ce que vous aimez vraiment, créez votre "carte des passions" personnelle. Prenez une grande feuille de papier et suivez ces étapes :

1. **Le voyage dans le temps** : Notez les activités qui vous passionnaient à différentes étapes de votre vie (enfance, adolescence, début de l'âge adulte, etc.). Quels étaient les moments où vous perdiez la notion du temps ?

2. **L'inventaire du présent** : Listez toutes les activités qui vous procurent actuellement de la joie, même celles qui semblent insignifiantes ou que vous pratiquez rarement.

3. **Le test de l'énergie :** Pour chaque activité, notez si elle vous donne de l'énergie (E+) ou vous en prend (E-). Concentrez-vous sur celles qui vous revitalisent.

4. **Les connexions cachées** : Cherchez les points communs entre vos différentes passions. Est-ce la créativité ? L'apprentissage ? L'aventure ? Ces thèmes récurrents révèlent souvent votre essence.

Consacrez au moins 30 minutes à cet exercice. Laissez votre esprit vagabonder librement et n'exercez aucune censure sur vos réponses. Vous serez peut-être surpris de redécouvrir des passions oubliées qui méritent d'être ravivées.

Si cela vous semble beaucoup, rappelez-vous : ***vous n'êtes pas obligé de tout faire aujourd'hui.*** Peut-être commencerez-vous par explorer vos passions cette semaine, puis vos talents la semaine prochaine. Votre boussole intérieure se construit pas à pas, non dans l'urgence.

◤ Identification de vos talents naturels

Pour reconnaître vos véritables forces, je vous invite à réaliser votre "inventaire des talents" en trois temps :

1. **Le miroir personnel** : Listez dix compétences ou qualités que vous possédez. Soyez spécifique et concret. Par exemple, au lieu de "je suis bon en communication", précisez "je sais simplifier des concepts complexes pour les rendre accessibles".

2. **Le miroir social** : Contactez cinq personnes qui vous connaissent bien dans différents contextes (personnel, professionnel, associatif) et demandez-leur de vous citer trois choses qu'elles pensent que vous faites particulièrement bien.

3. **Le miroir des réussites** : Identifiez cinq moments de votre vie où vous avez excellé ou réussi quelque chose dont vous êtes fier. Quelles compétences avez-vous mobilisées ?

Compilez toutes ces informations et cherchez les tendances. Les talents qui apparaissent plusieurs fois, notamment ceux confirmés par les autres, constituent probablement votre "zone de génie" naturelle.

◤ Analyse de vos compétences valorisables

Pour explorer la dimension professionnelle de votre ikigaï, créez votre « portfolio de valeur » :

1. **L'audit des compétences** : Dressez la liste de toutes vos compétences professionnelles, vos connaissances spécifiques et vos expériences significatives. Incluez même celles acquises dans des contextes non professionnels (bénévolat, loisirs, parentalité).

2. **L'analyse du marché** : Recherchez des offres d'emploi ou des opportunités professionnelles qui vous intéressent. Quelles compétences sont actuellement recherchées dans votre domaine ou dans les secteurs qui vous attirent ?

3. **Le croisement créatif** : Imaginez différentes façons de combiner vos compétences pour créer une proposition de valeur unique. Parfois, c'est

à l'intersection de domaines différents que se trouvent les opportunités les plus intéressantes.

4. **Le test de la valeur** : Pour chaque compétence ou combinaison, posez-vous la question : "Comment cela peut-il résoudre un problème ou apporter une valeur à quelqu'un ?" Plus votre réponse est claire, plus cette compétence est valorisable.

N'hésitez pas à consulter des plateformes professionnelles ou à discuter avec des personnes travaillant dans des secteurs qui vous intéressent pour affiner votre compréhension des compétences valorisées.

◥ Reconnaissance des besoins autour de vous

Pour identifier votre potentielle mission, réalisez votre « radar des besoins » :

1. **L'observation consciente** : Pendant une semaine, notez tous les problèmes, frustrations ou besoins que vous observez autour de vous. Cela peut être dans votre famille, votre entreprise, votre quartier ou à l'échelle mondiale via les médias.

2. **L'évaluation émotionnelle** : Pour chaque besoin identifié, notez votre niveau de résonance émotionnelle de 1 à 10. Quels sont les problèmes qui vous touchent profondément ?

3. **L'analyse de contribution** : Pour les besoins qui vous interpellent le plus, réfléchissez à comment vos talents et passions pourraient contribuer à des solutions, même modestement.

4. **La projection d'impact :** Imaginez que vous consacrez une partie de votre énergie à répondre à ce besoin. Quel impact cela aurait-il sur les autres et sur votre propre sentiment d'accomplissement ?

Cet exercice vous aide à identifier les causes qui vous tiennent vraiment à cœur et pour lesquelles vous pourriez devenir un agent de changement, quelle que soit l'échelle de votre contribution.

◥ La convergence vers votre Ikigaï

Après avoir exploré ces quatre dimensions séparément, vient le moment exaltant d'identifier les zones de convergence. Prenez un moment pour synthétiser vos découvertes :

1. Quelles activités se situent à l'intersection de ce que vous aimez et ce en quoi vous excellez ?
2. Parmi celles-ci, lesquelles pourraient répondre à un besoin du monde ?
3. Et enfin, comment pourriez-vous être rétribué pour ces activités ?

L'ikigaï parfait se trouve à l'intersection des quatre cercles, mais ne vous découragez pas si vous ne trouvez pas immédiatement cette harmonie complète. Pour la plupart d'entre nous, l'ikigaï est un équilibre dynamique que nous affinons continuellement.

À 42 ans, Christelle travaillait dans la finance mais se sentait vide. En explorant son ikigaï, elle a découvert : elle adorait enseigner (passion), excellait dans la simplification de concepts complexes (talent), le monde avait besoin d'éducation financière accessible (mission), et des organisations étaient prêtes à la rémunérer pour des ateliers (profession). Aujourd'hui, elle anime des sessions d'éducation financière pour des femmes entrepreneures - son ikigaï vécu au quotidien.

Vous découvrirez peut-être que votre ikigaï actuel se concentre davantage sur certaines dimensions que d'autres. Peut-être avez-vous un travail qui vous passionne et vous rémunère, mais qui ne répond pas encore pleinement à un besoin du monde. Ou peut-être avez-vous identifié une mission qui vous tient à cœur, sans avoir encore trouvé comment en faire votre gagne-pain.

L'important est de reconnaître où vous en êtes aujourd'hui et d'envisager des pas concrets vers un plus grand alignement. Votre ikigaï n'est pas une destination fixe, mais un voyage d'ajustements constants qui évoluent avec vous et avec le monde.

Rappelez-vous les mots de la philosophe japonaise Mieko Kamiya : *"L'ikigaï est ce qui nous donne de la joie et du sens à la vie, jour après jour."* C'est dans cette pratique quotidienne, dans cette attention portée à l'alignement entre qui vous êtes et ce que vous faites, que réside le véritable secret de l'épanouissement.

Dans la prochaine section, nous explorerons comment vos valeurs fondamentales servent de boussole pour guider vos choix et vos aspirations, renforçant ainsi la clarté de votre ikigaï.

Le canevas de l'ikigaï

Utilisez ce dernier pour lister les réponses aux questions de chaque pilier.

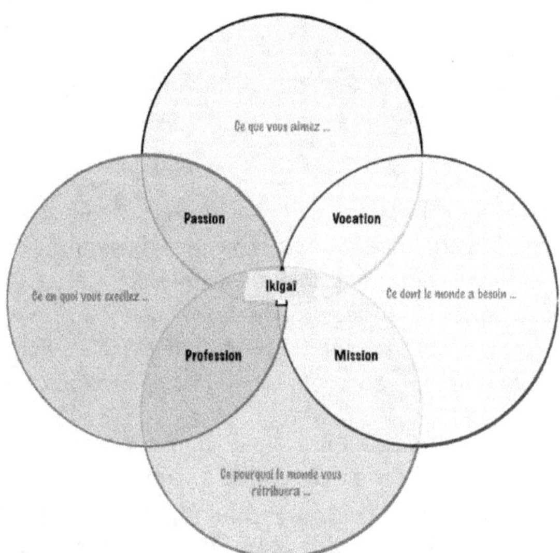

Section 2 : Aligner ses aspirations avec ses valeurs

A. L'importance des valeurs comme fondation

Imaginez construire une maison sur du sable mouvant. Peu importe la beauté de l'architecture ou la qualité des matériaux, cette maison ne tiendra pas. Vos aspirations fonctionnent de la même façon – sans l'ancrage solide de vos valeurs personnelles, même les objectifs les plus ambitieux risquent de s'effondrer à la première tempête.

Vos valeurs sont les principes fondamentaux qui guident votre vie. Contrairement aux objectifs qui peuvent changer avec le temps, vos valeurs essentielles restent relativement stables. Elles constituent votre boussole intérieure, vous orientant vers ce qui compte vraiment pour vous, au-delà des tendances passagères ou des attentes externes.

◥ Identifier vos valeurs essentielles

La plupart d'entre nous n'avons jamais pris le temps d'identifier consciemment nos valeurs. Nous les vivons intuitivement, mais sans les nommer clairement. Cette absence de clarté peut nous mener à des choix qui semblent logiques en surface, mais qui créent un malaise profond, impossible à ignorer.

Pour découvrir vos valeurs essentielles, posez-vous ces questions révélatrices :

- Quels sont les moments où vous vous êtes senti profondément fier de vous-même ?
- Quelles situations vous mettent spontanément en colère ou vous indignent ?
- Quelles qualités admirez-vous le plus chez les autres ?
- Si vous pouviez transmettre trois principes fondamentaux à la prochaine génération, quels seraient-ils ?

Prenez le temps de noter vos réponses sans filtre. Dans ces réactions authentiques se cachent vos valeurs profondes – qu'il s'agisse d'intégrité, de créativité, de justice, de liberté, de bienveillance, ou d'excellence.

Limitez votre liste finale à 5-7 valeurs fondamentales. Une liste trop longue perd en puissance. Ces valeurs essentielles constitueront la fondation solide sur laquelle vous bâtirez vos aspirations.

Comprendre leur origine et leur évolution

Nos valeurs ne naissent pas dans le vide. Elles sont façonnées par notre éducation, nos expériences marquantes, notre culture et les personnes significatives de notre vie. Comprendre leur origine nous aide à déterminer si elles sont authentiquement nôtres ou héritées sans questionnement.

Prenez chacune de vos valeurs identifiées et explorez :

- Quand avez-vous commencé à honorer cette valeur ?
- Qui a modélisé cette valeur dans votre vie ?
- Y a-t-il eu un événement particulier qui a renforcé l'importance de cette valeur ?

Cette réflexion vous permettra de distinguer vos valeurs authentiques de celles que vous avez peut-être adoptées pour plaire aux autres ou vous conformer aux attentes sociales.

Avec le temps, certaines valeurs peuvent évoluer en importance. Ce qui était primordial à 25 ans peut céder la place à d'autres priorités à 45 ans. Cette évolution est naturelle et reflète votre croissance personnelle. L'essentiel est de rester connecté à vos valeurs actuelles, celles qui résonnent profondément avec la personne que vous êtes aujourd'hui.

◥ Mesurer leur impact sur vos choix

Vos valeurs influencent chaque décision que vous prenez, consciemment ou non. Elles déterminent :

- Les carrières qui vous attirent ou vous repoussent
- Les relations que vous cultivez ou abandonnez
- La façon dont vous gérez votre temps et votre énergie
- Les causes qui vous mobilisent

Prenez un moment pour examiner vos choix récents à la lumière de vos valeurs identifiées. Y a-t-il cohérence ou discordance ? Les décisions qui vous ont apporté satisfaction étaient probablement alignées avec vos valeurs fondamentales. À l'inverse, les choix qui ont généré malaise ou regret révèlent souvent un désalignement.

Ce désalignement n'est pas une fatalité – c'est un signal précieux qui vous invite à réajuster votre parcours. Lorsque vous ressentez cette tension intérieure, considérez-la comme une opportunité de réalignement plutôt qu'un échec.

B. La création d'objectifs alignés

Maintenant que vous avez clarifié vos valeurs, il est temps de les transformer en objectifs qui donnent vie à vos aspirations les plus profondes. Un objectif aligné n'est pas simplement quelque chose que vous *voulez* accomplir – c'est quelque chose que vous *devez* accomplir pour vivre en accord avec vos valeurs essentielles.

◥ Les critères d'un objectif authentique

Tous les objectifs ne sont pas créés égaux. Certains vous propulsent vers une vie épanouissante tandis que d'autres vous éloignent subtilement de votre vérité. Un objectif authentiquement aligné répond à ces critères :

- **Il résonne émotionnellement** – Vous sentez une réponse viscérale, un "oui" profond quand vous y pensez.
- **Il s'enracine dans vos valeurs** – Vous pouvez établir un lien clair entre cet objectif et une ou plusieurs de vos valeurs fondamentales.
- **Il vous appartient pleinement** – Il ne vise pas à impressionner les autres ou à répondre à des attentes externes.

- **Il stimule votre croissance** – Il vous invite à sortir de votre zone de confort tout en restant dans votre zone de potentiel.
- **Il contribue au bien commun** – Il crée de la valeur non seulement pour vous mais aussi pour les autres.

Prenez chacune de vos aspirations actuelles et soumettez-la à ces cinq critères. Vous serez peut-être surpris de découvrir que certains objectifs que vous poursuiviez avec acharnement ne passent pas ce test d'authenticité.

◥ La méthode des petits pas constants

Les grands objectifs inspirent, mais ils peuvent aussi paralyser. L'approche japonaise du *kaizen* – l'amélioration continue par petits incréments – offre une alternative puissante aux changements radicaux qui s'essoufflent rapidement.

Pour chaque objectif aligné, identifiez :

- La plus petite action que vous pourriez entreprendre aujourd'hui
- Une action hebdomadaire réaliste et constante
- Un jalon mensuel significatif

Ces micro-engagements créent un *momentum* psychologique crucial. Chaque petit pas réussi renforce votre confiance et votre détermination pour le suivant. Avec le temps, ces changements minimes s'additionnent pour produire des transformations profondes.

Rappelez-vous : la constance surpasse l'intensité. Une pratique modeste mais quotidienne vous mènera plus loin qu'un effort héroïque mais éphémère.

◥ L'équilibre entre ambition et réalisme

Les objectifs alignés vous invitent à danser sur cette ligne subtile entre l'ambition qui vous inspire et le réalisme qui vous permet d'agir. Un objectif trop modeste n'éveillera pas votre passion ; un objectif trop ambitieux risque de vous décourager avant même d'avoir commencé.

Pour trouver cet équilibre délicat :

- Définissez votre "objectif étoile" – celui qui fait battre votre cœur plus vite
- Puis identifiez votre "objectif ancre" – la version réalisable avec les ressources et le temps dont vous disposez actuellement

- Gardez l'étoile comme vision inspirante, mais concentrez votre action quotidienne sur l'ancre

Cette approche vous permet de maintenir l'inspiration tout en connaissant le succès régulier qui alimente votre motivation.

N'oubliez pas d'intégrer la flexibilité dans vos objectifs. La vie est imprévisible, et votre capacité à ajuster le cap sans abandonner la direction générale sera déterminante pour votre succès à long terme.

C.   Les outils d'alignement

Maintenant que vous comprenez l'importance de l'alignement et savez comment créer des objectifs authentiques, examinons les outils pratiques qui vous aideront à maintenir ce précieux alignement au quotidien.

La grille de décision basée sur les valeurs

Nous prenons des dizaines de décisions chaque jour, et chacune a le potentiel de nous rapprocher ou de nous éloigner de nos valeurs. La grille de décision est un outil simple mais puissant pour clarifier vos choix.

Voici comment l'utiliser :

1. Listez vos 5-7 valeurs essentielles en haut d'une feuille
2. Pour chaque option que vous considérez, évaluez de 1 à 10 son alignement avec chacune de vos valeurs
3. Faites la somme pour obtenir un "score d'alignement" pour chaque option

Cette méthode ne remplace pas votre intuition, mais elle l'informe et la structure. Elle rend visible ce qui était auparavant une évaluation inconsciente et parfois confuse.

Utilisez cet outil pour les décisions significatives – changement de carrière, déménagement, engagement important – ou lorsque vous vous sentez tiraillé entre plusieurs options apparemment valables.

Le journal de bord des aspirations

La clarté s'étiole sans attention régulière. Un journal dédié à vos aspirations maintient vos objectifs alignés au premier plan de votre conscience.

Consacrez 10 minutes chaque semaine à ce rituel d'alignement :

- Relisez vos valeurs fondamentales et vos objectifs alignés
- Notez vos progrès, même les plus petits
- Identifiez les défis ou obstacles rencontrés
- Ajustez votre plan d'action pour la semaine à venir
- Célébrez au moins une action alignée que vous avez réalisée

Ce n'est pas un journal de perfectionniste, mais un espace de dialogue honnête avec vous-même. Les semaines difficiles ou les écarts temporaires font partie du voyage – ce qui compte, c'est votre engagement à revenir consciemment à l'alignement.

◥ Les rituels d'ancrage quotidiens

Les grands changements s'enracinent dans les petites habitudes quotidiennes. Les rituels d'ancrage sont ces moments intentionnels qui vous reconnectent à vos valeurs et aspirations au cœur du tourbillon quotidien.

Créez votre propre rituel en choisissant :

- Un moment précis de la journée (idéalement le matin avant que le monde ne réclame votre attention)
- Une durée réaliste (commencez par 5 minutes si nécessaire)
- Une pratique qui vous parle (méditation guidée sur vos valeurs, visualisation de vos objectifs, lecture inspirante, affirmations personnalisées)

L'efficacité d'un rituel réside dans sa répétition, non dans sa complexité. Un geste simple mais constant crée un ancrage neurologique puissant qui oriente subtilement vos décisions et actions tout au long de la journée.

Ces rituels sont particulièrement précieux durant les périodes de transition ou de stress intense, lorsque la pression extérieure menace de vous déconnecter de votre boussole intérieure.

◥ La puissance transformatrice de l'alignement

L'alignement entre vos valeurs et vos aspirations n'est pas qu'une quête philosophique – c'est une stratégie pratique pour une vie épanouissante. Quand vos objectifs extérieurs reflètent fidèlement vos valeurs intérieures, vous accédez à une source inépuisable d'énergie et de motivation.

Les personnes alignées témoignent souvent d'une remarquable résilience face aux obstacles. Contrairement à celles qui poursuivent des objectifs déconnectés de leurs valeurs, elles persévèrent naturellement car leur motivation est intrinsèque – elle vient de l'intérieur plutôt que de récompenses externes.

Cet alignement crée également une authenticité magnétique qui attire naturellement les personnes, les opportunités et les ressources en résonance avec votre direction. Lorsque vous êtes aligné, le monde semble conspirer en votre faveur.

Mais peut-être que le bénéfice le plus précieux de l'alignement est cette paix intérieure qui émane de la cohérence. Quand vos actions quotidiennes expriment fidèlement vos valeurs profondes, vous ressentez une harmonie rare dans notre monde fragmenté.

Cette harmonie n'est pas un luxe – c'est votre droit de naissance. En alignant consciemment vos aspirations avec vos valeurs, vous réclamez ce droit et offrez au monde le cadeau inestimable de votre authenticité.

Dans la prochaine section, nous explorerons comment visualiser concrètement le futur que vous souhaitez créer, en transformant cet alignement en vision inspirante et réalisable.

Section 3 : Visualiser son futur désirable

A. Les principes de la visualisation créative

Fermez les yeux un instant et imaginez que vous tenez entre vos mains les clés de votre avenir. Ces clés ne sont pas en métal, mais en pensées – des pensées que vous pouvez façonner, affiner et transformer en expériences vécues. C'est l'essence même de la visualisation créative.

La puissance de l'imagination dirigée

Votre esprit ne fait pas vraiment la différence entre une expérience intensément imaginée et une expérience réellement vécue. Les athlètes olympiques le savent bien – ils consacrent presque autant de temps à visualiser leurs performances parfaites qu'à s'entraîner physiquement. Les études en neurosciences confirment que cette pratique active les mêmes circuits neuronaux que l'action réelle.

Cette capacité extraordinaire de votre cerveau est votre alliée dans les périodes de transition. Lorsque vous visualisez votre futur désirable avec précision et émotion, vous commencez littéralement à recâbler votre cerveau pour reconnaître et saisir les opportunités qui vous mèneront vers cette réalité.

La visualisation n'est pas une simple rêverie passive. C'est une pratique intentionnelle qui engage tous vos sens et émotions pour créer une expérience intérieure si vivante qu'elle devient un aimant pour votre avenir. Comme l'exprimait si justement Napoléon Hill : "Ce que l'esprit peut concevoir et croire, il peut l'accomplir."

Les techniques de projection positive

La visualisation efficace repose sur quelques principes essentiels que vous pouvez maîtriser avec de la pratique :

1. **L'immersion sensorielle complète** : Ne vous contentez pas de "voir" votre futur – ressentez-le. Quelles odeurs, quels sons, quelles textures accompagnent cette vision ? Plus vos sens sont engagés, plus l'expérience devient réelle pour votre cerveau.

2. **L'émotion comme catalyseur** : L'émotion est le carburant de la manifestation. Lorsque vous visualisez, permettez-vous de ressentir la joie, la fierté, la gratitude ou la paix que votre futur désirable vous

apportera. Ces émotions positives amplifient considérablement la puissance de votre visualisation.

3. **La perspective du "déjà accompli"** : Visualisez votre désir comme déjà réalisé, non comme un événement futur incertain. Cette subtile mais puissante distinction envoie à votre subconscient le message que ce que vous souhaitez est non seulement possible, mais inévitable.

4. **La répétition cohérente** : Une visualisation occasionnelle a peu d'impact. C'est la pratique régulière qui réaligne progressivement votre perception de ce qui est possible et oriente vos actions vers la manifestation de votre vision.

Pour commencer, accordez-vous 10 minutes chaque jour, idéalement le matin avant que le monde n'envahisse votre esprit avec ses distractions. Ce petit investissement quotidien transformera graduellement votre relation au futur que vous créez.

◥ L'ancrage dans le présent

Paradoxalement, une visualisation puissante du futur vous ancre plus profondément dans votre présent. En clarifiant ce que vous souhaitez vraiment créer, vous devenez plus attentif aux opportunités, ressources et connexions qui existent déjà dans votre vie actuelle.

La gratitude est votre outil d'ancrage par excellence. En reconnaissant les éléments de votre vision qui se manifestent déjà – même sous forme embryonnaire – vous créez un pont entre votre présent et votre futur désirable. Cette pratique transforme l'impatience en appréciation et vous permet d'agir depuis un espace d'abondance plutôt que de manque.

Posez-vous régulièrement cette question : "Quels aspects de mon futur désirable puis-je déjà reconnaître et célébrer dans ma vie actuelle ?" Cette simple réflexion renforce votre confiance en votre capacité à manifester votre vision complète.

B.   La création d'une vision inspirante

Une vision inspirante ressemble à une étoile polaire – elle vous guide sans vous prescrire le chemin exact à suivre. Elle doit être assez précise pour vous orienter clairement, mais assez souple pour s'adapter aux surprises merveilleuses que la vie vous réserve.

◥ L'élaboration du scénario idéal

Pour créer votre scénario idéal, je vous invite à réaliser l'exercice du "Film de Votre Vie Idéale". Imaginez que vous êtes à la fois le scénariste, le réalisateur et l'acteur principal d'un film sur votre vie future :

1. **Choisissez l'horizon temporel** : Projetez-vous à 3, 5 ou 10 ans dans le futur – suffisamment loin pour permettre des transformations significatives, mais pas trop pour rester connecté à la réalité présente.

2. **Écrivez à la première personne et au présent** : "Je me réveille dans ma maison lumineuse près de l'océan. Le soleil matinal baigne mon espace de travail où j'écris mon troisième livre..."

3. **Détaillez votre journée idéale** : De votre réveil jusqu'au moment où vous vous endormez, décrivez comment se déroule une journée typique dans cette vie future. Soyez précis sur :
   - Votre environnement physique
   - Vos activités professionnelles
   - Vos relations significatives
   - Votre bien-être physique et émotionnel
   - Votre contribution au monde
4. **Infusez votre récit d'émotion** : Ne vous contentez pas de décrire ce que vous faites – exprimez ce que vous ressentez. La joie tranquille en préparant le petit-déjeuner pour vos proches, la satisfaction profonde après avoir terminé un projet significatif, la gratitude en contemplant le chemin parcouru.

Cet exercice peut prendre plusieurs sessions. Permettez à votre vision d'évoluer naturellement. La première version sera peut-être floue ou incomplète – c'est normal. Comme un peintre qui commence par ébaucher les grandes lignes avant d'ajouter les détails, votre vision gagnera en clarté avec le temps.

◥ La définition des étapes intermédiaires

Une vision sans étapes intermédiaires reste un château dans les nuages. Pour transformer votre scénario idéal en feuille de route pratique :

1. **Identifiez les piliers de votre vision** : Quels sont les 3-5 domaines fondamentaux que votre scénario idéal implique ? Est-ce un changement

de carrière, un déménagement, une transformation de vos relations, l'acquisition de nouvelles compétences ?

2. **Créez des jalons rétrospectifs** : En partant de votre vision finale, demandez-vous : "Qu'est-ce qui doit être en place un an avant d'atteindre cet objectif ?" Puis six mois avant, trois mois avant, etc. Cette planification à rebours révèle souvent des étapes critiques que vous n'auriez pas anticipées.

3. **Définissez vos "victoires précoces"** : Quelles sont les premières actions concrètes qui vous mettront en mouvement vers votre vision ? Ces premiers pas devraient être suffisamment accessibles pour être réalisés dans les 30 prochains jours.

Ces étapes intermédiaires transforment l'intimidant en gérable. Elles décomposent votre grand rêve en une série de défis stimulants mais réalisables, vous permettant de maintenir motivation et élan tout au long du voyage.

◥ L'intégration des obstacles potentiels

Visualiser les obstacles n'est pas du pessimisme – c'est de la préparation éclairée. Les personnes qui anticipent les défis ont paradoxalement plus de chances d'atteindre leurs objectifs que celles qui n'imaginent que des scénarios parfaits.

Pour chaque étape importante de votre chemin, posez-vous ces questions :

1. **Quels obstacles internes pourraient surgir ?** Peurs, doutes, habitudes limitantes, croyances restrictives.

2. **Quels obstacles externes pourraient apparaître ?** Contraintes de temps, ressources limitées, résistance de l'entourage.

3. **Quelles stratégies pourriez-vous déployer face à ces obstacles ?** Ressources à mobiliser, compétences à développer, soutiens à rechercher.

Cette pratique, parfois appelée "visualisation défensive[24]", vous prépare mentalement et émotionnellement aux défis inévitables. Elle renforce votre résilience et vous permet de reconnaître les obstacles non comme des signes d'échec, mais comme des composantes naturelles de tout parcours significatif.

Rappelez-vous les paroles de Vladimir Nabokov : " (...) *notre existence n'est que la mince lumière d'une fente entre deux éternités de ténèbres.* " [25] Autrement dit, le fait d'anticiper les zones d'ombre vous permet de mieux apprécier et utiliser la lumière disponible.

C. La mise en action de la vision

Une vision sans action reste un simple rêve. C'est dans l'action quotidienne, persistante et alignée que votre futur désirable prend forme.

◥ Le passage du rêve à la réalité

Le pont entre votre vision et votre réalité actuelle se construit avec trois piliers essentiels :

1. **L'engagement public** : Partagez votre vision avec des personnes de confiance qui soutiendront votre transformation. Cet acte simple mais puissant renforce votre détermination et crée une forme douce de responsabilisation.

2. **L'environnement propice** : Modifiez votre espace physique pour qu'il reflète et soutienne votre vision. Cela peut être aussi simple que réorganiser votre bureau, créer un mur de vision, ou éliminer les objets qui vous rattachent à une identité passée.

3. **L'identité évolutive** : Commencez à vous voir et à vous présenter comme la personne que vous devenez, non celle que vous étiez. Ce changement subtil de langage et de perspective accélère profondément votre transformation.

Pour franchir le gouffre entre rêve et réalité, vous n'avez pas besoin d'un bond gigantesque – un premier pas décisif suffit. Gardez dans un coin de votre esprit que : "*La foi, c'est monter la première marche, même quand on ne voit pas tout l'escalier.*", d'après une célèbre activiste proche de Martin Luther King Jr[26].

◥ Les actions quotidiennes significatives

La magie de la transformation ne réside pas dans les actions grandioses occasionnelles, mais dans les petits gestes quotidiens alignés avec votre vision. Ces "rituels d'incarnation" créent progressivement la personne que vous aspirez à devenir.

Identifiez 3-5 actions quotidiennes qui vous rapprochent de votre vision :

- **La pratique de maîtrise** : Consacrez 20-30 minutes chaque jour au développement d'une compétence essentielle à votre vision.

- **Le rituel d'incarnation** : Adoptez une pratique quotidienne qui vous fait ressentir les émotions de votre futur désirable – méditation guidée, affirmations incarnées, visualisation immersive.

- **La connexion stratégique** : Engagez-vous régulièrement avec des personnes, des idées ou des environnements qui représentent votre vision future.

- **L'abandon conscient** : Identifiez et relâchez quotidiennement une habitude, croyance ou relation qui ne sert plus la personne que vous devenez.

La constance surpasse toujours l'intensité[27]. Une pratique modeste mais quotidienne vous transformera bien plus profondément qu'un effort héroïque mais sporadique.

La célébration des petites victoires

Dans notre culture obsédée par les grands accomplissements, nous négligeons souvent le pouvoir transformateur de la célébration des petites victoires. Pourtant, c'est précisément cette reconnaissance qui alimente votre motivation et renforce votre conviction dans la réalisation de votre vision.

Créez votre propre rituel de célébration pour marquer chaque pas vers votre futur désirable :

1. **Le journal des victoires** : Notez quotidiennement au moins une action alignée avec votre vision, aussi modeste soit-elle.

2. **La gratitude amplifiée** : Exprimez régulièrement votre reconnaissance pour les progrès réalisés et les ressources qui se manifestent sur votre chemin.

3. **Le partage inspirant** : Communiquez vos avancées avec votre cercle de soutien, non par vantardise mais comme témoignage de votre engagement.

4. **La récompense alignée** : Offrez-vous périodiquement une récompense qui renforce votre nouvelle identité plutôt que de vous ramener aux anciens schémas.

Cycle de célébration des petites victoires

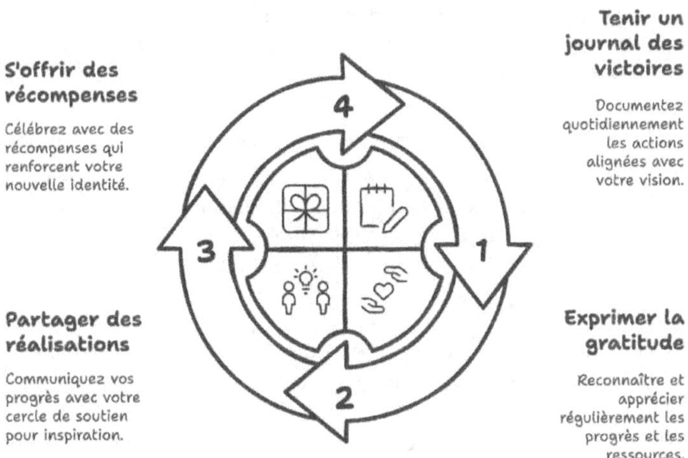

Rappelez-vous que le cerveau humain est programmé pour remarquer ce qui manque plutôt que ce qui est présent. La célébration consciente contrebalance cette tendance et vous permet de reconnaître la distance déjà parcourue, même quand le chemin semble encore long.

Comme l'écrivait Antoine de Saint-Exupéry : "*L'avenir tu n'as pas à le prévoir, mais à le permettre*[28]." Par votre visualisation quotidienne couplée à l'action alignée, vous ne prédisez pas simplement votre futur désirable – vous le créez, pas à pas, jour après jour.

Dans la prochaine section, nous explorerons comment définir votre mission personnelle – cette boussole intérieure qui guidera vos choix et vos actions bien au-delà des objectifs spécifiques, vers une vie de contribution et de sens profond.

Section 4 : Définir sa mission personnelle

A. L'élaboration d'une mission authentique

Vous avez maintenant exploré votre ikigaï, aligné vos aspirations avec vos valeurs, et visualisé votre futur désirable. Il est temps de rassembler toutes ces découvertes dans une **mission personnelle unifiée** - cette déclaration puissante qui transcende les composantes individuelles pour devenir votre étoile polaire globale. Si la "mission" de l'ikigaï répondait à la question "Comment puis-je servir ?", votre mission personnelle répond à la question plus vaste : "***Qui suis-je appelé à devenir dans ce monde ?***"

Une mission personnelle transcende les simples objectifs. Là où les objectifs ont une fin, votre mission est un fil conducteur qui donne cohérence et sens à toutes vos actions. Elle répond à cette question fondamentale que nous nous posons tous, parfois sans oser l'exprimer : "Pourquoi suis-je ici ?"

Les composantes d'une mission porteuse de sens

Une mission authentique comporte trois dimensions essentielles qui, ensemble, créent une force directrice puissante dans votre vie :

Votre essence – Ce que vous apportez naturellement au monde, vos qualités intrinsèques. Il s'agit moins de ce que vous faites que de qui vous êtes. Êtes-vous naturellement un bâtisseur de ponts entre les personnes ? Un révélateur de vérités ? Un créateur de beauté ? Un gardien de sagesse ? Reconnaître votre essence, c'est honorer le don unique que vous êtes.

Votre passion – Ce qui éveille votre enthousiasme profond, ce qui vous fait perdre la notion du temps. Votre passion n'est pas un luxe – c'est une boussole qui pointe vers votre contribution la plus authentique. Quand vous agissez depuis votre passion, votre énergie devient contagieuse et inspire les autres.

Votre cause – Le changement que vous souhaitez voir dans le monde. Quelle injustice vous touche profondément ? Quel potentiel inexploité voyez-vous autour de vous ? Votre cause vous connecte à quelque chose de plus grand que vous-même et donne à votre vie une dimension transcendante.

Pour identifier ces composantes, je vous invite à prendre un moment de réflexion sincère. Demandez-vous : "Si j'avais toutes les ressources nécessaires et que je ne pouvais pas échouer, à quoi consacrerais-je ma vie ?" La réponse qui monte spontanément, avant que votre mental critique n'intervienne, contient souvent les graines de votre mission authentique.

L'articulation de votre contribution unique

Votre contribution unique se trouve à l'intersection de trois cercles : ce que vous aimez faire (votre passion), ce en quoi vous excellez (vos talents), et ce dont le monde a besoin (votre cause).

Prenez une feuille et tracez ces trois cercles qui se chevauchent. Dans chaque cercle, notez vos réponses aux questions suivantes :

Cercle de la passion : Quelles activités me procurent une joie profonde ? Quels sujets m'intéressent naturellement ? Qu'est-ce que je ferais même si je n'étais pas payé pour le faire ?

Cercle des talents : Quelles compétences me viennent naturellement ? Pour quelles qualités suis-je reconnu ? Quels sont mes succès dont je suis le plus fier ?

Cercle des besoins : Quels problèmes me touchent profondément ? Quelle injustice me révolte ? Quel changement souhaiterais-je voir dans le monde avant de partir ?

Maintenant, regardez attentivement la zone où ces trois cercles se chevauchent. C'est là que se trouve votre contribution unique – ce mélange particulier de passion, de talent et de besoin que vous seul pouvez offrir au monde de cette façon précise.

Rappelez-vous les paroles de Howard Thurman : "Ne demandez pas ce dont le monde a besoin. Demandez-vous ce qui vous fait vibrer, et faites-le. Car ce dont le monde a besoin, c'est de personnes qui vibrent."

La formulation claire et inspirante

Une mission bien formulée devient un phare qui guide vos décisions quotidiennes. Pour qu'elle remplisse ce rôle, elle doit être :

Concise – Suffisamment courte pour être mémorisée et récitée facilement.

Inspirante – Elle doit éveiller une émotion positive quand vous la lisez ou la prononcez.

Intemporelle – Formulée de façon à rester pertinente quelles que soient les circonstances extérieures.

Active – Exprimée avec des verbes d'action qui traduisent votre engagement.

Authentique – Elle doit sonner vrai pour vous, avec vos propres mots.

Voici une structure simple pour formuler votre mission : "J'utilise mon [talent/don unique] pour [action transformatrice] afin que [impact souhaité sur le monde]."

Par exemple :

- "J'utilise ma créativité pour concevoir des espaces qui inspirent la connexion humaine et l'harmonie avec la nature."
- "Je partage ma résilience et ma compassion pour accompagner les personnes en transition afin qu'elles découvrent leur force intérieure."

Prenez le temps de rédiger plusieurs versions, puis laissez-les reposer quelques jours. Revenez-y avec un regard neuf et choisissez celle qui résonne le plus profondément avec votre cœur – pas seulement avec votre tête.

B.   Les domaines d'impact

Une mission authentique ne se limite pas à un seul domaine de votre vie. Elle infuse toutes vos sphères d'existence, créant une harmonie et une cohérence qui est la marque d'une vie pleinement vécue.

◥ Personnel et familial

Votre mission commence par vous-même. Comment pouvez-vous l'incarner dans votre vie personnelle ? Quelles qualités souhaitez-vous cultiver ? Quelles habitudes voulez-vous adopter qui reflètent vos valeurs profondes ?

Dans votre cercle familial, votre mission prend une dimension relationnelle. Comment vos interactions quotidiennes avec vos proches peuvent-elles refléter votre mission ? Quels rituels familiaux pouvez-vous créer qui nourrissent les valeurs que vous chérissez ?

Posez-vous ces questions :

- Comment ma mission influence-t-elle ma façon de prendre soin de moi-même ?
- Quelle empreinte souhaité-je laisser dans la vie de mes proches ?
- Comment puis-je créer un environnement familial qui soutient notre épanouissement collectif ?

Rappelez-vous que l'impact le plus profond commence souvent dans l'intimité de nos relations les plus proches. Les petits gestes quotidiens, imprégnés de l'intention de votre mission, créent des vagues qui s'étendent bien au-delà de ce que vous pouvez imaginer.

Professionnel et sociétal

Votre travail occupe une part significative de votre vie. Idéalement, il devrait être une expression de votre mission, un canal par lequel vous apportez votre contribution unique au monde.

Cela ne signifie pas nécessairement changer radicalement de carrière. Souvent, c'est votre intention et votre présence qui transforment votre travail actuel en vecteur de votre mission. Un enseignant dont la mission est d'éveiller le potentiel créatif apportera cette intention à ses cours, quelle que soit la matière enseignée.

Au niveau sociétal, votre mission peut s'exprimer par votre engagement dans des causes qui vous tiennent à cœur, des projets communautaires, ou simplement par la façon dont vous interagissez avec chaque personne que vous rencontrez.

Réfléchissez à ces questions :

- Comment puis-je infuser davantage ma mission dans mon travail actuel ?
- Quelles opportunités professionnelles pourraient me permettre d'exprimer plus pleinement ma mission ?
- Quelle contribution spécifique puis-je apporter à ma communauté ou à la société ?

N'oubliez pas que même les plus grands changements sociétaux commencent par des actions individuelles alignées et cohérentes.

◥ Environnemental et collectif

Notre époque nous appelle à élargir notre conception de l'impact au-delà de l'humain, pour inclure notre relation avec la planète entière et tous les êtres qui l'habitent.

Comment votre mission peut-elle contribuer à la guérison de notre relation avec la Terre ? Quelles pratiques écologiques résonnent avec vos valeurs profondes ? Comment votre travail peut-il soutenir la régénération plutôt que l'épuisement des ressources ?

Au niveau collectif, votre mission peut inspirer une vision plus large du bien commun, transcendant les clivages et nourrissant un sentiment d'interdépendance et de responsabilité partagée.

Considérez ces perspectives :

- Quelle relation avec la nature ma mission m'invite-t-elle à cultiver ?
- Comment puis-je aligner mes choix quotidiens avec le bien-être planétaire ?
- Quelle vision collective ma mission peut-elle nourrir et soutenir ?

Une mission qui intègre cette dimension écologique et collective devient une force de transformation profonde, connectant votre épanouissement personnel avec le bien-être de tous les êtres.

C. L'engagement dans l'action

Une mission sans action reste une noble intention sans impact. C'est dans l'engagement quotidien que votre mission prend vie et transforme réellement votre existence et celle des autres.

◥ La création d'un plan d'action réaliste

Pour traduire votre mission en réalité tangible, vous avez besoin d'un plan d'action concret qui tient compte de vos ressources actuelles tout en vous tirant vers votre vision la plus élevée.

Commencez par identifier 3-5 domaines prioritaires où vous souhaitez exprimer votre mission dans les 6-12 prochains mois. Pour chaque domaine, définissez :

- Un objectif inspirant mais réaliste

- 2-3 actions concrètes que vous pouvez entreprendre dans les 30 prochains jours
- Les indicateurs qui vous permettront de mesurer votre progression

Par exemple, si votre mission inclut de favoriser la connexion humaine dans un monde numérique, vos domaines prioritaires pourraient être :

1. Créer un cercle de conversation mensuel dans votre communauté
2. Développer vos compétences d'écoute empathique
3. Initier des moments de connexion authentique dans votre environnement professionnel

Ce qui compte n'est pas l'ampleur de vos actions, mais leur alignement avec votre mission et leur cohérence dans le temps. Comme le disait Lao Tseu : *"Un voyage de mille lieues commence toujours par un premier pas."*

◣ L'identification des ressources nécessaires

Pour réaliser votre mission, vous aurez besoin de mobiliser diverses ressources – certaines sont déjà en votre possession, d'autres sont à développer ou à rechercher.

Faites l'inventaire de vos ressources dans ces quatre catégories :

Ressources intérieures : Vos forces de caractère, vos talents, vos connaissances, votre résilience. Ce sont vos atouts les plus précieux et souvent les plus sous-estimés.

Ressources relationnelles : Votre réseau de soutien, vos mentors, vos collaborateurs potentiels. Qui partage votre vision ou des valeurs similaires ? Qui possède des compétences complémentaires aux vôtres ?

Ressources matérielles : Le temps, l'argent, l'espace physique dont vous disposez. Comment pouvez-vous les optimiser pour soutenir votre mission ?

Ressources d'apprentissage : Les livres, cours, formations qui peuvent vous aider à développer les compétences nécessaires à votre mission.

N'oubliez pas que la plus grande ressource est souvent votre créativité dans l'utilisation des ressources limitées dont vous disposez actuellement. Comme le disait si bien Buckminster Fuller : *"Pour changer quelque chose, ne luttez pas contre la réalité existante. Créez un nouveau modèle qui rend l'ancien obsolète. "*

◣ La mise en place de points de contrôle

Un voyage sans balises risque de vous égarer. Les points de contrôle réguliers vous permettent de célébrer vos avancées, d'ajuster votre trajectoire si nécessaire, et de maintenir votre élan vers la réalisation de votre mission.

Instaurez un rituel mensuel d'évaluation où vous vous posez ces questions essentielles :

- Comment ai-je exprimé ma mission ce mois-ci ?
- Quels succès, même modestes, puis-je célébrer ?
- Quels obstacles ai-je rencontrés et que m'ont-ils enseigné ?
- Quels ajustements seraient bénéfiques pour le mois à venir ?
- Qui pourrait m'aider à progresser dans ma mission ?

Tous les trimestres, prenez un temps plus approfondi pour revisiter votre mission elle-même. Résonne-t-elle toujours profondément avec vous ? A-t-elle besoin d'être affinée à la lumière de vos nouvelles expériences et compréhensions ?

Ces rendez-vous réguliers avec vous-même ne sont pas de simples exercices administratifs – ils sont des moments sacrés où vous honorez votre engagement envers votre mission et votre évolution personnelle.

◣ Le pouvoir transformateur d'une mission claire

Une mission clairement définie et activement poursuivie transforme profondément votre expérience de la vie. Elle donne une direction à vos efforts, un sens à vos épreuves, et une profondeur à vos joies.

Avec une mission authentique comme boussole, les décisions quotidiennes deviennent plus simples – vous choisissez naturellement ce qui vous rapproche de l'expression de votre essence la plus vraie.

Les obstacles deviennent des opportunités d'apprentissage plutôt que des barrières. Les relations s'enrichissent d'une nouvelle profondeur, car vous vous présentez au monde avec clarté et cohérence.

Peut-être plus important encore, une mission claire vous libère de la comparaison constante avec les autres. Vous n'avez plus besoin de suivre un chemin standardisé vers le succès – vous créez votre propre définition de l'accomplissement, enracinée dans ce qui compte vraiment pour vous.

Comme l'exprimait Viktor Frankl : "*Ceux qui ont un 'pourquoi' qui les fait vivre peuvent supporter presque n'importe quel 'comment'.*" Votre mission personnelle est ce 'pourquoi' profond qui vous soutiendra à travers les hauts et les bas inévitables de l'existence.

N'oubliez pas que définir votre mission n'est pas un événement ponctuel, mais un processus continu de découverte et d'affinement. Elle évoluera naturellement avec vous, tout en maintenant ce noyau d'authenticité qui est votre signature unique dans le monde.

En fin de compte, votre mission personnelle n'est pas tant quelque chose que vous créez, mais plutôt quelque chose que vous découvrez – une vérité qui a toujours été là, attendant que vous la reconnaissiez et l'embrassiez pleinement. Dans cette reconnaissance se trouve une des plus grandes joies de l'existence : **la joie de devenir pleinement vous-même.**

Conclusion : votre boussole intérieure

Au terme de ce voyage à travers la création de votre boussole de vie, prenez un moment pour apprécier le chemin parcouru. Vous avez exploré votre ikigaï, cette intersection magique où passion, talent, valeur et besoin convergent pour créer une vie de sens. Vous avez identifié vos valeurs essentielles, ces principes non négociables qui guident vos choix. Vous avez appris à visualiser votre futur désirable avec précision et à formuler une mission personnelle qui donne cohérence à toutes vos actions.

Ces quatre éléments – votre ikigaï, vos valeurs, votre vision et votre mission – ne sont pas des concepts isolés. Ensemble, ils forment votre boussole intérieure, cet instrument précieux qui vous orientera à travers les tempêtes et les accalmies de votre vie. Comme toute boussole, sa valeur réside dans son utilisation régulière, pas simplement dans sa possession.

Rappelez-vous que cette boussole n'est pas figée. Elle évoluera naturellement avec vous, s'affinant à mesure que vous grandissez et que vous intégrez de nouvelles expériences. Ce qui reste constant, c'est son centre – cette essence unique que vous êtes, ce mélange singulier de dons, d'aspirations et de valeurs que personne d'autre au monde ne possède exactement comme vous.

Maintenant, je vous invite à passer à l'action. Choisissez un seul exercice parmi ceux proposés dans ce chapitre – celui qui vous appelle le plus fortement. Consacrez-lui 15 minutes aujourd'hui même. Ce premier pas, aussi modeste soit-il, est le plus important. Il marque le moment où vous passez de la simple lecture à l'engagement concret dans votre transformation.

La création de votre boussole de vie n'est pas un luxe réservé à quelques privilégiés – c'est un droit de naissance que vous réclamez aujourd'hui. Dans un monde qui cherche constamment à vous définir de l'extérieur, développer cette clarté intérieure est peut-être l'acte le plus révolutionnaire que vous puissiez accomplir.

Je vous laisse avec cette réflexion simple mais profonde : *la plus grande aventure de votre vie n'est pas de devenir quelqu'un d'autre, mais de devenir pleinement vous-même.* Votre boussole est prête – le voyage vous attend.

10 clés pour créer votre boussole de vie

1. Découvrez votre ikigaï – votre raison d'être

Votre ikigaï se trouve à l'intersection magique de ce que vous aimez, ce en quoi vous excellez, ce pour quoi le monde vous rétribuera et ce dont le monde a besoin. Prenez le temps d'explorer chacune de ces dimensions à travers des exercices concrets. Cette quête n'est pas un luxe, mais un droit fondamental qui vous mènera vers une vie profondément satisfaisante.

2. Identifiez vos valeurs non-négociables

Vos valeurs sont les fondations sur lesquelles vous bâtissez votre vie. Limitez-vous à 5-7 valeurs essentielles qui vous définissent véritablement. Demandez-vous : "Quels moments m'ont rendu profondément fier ?" ou "Quelles situations m'indignent spontanément ?" Les réponses révèlent vos valeurs authentiques, celles qui vous guideront à travers toutes les tempêtes.

3. Alignez chaque décision avec vos valeurs profondes

Créez votre propre grille de décision basée sur vos valeurs pour évaluer vos choix importants. Quand vos actions quotidiennes reflètent fidèlement vos principes fondamentaux, vous accédez à une source inépuisable d'énergie et de motivation. Cet alignement crée une paix intérieure rare dans notre monde fragmenté.

4. Maîtrisez l'art de la visualisation créative

Consacrez 10 minutes chaque jour à visualiser votre futur désirable avec tous vos sens. Ne vous contentez pas de "voir" votre futur – ressentez-le. Cette pratique intentionnelle recâble littéralement votre cerveau pour reconnaître et saisir les opportunités qui vous mèneront vers cette réalité que vous créez mentalement.

5. Rédigez le scénario inspirant de votre vie idéale

Écrivez en détail comment se déroule une journée typique dans votre vie future idéale, à la première personne et au présent. Décrivez votre environnement, vos activités, vos relations et surtout, les émotions que vous ressentez. Ce "film" deviendra votre étoile polaire, vous guidant sans prescrire le chemin exact à suivre.

6. Transformez votre vision en étapes concrètes

Identifiez 3-5 "victoires précoces" – des actions simples et réalisables dans les 30 prochains jours qui vous mettront en mouvement vers votre vision. La magie de la transformation ne réside pas dans les actions grandioses occasionnelles, mais dans les petits gestes quotidiens alignés avec votre vision.

7. Célébrez chaque petit pas accompli

Dans notre culture obsédée par les grands accomplissements, nous négligeons souvent le pouvoir transformateur de la célébration des petites victoires. Créez votre propre rituel de célébration pour marquer chaque avancée, aussi modeste soit-elle. Cette reconnaissance alimente votre motivation et renforce votre conviction.

8. Formulez votre mission personnelle unique

Votre mission personnelle transcende les simples objectifs et répond à la question "Pourquoi suis-je ici ?". Elle combine votre essence (qui vous êtes), votre passion (ce qui vous anime) et votre cause (le changement que vous souhaitez voir). Formulez-la de façon concise, inspirante et authentique pour qu'elle devienne votre phare intérieur.

9. Incarnez votre mission dans tous les domaines de votre vie

Votre mission n'est pas limitée à votre travail – elle infuse toutes vos sphères d'existence. Réfléchissez à comment l'exprimer dans votre vie personnelle, professionnelle, et votre contribution à la société et à l'environnement. C'est cette cohérence qui crée une vie pleinement vécue et profondément satisfaisante.

10. Maintenez votre boussole à jour par une réflexion régulière

Instaurez un rituel mensuel d'évaluation et un bilan trimestriel plus approfondi pour revisiter votre mission. Posez-vous des questions essentielles : "Comment ai-je exprimé ma mission ce mois-ci ? Quels succès puis-je célébrer ? Quels obstacles m'ont enseigné quelque chose ?". Ces rendez-vous avec vous-même ne sont pas de simples formalités – ils sont des moments sacrés où vous honorez votre engagement envers votre évolution.

N'oubliez pas : la plus grande aventure de votre vie n'est pas de devenir quelqu'un d'autre, mais de devenir pleinement vous-même. Votre boussole est prête – le voyage vous attend.

Ma boussole de vie

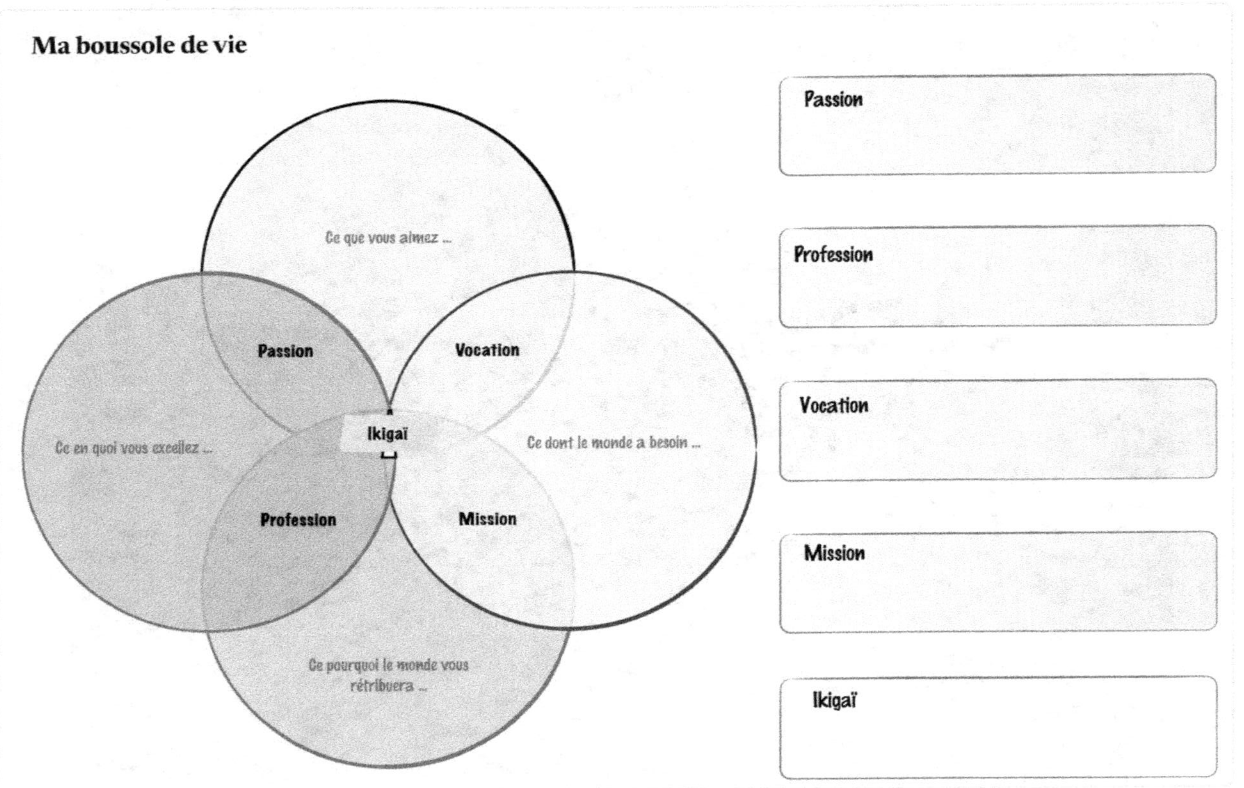

Passion

Profession

Vocation

Mission

Ikigaï

https://playbook.kristy-blog.fr/exercices/1013

Chapitre 6 : Transcender les obstacles - le pouvoir de l'état d'esprit

Introduction

Les obstacles jalonnent inévitablement notre chemin. Ces moments où la vie semble nous mettre à l'épreuve ne sont pas de simples accidents de parcours — ils sont une partie essentielle de toute transition significative. Ce qui détermine véritablement notre trajectoire n'est pas la nature de ces obstacles, mais la façon dont nous choisissons de les percevoir et d'y répondre.

Dans ce chapitre, nous explorerons ensemble le pouvoir transformateur de l'état d'esprit. Vous découvrirez pourquoi certaines personnes se sentent paralysées face aux défis tandis que d'autres y puisent une force insoupçonnée. Cette différence fondamentale réside dans ce que la psychologue Carol Dweck a identifié comme l'état d'esprit fixe versus l'état d'esprit de croissance[29].

Chaque obstacle que vous rencontrez vous place devant un choix crucial : voir cette situation comme une preuve de vos limites ou comme une invitation à vous dépasser. Ce choix détermine non seulement votre expérience immédiate, mais façonne également votre capacité future à naviguer les eaux parfois tumultueuses des transitions professionnelles et personnelles.

Au fil des prochaines pages, vous apprendrez à :

- Reconnaître les schémas de pensée qui vous limitent et transformer votre dialogue intérieur
- Développer les pratiques quotidiennes qui cultivent un état d'esprit de croissance
- Maîtriser des outils concrets pour rebondir face aux défis et transformer les échecs en données précieuses
- Créer une communauté qui soutient votre croissance et célèbre vos avancées

L'objectif n'est pas d'éliminer les obstacles — ils feront toujours partie du voyage — mais de développer la capacité à les transcender. En comprenant le pouvoir de votre état d'esprit, vous découvrirez que les défis qui semblaient vous bloquer peuvent devenir les tremplins de votre évolution.

La résilience n'est pas un trait de caractère inné ; c'est une compétence qui se cultive. Et comme toute compétence précieuse, elle demande pratique, conscience et engagement. Ce chapitre vous fournira les outils nécessaires pour transformer votre relation aux obstacles et révéler votre potentiel inexploité.

Êtes-vous prêt à voir vos défis sous un jour nouveau ? À découvrir comment les moments les plus difficiles peuvent devenir les catalyseurs de votre plus grande croissance ? Alors tournez la page, et commençons ce voyage ensemble.

Section 1 : Comprendre notre relation aux obstacles

A. Les deux façons de voir les défis

L'état d'esprit fixe : quand les obstacles nous paralysent

Face à un obstacle, certains d'entre nous ressentent immédiatement une sensation de blocage. Ce mur qui se dresse devant nous semble infranchissable, témoin de nos limites personnelles. "Je ne suis pas fait pour ça", "Je n'ai jamais été doué dans ce domaine", "C'est la preuve que je devrais abandonner" – ces phrases résonnent en nous comme des vérités absolues.

C'est la manifestation de ce que la psychologue Carol Dweck appelle l'état d'esprit fixe. Dans cette perspective, nos capacités sont perçues comme des caractéristiques innées et immuables. Lorsque nous rencontrons une difficulté, nous l'interprétons comme la confirmation de nos limites intrinsèques. L'échec n'est pas vu comme une étape mais comme un verdict sur notre valeur.

Cet état d'esprit nous pousse à éviter les défis pour préserver notre image. Nous préférons rester dans notre zone de confort plutôt que de risquer l'échec. Le feedback devient une menace et l'effort est perçu comme inutile – après tout, si nous étions doués, tout devrait venir naturellement, n'est-ce pas ?

Lorsque Marie a perdu son poste de direction après vingt ans dans la même entreprise, sa première réaction a été de penser : "À mon âge, c'est fini. Qui voudrait m'embaucher maintenant ?" Cette pensée ne reflétait pas la réalité du marché, mais sa perception fixe de ses capacités et de sa valeur, limitées par un obstacle qui lui semblait insurmontable.

L'état d'esprit de croissance : quand les défis nous font grandir

À l'opposé se trouve l'état d'esprit de croissance, où les obstacles sont perçus comme des opportunités d'apprentissage. Dans cette perspective, nos capacités ne sont pas figées mais malléables, évoluant avec l'effort, la persévérance et l'apprentissage.

"Je n'y arrive pas... pour l'instant", "Qu'est-ce que je peux apprendre de cette situation ?", "Comment puis-je aborder ce problème différemment ?" – ces questions ouvrent des portes là où l'état d'esprit fixe ne voyait que des murs.

Les personnes qui cultivent cet état d'esprit ne considèrent pas l'échec comme une définition de leur identité, mais comme une information précieuse. L'effort n'est pas le signe d'un manque de talent, mais le chemin vers la maîtrise. Le feedback, même critique, devient un outil d'amélioration plutôt qu'une menace.

Thomas, après avoir vu son projet entrepreneurial échouer, a choisi une autre voie : "Ce n'est pas mon entreprise qui a échoué, c'est ma première approche. Maintenant, je comprends mieux les besoins du marché." Deux ans plus tard, sa deuxième tentative rencontrait un succès remarquable, bâti sur les leçons du premier échec.

◥ Le pouvoir transformateur de notre perception

Ce qui distingue ces deux approches n'est pas la réalité objective des obstacles, mais notre façon de les percevoir. Notre perception détermine notre réaction émotionnelle, qui influence nos actions, qui à leur tour façonnent nos résultats.

La bonne nouvelle ? Notre état d'esprit n'est pas une caractéristique fixe de notre personnalité. C'est un choix que nous pouvons faire à chaque instant, une perspective que nous pouvons cultiver et renforcer avec la pratique.

Les neurosciences nous montrent que notre cerveau possède une remarquable plasticité. Chaque fois que nous choisissons consciemment de voir un obstacle comme une opportunité d'apprentissage, nous renforçons les connexions neuronales qui soutiennent cette perspective. Au fil du temps, cette façon de penser devient plus naturelle, plus instinctive.

Notre perception des défis devient littéralement notre réalité. Comme l'a si bien dit Wayne Dyer : "*Changez votre façon de voir les choses, et les choses que vous voyez changeront.*"

B. Identifier nos schémas de pensée

◥ Les dialogues intérieurs qui nous limitent

Notre esprit est en perpétuelle conversation avec lui-même. Ce dialogue intérieur, souvent inconscient, façonne notre perception des obstacles que nous rencontrons.

"Je suis trop vieux pour changer de carrière." "Je n'ai jamais été à l'aise avec la technologie." "Chaque fois que je prends un risque, ça se termine mal."

Ces affirmations ne sont pas des vérités, mais des histoires que nous nous racontons. Des récits qui, à force d'être répétés, deviennent nos prophéties autoréalisatrices. Comme l'a observé Henry Ford : *"Que vous pensiez pouvoir, ou que vous pensiez ne pas pouvoir... vous avez raison."*

Le premier pas vers la transformation est la conscience. Prenez l'habitude de noter ces pensées limitantes dès qu'elles surgissent. Sans jugement, observez simplement le narrateur intérieur qui commente vos expériences. Cette distance vous permet de réaliser que vous n'êtes pas vos pensées – vous êtes celui qui les observe.

Les croyances héritées qui nous freinent

Beaucoup de nos limitations ne sont pas nées de nos expériences personnelles, mais des croyances que nous avons héritées de notre environnement. Notre famille, notre éducation, notre culture nous ont transmis, souvent inconsciemment, des schémas de pensée qui déterminent notre relation aux obstacles.

"Dans notre famille, on n'a jamais été des intellectuels." "Les gens comme nous ne prennent pas de tels risques." "À ton âge, on devrait déjà être établi."

Ces croyances héritées forment un cadre invisible qui restreint notre vision des possibles. Elles ne sont pas inscrites dans notre ADN, mais dans notre psyché, où elles peuvent être identifiées et remises en question.

Sophie, issue d'un milieu modeste, avait intériorisé l'idée que "l'argent corrompt" et que "les riches sont malhonnêtes." Ces croyances inconscientes sabotaient systématiquement ses tentatives de prospérité, jusqu'à ce qu'elle prenne conscience de ce programme limitant hérité de son enfance et choisisse consciemment de l'actualiser.

Les peurs qui masquent nos possibilités

Derrière la plupart de nos limitations se cache une peur fondamentale. La peur de l'échec, certes, mais aussi la peur du succès, la peur du jugement des autres, la peur de l'inconnu, ou même la peur de découvrir notre propre puissance.

Ces peurs agissent comme des filtres qui déforment notre perception des obstacles. Elles transforment des défis surmontables en menaces existentielles, des risques calculés en dangers mortels, des opportunités d'apprentissage en possibilités d'humiliation.

Pierre, brillant ingénieur, refusait systématiquement les promotions qui l'auraient mis en position de leadership. Ce n'est qu'en explorant sa relation aux obstacles qu'il a découvert sa peur profonde : "Et si je réussissais ? Les attentes seraient tellement grandes... Je ne pourrais que décevoir." Sa peur du succès, plus que celle de l'échec, limitait son horizon.

Identifier ces peurs n'est pas un signe de faiblesse, mais un acte de courage. Nommer nos peurs leur retire une partie de leur pouvoir sur nous, et nous permet de voir les possibilités qu'elles obscurcissaient.

C.   Le moment du choix

◥ Reconnaître les points de bascule

Dans toute transition, dans tout défi, il existe des moments cruciaux où notre réponse détermine la suite du parcours. Ces points de bascule ne sont pas toujours dramatiques – ils peuvent être aussi subtils qu'une pensée fugace, aussi quotidiens qu'une petite décision.

Le moment où vous recevez un feedback critique. L'instant où vous faites face à un échec inattendu. Cette seconde où une opportunité effrayante se présente à vous.

Ces moments sont des carrefours où deux chemins s'ouvrent devant vous : celui de l'état d'esprit fixe, qui mène à la limitation, et celui de l'état d'esprit de croissance, qui conduit au développement. La bonne nouvelle ? Ce choix vous appartient entièrement.

Apprendre à reconnaître ces points de bascule en temps réel est une compétence qui se développe avec la pratique. Commencez par observer les situations qui déclenchent en vous un sentiment de fermeture, de défense ou de découragement – ce sont généralement des indicateurs fiables d'un moment de choix.

◥ Transformer "Je ne peux pas" en "Je ne peux pas encore"

Un simple mot peut transformer complètement notre relation aux obstacles. Ce mot magique ? "Encore."

"Je ne suis pas doué en négociation" devient "Je ne suis pas encore doué en négociation." "Je n'arrive pas à m'adapter à ce changement" se transforme en "Je n'arrive pas encore à m'adapter à ce changement." "Je ne peux pas relever ce défi" évolue en "Je ne peux pas encore relever ce défi."

Cette minuscule modification linguistique ouvre un espace de possibilité là où il n'y avait qu'un mur. Elle reconnait la difficulté présente tout en affirmant la capacité future. Elle transforme une déclaration d'identité ("je suis ainsi") en une déclaration d'état temporaire ("je suis ainsi pour l'instant").

Ce changement n'est pas qu'une astuce sémantique – il reflète une vérité profonde sur notre nature humaine : nous sommes des êtres en constante évolution, capables d'apprentissage et de transformation à tout âge, à toute étape de notre vie.

◣ Créer de nouveaux chemins neuronaux

Chaque fois que vous choisissez consciemment l'état d'esprit de croissance face à un obstacle, vous ne changez pas seulement votre expérience immédiate – vous transformez littéralement votre cerveau.

Les neurosciences ont démontré que notre cerveau conserve sa plasticité tout au long de notre vie. Chaque pensée, chaque choix conscient renforce certains circuits neuronaux au détriment d'autres. C'est ce que les neuroscientifiques résument par l'expression : "Les neurones qui s'activent ensemble se connectent ensemble."

En pratique, cela signifie que lorsque vous répétez consciemment une nouvelle façon de percevoir les obstacles, vous créez de nouveaux chemins neuronaux qui, avec le temps, deviendront votre réflexe naturel. Ce qui demandait un effort conscient devient progressivement votre mode de fonctionnement par défaut.

Isabelle, cadre dirigeante de 52 ans, se sentait dépassée par la transformation numérique de son industrie. Plutôt que de se résigner à "être d'une autre génération," elle a choisi de voir chaque nouvelle technologie comme un puzzle à résoudre. Cette approche ludique et curieuse, maintenue avec constance, a progressivement transformé sa relation à l'innovation. Ce qui était source d'anxiété est devenu source d'enthousiasme, non par miracle, mais par la création patiente de nouveaux chemins neuronaux.

La neuroplasticité nous rappelle que nous ne sommes pas condamnés à nos anciens schémas. À tout moment, nous pouvons choisir de créer de nouvelles connexions, de forger de nouvelles voies, d'écrire une nouvelle histoire de notre relation aux obstacles.

Face aux obstacles qui jalonnent votre parcours, souvenez-vous que votre plus grand pouvoir réside dans votre perception. L'état d'esprit avec lequel vous abordez vos défis n'est pas une caractéristique fixe de votre personnalité, mais un choix que vous pouvez faire à chaque instant.

En identifiant vos schémas de pensée limitants, en reconnaissant les moments de choix, et en cultivant délibérément un état d'esprit de croissance, vous transformez progressivement votre relation aux obstacles. Ce qui semblait autrefois insurmontable devient un terrain d'apprentissage ; ce qui paraissait menaçant devient une invitation à grandir.

Dans la prochaine section, nous explorerons les pratiques concrètes qui vous permettront de cultiver systématiquement cet état d'esprit de croissance, transformant ainsi une compréhension théorique en compétence vivante et en pouvoir tangible.

Section 2 : Les fondations de l'état d'esprit de croissance

Comprendre et intégrer les principes qui transforment votre perception

A.   Les piliers de l'état d'esprit de croissance

L'effort comme chemin vers la maîtrise

L'effort n'est pas simplement ce que nous faisons quand nous ne sommes pas naturellement doués. C'est le chemin même par lequel nous développons nos capacités. Dans un état d'esprit de croissance (« Growth Mindset »), l'effort n'est pas un signal d'incompétence, mais un processus nécessaire à l'excellence.

Lorsque nous regardons les grands maîtres dans n'importe quel domaine – qu'il s'agisse de musiciens virtuoses, d'athlètes olympiques ou de leaders visionnaires – nous voyons des personnes qui ont consacré des milliers d'heures à perfectionner leur art. Ce n'est pas le talent inné qui les définit, mais leur engagement dans la pratique délibérée.

La neurologue et musicienne Aniko, à 48 ans, a décidé d'apprendre le violoncelle. Ses collègues ont souri avec indulgence : "À ton âge, c'est trop tard pour commencer." Elle a pourtant consacré 30 minutes quotidiennes à sa pratique. Trois ans plus tard, elle jouait dans un orchestre amateur. "Le talent est surestimé," dit-elle aujourd'hui. "C'est la pratique constante qui transforme l'impossible en réalité."

Redéfinissez votre relation à l'effort. Plutôt que de le voir comme un fardeau nécessaire, reconnaissez-le comme le processus même par lequel vous vous transformez. Chaque heure d'effort conscient sculpte non seulement vos compétences, mais également votre cerveau, créant de nouveaux circuits neuronaux qui rendent possible ce qui semblait auparavant hors d'atteinte.

Pause réflexion : Dans quel domaine de votre vie percevez-vous l'effort comme un fardeau plutôt qu'un investissement ? Comment pourriez-vous transformer cette perception dès aujourd'hui ?

Les erreurs comme données précieuses

Dans notre culture de la performance, les erreurs sont souvent perçues comme des échecs à éviter à tout prix. Pourtant, dans un état d'esprit de croissance, elles deviennent quelque chose de bien plus précieux : des informations.

Les erreurs nous révèlent les limites de nos connaissances actuelles, les failles dans notre compréhension, les opportunités d'apprentissage que nous n'aurions jamais découvertes autrement. Elles ne sont pas des verdicts sur notre valeur, mais des guides pour notre développement.

Thomas Edison, après des milliers de tentatives infructueuses pour créer une ampoule électrique fonctionnelle, a déclaré : "*Je n'ai pas échoué. J'ai simplement trouvé 10 000 façons qui ne fonctionnent pas.*" Cette perspective transforme radicalement notre relation à l'erreur.

Philippe, entrepreneur de 54 ans, a investi une somme considérable dans un projet qui s'est soldé par un échec. Au lieu de se lamenter sur sa perte, il a minutieusement analysé ce qui n'avait pas fonctionné. "J'ai payé pour cette éducation," dit-il. "Ce serait dommage de ne pas en tirer les leçons." Ces apprentissages ont guidé son prochain projet, qui a connu un succès remarquable.

Pour cultiver cette perspective, commencez par changer votre langage. Ne dites plus "j'ai échoué", mais "j'ai découvert une approche qui ne fonctionne pas". Ne vous demandez plus "pourquoi cela m'arrive-t-il ?", mais "qu'est-ce que cela m'enseigne ?". Cette simple transformation linguistique peut modifier profondément votre expérience de l'erreur.

Pause réflexion : Quelle erreur récente pourriez-vous revisiter maintenant avec curiosité plutôt qu'avec jugement ? Qu'est-ce qu'elle pourrait vous enseigner ?

La persévérance comme super-pouvoir

Si l'effort est le chemin et les erreurs sont les guides, la persévérance est le véhicule qui vous permet d'avancer malgré les obstacles. Dans un monde qui valorise les résultats instantanés, la capacité à maintenir son engagement dans la durée devient un superpouvoir véritable.

La persévérance n'est pas l'entêtement aveugle à suivre une voie qui ne mène nulle part. C'est la détermination éclairée à poursuivre un objectif significatif, en s'adaptant intelligemment face aux obstacles rencontrés.

Angela Duckworth, psychologue et auteure de "Grit", a démontré à travers ses recherches que la persévérance – plus que le talent ou l'intelligence – était le meilleur prédicteur de la réussite à long terme. Ceux qui maintiennent leur engagement malgré les difficultés finissent par dépasser ceux qui possèdent des capacités naturelles mais abandonnent face aux premiers obstacles.

Claire, 47 ans, a décidé de reprendre ses études pour obtenir un MBA après vingt ans de carrière. Les premiers mois ont été extrêmement difficiles, jonglant entre sa famille, son travail et ses études. "Ce qui m'a sauvée," dit-elle, "c'est d'avoir établi un rituel quotidien inébranlable. Même les jours où je n'avais que 30 minutes, je les consacrais à mes études." Deux ans plus tard, son diplôme lui a ouvert des portes qu'elle croyait définitivement fermées.

La persévérance se cultive en établissant des systèmes plutôt qu'en comptant sur la motivation. La motivation fluctue, mais les habitudes bien ancrées vous portent même dans les moments de doute. Créez des structures qui rendent votre engagement automatique, et vous découvrirez que la persévérance n'est pas tant une question de volonté que d'organisation intelligente.

Pause réflexion : Où dans votre vie avez-vous abandonné trop tôt ? Que se passerait-il si vous accordiez à ce défi une seconde chance avec un système plutôt que de la motivation ?

B. Les changements de perspectives essentiels

Cultiver la conscience de vos apprentissages

Transformer votre état d'esprit commence par une simple prise de conscience : chaque jour vous offre des opportunités d'apprentissage. Plutôt que de laisser ces moments précieux s'évaporer, développez l'habitude de les reconnaître consciemment.

Marc, directeur commercial en transition de carrière, témoigne : 'J'ai commencé à noter mentalement mes apprentissages quotidiens. Cette simple attention a transformé ma perception des refus - ils sont devenus des données précieuses plutôt que des échecs.'

L'essentiel n'est pas la forme que prend cette conscience - journal écrit, réflexion du soir, ou simple pause méditative - mais la régularité avec laquelle vous reconnaissez votre croissance continue.

Prenez quelques minutes chaque soir pour répondre à ces questions simples :

- Qu'ai-je appris aujourd'hui ?
- Quel obstacle ai-je rencontré et comment l'ai-je abordé ?
- Quelle compétence ai-je développée, même légèrement ?

Cette pratique transforme votre attention, l'orientant vers la croissance plutôt que vers les jugements. Elle crée une mémoire tangible de votre progression, particulièrement précieuse lors des périodes de doute où vous avez l'impression de stagner.

Commencez simplement. Un cahier dédié, une note sur votre téléphone, ou même un document partagé avec un partenaire d'apprentissage peut suffire. **La constance importe plus que la forme.**

La célébration des petites victoires

Notre cerveau est naturellement programmé pour remarquer ce qui va mal plutôt que ce qui va bien – un biais de négativité hérité de notre évolution. Cultiver un état d'esprit de croissance implique de rééquilibrer cette tendance en célébrant délibérément les petites victoires du quotidien.

Ces victoires peuvent sembler insignifiantes – comprendre un concept difficile, surmonter une peur mineure, faire preuve de patience dans une situation frustrante – mais leur reconnaissance systématique transforme progressivement votre perception de vous-même et de votre potentiel.

Sophie, entrepreneuse de 52 ans, a instauré un "pot des victoires" dans son bureau. Chaque fois qu'elle surmonte un obstacle ou atteint un petit objectif, elle note cette réussite sur un papier qu'elle ajoute au pot. "Dans les moments difficiles, je tire au hasard quelques papiers et je me rappelle tout ce que j'ai déjà accompli. Ça change complètement ma perspective."

Pour intégrer cette pratique dans votre quotidien, réservez un moment chaque jour – peut-être juste avant de vous coucher – pour identifier trois petites victoires de votre journée. Cette habitude simple mais puissante réoriente votre attention vers vos progrès plutôt que vers vos manques.

L'approche expérimentale de la vie

Et si vous abordiez votre vie comme un scientifique curieux plutôt que comme un performeur anxieux ? C'est l'essence de l'approche expérimentale, une pratique fondamentale de l'état d'esprit de croissance.

Dans cette perspective, chaque situation devient une expérience dont l'objectif premier n'est pas la réussite immédiate, mais l'apprentissage. Les résultats, qu'ils soient positifs ou négatifs, ne sont ni des validations ni des condamnations de votre valeur – ils sont simplement des données qui vous guident vers votre prochaine expérience.

Robert, 56 ans, ingénieur reconverti en consultant indépendant, a adopté cette approche face à ses premiers échecs pour obtenir des contrats. "Plutôt que de me dire 'je ne suis pas fait pour ça', je me suis demandé : 'Quelles variables puis-je modifier dans ma prochaine tentative ?'" Cette perspective a transformé ses échecs en laboratoire d'apprentissage, lui permettant d'affiner progressivement son approche jusqu'à trouver sa formule de succès.

Pour cultiver cette approche expérimentale, commencez par reformuler vos objectifs en termes d'expériences. Au lieu de "Je dois réussir cette présentation", dites-vous "Je vais expérimenter cette nouvelle approche de présentation et observer ce qui fonctionne". Cette simple reformulation libère votre créativité et réduit considérablement la pression que vous vous imposez.

C.   Le pouvoir des questions

◣   "Que puis-je apprendre de cette situation ?"

Les questions que nous nous posons façonnent notre réalité. Lorsque nous faisons face à un obstacle, la question "Pourquoi cela m'arrive-t-il ?" nous enferme dans une posture de victime. À l'inverse, "Que puis-je apprendre de cette situation ?" ouvre la porte à la croissance.

Cette question simple mais puissante réoriente votre attention des circonstances externes vers votre pouvoir intérieur. Elle transforme chaque difficulté en opportunité d'apprentissage, chaque échec en tremplin vers votre développement.

Isabelle, cadre supérieure, a vu son poste supprimé après 15 ans dans la même entreprise. Sa première réaction fut le choc et l'indignation. "Mais quand j'ai commencé à me demander ce que je pouvais apprendre de cette situation, tout a changé," raconte-t-elle. "J'ai réalisé que j'étais restée par confort dans un rôle qui ne me faisait plus grandir. Cette rupture forcée m'a finalement libérée."

Pour intégrer cette question à votre quotidien, créez un déclencheur visuel – peut-être une note sur votre bureau ou un rappel sur votre téléphone. Chaque fois que vous rencontrez une difficulté, ce rappel vous invitera à adopter cette perspective d'apprentissage qui transforme les obstacles en opportunités.

◣   "Comment puis-je aborder cela différemment ?"

L'état d'esprit fixe nous pousse souvent à persister dans des approches inefficaces, simplement parce qu'elles nous sont familières. La question "Comment puis-je aborder cela différemment ?" brise ce cycle en nous invitant à explorer de nouvelles voies.

Cette question stimule votre créativité et vous rappelle que la méthode n'est pas le but – c'est simplement un moyen d'y parvenir. Si une approche ne fonctionne pas, mille autres restent à explorer.

Paul, entrepreneur de 49 ans, se heurtait à un mur dans le développement de son entreprise. "J'étais tellement attaché à mon approche initiale que je n'envisageais même pas d'alternatives," confie-t-il. "Quand j'ai finalement commencé à me demander comment aborder mon marché différemment, de nouvelles possibilités sont apparues presque magiquement."

Pour cultiver cette flexibilité mentale, adoptez l'habitude de générer systématiquement trois approches différentes face à chaque défi. Même si la première vous semble clairement supérieure, forcez-vous à explorer des alternatives. Cette pratique développe votre agilité mentale et vous protège contre la rigidité de l'état d'esprit fixe.

"Quelle opportunité se cache derrière ce défi ?"

Les obstacles ne sont pas toujours ce qu'ils semblent être. Ce qui apparaît comme un mur infranchissable peut en réalité être une porte vers de nouvelles possibilités, invisibles depuis notre position actuelle. La question "Quelle opportunité se cache derrière ce défi ?" nous invite à regarder au-delà de l'obstacle immédiat.

Cette question ne nie pas la difficulté réelle de la situation. Elle reconnaît l'obstacle tout en refusant de le considérer comme définitif. Elle assume que même dans les circonstances les plus adverses, des graines d'opportunité peuvent germer.

Marie, 51 ans, a perdu son emploi pendant la pandémie. "Au début, je ne voyais que la catastrophe," raconte-t-elle. "Mais en me demandant quelle opportunité pouvait se cacher derrière cette crise, j'ai commencé à entrevoir la possibilité de lancer la petite entreprise dont je rêvais depuis des années." Trois ans plus tard, son entreprise prospère et lui apporte une satisfaction qu'elle n'avait jamais connue comme salariée.

Cette perspective ne transforme pas magiquement les obstacles en occasions, mais elle vous aide à les percevoir différemment, à voir au-delà de la difficulté immédiate pour découvrir les possibilités qu'elle recèle.

Cultiver un état d'esprit de croissance n'est pas un événement ponctuel mais un processus continu. Ces pratiques – embrasser l'effort, valoriser les erreurs, persévérer intelligemment, tenir un journal d'apprentissage, célébrer les petites victoires, adopter une approche expérimentale, et poser des questions puissantes – constituent ensemble une boîte à outils complète pour transformer votre relation aux obstacles.

Ne tentez pas d'adopter toutes ces pratiques simultanément. Commencez par celle qui résonne le plus avec vous en ce moment, intégrez-la pleinement à votre quotidien, puis ajoutez progressivement les autres. La constance dans une seule pratique vaut mieux que l'application sporadique de plusieurs.

Rappelez-vous que l'objectif n'est pas la perfection mais le progrès. Il y aura des jours où l'état d'esprit fixe reprendra le dessus – c'est parfaitement normal. Le simple fait de reconnaître ces moments est déjà un acte d'état d'esprit de croissance, une preuve que vous développez votre conscience de vous-même.

Vous avez maintenant exploré les principes fondamentaux qui transforment votre perception des obstacles. Ces changements de perspective constituent la base essentielle de votre transformation. Il est temps de traduire ces insights en outils concrets et en pratiques structurées qui ancreront durablement ces nouveaux réflexes dans votre quotidien.

Dans la prochaine section, nous explorerons comment traduire cette compréhension en actions concrètes, transformant ainsi la théorie en outils pratiques de résilience face aux obstacles que vous rencontrez.

Section 3 : Votre boîte à outils de la transformation

Méthodes concrètes et pratiques quotidiennes pour ancrer le changement

Comprendre les principes d'un état d'esprit de croissance est une première étape essentielle. Mais la véritable magie opère lorsque ces concepts quittent les pages de ce livre pour s'ancrer dans votre quotidien. Cette section vous guide à travers ce passage crucial de la théorie à la pratique, de la compréhension à la transformation.

A.   Les outils de la résilience

◤ Le carnet de croissance personnelle

Votre esprit est un jardin. Le carnet de croissance personnelle est l'outil qui vous permet de cultiver délibérément ce qui y pousse. Plus qu'un simple journal, il devient le témoin tangible de votre évolution, capturant vos défis, vos apprentissages et vos victoires.

Pour créer votre carnet de croissance, choisissez un format qui vous inspire - qu'il s'agisse d'un élégant carnet relié, d'un document numérique, ou même d'une application dédiée. L'essentiel n'est pas le contenant mais le contenu et la régularité de votre pratique. Ce carnet représente l'évolution naturelle de votre pratique de conscience. Si dans un premier temps vous avez simplement observé vos apprentissages quotidiens, il est maintenant temps de les structurer pour maximiser leur impact transformateur. Contrairement à une simple réflexion quotidienne, ce carnet devient votre laboratoire personnel de croissance.

Structurez votre carnet en trois sections distinctes :

1. **Le Radar des Défis** : Identifiez les obstacles que vous rencontrez, en décrivant non seulement la situation, mais aussi vos réactions émotionnelles et vos pensées. Cette conscience aiguisée vous permet de repérer les schémas récurrents.

2. **Le Laboratoire d'Apprentissage** : Pour chaque défi, notez ce que vous avez appris, les compétences que vous avez développées, et les insights que vous avez gagnés. Que vous réussissiez ou que vous trébuchiez, chaque expérience devient ainsi une source précieuse de sagesse.

3. **Le Générateur de Possibilités** : Explorez différentes approches pour vos défis futurs. Cette section transforme votre carnet d'un simple témoin de votre passé en un architecte de votre avenir.

Jeanne, cadre en transition professionnelle à 53 ans, témoigne : "Mon carnet m'a permis de voir que ce que je percevais comme des échecs répétés cachait en réalité une progression constante dans ma capacité à présenter mes compétences. Sans cette trace écrite, j'aurais abandonné avant de décrocher le poste qui me passionne aujourd'hui."

Consacrez quinze minutes chaque soir à cette pratique. La constance transformera progressivement ce simple exercice en une puissante habitude de croissance.

Les rituels d'ancrage quotidiens

Les rituels d'ancrage sont ces moments sacrés qui, insérés stratégiquement dans votre journée, vous reconnectent à votre état d'esprit de croissance. Ils agissent comme des phares qui vous guident même lorsque les vagues de stress, de doute ou de pression menacent de vous submerger.

Un rituel d'ancrage efficace comporte trois éléments essentiels :

1. **Un déclencheur spécifique** - un moment précis de la journée (le réveil, la pause déjeuner, le trajet du retour) qui devient votre signal.

2. **Une action délibérée** - une pratique simple mais significative qui engage votre corps et votre esprit.

3. **Une intention claire** - la reconnexion consciente à votre vision de croissance personnelle.

Martin, entrepreneur de 48 ans, a créé un rituel d'ancrage qu'il pratique chaque matin avant d'ouvrir son ordinateur : "Je prends trois respirations profondes, je me rappelle mon 'pourquoi', et je me pose cette question : 'Quelle opportunité d'apprentissage m'attend aujourd'hui ?' Ce simple rituel de 30 secondes transforme ma perspective pour toute la journée."

Pour créer vos propres rituels d'ancrage, identifiez d'abord les moments où votre état d'esprit est le plus vulnérable - peut-être avant une réunion importante, après avoir reçu une critique, ou face à un nouveau défi. Concevez ensuite un rituel simple qui vous recentre sur votre capacité d'apprentissage et de croissance.

La puissance des rituels d'ancrage réside dans leur simplicité et leur répétition. Ne sous-estimez pas l'impact de ces micro-pratiques - comme une goutte d'eau qui, par sa constance, finit par façonner la pierre la plus dure.

Les stratégies de recadrage mental

Le recadrage mental est l'art de transformer la façon dont vous percevez une situation sans nécessairement changer la situation elle-même. C'est comme ajuster l'objectif de votre appareil photo pour révéler une perspective entièrement nouvelle sur un paysage familier.

Trois stratégies de recadrage se distinguent par leur efficacité :

1. **L'expansion temporelle** : Lorsqu'un obstacle semble insurmontable, projetez-vous mentalement dans le futur. "Comment percevrai-je ce défi dans un an ? Dans cinq ans ?" Cette simple question dilate votre perspective temporelle, réduisant l'intensité émotionnelle de l'instant présent.

2. **La perspective du mentor** : Face à une situation difficile, demandez-vous : "Que me conseillerait la personne que j'admire le plus ?" Cette distanciation vous permet d'accéder à une sagesse que vous possédez déjà mais que l'émotion peut momentanément voiler.

3. **Le "et si" positif** : Remplacez-les «et si" catastrophiques ("Et si j'échoue ?") par des "et si" d'opportunité ("Et si cette difficulté était exactement ce dont j'ai besoin pour développer la compétence qui me manque ?").

Sophie, 55 ans, témoigne : "Après la perte de mon emploi, je me répétais sans cesse 'C'est injuste, c'est la fin de ma carrière.' Mon coach m'a appris à recadrer : 'C'est difficile ET c'est peut-être l'opportunité de réinventer ma trajectoire professionnelle.' Ce simple changement a transformé mon énergie et m'a ouvert à des possibilités que je n'aurais jamais explorées autrement."

Pour maîtriser l'art du recadrage, commencez par identifier vos phrases limitantes habituelles. Notez-les mot pour mot. Puis, délibérément, créez une alternative qui élargit votre perspective sans nier la réalité de votre situation. Pratiquez ce recadrage quotidiennement jusqu'à ce qu'il devienne un réflexe naturel.

B. L'art de rebondir

Accueillir l'inconfort comme signe de croissance

L'inconfort n'est pas votre ennemi - c'est le signe que vous grandissez. Dans la nature, toute croissance s'accompagne d'une forme de tension. La pousse qui perce le sol, le papillon qui émerge de sa chrysalide, l'arbre qui résiste aux vents pour renforcer ses racines - tous connaissent cette vérité fondamentale.

Le psychologue Mihaly Csikszentmihalyi a identifié cette zone d'inconfort optimal comme "l'état de flow"[30] - cet espace précis entre l'ennui et l'anxiété où l'apprentissage est le plus puissant. Trop de confort mène à la stagnation ; trop de difficulté conduit à l'abandon. C'est précisément dans cet entre-deux inconfortable que votre croissance s'accélère.

Laurent, 49 ans, raconte : "Quand j'ai commencé à apprendre la programmation pour réorienter ma carrière, chaque nouvelle compétence me plongeait dans l'inconfort. J'ai failli abandonner jusqu'à ce que mon mentor me dise : 'Si tu te sens perdu, c'est que tu es exactement là où tu dois être pour apprendre.' Cette phrase a transformé ma perception - je ne fuyais plus l'inconfort, je le recherchais comme preuve que j'étais sur le chemin de la croissance."

Pour cultiver cette relation positive à l'inconfort, commencez par l'observer sans jugement. Notez les sensations physiques qui l'accompagnent - peut-être une tension dans vos épaules, un nœud dans votre ventre, une accélération de votre respiration. Nommez-les avec précision. Puis, consciemment, réinterprétez ces sensations : "*Ce n'est pas le signe que je suis en danger ou que je devrais abandonner. C'est le signe que je suis en train de grandir."*

Chaque jour, cherchez délibérément une situation qui vous place dans cette zone d'inconfort productif. Petit à petit, vous développerez non seulement une tolérance, mais une véritable alliance avec cet indicateur précieux de votre expansion personnelle.

Transformer les échecs en feedback

L'échec n'existe pas vraiment - il n'y a que du feedback. Cette perspective transforme radicalement votre relation aux résultats décevants. Un échec perçu comme un verdict final sur vos capacités vous paralyse ; le même événement interprété comme une information précieuse vous propulse vers l'avant.

Cette transformation repose sur trois pratiques essentielles :

1. **Séparer l'événement de l'identité** : "Cette tentative n'a pas fonctionné" plutôt que "Je suis un échec." Cette distinction subtile mais cruciale préserve votre estime de vous-même tout en vous permettant d'analyser objectivement la situation.

2. **Extraire les leçons spécifiques** : Posez-vous systématiquement ces questions : "Qu'est-ce qui a fonctionné, même partiellement ? Qu'est-ce qui n'a pas fonctionné ? Quelle information nouvelle ai-je maintenant que je n'avais pas avant ?"

3. **Ajuster avec précision** : Un échec bien analysé vous permet d'identifier les ajustements spécifiques à apporter plutôt que d'abandonner complètement votre approche.

Thomas Edison, après des milliers de tentatives infructueuses pour créer une ampoule viable, affirmait : *"Je n'ai pas échoué. J'ai simplement trouvé 10,000 façons qui ne fonctionnent pas."* Cette perspective a transformé chaque tentative en une étape nécessaire vers la solution finale.

Marie, consultante de 51 ans, partage : "Après avoir perdu un contrat important, j'ai résisté à l'envie de me blâmer. J'ai plutôt analysé méthodiquement mon approche. Ce feedback précieux m'a permis d'ajuster ma proposition suivante - qui a été acceptée. Sans ce premier 'échec', je n'aurais jamais développé l'approche qui fait aujourd'hui mon succès."

Pour maîtriser cette transformation, créez votre propre "protocole d'analyse post-action". Après chaque résultat décevant, accordez-vous d'abord l'espace d'accueillir vos émotions, puis engagez-vous dans une analyse structurée qui transforme cette expérience en données précieuses pour votre prochaine tentative.

◥ Cultiver la confiance en son potentiel

La confiance en son potentiel n'est pas une conviction magique qui apparaît soudainement. C'est une pratique délibérée qui se cultive jour après jour, comme un jardinier patient qui prend soin de ses semis.

Cette confiance s'enracine dans trois terrains fertiles :

1. **Les preuves accumulées** : Tenez un "registre de réussite" où vous documentez non seulement vos accomplissements, mais aussi les obstacles que vous avez surmontés et les compétences que vous avez développées en chemin. Ces preuves tangibles contrebalancent le biais de négativité naturel de notre cerveau.

2. **Les ressources identifiées** : Cartographiez consciemment vos forces, vos compétences, vos connaissances et votre réseau de soutien. La confiance s'épanouit dans la conscience claire de ce que vous pouvez mobiliser face aux défis.

3. **Les affirmations ancrées dans la réalité** : Plutôt que des affirmations vagues ("Je suis formidable"), créez des déclarations précises basées sur votre expérience réelle ("J'ai surmonté des défis similaires dans le passé" ou "Je développe activement ma capacité à....").

Philippe, 54 ans, confie : "À mi-carrière, j'ai dû me réinventer complètement quand mon industrie s'est effondrée. Ce qui m'a soutenu dans cette transition, c'est le journal que je tenais depuis des années, documentant les défis que j'avais surmontés. Chaque fois que le doute m'envahissait, je revisitais ces pages pour me rappeler : si j'ai pu surmonter ces obstacles passés, je peux également naviguer celui-ci."

Pour cultiver cette confiance, commencez par créer votre "portfolio de potentiel" - un document vivant qui capture vos preuves de croissance, vos ressources disponibles, et vos affirmations ancrées. Consultez-le régulièrement, particulièrement avant de faire face à un nouveau défi. Cette pratique simple mais puissante renforce progressivement votre conviction profonde que vous êtes capable de grandir face à n'importe quel obstacle.

C. Créer sa communauté de croissance

◥ S'entourer de mentors inspirants

Aucune transformation significative ne s'accomplit dans l'isolement. Les mentors sont ces guides précieux qui éclairent votre chemin, vous offrant à la fois leur sagesse et leur soutien. Ils ne sont pas là pour vous dire quoi faire, mais pour vous aider à découvrir ce que vous savez déjà intuitivement.

Les mentors viennent sous différentes formes :

1. **Les mentors directs** - ces personnes avec qui vous établissez une relation personnelle de guidance et d'échange.

2. **Les mentors à distance** - ces figures inspirantes que vous n'avez peut-être jamais rencontrées, mais dont vous étudiez délibérément le parcours et la philosophie.

3. **Les mentors historiques** - ces personnages dont la sagesse traverse le temps à travers leurs écrits et leur héritage.

Claire, 48 ans, raconte : "Pendant ma reconversion professionnelle, j'ai identifié trois mentors : ma voisine qui avait accompli une transition similaire dix ans plus tôt, une auteure spécialisée dont je suivais le travail, et Eleanor Roosevelt dont les mémoires m'inspiraient quotidiennement. Ensemble, ils formaient mon conseil personnel, m'offrant différentes perspectives sur mes défis."

Pour développer votre cercle de mentors, commencez par identifier les domaines spécifiques où vous recherchez guidance et inspiration. Pour chaque domaine, trouvez au moins une personne dont le parcours ou la sagesse résonne avec votre propre cheminement. Approchez les mentors potentiels avec authenticité et spécificité - exprimez clairement ce que vous admirez dans leur parcours et ce que vous espérez apprendre à leurs côtés.

Rappelez-vous que les meilleures relations de mentorat sont mutuellement enrichissantes. Même si vous êtes en position d'apprenant, cherchez toujours des façons d'apporter de la valeur à vos mentors, que ce soit par votre perspective unique, votre enthousiasme sincère, ou simplement votre gratitude exprimée.

◥ Partager ses apprentissages

Partager vos apprentissages accomplit un double miracle : il solidifie votre propre compréhension tout en créant des connexions significatives avec les autres. L'acte de mettre en mots vos découvertes vous oblige à clarifier votre pensée, révélant souvent des insights que vous n'aviez pas pleinement saisis jusqu'alors.

Le partage peut prendre diverses formes, adaptées à votre personnalité et à votre contexte :

1. **Les conversations délibérées** - des échanges structurés où vous partagez explicitement vos apprentissages récents avec un ami, un collègue ou un partenaire de croissance.

2. **L'écriture réflexive** - qu'il s'agisse d'un blog, d'une newsletter, ou simplement de notes que vous partagez avec un cercle restreint.

3. **Le mentorat inversé** - où vous guidez quelqu'un qui fait face à des défis que vous avez récemment surmontés.

Marc, 53 ans, témoigne : "Après ma transition de carrière, j'ai commencé à écrire une newsletter mensuelle partageant mes apprentissages. Je pensais aider d'autres personnes en transition, mais j'ai découvert que l'exercice me forçait à distiller mes expériences en leçons concrètes. Chaque édition clarifie ma propre compréhension tout en créant des connexions inattendues avec des lecteurs qui partagent leurs propres insights."

Pour intégrer cette pratique, établissez un rituel régulier de partage - peut-être un déjeuner mensuel avec un ami où vous échangez vos découvertes récentes, une réflexion écrite hebdomadaire, ou même une simple question en fin de journée à votre partenaire : "Qu'as-tu appris aujourd'hui ?" suivie du partage de votre propre apprentissage.

La vulnérabilité est la clé d'un partage authentique. N'hésitez pas à révéler non seulement vos succès, mais aussi vos difficultés et vos doutes. Ce sont souvent ces aspects plus délicats qui résonnent le plus profondément avec les autres, créant l'espace pour des connexions véritablement transformatrices.

◥ Célébrer les progrès collectifs

Si célébrer vos victoires personnelles transforme votre perception individuelle, partager et célébrer collectivement ces progrès crée une dynamique de croissance exponentielle. Cette pratique communautaire amplifie et pérennise les changements que vous initiez seul.

La célébration n'est pas un luxe superflu - c'est une pratique essentielle qui renforce votre engagement et celui de votre communauté envers la croissance continue. Dans une culture qui valorise souvent l'accomplissement final au détriment du processus, prendre le temps de reconnaître les progrès redonne sa juste valeur au chemin parcouru.

La célébration collective amplifie cette puissance en créant un cercle vertueux de reconnaissance et d'inspiration mutuelle. Lorsque vous témoignez du parcours d'un autre, vous y reconnaissez des échos de votre propre cheminement ; lorsque votre progression est reconnue par d'autres, votre motivation s'en trouve profondément renforcée.

Sophie et son groupe de quatre professionnels en transition ont instauré un rituel puissant : "Chaque mois, nous nous réunissons pour ce que nous appelons notre 'Cercle de Victoires'. Chacun partage trois progrès - un petit, un moyen, et un défi surmonté. Nous écoutons profondément, puis offrons un toast personnalisé à chaque membre. Ce simple rituel a transformé notre perception des obstacles, désormais vus comme des occasions de célébration future."

Pour intégrer cette pratique dans votre vie, identifiez d'abord les personnes qui partagent votre engagement envers la croissance personnelle. Proposez-leur d'établir un rituel régulier de célébration - qu'il s'agisse d'une rencontre mensuelle, d'un échange de messages hebdomadaires, ou même d'un groupe en ligne dédié à la reconnaissance des progrès.

Établissez des lignes directrices simples pour ces célébrations : l'accent mis sur les progrès plutôt que sur la perfection, la reconnaissance de l'effort autant que des résultats, et l'importance d'une écoute authentique. Veillez à créer un espace où chacun se sent en sécurité pour partager tant ses vulnérabilités que ses réussites.

Le passage de la théorie à la transformation ne s'accomplit pas en un jour. C'est un cheminement progressif où chaque pratique s'approfondit avec le temps, où chaque outil devient plus naturel à manier, où chaque connexion communautaire se renforce mutuellement.

Commencez là où vous êtes. Choisissez un outil, une pratique, une approche qui résonne particulièrement avec vous aujourd'hui. Intégrez-la à votre quotidien pendant au moins trois semaines avant d'en ajouter une autre. Cette patience délibérée permettra à ces pratiques de s'enraciner profondément dans votre vie, transformant progressivement ce qui était un effort conscient en un réflexe naturel.

Rappelez-vous que la transformation véritable n'est pas un état final à atteindre, mais un processus continu à embrasser. Chaque obstacle devient une invitation à appliquer ces outils ; chaque défi devient un terrain d'expérimentation ; chaque relation devient une opportunité de croissance partagée.

Dans la section suivante, nous explorerons comment cette transformation personnelle rayonne au-delà de notre propre expérience, créant un impact durable sur notre environnement et inspirant d'autres à entreprendre leur propre voyage de croissance.

Section 4 : L'impact de votre transformation

Comment votre croissance personnelle crée des ondulations positives

La transformation que vous vivez aujourd'hui crée des ondulations qui s'étendent bien au-delà de votre expérience immédiate. Chaque obstacle transcendé contribue à un héritage vivant – une sagesse incarnée qui illumine non seulement votre chemin, mais aussi celui des autres.

A. La sagesse des obstacles

Les leçons qui transforment

Les obstacles ne sont jamais de simples barrières – ils sont vos plus grands enseignants. Viktor Frankl, survivant de l'Holocauste et psychiatre renommé, a écrit dans son œuvre "L'Homme en quête de sens" : "*Quand nous ne pouvons plus changer une situation, nous sommes mis au défi de nous changer nous-mêmes.*"[31] Cette profonde vérité capture l'essence même de la transformation par l'adversité.

Ces leçons possèdent une profondeur que les connaissances théoriques ne peuvent égaler. Elles s'inscrivent dans votre être tout entier – esprit, cœur et corps.

Antoine, entrepreneur de 32 ans, partage : "L'effondrement de ma startup m'a enseigné une humilité et une résilience que je n'aurais jamais pu apprendre dans les livres de gestion. Cette leçon douloureuse a complètement transformé ma deuxième entreprise, où l'échec est maintenant honoré comme partie intégrante de notre processus d'innovation."

Quelles leçons transformatrices vos obstacles vous ont-ils offertes ? Comment ces compréhensions éclairent-elles votre chemin aujourd'hui ?

La force née des défis

Le bambou japonais offre une métaphore puissante de la force née des défis. Pendant ses premières années, cette plante remarquable ne montre presque aucune croissance visible. Elle développe plutôt un vaste système racinaire souterrain. Puis, soudainement, elle peut croître de près d'un mètre par jour. Ce qui semblait être une période de stagnation était en réalité un temps essentiel de préparation et de renforcement.

Votre parcours à travers les obstacles suit souvent ce même modèle. Ce qui peut sembler être des périodes de lutte sans progrès sont en réalité des moments où vous développez une force intérieure invisible mais fondamentale.

Yasmine, médecin de 37 ans, témoigne : "Mes années d'échecs aux concours médicaux m'ont dotée d'une persévérance que j'observe quotidiennement dans ma pratique. Face à des cas complexes où mes collègues abandonnent rapidement, je reste engagée, convaincue qu'une solution existe si nous persistons à chercher."

L'expertise développée à travers les épreuves

La psychologie positive a mis en lumière un phénomène fascinant appelé "croissance post-traumatique" – cette capacité humaine remarquable à transformer les expériences les plus difficiles en sources de développement personnel et de sagesse. Les recherches démontrent que les personnes qui traversent des épreuves majeures avec un état d'esprit ouvert peuvent développer des forces uniques : une appréciation accrue de la vie, des relations plus profondes, une conscience amplifiée de leurs ressources personnelles.

Cette expertise née de l'expérience possède une authenticité que vos interlocuteurs ressentent immédiatement.

Gabriel, 29 ans, raconte comment son combat contre une maladie chronique l'a transformé en un coach de vie exceptionnellement efficace : "Je ne serais jamais devenu le coach que je suis sans mon parcours médical. Ma compréhension de la résilience n'est pas théorique – elle est gravée dans chaque cellule de mon corps."

B.   Inspirer par l'exemple

◣ Partager son histoire de transformation

Brené Brown, chercheuse renommée sur la vulnérabilité et le courage, a découvert que ce sont nos vulnérabilités partagées, et non nos succès impeccables, qui créent les connexions humaines les plus profondes. "*La vulnérabilité est le berceau de l'innovation, de la créativité et du changement,*" affirme-t-elle.

En partageant authentiquement votre parcours, obstacles compris, vous offrez aux autres un miroir dans lequel ils peuvent reconnaître leur propre humanité et leur potentiel de transformation.

Maya, enseignante de 42 ans, illustre cette vérité : "Je parlais ouvertement aux élèves de mon parcours atypique – de mon décrochage scolaire à mon retour aux études à 30 ans. Un jour, une étudiante m'a confié que mon histoire lui avait donné le courage de persévérer malgré ses propres difficultés. Ce jour-là, j'ai compris que nos cicatrices peuvent devenir des phares pour les autres."

◣ Devenir un phare pour les autres

Le concept japonais d'ikigaï nous rappelle que notre plus grand épanouissement se trouve à l'intersection de ce que nous aimons, ce en quoi nous excellons, ce dont le monde a besoin, et ce pour quoi nous pouvons être rémunérés. Lorsque nous traversons nos obstacles avec conscience, nous découvrons souvent une dimension profonde de notre ikigaï – la capacité unique à éclairer le chemin des autres qui font face à des défis similaires.

Cette influence opère souvent subtilement, par l'exemple plutôt que par les discours.

Les recherches en neurosciences ont révélé l'existence des "neurones miroirs" – ces cellules cérébrales qui s'activent lorsque nous observons les actions et émotions des autres. Ce mécanisme neurologique explique pourquoi votre façon d'aborder l'adversité influence silencieusement, mais profondément, ceux qui vous entourent.

◥ Créer un impact positif

La théorie de "l'effet de vague"[32] en psychologie positive illustre comment les changements positifs chez un individu se propagent naturellement aux autres. Comme un caillou jeté dans un étang crée des cercles concentriques qui s'étendent bien au-delà du point d'impact initial, votre transformation personnelle touche des vies que vous ne rencontrerez peut-être jamais.

Sarah, 26 ans, fondatrice d'une startup sociale, partage : "Mon burnout a complètement transformé ma vision du travail. En restructurant mon entreprise autour du bien-être et de l'équilibre, non seulement ma santé s'est améliorée, mais notre culture d'entreprise s'est métamorphosée. Nos employés rapportent maintenant ces pratiques dans leurs familles, créant un impact que je n'aurais jamais imaginé."

Pour amplifier cet impact positif, créez délibérément des espaces de partage authentique.

C. Le voyage continue

◥ Embrasser l'apprentissage continu

Le concept de "Kaizen" – l'amélioration continue par petits pas quotidiens – nous rappelle que la maîtrise n'est jamais une destination finale mais un processus constant. Cette philosophie japonaise, qui a révolutionné les industries mondiales, s'applique tout aussi puissamment à notre développement personnel.

Chaque nouvelle phase de vie apporte son lot d'opportunités d'apprentissage et d'expansion, indépendamment de votre âge ou de votre niveau d'expertise.

Louis, artisan ébéniste de 68 ans, incarne cette philosophie : "Après 45 ans de métier, j'ai décidé d'apprendre les techniques numériques de conception. Mes apprentis de 20 ans sont devenus mes professeurs, et cette inversion des rôles a apporté une joie et une revitalisation que je n'aurais jamais anticipées en 'restant dans ma zone de confort'."

◥ Rester curieux face à la vie

"La curiosité est indispensable, elle diminue la peur de la mort." attribuée à

Isabelle Chenebault, cette citation reflète une profonde perspective philosophique sur la condition humaine. Elle suggère que la curiosité - notre désir inné d'explorer, d'apprendre et de comprendre - peut faire contrepoids aux peurs existentielles, y compris la peur de la mortalité. En s'engageant dans l'inconnu et en embrassant la découverte, les individus peuvent trouver un sens et transcender leurs angoisses face à l'impermanence de la vie.

Le concept zen d'"esprit du débutant" (Shoshin) nous invite à aborder chaque situation avec une ouverture dépourvue de préjugés et d'expertise présumée. Comme l'a écrit Shunryu Suzuki : *"Dans l'esprit du débutant, il y a beaucoup de possibilités ; dans celui de l'expert, il y en a peu."*

Cette curiosité vous protège de l'arrogance subtile qui accompagne souvent l'expérience. Elle transforme chaque personne rencontrée, chaque livre lu, chaque défi affronté en une opportunité d'émerveillement et de découverte.

S'ouvrir aux nouvelles possibilités

La neuroplasticité – cette remarquable capacité du cerveau à former de nouvelles connexions tout au long de la vie – nous offre une fondation scientifique pour l'ouverture aux nouvelles possibilités. Contrairement aux croyances anciennes, notre cerveau reste malléable même dans les dernières décennies de notre vie.

Cette vérité neurologique nous libère des limitations auto-imposées et nous invite à explorer constamment de nouveaux horizons, indépendamment de notre âge ou de notre parcours antérieur.

Akira Kurosawa, le légendaire réalisateur japonais, illustre magnifiquement cette ouverture aux possibilités. À 70 ans, alors que beaucoup considéraient sa carrière comme achevée, il créa certains de ses chefs-d'œuvre les plus remarquables. À 80 ans, il continuait d'apprendre et d'expérimenter avec de nouvelles techniques cinématographiques. Son exemple nous rappelle que l'ouverture aux possibilités n'est pas une question d'âge, mais d'état d'esprit.

En embrassant l'héritage de votre croissance, vous transformez votre parcours personnel en une contribution qui transcende votre expérience individuelle. Ce chapitre de votre vie ne connaît pas de conclusion définitive – il continue d'évoluer, s'enrichissant à chaque obstacle transcendé, chaque histoire partagée, chaque nouvelle curiosité explorée.

Rappelez-vous ces paroles de Joseph Campbell, spécialiste des mythologies : *"Le privilège de toute une vie est de devenir qui vous êtes vraiment."* Cette quête continue de découverte et de transformation est peut-être notre aventure humaine la plus fondamentale.

Le plus grand héritage que vous puissiez créer est peut-être simplement ceci : **démontrer, par la façon dont vous naviguez votre propre parcours, qu'un autre rapport aux obstacles est possible — qu'avec un état d'esprit de croissance, ce qui semble nous bloquer peut devenir précisément ce qui nous libère.**

Conclusion : au-delà des obstacles

Au terme de ce voyage à travers l'état d'esprit de croissance, vous disposez maintenant d'une nouvelle perspective sur les obstacles qui jalonnent votre parcours. Ce qui semblait autrefois être des barrières insurmontables peut désormais être reconnu pour ce qu'il est vraiment : un terrain fertile pour votre évolution personnelle.

Rappelez-vous que transcender vos obstacles ne signifie pas les éviter, mais les traverser avec une conscience nouvelle. Chaque défi rencontré vous offre l'opportunité de renforcer votre résilience, d'affiner votre sagesse et de révéler des aspects de vous-même que vous n'auriez peut-être jamais découverts autrement.

La transformation durable ne se mesure pas à l'absence d'obstacles dans votre vie, mais à votre capacité à les aborder différemment. Comme l'a si justement observé Carol Dweck, "le succès n'est pas d'être parfait. C'est de croire en votre capacité à grandir."

Vous portez en vous un potentiel extraordinaire qui ne demande qu'à s'exprimer à travers les défis que vous relevez. En cultivant intentionnellement votre état d'esprit de croissance, vous transformez chaque obstacle en une étape nécessaire de votre épanouissement.

Alors que vous tournez cette page, je vous invite à considérer les exercices qui suivent non comme de simples activités, mais comme des invitations à mettre en pratique concrètement cette nouvelle relation aux obstacles. Car c'est dans l'action répétée et consciente que s'ancre véritablement la transformation.

Exercices pratiques

 Exercice 1 : Transformer ses échecs en leçons précieuses

(Inspiré par la philosophie du Growth Mindset et l'art japonais du kintsugi)

Lorsque nous essuyons un revers, nous avons souvent le réflexe de le dissimuler ou de nous en vouloir. Pourtant, la théorie du Growth Mindset (développée par Carol Dweck) nous invite à percevoir l'échec comme une opportunité d'apprentissage plutôt qu'une impasse. Parallèlement, l'art ancestral du Kintsugi au Japon consiste à réparer les céramiques brisées en soulignant, avec de la laque dorée, les fissures plutôt qu'en les dissimulant : les cicatrices deviennent ainsi des éléments de beauté et de singularité. Cet exercice puise dans ces deux approches pour vous aider à revaloriser vos expériences difficiles.

Objectif :

• **Acquérir un nouvel état d'esprit** face à l'échec, en le considérant comme un tremplin pour la progression.

• **S'approprier la métaphore du kintsugi** pour sublimer les "fissures" de vos expériences et révéler leur valeur pédagogique.

Étape 1 : identifier un échec ou un revers récent

1. **Choisissez une situation concrète** : un projet professionnel avorté, une relation compliquée, un examen manqué ou tout autre moment où vous avez ressenti une vive déception.

2. **Décrivez rapidement** ce qui s'est passé (contexte, enjeux, émotions ressenties).

Astuce : Optez de préférence pour un incident suffisamment récent pour que vous puissiez en ressentir encore la portée, tout en étant capable de le revisiter avec un peu de recul.

Étape 2 : changer de perspective (Growth Mindset)

1. **Réfléchissez à la leçon potentielle** : Que pourrait vous apprendre cet échec ? Quelles compétences ou quels comportements pourraient en émerger ?

2. **Dissociez-vous du jugement définitif** : Évitez de vous étiqueter ("Je suis

nul/le", "Je ne réussirai jamais"). Remplacez ces pensées par des formulations axées sur la progression ("J'ai encore des points à développer", "Je peux apprendre de mes erreurs").

3. **Planifiez un ajustement** : À la lumière de cette expérience, définissez une prochaine étape concrète (réorganiser votre temps, solliciter un mentor, vous former davantage…).

Étape 3 : L'analogie du kintsugi

1. **Visualisez votre échec comme une fracture** : À l'image d'une céramique fêlée, imaginez que votre expérience s'est "brisée" en plusieurs morceaux.

2. **Réparez vos "brisures" avec de la "laque dorée"** : Sur une feuille, notez chaque morceau (épisode désagréable, prise de conscience) et, en face, indiquez ce qui pourrait "souder" cette fissure : un apprentissage précieux, une qualité à cultiver, un nouveau point de vigilance.

3. **Contemplez la nouvelle forme** : Une fois les "pièces" ainsi restaurées, prenez conscience que votre récit de l'échec s'est transformé : vos cicatrices sont devenues des marques de progression, rendant votre parcours plus riche et singulier.

Étape 4 : Mise en Pratique Créative

• Option 1 : Collage ou dessin

• Dessinez un objet cassé (ou trouvez l'image d'une céramique brisée), puis tracez des lignes dorées là où vous auriez eu des cassures. Inscrivez ou illustrez à côté chaque leçon tirée de cet échec.

• Option 2 : Récit symbolique

• Écrivez un court texte imaginant que vous êtes un artisan du Kintsugi réparant un objet endommagé. Chaque fissure correspond à un aspect de votre expérience. Concluez en décrivant la beauté nouvelle de l'objet et ce qu'il évoque pour vous.

Conclusion

Aborder l'échec avec un Growth Mindset vous permet de sortir de la culpabilité ou de la honte pour entrer dans une dynamique d'apprentissage. En empruntant la métaphore du Kintsugi, vous pouvez reconnaître et mettre en valeur chaque "fissure" comme un segment de votre histoire personnelle, source d'humilité et de résilience. Conservez vos notes ou votre création visuelle pour y revenir lorsque la peur de l'échec refera surface et ainsi renforcer la conviction que, loin de vous briser, vos difficultés peuvent vous sublimer.

◤ Exercice 2 : L'inventaire des ressources invisibles

Souvent, lorsque nous faisons face à un obstacle, nous focalisons toute notre attention sur ce qui nous manque plutôt que sur les ressources dont nous disposons déjà. Cet exercice vous invite à redécouvrir vos forces cachées.

Objectif

- Identifier et valoriser vos ressources intérieures souvent négligées
- Développer une conscience accrue de votre capacité inhérente à transcender les obstacles

Étape 1 : Dresser l'inventaire

1. Prenez une feuille que vous divisez en trois colonnes : "Expériences surmontées", "Qualités démontrées", "Soutiens disponibles"
2. Dans la première colonne, notez les défis significatifs que vous avez déjà surmontés dans votre vie
3. Pour chaque expérience, identifiez dans la deuxième colonne les qualités personnelles que vous avez mobilisées (persévérance, créativité, courage, etc.)
4. Dans la troisième colonne, recensez les personnes, groupes ou ressources qui vous ont soutenu ou qui pourraient vous soutenir face à de nouveaux défis

Étape 2 : Votre boussole intérieure

1. Entourez les trois qualités qui apparaissent le plus fréquemment dans votre liste
2. Pour chacune de ces qualités, décrivez comment elle pourrait vous servir face à un obstacle actuel

3. Formulez une phrase affirmative qui vous rappelle cette ressource intérieure, par exemple : "Ma capacité d'adaptation m'a toujours permis de trouver un nouveau chemin"

Étape 3 : Activation quotidienne

Choisissez une de vos ressources identifiées et engagez-vous à la mobiliser consciemment cette semaine face à un défi, même mineur. Notez chaque soir comment cette ressource s'est manifestée et l'impact de cette conscience sur votre approche de l'obstacle.

Exercice 3 : Le dialogue transformateur

Cet exercice vous permet de transformer un monologue intérieur limitant en un dialogue constructif, en vous appuyant sur la technique de la "chaise vide" adaptée de la Gestalt-thérapie.

Objectif

- Prendre conscience de votre dialogue intérieur face aux obstacles
- Développer une voix intérieure plus constructive et orientée vers la croissance

Matériel nécessaire Deux chaises placées face à face (ou deux positions distinctes si vous préférez rester debout)

Étape 1 : Identifier le blocage

1. Pensez à un obstacle actuel face auquel vous vous sentez bloqué(e)
2. Sur une chaise, exprimez à voix haute toutes les pensées limitantes qui vous viennent à l'esprit face à cet obstacle ("Je n'y arriverai jamais", "C'est trop difficile", etc.)
3. Notez les émotions et sensations physiques qui accompagnent ces pensées

Étape 2 : Changer de perspective

1. Changez de chaise pour adopter la posture d'un mentor bienveillant
2. Depuis cette position, répondez avec compassion et sagesse à chacune des pensées limitantes exprimées
3. Proposez une perspective alternative, orientée vers la croissance, pour chaque limitation perçue

Étape 3 : Intégration

1. Revenez à la première chaise et exprimez ce que vous ressentez après avoir entendu cette perspective alternative
2. Échangez entre les deux positions jusqu'à ressentir un changement dans votre perception de l'obstacle
3. Synthétisez par écrit les nouvelles perspectives qui ont émergé de ce dialogue

Conseil pratique : Enregistrez ce dialogue sur votre téléphone pour pouvoir le réécouter et renforcer les nouvelles perspectives émergentes.

◥ Exercice 4 : La cartographie des obstacles (Pratique rapide quotidienne)

Cette pratique brève mais puissante vous aide à restructurer rapidement votre perception d'un obstacle quotidien.

Objectif

- Développer un réflexe de transformation des obstacles en opportunités
- Créer une routine mentale qui renforce l'état d'esprit de croissance

Le processus (5 minutes)

1. **Identifier** (1 min) : Nommez un obstacle que vous rencontrez aujourd'hui
2. **Ressentir** (1 min) : Accueillez sans jugement les émotions que cet obstacle suscite
3. **Questionner** (1 min) : Posez-vous ces trois questions :
   o Que puis-je apprendre de cette situation ?
   o Comment cette difficulté pourrait-elle me servir ?
   o Quelle qualité puis-je développer en affrontant ce défi ?
4. **Orienter** (1 min) : Définissez une action concrète, même minime, que vous pouvez entreprendre maintenant
5. **Ancrer** (1 min) : Prenez trois respirations profondes en visualisant cette nouvelle perspective

Application : Pratiquez cet exercice chaque matin face à l'obstacle anticipé de la journée, ou spontanément lorsqu'un défi inattendu se présente.

Ces exercices sont conçus pour être vos compagnons de route dans la transformation de votre relation aux obstacles. Comme pour tout apprentissage significatif, la constance prime sur la perfection. Choisissez l'exercice qui résonne le plus avec vous aujourd'hui et intégrez-le à votre quotidien. Progressivement, vous constaterez que votre première réaction face aux défis se modifie, signe que l'état d'esprit de croissance s'enracine profondément en vous.

Rappelez-vous que chaque pas compte. Chaque obstacle transcendé devient une pierre dans l'édifice de votre sagesse personnelle et de votre résilience. Vous ne traversez pas simplement des difficultés – vous vous transformez à travers elles.

10 Points essentiels pour transcender vos obstacles

1. Adoptez l'état d'esprit de croissance

Les obstacles ne définissent pas vos limites, mais révèlent votre potentiel inexploré. Remplacez "Je ne peux pas" par "Je ne peux pas encore" pour transformer instantanément votre perception des défis. Cette simple modification linguistique ouvre un espace où l'échec devient temporaire et l'apprentissage, permanent.

2. Reconnaissez le pouvoir de votre dialogue intérieur

Vos pensées façonnent votre réalité. Identifiez les croyances limitantes qui surgissent face aux obstacles et remettez-les en question. Demandez-vous : "Est-ce une vérité absolue ou simplement une histoire que je me raconte ?" En transformant ce dialogue, vous libérez une énergie nouvelle pour surmonter les défis.

3. Cultivez la valeur de l'effort conscient

L'effort n'est pas le signe d'un manque de talent, mais le chemin même vers la maîtrise. Chaque heure d'engagement délibéré sculpte non seulement vos compétences, mais également votre cerveau, créant de nouveaux circuits neuronaux qui rendent possible ce qui semblait auparavant hors d'atteinte.

4. Transformez vos échecs en données précieuses

Chaque échec contient les graines de votre prochaine réussite. Plutôt que de vous demander "Pourquoi cela m'arrive-t-il ?", posez-vous cette question transformatrice : "Qu'est-ce que cette situation m'enseigne ?" Cette perspective transforme instantanément l'échec en laboratoire d'apprentissage.

5. Établissez des rituels d'ancrage quotidiens

Créez des moments sacrés dans votre journée qui vous reconnectent à votre état d'esprit de croissance. Un rituel aussi simple que trois respirations profondes suivies de la question "Quelle opportunité d'apprentissage m'attend aujourd'hui ?" peut transformer radicalement votre approche des défis quotidiens.

6. Accueillez l'inconfort comme signe de croissance

La zone de confort est un merveilleux lieu de résidence, mais rien n'y pousse. Lorsque vous ressentez cet inconfort face à un nouveau défi, souvenez-vous : ce n'est pas le signe que vous êtes en danger, mais la preuve tangible que vous êtes en train de grandir. Cherchez délibérément chaque jour une situation qui vous place dans cette zone d'inconfort productif.

7. Célébrez vos petites victoires

Notre cerveau est programmé pour remarquer ce qui va mal plutôt que ce qui va bien. Rééquilibrez cette tendance en célébrant délibérément vos petites victoires quotidiennes. Cette pratique simple mais puissante réoriente votre attention vers vos progrès plutôt que vers vos manques.

8. Entourez-vous de mentors inspirants

Aucune transformation significative ne s'accomplit dans l'isolement. Identifiez les personnes dont le parcours ou la sagesse résonne avec votre cheminement. Ces guides précieux éclairent votre route, vous offrant à la fois leur sagesse et leur soutien lorsque les obstacles semblent insurmontables.

9. Partagez vos apprentissages

Partager vos découvertes accomplit un double miracle : il solidifie votre propre compréhension tout en créant des connexions significatives avec les autres. En mettant en mots vos apprentissages, vous clarifiez votre pensée et inspirez ceux qui vous entourent à entreprendre leur propre voyage de croissance.

10. Restez curieux face à la vie

La curiosité est le moteur d'une croissance sans fin. Adoptez "l'esprit du débutant" qui aborde chaque situation avec une ouverture dépourvue de préjugés. Cette posture vous protège de l'arrogance subtile qui accompagne souvent l'expérience et transforme chaque obstacle en une invitation à l'émerveillement et à la découverte.

Souvenez-vous que votre plus grand pouvoir réside dans votre perception. Chaque obstacle que vous transcendez devient une pierre dans l'édifice de votre sagesse personnelle et de votre résilience. Vous ne traversez pas simplement des difficultés – vous vous transformez à travers elles.

Les 5 vases kintsugi — révélez la beauté de votre parcours

Un voyage de transformation personnelle

Chacun des cinq vases silhouettés sur cette page représente un chapitre unique de votre histoire. Dans la tradition du kintsugi, l'art japonais qui répare les poteries brisées avec de l'or, nous n'effaçons pas nos fêlures – nous les célébrons, reconnaissant que nos épreuves créent une beauté singulière qu'aucun parcours parfait ne pourrait offrir.

Comment donner vie à vos vases

1. Préparez votre espace (5 minutes)

Trouvez un moment de calme, loin des distractions. Munissez-vous de crayons de couleur, notamment dorés ou jaunes. Respirez profondément et centrez-vous sur votre parcours de vie.

2. Pour chaque vase (10-15 minutes par vase)

Vase 1 : vos origines

- Dessinez des fissures représentant les défis fondateurs de votre enfance et de votre jeunesse
- Tracez-en or les forces qui ont émergé de ces premières épreuves
- À la base du vase, inscrivez une phrase qui capture l'essence de vos racines

Vase 2 : votre parcours professionnel

- Illustrez les tournants difficiles, les échecs ou les rejets professionnels
- Soulignez-en or les compétences et la sagesse gagnées à chaque étape
- Notez à la base une affirmation sur ce que ces défis vous ont appris

Vase 3 : vos relations

- Représentez les ruptures, pertes ou conflits relationnels significatifs
- Transformez chaque fissure en or par les leçons sur vous-même et les autres
- Écrivez une vérité personnelle sur votre façon d'aimer et de vous connecter

Vase 4 : votre corps et santé

- Marquez les moments où votre corps vous a semblé fragile ou limité
- Rehaussez d'or les prises de conscience et adaptations positives
- Complétez par une promesse bienveillante envers votre corps

Vase 5 : votre esprit intérieur

- Tracez les périodes de doute, de confusion ou de perte de sens
- Illuminez d'or les insights spirituels ou émotionnels qui ont suivi
- Concluez par une sagesse personnelle née de ces moments d'obscurité

3. Contemplation finale (10 minutes)

Une fois tous vos vases complétés, prenez un moment pour observer l'ensemble. Remarquez les motifs qui se répètent, les forces récurrentes, la beauté unique de votre résilience.

Questions pour approfondir

Pour chaque vase, demandez-vous :

- Quelle fissure ai-je le plus de mal à accepter aujourd'hui ?
- Quelle ligne d'or me remplit de fierté quand je la regarde ?
- Comment cette expérience m'a-t-elle préparé(e) à mieux affronter les défis actuels ?

Le pouvoir de votre collection

Conservez cette création comme un artefact personnel. Lorsqu'un nouvel obstacle surgit, revenez à vos vases pour vous rappeler que vous portez en vous l'art de transformer les brisures en beauté.

Chaque vase raconte une histoire de métamorphose – non pas malgré les fissures, mais grâce à elles. Ensemble, ils témoignent d'une vérité : **vous n'êtes pas diminués par vos épreuves, vous êtes magnifiés par votre capacité à les intégrer avec grâce dans le chef-d'œuvre de votre vie.**

Le voyage continue. Votre prochain défi n'attend que votre touche d'or pour révéler sa beauté cachée.

Chapitre 7 : Apprivoiser vos ombres

Introduction

Avez-vous déjà été à quelques pas d'atteindre un objectif important pour finalement faire volte-face au dernier moment ? Ou peut-être vous êtes-vous retrouvé à reporter continuellement cette conversation cruciale, cette décision déterminante, ou ce changement que vous savez nécessaire ? Si vous vous reconnaissez dans ces situations, sachez que vous n'êtes pas seul. Nous sommes nombreux à entretenir une relation complexe avec notre plus redoutable adversaire : nous-même.

L'autosabotage est ce mécanisme subtil mais puissant qui nous amène à faire obstruction à notre propre réussite et à notre épanouissement personnel. Dans les périodes de transition - qu'il s'agisse d'un changement de carrière, d'une réorientation personnelle ou d'un nouveau chapitre de vie - ces forces intérieures peuvent se manifester avec une intensité redoublée. Paradoxalement, c'est souvent lorsque nous sommes au seuil d'une transformation significative que nos résistances internes se font les plus fortes.

Comme l'a si justement remarqué Imane, directrice financière de 48 ans confrontée à une reconversion professionnelle : "J'ai passé des mois à préparer méticuleusement mon projet d'entreprise, pour finalement me trouver paralysée au moment de soumettre mon business plan. J'ai réalisé que je craignais autant l'échec que le succès."

Dans ce chapitre, nous explorerons les mécanismes souvent inconscients qui nous conduisent à devenir nos propres obstacles. Nous découvrirons comment identifier les saboteurs intérieurs qui agissent en coulisse, comprendre leurs motivations profondes, et développer des stratégies efficaces pour transformer cette dynamique.

Vous apprendrez à :

- Reconnaître les **multiples visages** de l'autosabotage dans votre vie quotidienne
- Identifier les **archétypes spécifiques** de saboteurs qui opèrent dans votre esprit
- Développer des **outils concrets** pour désamorcer ces schémas limitants
- **Construire une nouvelle alliance avec vous-même**, fondée sur la bienveillance et la confiance

Le chemin vers la libération de ces schémas commence par une conscience accrue. Comme l'affirme Paolo, artisan de 52 ans : "Comprendre que mes doutes perpétuels n'étaient pas des vérités mais des mécanismes de protection dépassés a été ma première vraie victoire."

Au fil de ces pages, vous découvrirez que ces forces qui semblent vous retenir possèdent en réalité une énergie transformatrice. En apprenant à dialoguer avec vos résistances plutôt qu'à les combattre, vous pourrez transmuter ces obstacles en tremplins vers votre évolution.

La bonne nouvelle : ***chaque pas vers la conscience de vos mécanismes d'autosabotage est déjà un acte de libération.***

Engageons-nous ensemble dans cette exploration de votre paysage intérieur, avec courage, curiosité et compassion. Car c'est souvent dans notre relation avec nous-même que se trouve la clé de notre épanouissement.

Section 1 : Comprendre l'autosabotage

A. Les fondamentaux de l'autosabotage

◥ La définition : qu'est-ce que réellement l'autosabotage ?

L'autosabotage est ce phénomène paradoxal où nous devenons, souvent inconsciemment, les architectes de nos propres obstacles. Il s'agit de ces comportements, pensées et décisions qui vont directement à l'encontre de nos objectifs déclarés et de notre bien-être. C'est ce mécanisme insidieux qui nous fait dire "je veux réussir," tout en posant des actes qui garantissent l'échec.

Ce qui rend l'autosabotage particulièrement déroutant, c'est son caractère contradictoire : nous aspirons sincèrement à l'épanouissement tout en activant des freins intérieurs. Comme l'explique Sophia, psychologue spécialisée dans les transitions de carrière : "*L'autosabotage n'est pas le signe d'un manque de volonté, mais plutôt d'un conflit interne entre différentes parties de nous-mêmes qui ont des priorités divergentes.*"

Fondamentalement, l'autosabotage révèle un désalignement entre nos aspirations conscientes et nos besoins ou craintes inconscients. Il opère comme un mécanisme de protection qui, bien qu'ayant initialement servi à nous préserver d'une souffrance anticipée, finit par limiter notre potentiel d'évolution.

◥ Les signes révélateurs dans notre quotidien

L'autosabotage se manifeste rarement de façon spectaculaire. Il préfère les apparitions discrètes, presque banales, qui s'intègrent dans notre routine quotidienne. Apprenez à reconnaître ces signaux :

- La **procrastination systématique** face aux tâches importantes
- **Les excuses récurrentes** que vous vous donnez pour justifier l'inaction
- **L'abandon prématuré** de projets prometteurs au premier obstacle
- **La minimisation de vos réussites** et l'amplification de vos échecs
- **L'impossibilité de recevoir** des compliments sans malaise
- La tendance à **créer des crises** avant les moments importants
- Le **perfectionnisme paralysant** qui empêche toute action

Ahmed, ingénieur de 45 ans en pleine reconversion, confie : "J'ai passé des mois à peaufiner mon CV, le modifiant sans cesse, pour finalement ne jamais l'envoyer. Je réalise maintenant que ce perfectionnisme était ma façon d'éviter de m'exposer au risque du changement."

Ces comportements peuvent sembler anodins pris isolément, mais leur répétition systématique crée un modèle qui compromet nos aspirations les plus profondes.

◥ Le cycle de l'autosabotage : pensées, émotions, comportements

L'autosabotage fonctionne comme un cycle auto-entretenu qui se déroule généralement en trois phases distinctes :

1. **Les pensées limitantes** : tout commence par des croyances restrictives ou des jugements négatifs sur nous-mêmes ("Je ne suis pas à la hauteur", "Les gens comme moi n'y arrivent jamais").

2. **Les émotions inconfortables** : ces pensées génèrent des émotions difficiles comme la peur, la honte, ou l'anxiété qui créent un état de tension intérieure.

3. **Les comportements d'évitement** : pour échapper à cet inconfort, nous adoptons des comportements qui procurent un soulagement immédiat mais compromettent nos objectifs à long terme.

Ce cycle s'auto-renforce : *les comportements d'évitement confirment et renforcent les croyances limitantes initiales*, perpétuant ainsi la boucle. C'est en 1999, que les neuroscientifiques du MIT (Massachusetts Institute of Technology) découvre la boucle de rétroaction (déclencheur > routine > récompense) et son lien avec une glande spécifique du cerveau : responsable de la formation des habitudes. Comme l'observe la neuroscientifique Ann M. Gaybriel[33], *"l'habitude devient une boucle de rétroaction entre notre cerveau et notre comportement."*

La bonne nouvelle est qu'en prenant conscience de ce cycle, nous pouvons intervenir à chacune de ces étapes pour le transformer.

◥ Pourquoi nous sommes notre plus grand obstacle

Il existe une raison fondamentale pour laquelle nous devenons souvent notre propre adversaire : notre cerveau est programmé pour privilégier la sécurité sur l'épanouissement. Notre système neurologique préfère le confort de l'environnement connu, même insatisfaisant, à l'incertitude du changement.

Comme l'explique Juliette, accompagnatrice en transition professionnelle : "Nous développons une identité basée sur nos expériences passées. Toute tentative de transformation représente une menace potentielle pour cette identité, déclenchant ainsi des mécanismes de résistance."

Cette résistance au changement s'exprime particulièrement lors des transitions importantes :

- Passage à un nouveau poste à responsabilités
- Engagement dans une relation significative
- Démarrage d'un projet entrepreneurial
- Déménagement dans un nouvel environnement

L'ironie est que plus un objectif est important pour nous, plus il risque de déclencher nos mécanismes d'autosabotage. C'est précisément lorsque nous nous approchons de nos aspirations les plus chères que la peur de l'échec - ou du succès - peut se manifester avec force.

Comprendre cette dynamique est la première étape vers la libération. En reconnaissant que nos comportements auto-saboteurs sont des tentatives maladroites de nous protéger, nous pouvons commencer à développer une relation plus compatissante avec ces aspects de nous-mêmes.

B. Les racines de l'autosabotage

◣ L'origine de nos schémas limitants

Nos tendances à l'auto-sabotage prennent généralement racine dans les expériences formatrices de notre enfance et de notre adolescence. Ces périodes cruciales de développement façonnent notre vision du monde et de nous-mêmes, établissant des schémas qui peuvent persister tout au long de notre vie adulte.

Les recherches en psychologie développementale montrent que ces schémas se forment souvent en réponse à des situations où nous avons ressenti de l'impuissance, de la confusion ou de la douleur émotionnelle. Notre jeune esprit crée alors des stratégies d'adaptation pour naviguer dans ces environnements difficiles.

Marcel, artisan de 55 ans, partage : "Ayant grandi dans une famille où l'excellence était la seule option acceptable, j'ai développé un perfectionnisme extrême qui m'empêche aujourd'hui de lancer mes projets tant qu'ils ne sont pas 'parfaits' - ce qui ne signifie, en réalité, jamais."

Ces stratégies d'adaptation, bien qu'utiles dans leur contexte d'origine, deviennent souvent des obstacles lorsqu'elles sont appliquées rigidement à notre vie adulte. Comme le souligne la psychiatre Carl Gustav Jung[34] : "*L'enfant que nous étions vit toujours en nous et influence nos comportements actuels.*"

Le rôle des croyances héritées

Une grande partie de notre autosabotage provient de croyances limitantes que nous avons intériorisées sans même nous en rendre compte. Ces croyances peuvent provenir de diverses sources :

- Messages familiaux explicites ou implicites
- Normes culturelles et sociétales
- Expériences éducatives
- Influences médiatiques
- Dynamiques communautaires

Ces croyances limitantes agissent comme des filtres à travers lesquels nous interprétons la réalité. "L'argent est la source de tous les maux", "Le succès rend arrogant", "Il faut souffrir pour mériter" - autant de programmations qui peuvent nous conduire à saboter inconsciemment nos efforts vers la prospérité ou l'épanouissement.

Aramata, entrepreneure sociale de 42 ans, témoigne : "J'ai grandi dans un milieu où l'on valorisait l'abnégation et le sacrifice. Chaque fois que mon entreprise commençait à prospérer, je me retrouvais à prendre des décisions qui compromettaient sa rentabilité, comme si je devais m'excuser de réussir."

Le premier pas vers la libération consiste à identifier ces croyances héritées et à questionner leur validité dans votre vie actuelle.

L'impact des expériences passées

Nos expériences difficiles, particulièrement celles impliquant l'échec, le rejet ou l'humiliation, peuvent laisser des traces profondes dans notre psyché. Le cerveau, dans sa volonté de nous protéger, établit des associations entre certaines situations et la douleur émotionnelle qu'elles ont provoquée.

Cette mémoire émotionnelle influence ensuite nos comportements futurs, nous amenant à éviter les situations qui pourraient, même de loin, ressembler à ces expériences douloureuses.

Comme l'explique le Dr Rick Hanson[35], neurologue et auteur : "*Le cerveau est comme du Velcro pour les expériences négatives et du Téflon pour les positives*" - nous avons tendance à retenir davantage les échecs que les succès.

Cette tendance explique pourquoi un échec ancien peut continuer à influencer nos comportements des années plus tard, même lorsque notre situation a radicalement changé. Paul, enseignant de 50 ans, reconnaît : "Vingt-cinq ans après avoir été humilié lors d'une présentation professionnelle, je continue à éviter de prendre la parole en public, malgré les opportunités que cela me fait manquer."

Heureusement, la neuroplasticité de notre cerveau (aptitude des neurones à se transformer et à réorganiser leurs connexions pour s'adapter à des modifications de leur environnement), nous permet de reconfigurer ces associations et de créer de nouveaux schémas plus constructifs.

La peur comme moteur du sabotage

Au cœur de la plupart des comportements d'auto-sabotage se trouve la peur - non pas une peur ordinaire, mais des peurs existentielles profondes liées à notre valeur, notre identité et notre place dans le monde.

Parmi les peurs les plus fréquentes qui alimentent l'auto-sabotage :

- **La peur de l'échec** : la crainte que nos efforts se soldent par un échec qui confirmerait notre inadéquation
- **La peur du succès** : l'appréhension des responsabilités et attentes accrues qui accompagnent la réussite
- **La peur du rejet** : l'angoisse d'être abandonné ou exclu si nous nous affirmons pleinement
- **La peur de l'inconnu** : la résistance face aux territoires inexplorés de notre potentiel
- **La peur de ne pas être à la hauteur** : le syndrome de l'imposteur qui nous fait douter de notre légitimité

Sarah, cadre supérieure de 47 ans, confie : "À chaque promotion, j'ai saboté ma position en travaillant jusqu'à l'épuisement, cherchant inconsciemment à prouver que je méritais ma place. Cette peur de ne pas être légitime m'a conduite à deux burn-out."

Ces peurs sont souvent disproportionnées par rapport aux risques réels, mais elles exercent une influence considérable sur nos comportements. Les reconnaître constitue une étape essentielle vers la libération.

C. Les manifestations courantes

La procrastination chronique

La procrastination représente l'une des formes les plus répandues et les plus insidieuses d'auto-sabotage. Elle consiste à reporter systématiquement les actions importantes au profit d'activités secondaires ou agréables à court terme.

Contrairement aux idées reçues, la procrastination n'est pas une simple question de paresse ou de mauvaise gestion du temps. La recherche en psychologie cognitive révèle qu'elle est avant tout une stratégie de régulation émotionnelle - une façon d'éviter l'inconfort lié à certaines tâches.

Thomas, écrivain de 53 ans, partage : "J'ai passé des années à 'préparer' mon roman sans jamais l'écrire véritablement. Je réorganisais mes notes, j'effectuais des recherches supplémentaires, je révisais mon plan... Tout sauf affronter la page blanche et le risque qu'elle représentait."

La procrastination nous offre un soulagement immédiat mais nous piège dans un cycle où l'anxiété s'accumule à mesure que les échéances approchent. Elle transforme des tâches ordinaires en montagnes insurmontables et érode progressivement notre confiance en notre capacité d'action.

Le perfectionnisme paralysant

Le perfectionnisme, souvent célébré dans notre culture de la performance, constitue paradoxalement l'un des saboteurs les plus efficaces. Il se manifeste par l'imposition de standards irréalistes qui transforment chaque entreprise en un potentiel terrain d'échec.

Le perfectionniste ne se contente pas d'aspirer à l'excellence - il exige la perfection, cet horizon impossible qui recule à mesure qu'on s'en approche. Cette quête chimérique engendre :

- Une focalisation excessive sur les détails au détriment de l'ensemble
- Une difficulté à terminer les projets
- Une tendance à l'autocritique destructrice
- Une incapacité à déléguer
- Une anxiété constante face à l'évaluation

Mélanie, designer de 40 ans, reconnaît : "J'ai longtemps confondu perfectionnisme et professionnalisme. Mais j'ai réalisé que mon obsession du détail me servait surtout à repousser le moment de soumettre mon travail au jugement des autres."

Le paradoxe du perfectionnisme est qu'en visant l'excellence absolue, il nous conduit souvent à la paralysie et à la médiocrité des résultats, voire à l'absence totale de réalisation.

La peur de l'échec et du succès

Ces deux peurs apparemment contradictoires constituent les deux faces d'une même médaille et se manifestent souvent simultanément.

La peur de l'échec nous fait éviter les situations où nous pourrions échouer, nous privant ainsi des opportunités d'apprentissage et de croissance. Elle se traduit par un évitement des défis, une tendance à rester dans notre zone de confort, et parfois par un abandon prématuré dès les premières difficultés.

La peur du succès, plus subtile mais tout aussi puissante, nous fait craindre les conséquences de notre réussite : changements identitaires, nouvelles responsabilités, jalousie des autres, ou pression accrue. Cette peur nous conduit paradoxalement à saboter nos chances au moment même où le succès devient possible.

Karim, entrepreneur de 51 ans, témoigne : "À chaque fois que mon entreprise atteignait un nouveau palier de croissance, je prenais des décisions risquées qui compromettaient nos avancées. Je réalise maintenant que je craignais de ne pas être à la hauteur du succès que j'avais moi-même créé."

Ces peurs jumelles créent une zone étroite où nous nous sentons en sécurité - ni trop d'échec, ni trop de succès - limitant ainsi considérablement notre potentiel d'épanouissement.

Les comportements autodestructeurs

Certaines formes d'auto-sabotage prennent un caractère plus direct et peuvent avoir des conséquences immédiates sur notre bien-être. Ces comportements autodestructeurs incluent :

- Le travail excessif menant à l'épuisement
- La procrastination systématique créant des situations d'urgence
- Les addictions diverses (substances, technologies, travail)
- Les choix relationnels répétitifs et préjudiciables
- Les prises de risque inconsidérées
- Les comportements de sabotage professionnel

Ces comportements offrent souvent un sentiment de soulagement temporaire ou une distraction face à un inconfort émotionnel plus profond, mais leurs conséquences à long terme peuvent être dévastatrices.

Sylvie, infirmière de 49 ans, partage : "Après chaque période d'intense stress professionnel, je m'accordais des 'récompenses' sous forme d'achats compulsifs qui m'endettaient, créant ainsi un nouveau cycle de stress. Il m'a fallu des années pour reconnaître ce schéma autodestructeur."

La clé pour transformer ces comportements est d'abord de reconnaître leur fonction - ce qu'ils nous apportent à court terme - puis de développer des alternatives plus constructives répondant aux mêmes besoins fondamentaux.

◥ Les relations toxiques avec soi-même

L'auto-sabotage le plus fondamental réside peut-être dans la relation que nous entretenons avec nous-mêmes. Un dialogue intérieur négatif et critique crée un environnement mental où l'épanouissement devient virtuellement impossible.

Cette relation toxique avec soi-même se manifeste par :

- Un discours intérieur critique et impitoyable
- Une tendance à se comparer défavorablement aux autres
- Une focalisation sur les échecs plutôt que sur les apprentissages
- Une difficulté à reconnaître ses propres qualités et réussites
- Une incapacité à s'accorder compassion et bienveillance

Ces schémas relationnels internes sont d'autant plus dommageables qu'ils opèrent en arrière-plan de notre conscience, colorant l'ensemble de notre expérience.

Marie-Claude, professeure de 57 ans, observe : "Si je parlais à mes étudiants comme je me parle à moi-même, je serais probablement renvoyée pour harcèlement moral. Cette prise de conscience a été le point de départ de ma transformation."

La bonne nouvelle est que cette relation à soi peut être reconstruite sur des bases plus saines, avec patience et pratique régulière.

Comprendre ces manifestations de l'auto-sabotage constitue la première étape vers leur transformation. Cette prise de conscience, bien que parfois inconfortable, ouvre la voie à un dialogue plus constructif avec ces aspects de nous-mêmes qui, jusqu'ici, ont opéré dans l'ombre.

Section 2 : Les archétypes du saboteur intérieur

A.   Identifier vos saboteurs

Pour transformer votre relation avec vos mécanismes d'auto-sabotage, il est essentiel d'abord de les reconnaître et de les nommer. À l'image d'un explorateur qui cartographie un territoire inconnu, nous allons examiner les différents archétypes de saboteurs qui peuvent habiter votre psyché.

Ces figures intérieures ne sont pas des ennemis à combattre, mais des aspects de vous-même qui méritent votre compréhension. Comme l'explique le neuroscientifique et psychologue Shirzad Chamine dans son travail sur l'intelligence positive : "*Les saboteurs sont des schémas mentaux qui ont initialement développé pour nous protéger, mais qui finissent par nous limiter.*"

Apprenons à reconnaître ces différentes voix intérieures et à comprendre leur impact sur votre parcours. Les travaux de Shirzad Chamine[36] offrent une typologie des archétypes de saboteurs internes qui sont universels. Les identifier vous permettra d'adapter la réponse adéquate pour bloquer l'auto-sabotage.

Les principaux archétypes des saboteurs internes

Le juge

Le critique

Le perfectioniste

La victime

Le protecteur

◥ Le critique intérieur impitoyable

Le critique

Le critique intérieur est peut-être la figure la plus universellement reconnue parmi les saboteurs. Sa voix est sévère, exigeante et souvent impitoyable. Il vous juge constamment selon des standards impossibles à atteindre et trouve toujours quelque chose à redire sur vos performances ou vos choix.

Ses phrases typiques :

- "Tu n'es pas assez compétent pour cela."
- "Qui te crois-tu pour essayer quelque chose d'aussi ambitieux ?"
- "Les autres sont tellement plus doués que toi."
- "Tu vas encore échouer, comme d'habitude."

Ses impacts :

- Érosion progressive de la confiance en soi
- Hésitation chronique face aux nouvelles opportunités
- Sentiment persistant d'inadéquation
- Tendance à l'autocritique excessive

Nadia, enseignante de 47 ans, témoigne : "Mon Critique Intérieur était si puissant qu'il transformait même mes réussites en échecs. Une évaluation positive de ma direction ne devenait 'pas assez bien' dans mon esprit. J'ai réalisé que cette voix n'était pas la mienne, mais celle de mon père perfectionniste."

Le critique intérieur se nourrit de vos insécurités et grandit dans l'ombre. Le simple fait de reconnaître sa présence et de distinguer sa voix de la vôtre constitue déjà un pas significatif vers la libération.

◥ Le perfectionniste qui paralyse

Le perfectionniste est cet archétype qui vous pousse à viser l'excellence absolue tout en vous rappelant constamment que vous n'y êtes pas encore. Contrairement au critique qui se concentre sur vos défauts personnels, le perfectionniste s'attache à vos réalisations et à vos projets.

Le perfectioniste

Ses phrases typiques :

- "Ce n'est pas encore assez bon."
- "Il faut tout vérifier une fois de plus."
- "Les autres verront immédiatement les défauts."
- "On ne peut pas se permettre la moindre erreur."

Ses impacts :

- Incapacité à terminer des projets
- Épuisement dû à des standards inatteignables
- Procrastination par peur de l'imperfection
- Anxiété face à l'évaluation extérieure

Robert, artisan de 54 ans, partage : "J'ai passé des années à perfectionner mes créations sans jamais les exposer. Je modifiais chaque détail infiniment, convaincu qu'elles n'étaient jamais assez abouties. Ce n'est qu'après m'être forcé à exposer des pièces 'imparfaites' que j'ai découvert que les spectateurs ne voyaient même pas ces défauts qui m'obsédaient."

Le perfectionniste confond souvent excellence et perfection. L'excellence est un processus d'amélioration continue, tandis que la perfection est un horizon impossible qui s'éloigne à mesure qu'on s'en approche.

La victime qui se déresponsabilise

La victime

La victime est cet archétype qui vous fait vous sentir impuissant face aux circonstances extérieures. Elle vous convainc que vos difficultés sont toujours causées par des facteurs externes et que vous n'avez aucun pouvoir sur votre situation.

Ses phrases typiques :

- "Ce n'est pas ma faute."
- "Pourquoi cela m'arrive-t-il toujours à moi ?"
- "Je n'y peux rien, c'est le système qui est comme ça."
- "Avec mon passé/mon âge/ma situation, je ne peux pas réussir."

Ses impacts :

- Sentiment d'impuissance apprise
- Tendance à blâmer les circonstances extérieures
- Difficulté à prendre des initiatives
- Vision fataliste de l'avenir

Sophie, responsable commerciale de 43 ans, confie : "Pendant des années, j'ai attribué mes échecs professionnels à mes supérieurs, au marché défavorable, aux clients difficiles... Jamais à mes propres décisions. Ce n'est qu'en prenant conscience de ce récit de victime que j'ai pu commencer à reprendre les rênes de ma carrière."

La victime cherche à vous protéger de la responsabilité et du risque d'échec, mais ce faisant, elle vous prive également de votre pouvoir d'action et de changement.

◤ Le protecteur qui étouffe

Le protecteur est cette voix intérieure qui vous maintient dans votre zone de confort par peur du risque ou de l'inconnu. Contrairement au critique qui vous rabaisse, le protecteur agit par préoccupation excessive pour votre sécurité et votre bien-être.

Le protecteur

Ses phrases typiques :

- "C'est trop risqué, mieux vaut ne pas essayer."
- "Restons où nous sommes, au moins on sait ce qu'on a."
- "Les changements sont toujours dangereux."
- "Tu pourrais te blesser/te ridiculiser/perdre ce que tu as."

Ses impacts :

- Évitement systématique des risques, même calculés
- Résistance aux changements bénéfiques
- Stagnation personnelle et professionnelle
- Regrets accumulés des opportunités manquées

Kamel, fonctionnaire de 50 ans, raconte : "Mon protecteur m'a maintenu dans le même poste pendant vingt ans. Chaque fois qu'une opportunité d'évolution se présentait, il me persuadait que la sécurité de ma situation actuelle valait plus que tout. Ce n'est qu'après avoir été forcé de changer de service que j'ai réalisé combien cette protection m'avait limité."

Le protecteur opère par amour mal dirigé - il veut vous épargner toute souffrance, sans comprendre que certaines difficultés sont nécessaires à votre croissance.

◥ Le juge qui condamne

Le juge

Le juge est cet archétype qui évalue constamment non seulement vous-même, mais aussi les autres et le monde qui vous entoure. Il établit des dichotomies rigides entre le bien et le mal, le juste et l'injuste, le bon et le mauvais, sans nuance ni contexte.

Ses phrases typiques :

- "Les gens comme ça sont tous les mêmes."
- "C'est inacceptable, il devrait savoir mieux."
- "Le monde est injuste/dangereux/hostile."
- "On ne peut faire confiance à personne."

Ses impacts :

- Vision rigide et polarisée du monde
- Difficultés relationnelles dues à des jugements hâtifs
- Incapacité à percevoir la complexité des situations
- Tendance au cynisme et au désenchantement

Maxime, consultant de 45 ans, témoigne : "Mon Juge intérieur transformait chaque interaction en tribunal. Un collègue en retard ? 'Irresponsable.' Un client hésitant ? 'Incompétent.' Cette vision binaire m'isolait progressivement. J'ai réalisé que ce juge sévère n'était que la voix de mon père militaire, toujours prêt à cataloguer le monde en 'bons' et 'mauvais' soldats.

Le juge cherche à vous protéger des déceptions en vous préparant au pire, mais ce faisant, il crée souvent des prophéties auto-réalisatrices qui confirment sa vision pessimiste.

B. La dynamique des saboteurs

◥ Comment ils interagissent entre eux

Les saboteurs intérieurs ne fonctionnent pas de manière isolée. Ils forment un système dynamique, se renforçant mutuellement et travaillant parfois en tandem pour maintenir leurs mécanismes de protection.

Par exemple, le Critique peut d'abord diminuer votre confiance en vous, puis le Protecteur intervient pour vous dissuader de prendre des risques, justifiant cette prudence excessive par votre supposée "incompétence". Ou encore, la Victime peut vous faire sentir impuissant face aux circonstances, tandis que le Juge confirme cette vision en pointant l'injustice du monde.

Les travaux de Chris Dolezalek, celui qui murmure aux oreilles des talents, sur les interactions des saboteurs au sein de différentes cultures[37] mettent en évidence leurs dynamiques collectives : "*Les saboteurs créent entre eux des alliances stratégiques. L'identification d'un seul saboteur est rarement suffisante - il faut comprendre l'écosystème qu'ils forment dans votre psyché.*" Cette dynamique complexe explique pourquoi certains schémas d'auto-sabotage peuvent sembler particulièrement tenaces. Lorsque plusieurs saboteurs travaillent de concert, ils créent un système de défense robuste que de simples techniques motivationnelles ne peuvent démanteler.

Yasmine, consultante de 46 ans, témoigne : "J'ai d'abord identifié mon Perfectionniste, mais je butais toujours sur les mêmes obstacles. C'est en comprenant comment il s'associait à mon Protecteur que j'ai pu commencer à défaire ce nœud. Le Perfectionniste me paralysait par ses exigences impossibles, puis le Protecteur intervenait pour me 'sauver' en me dissuadant d'agir."

Un autre exemple frappant : Claire, directrice artistique de 46 ans, découvre comment son Perfectionniste et son Critique formaient une alliance toxique : "Le Perfectionniste fixait des standards impossibles pour mes créations. Quand inévitablement je n'y arrivais pas, le Critique prenait le relais pour me démolir. C'était un piège parfait - l'un créait l'échec, l'autre le punissait."

Comprendre ces interactions est essentiel pour développer une stratégie efficace de transformation.

◥ Leurs stratégies de survie

Les saboteurs intérieurs ne persistent pas par hasard - ils emploient des stratégies sophistiquées pour maintenir leur influence sur votre vie. Parmi ces stratégies :

1. **L'invisibilité** : ils opèrent souvent sous le seuil de la conscience, se faisant passer pour "votre propre voix" ou "le simple bon sens".

2. **La protection émotionnelle** : ils vous promettent de vous épargner des émotions difficiles comme la déception, l'humiliation ou le rejet.

3. **La prévision catastrophique** : ils anticipent systématiquement les pires scénarios pour justifier l'inaction ou le désengagement.

4. **La généralisation abusive** : ils transforment des expériences isolées en règles universelles ("Tu as échoué une fois, tu échoueras toujours").

5. **La réinterprétation des succès** : ils attribuent vos réussites à la chance ou minimisent leur importance.

Ces stratégies sont particulièrement efficaces car elles jouent sur nos vulnérabilités émotionnelles profondes et notre tendance naturelle à éviter l'inconfort.

Comme l'explique le psychologue Paul Gilbert, créateur de la thérapie axée sur la compassion : *"Ces mécanismes de défense se sont développés comme des stratégies d'adaptation dans notre enfance. Ils ont été utiles dans leur contexte original, mais sont devenus des contraintes dans notre vie adulte."*

Reconnaître ces stratégies lorsqu'elles se déploient est la première étape pour diminuer leur emprise.

◥ Leurs messages récurrents

Chaque saboteur entretient un discours spécifique qui, à force de répétition, peut finir par sembler être une vérité incontestable. Ces messages récurrents forment la trame narrative qui maintient les comportements d'auto-sabotage.

Voici quelques thèmes fondamentaux que ces voix intérieures répètent inlassablement :

- **L'insuffisance** : "Tu n'es jamais assez bon/intelligent/compétent."

- **L'imposture** : "Un jour, ils découvriront que tu n'es pas à la hauteur."
- **L'anticipation négative** : "Cela va forcément mal se terminer."
- **La comparaison défavorable** : "Regarde comme les autres y arrivent mieux que toi."
- **Le catastrophisme** : "Si tu échoues, ce sera la fin de tout."
- **La fatalité** : "C'est dans ta nature, tu ne pourras jamais changer."

Ces messages peuvent se manifester sous des formes variées selon les circonstances, mais leur thème central reste consistant. Avec le temps, ils deviennent des lentilles à travers lesquelles vous interprétez toutes vos expériences.

Laurent, ingénieur de 52 ans, reconnaît : "Le message 'd'imposture' était si ancré en moi que même après vingt ans de carrière réussie, j'attendais toujours qu'on découvre que je n'étais pas vraiment compétent. Identifier ce message récurrent comme une construction mentale plutôt qu'une vérité a été libérateur."

Apprendre à reconnaître ces messages pour ce qu'ils sont - des constructions mentales et non des réalités objectives - est une étape cruciale vers la liberté intérieure.

◣ Leur fonction protectrice originelle

Pour transformer véritablement notre relation avec nos saboteurs intérieurs, il est essentiel de comprendre qu'ils n'ont pas émergé par hasard ou par malice. Chacun s'est développé comme une stratégie de protection face à des situations perçues comme menaçantes ou douloureuses, particulièrement durant notre enfance et notre adolescence.

- **Le Critique** a peut-être émergé pour vous pousser à l'excellence dans un environnement où l'erreur était sévèrement punie ou la performance excessivement valorisée.

- **Le Perfectionniste** a pu se développer pour vous protéger du rejet ou de la critique dans un contexte où seule la perfection semblait acceptable.

- **La Victime** est peut-être apparue comme une stratégie pour obtenir soutien et compassion dans des situations où vous vous sentiez impuissant.

- **Le Protecteur** s'est formé pour vous éviter de revivre des expériences douloureuses de rejet, d'échec ou d'humiliation.

- **Le Juge** a pu émerger pour vous aider à naviguer dans un monde perçu comme dangereux, en catégorisant rapidement les situations et les personnes.

Comprendre ces origines permet de développer de la compassion envers ces aspects de vous-même. Comme l'explique la thérapeute Kristin Neff[38] : "*Ces parties de nous que nous rejetons sont souvent celles qui ont le plus désespérément tenté de nous protéger.*"

Clara, médecin de 49 ans, partage : "J'ai longtemps détesté mon Perfectionniste intérieur qui me poussait à l'épuisement. En comprenant qu'il s'était développé pour me protéger dans une famille où seule l'excellence absolue était valorisée, j'ai pu commencer à dialoguer avec lui plutôt que de le combattre."

Cette reconnaissance des intentions protectrices originelles ne signifie pas que vous devez accepter l'influence continue de ces saboteurs dans votre vie actuelle. Elle permet plutôt d'aborder leur transformation avec compréhension plutôt qu'avec hostilité.

Comme l'affirme le psychologue Richard Schwartz, fondateur de l'approche des systèmes familiaux internes [39]: "*Aucune partie de nous n'est mauvaise en soi. Chacune a développé des stratégies extrêmes en réponse à des circonstances difficiles.*"

Cette perspective compassionnelle ouvre la voie à une intégration plus harmonieuse de toutes les dimensions de votre être, transformant ces anciennes protections en ressources pour votre croissance actuelle.

Section 3 : Mettre en place des stratégies de libération

Avant de plonger dans ces outils de transformation, prenez une profonde respiration. Ce chapitre vous offre une palette riche de stratégies et d'approches. Vous n'avez pas besoin de tout maîtriser immédiatement. Comme un artiste devant ses couleurs, choisissez d'abord celles qui vous attirent le plus, celles qui résonnent avec votre situation actuelle. Votre transformation est un chemin unique - commencez là où vous vous sentez prêt, avec les outils qui vous parlent. Les autres resteront disponibles quand vous en aurez besoin.

A.   Former sa conscience comme premier pas

◥ Développer l'auto-observation bienveillante

La première et peut-être la plus puissante stratégie pour se libérer de l'auto-sabotage est de cultiver une conscience vigilante mais bienveillante de nos propres mécanismes intérieurs. Cette pratique, que les traditions contemplatives nomment la "pleine conscience" ou "*mindfulness*", constitue le fondement de toute transformation durable.

Il s'agit d'apprendre à observer vos pensées, émotions et comportements sans les juger immédiatement, comme si vous étiez un témoin bienveillant de votre propre expérience. Cette position d'observateur crée un espace crucial entre le stimulus et votre réaction habituelle - un espace où le choix devient possible.

Comme l'explique Joseph Goldstein, un des premiers enseignants américains sur les principes de la méditation Vipassana : "*Vous ne pouvez pas arrêter les vagues, mais vous pouvez apprendre à surfer.*" De même, vous ne pouvez pas éliminer instantanément vos tendances à l'auto-sabotage, mais vous pouvez apprendre à les observer sans vous y identifier complètement.

Pascale, directrice financière de 54 ans, témoigne : "Pendant des années, je me suis fustigée pour ma tendance à la procrastination, aggravant ainsi le problème. Apprendre à observer cette tendance avec curiosité plutôt qu'avec jugement a été révolutionnaire. Je pouvais enfin me demander : 'Tiens, qu'est-ce qui se passe en moi quand je repousse cette tâche ?' plutôt que de me répéter 'Je suis nulle, je n'y arriverai jamais.'"

Pour développer cette auto-observation bienveillante, commencez par de courtes périodes quotidiennes où vous portez simplement attention à vos pensées et sensations. L'objectif n'est pas de changer quoi que ce soit dans l'immédiat, mais d'aiguiser votre conscience des mécanismes à l'œuvre.

◥ Cartographier ses schémas d'auto-sabotage

Une fois que vous avez commencé à cultiver cette présence attentive, vous pouvez entreprendre un travail plus systématique de cartographie de vos schémas d'auto-sabotage spécifiques. Comme un scientifique étudiant un phénomène naturel, observez les schémas récurrents qui se manifestent dans votre vie.

Cette cartographie peut prendre plusieurs formes :

- **Le journal de bord** où vous documentez les incidents d'auto-sabotage
- **L'analyse rétrospective** de situations où vous n'avez pas atteint vos objectifs
- **L'identification des déclencheurs** émotionnels ou situationnels récurrents
- **Le repérage des récits intérieurs** qui précèdent les comportements auto-limitants

Michel, entrepreneur de 47 ans, partage : "J'ai tenu pendant trois mois un 'journal d'auto-sabotage' où je notais chaque fois que je remettais à plus tard une décision importante. J'ai découvert un schéma surprenant : cette procrastination survenait systématiquement après des appels avec certains membres de ma famille. Cette prise de conscience a transformé ma compréhension de mes blocages."

Cette cartographie ne vise pas à vous accabler, mais à développer une compréhension nuancée et compassionnelle de vos mécanismes intérieurs. Plus votre carte sera détaillée, plus vous serez équipé pour naviguer ce territoire avec assurance.

Identifier ses déclencheurs spécifiques

En poursuivant votre exploration, vous commencerez à identifier les déclencheurs spécifiques qui activent vos mécanismes d'auto-sabotage. Ces déclencheurs peuvent être :

- **Situationnels** : certains contextes ou environnements
- **Relationnels** : interactions avec des personnes spécifiques
- **Émotionnels** : états intérieurs comme l'anxiété ou l'incertitude
- **Physiques** : fatigue, faim, ou autres états corporels
- **Cognitifs** : certaines pensées ou croyances récurrentes

La connaissance précise de vos déclencheurs personnels vous permet de développer des stratégies préventives adaptées. Comme l'explique la neuropsychologue Macpherson Camille : "Les déclencheurs sont comme des interrupteurs qui activent automatiquement nos schémas d'auto-sabotage. Les identifier nous permet d'intervenir avant que le processus ne soit pleinement enclenché."

Aline, consultante de 51 ans, témoigne : "J'ai découvert que les réunions où je devais présenter devant la direction déclenchaient systématiquement mon perfectionnisme paralysant. Je passais des nuits à peaufiner des présentations déjà prêtes. Reconnaître ce déclencheur spécifique m'a permis de mettre en place un protocole de préparation plus équilibré."

Pour identifier vos propres déclencheurs, posez-vous régulièrement ces questions après un épisode d'auto-sabotage :

- o Que s'est-il passé juste avant ?
- o Quel était mon état émotionnel ou physique ?
- o Y avait-il des personnes spécifiques impliquées ?
- o Quelles pensées occupaient mon esprit ?

◥ Reconnaître les signaux d'alarme

Au-delà des déclencheurs, il est également crucial d'apprendre à reconnaître les signaux d'alarme précoces qui indiquent qu'un schéma d'auto-sabotage est en train de s'activer. Ces signaux peuvent se manifester bien avant que le comportement auto-saboteur lui-même ne soit évident.

Ces signaux d'alarme peuvent prendre diverses formes :

- **Sensations physiques** : tension musculaire, nœud à l'estomac, respiration altérée
- **Changements émotionnels** : irritabilité soudaine, anxiété diffuse, sentiment d'accablement
- **Schémas de pensée** : ruminations, pensée catastrophique, auto-critique accrue
- **Modifications comportementales** : évitement, distraction, recherche d'échappatoires

Plus vous devenez adepte à repérer ces signaux précoces, plus vous avez d'opportunités d'intervention avant que le cycle complet d'auto-sabotage ne se déploie.

Rachid, médecin de 55 ans, confie : "J'ai appris à reconnaître cette légère tension dans ma nuque comme le premier signe que je m'apprêtais à reporter une décision importante. Cette conscience me donne maintenant une chance d'interrompre le processus avant qu'il ne prenne de l'ampleur."

Ces signaux d'alarme sont vos alliés. Ils ne sont pas à craindre mais à accueillir comme des indicateurs précieux qui vous offrent l'opportunité de choisir consciemment votre réponse plutôt que de réagir automatiquement.

B.   S'équiper des outils de transformation

◥ La pratique du dialogue intérieur constructif

Une fois que vous avez développé une conscience accrue de vos mécanismes d'auto-sabotage, vous pouvez commencer à transformer activement votre dialogue intérieur. La qualité de ce dialogue est déterminante : elle peut soit renforcer vos schémas limitants, soit catalyser votre libération.

Le dialogue intérieur constructif ne consiste pas à remplacer artificiellement des pensées négatives par des affirmations positives, mais à développer une conversation intérieure plus nuancée, équilibrée et bienveillante. Cette pratique s'inspire de diverses approches thérapeutiques, notamment la thérapie cognitive-comportementale et les approches basées sur la compassion.

Voici quelques principes fondamentaux pour cultiver ce dialogue intérieur constructif :

- **Questionner plutôt qu'affirmer** : Face à une pensée auto-sabotante, posez-vous des questions ouvertes plutôt que de la contredire immédiatement. "Est-ce vraiment vrai que je ne peux pas réussir ?" est plus efficace que "Je peux réussir !" qui risque de provoquer une résistance interne.

- **Introduire de la nuance** : Remplacez les pensées absolutistes ("Je suis un imposteur total") par des formulations plus nuancées ("J'éprouve parfois des doutes sur mes compétences dans certains domaines").

- **Adopter la perspective d'un ami bienveillant** : Comment parleriez-vous à un ami cher confronté à la même situation ? Accordez-vous la même bienveillance.

- **Dialoguer avec vos saboteurs** : Plutôt que de tenter de les faire taire, engagez une conversation curieuse avec ces aspects de vous-même pour comprendre leurs motivations profondes.

Sophie, avocate de 33 ans, partage : "J'ai appris à dialoguer avec mon Perfectionniste intérieur. Au lieu de lutter contre lui, je lui demande maintenant : 'Que crains-tu qu'il arrive si ce document n'est pas parfait ?' Cette approche a transformé ma relation avec cette partie de moi-même."

Ce dialogue intérieur constructif se développe avec la pratique régulière. Commencez par de courtes périodes quotidiennes où vous observez et recadrez consciemment votre monologue intérieur.

Les exercices de recadrage cognitif

Le recadrage cognitif constitue une technique puissante pour transformer les pensées auto-sabotantes en perspectives plus équilibrées et constructives. Il ne s'agit pas de nier les difficultés réelles, mais de les percevoir d'une manière qui favorise l'action efficace plutôt que la paralysie ou l'évitement.

Cette approche, issue des thérapies cognitivo-comportementales, se déroule en plusieurs étapes :

1. **Identifier la pensée limitante** : "Je suis trop âgé pour changer de carrière."

2. **Examiner les preuves** : Quels faits soutiennent ou contredisent cette croyance ?

3. **Explorer les interprétations alternatives** : Quelles autres façons d'interpréter cette situation existent ?

4. **Élaborer une perspective plus équilibrée** : "Changer de carrière à mon âge présente des défis spécifiques, mais aussi des avantages comme mon expérience cumulée et ma maturité."

5. Tester cette nouvelle perspective par l'action.

Paul, ancien cadre bancaire de 52 ans reconverti en thérapeute, témoigne : "Je me répétais sans cesse que j'étais trop vieux pour recommencer. En examinant cette croyance, j'ai réalisé que mon âge et mon expérience représentaient en réalité des atouts précieux dans ma nouvelle carrière, apportant une crédibilité et une profondeur que je n'aurais pas eues plus jeune."

Pour pratiquer le recadrage cognitif, identifiez une pensée récurrente qui vous limite, puis suivez méthodiquement les étapes ci-dessus. Consignez vos réflexions par écrit pour clarifier votre processus de recadrage.

Les techniques de gestion émotionnelle

L'auto-sabotage est souvent déclenché par des émotions difficiles que nous cherchons à éviter ou à supprimer. Développer votre capacité à accueillir et à réguler ces émotions constitue donc une stratégie essentielle pour briser ces schémas limitants.

Contrairement aux idées reçues, la gestion émotionnelle efficace ne consiste pas à éliminer les émotions négatives, mais à développer une relation plus fluide et consciente avec l'ensemble de votre paysage émotionnel.

Voici quelques techniques éprouvées pour développer cette compétence fondamentale :

- **La pleine conscience émotionnelle** : Apprenez à identifier et nommer précisément vos émotions. La simple pratique de noter "J'éprouve de la peur" peut déjà créer une distance salutaire avec l'émotion.

- **L'acceptation radicale** : Accueillez l'émotion sans jugement, en reconnaissant sa présence sans chercher immédiatement à la modifier.

- **La régulation par le corps** : Utilisez des techniques corporelles comme la respiration profonde, la relaxation musculaire progressive ou le mouvement conscient pour apaiser le système nerveux.

- **La mise en perspective** : Rappelez-vous que les émotions sont temporaires et fluctuantes, comme des vagues qui s'élèvent puis s'estompent.

Clara, responsable des ressources humaines de 37 ans, partage : "J'ai découvert que mon auto-sabotage professionnel était systématiquement précédé par une anxiété intense que je tentais d'ignorer. Apprendre à reconnaître et à accueillir cette anxiété, plutôt que de la fuir, m'a permis de rester présente et efficace même dans les situations stressantes."

Pour développer ces compétences, commencez par des pratiques quotidiennes courtes mais régulières. Même cinq minutes par jour consacrées à l'observation consciente de vos émotions peuvent, avec le temps, transformer radicalement votre relation à votre vie émotionnelle.

Les rituels d'ancrage positif

Les rituels d'ancrage sont des pratiques intentionnelles qui vous connectent à vos ressources intérieures et à votre vision, particulièrement dans les moments de vulnérabilité où l'auto-sabotage menace de prendre le dessus.

Ces rituels agissent comme des ponts entre vos intentions profondes et vos actions quotidiennes, créant une cohérence qui renforce progressivement votre résistance aux schémas auto-saboteurs.

Un rituel d'ancrage efficace combine généralement plusieurs éléments :

- Une **dimension physique** qui engage le corps
- Une **composante attentionnelle** qui focalise l'esprit
- Un **aspect émotionnel** qui suscite un état intérieur ressourçant
- Une **connexion à votre vision** ou à vos **valeurs** profondes

Voici quelques exemples de rituels d'ancrage que vous pouvez adapter à votre situation :

- **Le rituel du matin** : Commencez votre journée par une séquence qui vous connecte à vos intentions (méditation, visualisation, lecture inspirante).

- **La pratique de transition** : Créez un rituel spécifique pour les moments de passage entre différents rôles ou environnements.

- **L'ancrage d'urgence** : Développez une pratique courte mais puissante que vous pouvez utiliser dans les moments où vous sentez l'auto-sabotage s'activer.

- **Le bilan réflexif** : Instaurez un temps régulier pour évaluer votre parcours et célébrer vos progrès.

Omar, entrepreneur de 43 ans, témoigne : "J'ai créé un rituel de préparation avant chaque réunion importante où mon perfectionnisme avait tendance à me paralyser. Trois minutes de respiration profonde, suivies de l'évocation de trois succès passés et d'une visualisation claire de mon intention. Ce simple rituel a transformé ma façon d'aborder ces situations."

La puissance des rituels réside dans leur répétition intentionnelle. En les pratiquant régulièrement, vous créez de nouveaux circuits neuronaux qui, avec le temps, rendent les comportements constructifs aussi automatiques que l'étaient auparavant vos réactions d'auto-sabotage.

C.   Les actions concrètes

◥ Établir de nouvelles routines soutenantes

La transformation durable de vos schémas d'auto-sabotage passe nécessairement par l'établissement de nouvelles routines quotidiennes qui soutiennent vos intentions profondes. Ces routines constituent l'architecture invisible de votre vie, façonnant progressivement vos comportements, vos pensées et même votre identité.

Comme l'explique James Clear, auteur d'Atomic Habits : "*Vous ne vous élevez pas au niveau de vos objectifs, vous chutez au niveau de vos systèmes*[40]." En d'autres termes, vos routines quotidiennes déterminent davantage vos résultats que vos aspirations abstraites.

Pour établir des routines véritablement soutenantes :

- **Commencez modestement** : Visez d'abord de petits changements réalisables plutôt que des transformations radicales.

- **Créez des déclencheurs clairs** : Attachez vos nouvelles habitudes à des activités déjà établies dans votre journée.
- **Réduisez les frictions** : Éliminez les obstacles qui pourraient entraver la mise en œuvre de vos nouvelles routines.

- **Établissez un suivi** : Tracez votre progression de façon visible pour renforcer votre motivation.

- **Prévoyez les obstacles** : Anticipez les difficultés potentielles et planifiez votre réponse à l'avance.

Martine, cadre hospitalière de 54 ans, partage : "Ma tendance à la procrastination disparaissait lorsque j'établissais des routines très précises. J'ai créé un 'rituel de concentration' de 15 minutes chaque matin : téléphone éteint, café préparé, objectifs de la journée clarifiés. Cette routine simple a transformé ma productivité plus que toutes mes tentatives précédentes de 'travailler plus dur'."

Rappelez-vous que l'établissement de nouvelles routines demande persévérance et patience. Les recherches suggèrent qu'il faut en moyenne 66 jours pour qu'un nouveau comportement devienne automatique - mais cette période varie considérablement selon les individus et la complexité de l'habitude.

Créer un environnement propice au changement

Notre environnement physique et social influence profondément nos comportements, souvent de façon inconsciente. En modifiant stratégiquement cet environnement, vous pouvez réduire significativement la fréquence et l'intensité de vos schémas d'auto-sabotage.

Cette approche, connue sous le nom de "design comportemental", reconnaît que notre volonté est une ressource limitée. Plutôt que de compter uniquement sur votre autodiscipline, créez un environnement qui rend les comportements souhaitables plus faciles et les comportements auto-saboteurs plus difficiles.

Pour votre environnement physique, considérez ces stratégies :

- **Réduire les tentations** en éliminant les déclencheurs visuels de comportements non désirés
- **Rendre visibles** les outils et rappels liés à vos nouveaux comportements
- **Créer des espaces dédiés** pour les activités importantes
- **Utiliser des signaux visuels** pour maintenir vos intentions à l'esprit

Pour votre environnement social :

- **Entourez-vous de personnes** qui soutiennent votre croissance
- **Communiquez clairement** vos intentions à votre entourage
- **Établissez des frontières** avec les relations qui renforcent vos schémas limitants
- **Cherchez des modèles** qui incarnent les qualités que vous souhaitez développer

Gérard, ancien cadre commercial de 59 ans, témoigne : "Je reportais sans cesse la rédaction de mon livre jusqu'à ce que je crée un espace dédié à l'écriture dans ma maison. Un simple bureau face à la fenêtre, sans distractions, avec uniquement mon ordinateur et quelques livres inspirants. Cette modification de mon environnement a fait plus pour ma discipline d'écriture que toutes mes résolutions précédentes."

La puissance de cette approche réside dans sa simplicité : *en modifiant votre environnement, vous changez le chemin de moindre résistance, rendant les comportements constructifs plus naturels et les comportements auto-saboteurs plus coûteux en énergie.*

◥ Développer des habitudes constructives

Au-delà des routines générales, certaines habitudes spécifiques se sont révélées particulièrement efficaces pour contrer les différentes formes d'auto-sabotage. Ces pratiques ciblées agissent comme des antidotes aux schémas limitants les plus courants.

- o **Pour contrer le perfectionnisme :**
  - La pratique délibérée de l'action imparfaite
  - La fixation de délais stricts et non négociables
  - L'adoption du concept de "version minimale viable"
- o **Pour combattre la procrastination :**
  - La technique Pomodoro (périodes de travail concentré de 25 minutes)
  - La règle des 5 minutes (s'engager à commencer pour seulement 5 minutes)
  - La décomposition des projets en micro-tâches

- o **Pour transformer l'autocritique excessive :**
  - La pratique quotidienne de l'auto-compassion
  - Le journal de gratitude envers soi-même
  - L'évocation régulière des réussites personnelles

- o **Pour dépasser la peur de l'échec :**
  - L'exposition graduelle aux situations redoutées
  - La recontextualisation de l'échec comme apprentissage
  - La célébration des tentatives, indépendamment des résultats

Delphine, kinésithérapeute de 38 ans devenue formatrice, partage : "Mon perfectionnisme m'a longtemps paralysée. J'ai instauré ce que j'appelle 'l'heure de l'œuvre imparfaite' - un moment quotidien où je m'impose de créer quelque chose d'intentionnellement imparfait. Cette pratique contre-intuitive a progressivement libéré ma créativité et ma spontanéité."

L'efficacité de ces habitudes repose sur leur pratique consistante et délibérée. Choisissez une ou deux habitudes spécifiquement adaptées à votre forme principale d'auto-sabotage et intégrez-les progressivement à votre quotidien.

◥ Mettre en place des mécanismes de responsabilisation

L'auto-sabotage prospère souvent dans l'ombre - nous sommes plus susceptibles de céder à nos schémas limitants lorsque personne d'autre n'en est témoin. Mettre en place des mécanismes de responsabilisation introduit un niveau de visibilité et d'engagement qui peut contrecarrer cette tendance.

Ces mécanismes créent une structure externe qui soutient votre intention interne, rendant plus difficile l'abandon discret de vos objectifs. Ils ajoutent également une dimension sociale à votre parcours de transformation, mobilisant ainsi la puissance motivationnelle des connections humaines.

Voici plusieurs approches efficaces de responsabilisation :

- **Le partenariat de responsabilité** : Établissez une relation avec un pair partageant des objectifs similaires pour des check-ins réguliers.
- **Le mentorat ou le coaching** : Engagez un guide expérimenté qui vous tiendra responsable de vos engagements.
- **Les groupes de soutien** : Rejoignez ou créez un cercle de personnes partageant des défis similaires.
- **Les engagements publics** : Annoncez vos intentions à un cercle plus large pour créer une pression positive.
- **Les conséquences et récompenses structurées** : Établissez à l'avance des conséquences pour le non-respect de vos engagements et des récompenses pour leur accomplissement.

Antoine, consultant en transition professionnelle de 56 ans, témoigne : "Après des années à reporter l'écriture de mon livre, j'ai créé un groupe de cinq personnes avec qui je partageais mes progrès hebdomadaires. Savoir que ces personnes attendaient mon rapport était souvent la seule chose qui me faisait m'asseoir pour écrire les jours difficiles. Trois d'entre nous ont finalement publié leurs livres."

Pour maximiser l'efficacité de ces mécanismes, choisissez un niveau de responsabilisation adapté à votre personnalité et à la nature de vos objectifs. Certaines personnes s'épanouissent avec une responsabilisation très visible et structurée, tandis que d'autres préfèrent une approche plus discrète et flexible.

L'essentiel est de créer un système qui rend votre progression visible et qui introduit un coût social (même léger) à l'abandon de vos engagements.

Section 4 : vers une nouvelle alliance avec soi

A.   Cultiver une relation saine avec soi

◥ L'art de l'auto-compassion

Au cœur de toute transformation durable de l'auto-sabotage se trouve une pratique fondamentale : l'auto-compassion. Cette approche, distincte de l'auto-indulgence ou de la complaisance, consiste à vous traiter avec la même bienveillance et le même soutien que vous offririez à un ami cher traversant des difficultés.

Pour inspiration, la psychologue Kristin Neff, pionnière de la recherche sur l'auto-compassion recommande que plutôt que d'ignorer votre douleur avec une attitude détachée ou de vous flageller avec une autocritique impitoyable, l'auto-compassion implique d'être touché par votre propre souffrance et d'y répondre avec bienveillance.

L'auto-compassion repose sur trois composantes essentielles :

1. **La bienveillance envers soi** : Développer une attitude de compréhension et de patience face à ses propres limites et échecs, plutôt que de se juger sévèrement.

2. **L'humanité commune** : Reconnaître que les difficultés, les échecs et les imperfections font partie de l'expérience humaine partagée, plutôt que de se sentir isolé dans ses luttes.

3. **La pleine conscience** : Observer ses pensées et émotions difficiles avec ouverture et clarté, sans les amplifier ou les supprimer.

Contrairement aux idées reçues, l'auto-compassion ne diminue pas la motivation ou la performance. Au contraire, les recherches montrent qu'elle est associée à une plus grande initiative personnelle, une meilleure capacité d'apprentissage après l'échec, et une résilience accrue face aux défis.

« Pendant des années, j'ai cru que mon auto-critique impitoyable était ce qui me poussait à l'excellence. Lorsque j'ai commencé à pratiquer l'auto-compassion, j'ai découvert à ma grande surprise que non seulement ma santé mentale s'améliorait, mais que ma performance dans mon métier (Produits et

Technologies) et ma capacité à gérer les complications s'affinaient également. J'étais plus présente, moins défensive, et plus capable d'apprendre. », Kristy.

Pour cultiver l'auto-compassion dans votre quotidien :

- Prenez l'habitude de vous demander : "Comment traiterais-je un ami dans cette situation ?"
- Développez des phrases de réconfort personnalisées pour les moments difficiles
- Pratiquez des méditations de compassion guidées (disponibles sur de nombreuses vidéos sur Youtube disponibles)
- Écrivez-vous des lettres de compassion lors de périodes d'auto-critique intense

L'auto-compassion n'est pas une technique à utiliser occasionnellement, mais une relation fondamentalement différente avec vous-même qui transforme progressivement votre rapport à vos erreurs, vos échecs et vos luttes intérieures.

◣ La pratique de l'acceptation

L'acceptation constitue un complément essentiel à l'auto-compassion dans votre parcours de libération. Elle représente la capacité à reconnaître pleinement votre réalité actuelle - y compris vos tendances à l'auto-sabotage - sans résistance excessive ni résignation passive.

Paradoxalement, c'est souvent notre refus d'accepter certains aspects de nous-mêmes qui renforce nos schémas d'auto-sabotage. Nous dépensons une énergie considérable à lutter contre ces aspects, les renforçant ainsi par cette attention négative.

L'acceptation ne signifie pas que vous approuvez ces comportements ou que vous renoncez à les transformer. Elle implique plutôt de créer un espace d'observation libre de jugement, à partir duquel un changement authentique devient possible.

D'après l'auteur et scientifique en compassion David R. Hamilton[41] : " *L'acceptation est un choix positif conscient, et non une résignation passive à une vie qui semble dictée par des circonstances indépendantes de notre volonté.*

Frank, cadre supérieur de 58 ans, partage : "J'ai lutté pendant des années contre ma tendance à la procrastination, me répétant sans cesse que je devais 'arrêter de procrastiner'. Ce n'est qu'en acceptant pleinement cette tendance comme une partie de moi, sans jugement, que j'ai pu commencer à comprendre ses racines et à développer de nouvelles stratégies."

Pour développer cette pratique d'acceptation :

- Observez vos tendances à l'auto-sabotage avec curiosité plutôt qu'avec frustration
- Reconnaissez les besoins légitimes qui se cachent derrière ces comportements
- Distinguez entre accepter la réalité présente et se résigner à un futur inchangé
- Pratiquez des exercices de pleine conscience qui cultivent l'acceptation non-jugeante

L'acceptation crée l'espace psychologique nécessaire pour une transformation authentique, libérée de la dynamique contre-productive de la lutte interne.

Le développement de l'estime de soi

L'estime de soi authentique - distincte de la confiance en soi fluctuante ou du narcissisme - constitue un fondement essentiel pour surmonter les schémas d'auto-sabotage. Elle représente une appréciation stable et réaliste de votre valeur intrinsèque, indépendamment de vos performances ou des jugements extérieurs.

Contrairement aux idées populaires, l'estime de soi saine n'est pas centrée sur une évaluation constamment positive de soi, mais sur l'acceptation fondamentale de votre valeur inhérente en tant qu'être humain, avec vos forces et vos faiblesses.

Le psychologue Nathaniel Branden[42], le père du mouvement de l'estime de soi, souligne que : *"L'estime de soi n'est pas la conviction que nous sommes parfaits ou supérieurs aux autres, mais la conscience profonde que nous sommes fondamentalement dignes et capables, malgré nos imperfections."*

Pour cultiver une estime de soi authentique et résiliente :

- Adoptez une vision nuancée de vous-même qui intègre forces et faiblesses
- Distinguez votre valeur intrinsèque de vos réalisations extérieures

- **Établissez des frontières saines** dans vos relations personnelles et professionnelles
- **Pratiquez l'auto-validation** plutôt que de dépendre exclusivement de l'approbation externe
- **Engagez-vous** dans des actions alignées avec vos valeurs plutôt que motivées par la recherche de validation

Jeanne, enseignante de 51 ans, témoigne : "Pendant des années, mon estime de moi dépendait entièrement des évaluations de ma direction et des résultats de mes élèves. Cette dépendance me rendait extrêmement vulnérable à l'auto-sabotage lorsque je craignais l'échec. En développant une estime de moi plus stable, fondée sur mes valeurs plutôt que sur mes performances, j'ai découvert une liberté intérieure que je n'avais jamais connue."

L'estime de soi authentique ne s'acquiert pas instantanément, mais se développe progressivement à travers des pratiques quotidiennes qui renforcent votre connexion à votre valeur intrinsèque.

La célébration des progrès

Ici, nous explorons l'importance fondamentale de reconnaître vos avancées. Plus loin, nous verrons comment structurer ces célébrations pour maximiser leur impact neurologique.

Dans notre culture orientée vers les objectifs et les résultats, nous négligeons souvent l'importance cruciale de célébrer les progrès en cours de route. Cette négligence peut alimenter les schémas d'auto-sabotage en créant un sentiment constant d'insuffisance, où seul l'accomplissement final semble avoir de la valeur.

La célébration intentionnelle de vos progrès, même modestes, transforme votre relation avec votre parcours de développement. Elle renforce les circuits neuronaux associés au changement positif et cultive une motivation intrinsèque durable.

Selon la neuropsychologue Teresa Amabile, qui étudie l'engagement des individus dans les organisations[43], le progrès est le plus puissant des motivateurs. Ainsi, la reconnaissance consciente de l'avancement, même minime, alimente la motivation intrinsèque de façon plus durable que les récompenses externes.

Pour intégrer cette pratique à votre parcours de transformation :

- **Établissez des jalons intermédiaires** sur le chemin de vos objectifs plus ambitieux
- **Créez un rituel personnel** pour reconnaître vos avancées
- **Tenez un journal des progrès** qui documente votre évolution
- **Partagez vos succès** avec des personnes de confiance qui vous soutiendront
- **Développez une gratitude active** pour votre propre engagement, indépendamment des résultats

Karim, entrepreneur de 45 ans, partage : "J'ai toujours eu tendance à minimiser mes réussites et à fixer immédiatement de nouveaux objectifs sans prendre le temps de célébrer. Cette habitude me laissait perpétuellement insatisfait et vulnérable au sabotage lorsque la motivation diminuait. En instaurant un rituel hebdomadaire de célébration des petites victoires avec mon équipe, j'ai transformé non seulement ma propre expérience mais aussi la culture de mon entreprise."

La célébration des progrès n'est pas un simple "bonus" agréable, mais un élément structurel d'une relation saine avec vous-même et votre développement personnel.

B.   Maintenir le cap

◤ Gérer les rechutes avec bienveillance

Dans tout processus de transformation personnelle, ***les rechutes ne sont pas l'exception mais la règle.*** Les schémas d'auto-sabotage profondément ancrés ne disparaissent pas d'un coup, et la tendance à revenir aux anciens comportements lors de périodes de stress ou de vulnérabilité est non seulement normale mais prévisible.

La différence entre ceux qui réussissent leur transformation à long terme et ceux qui abandonnent réside souvent dans leur réponse à ces rechutes inévitables. Une approche bienveillante face aux revers temporaires peut transformer ces moments difficiles en opportunités précieuses d'apprentissage et de renforcement.

Comme l'expliquent les travaux du psychologue Alan Marlatt, pionnier de la recherche sur la prévention des rechutes et de l'addictologie[44], la réaction à la première transgression est souvent déterminante : *une réponse d'autocritique sévère transforme souvent un faux pas unique en abandon complet, tandis qu'une réponse compassionnelle permet de limiter l'incident et de reprendre rapidement le chemin du changement.*

Pour développer cette capacité à gérer les rechutes avec bienveillance :

- **Anticipez les rechutes** comme une partie normale du processus
- **Préparez à l'avance votre réponse** aux moments de retour aux anciens schémas
- Distinguez un *faux pas isolé* d'un abandon complet
- Analysez les déclencheurs et circonstances sans jugement excessif
- Réengagez-vous dans vos pratiques fondamentales sans délai ni dramatisation

Marie-Claire, médecin de 54 ans, témoigne : "Après six mois de progrès dans la gestion de mon perfectionnisme, une série de nuits blanches pour finir un rapport m'a fait croire que j'étais revenue à la case départ. Auparavant, ce type de rechute m'aurait fait abandonner complètement mes nouvelles habitudes. Cette fois, j'ai simplement observé : 'Voilà une rechute intéressante, qu'est-ce qui l'a déclenchée ?' Cette attitude m'a permis de reprendre mes pratiques dès le lendemain, sans le cycle habituel de culpabilité et d'abandon."

La bienveillance face aux rechutes n'est pas de la complaisance, mais une stratégie efficace basée sur la compréhension réaliste des mécanismes du changement comportemental profond.

◥ Ajuster ses stratégies dans le temps

La transformation des schémas d'auto-sabotage n'est pas un processus linéaire suivant un plan préétabli. C'est plutôt un voyage dynamique qui nécessite des ajustements constants en fonction de votre expérience, des obstacles rencontrés et de l'évolution de votre compréhension.

Les stratégies qui fonctionnent à une étape de votre parcours peuvent perdre de leur efficacité ou devenir inadaptées à une étape ultérieure. Cette réalité exige une approche flexible et évolutive, fondée sur une auto-observation continue et une volonté d'expérimentation.

Les travaux du psychologue Robert Kegan, auteur du livre Immunothérapie du changement[45], spécialiste du développement des adultes révèlent que la transformation authentique implique non seulement de nouveaux comportements, mais une évolution de la façon dont nous construisons le sens de notre expérience. Cette évolution requiert une révision périodique de nos stratégies.

Pour cultiver cette flexibilité stratégique :

- Évaluez régulièrement l'efficacité de vos approches actuelles
- Restez à l'affût des signes de stagnation ou de diminution des bénéfices
- **Expérimentez avec de nouvelles méthodes** même lorsque les anciennes semblent fonctionner
- **Sollicitez des regards extérieurs** pour identifier vos angles morts
- **Consultez des ressources diversifiées** pour élargir votre répertoire de stratégies

Ahmed, ingénieur de 41 ans en reconversion professionnelle, partage : "La méditation quotidienne m'a énormément aidé pendant les six premiers mois de ma transition. Puis son effet a semblé s'estomper. Plutôt que de m'acharner avec une pratique qui ne me servait plus aussi bien, j'ai introduit l'écriture réflexive et rejoins un groupe de soutien. Ces ajustements ont relancé ma progression que je croyais bloquée."

Cette capacité d'ajustement stratégique représente en elle-même une forme de dépassement de l'auto-sabotage, en contrecarrant notre tendance naturelle à nous accrocher à des approches familières même lorsqu'elles ont cessé d'être optimales.

◥ S'entourer de soutien positif

La transformation personnelle n'est pas un parcours que l'on accomplit seul. L'environnement social dans lequel vous évoluez peut soit catalyser votre libération des schémas d'auto-sabotage, soit les renforcer subtilement.

Les recherches en psychologie sociale démontrent de façon constante l'influence profonde de notre entourage sur nos comportements, nos croyances et même notre conception de nous-mêmes. Comme l'observe le sociologue Nicholas Christakis lors de sa conférence TED[46] sur l'influence cachée des réseaux sociaux : "*Les réseaux sociaux ont leur propre vie - ils peuvent nous élever ou nous diminuer, parfois sans même que nous en ayons conscience.*"

Pour créer un écosystème relationnel qui soutient votre transformation :

- Identifiez les personnes qui renforcent vos tendances à l'auto-sabotage
- **Établissez des limites saines** avec les relations qui vous tirent vers le bas
- **Recherchez activement des personnes** qui incarnent les qualités que vous souhaitez développer
- **Partagez explicitement vos objectifs** avec ceux dont vous sollicitez le soutien
- **Considérez les groupes et communautés** centrés sur la croissance personnelle

Nathalie, agent immobilier de 39 ans, témoigne : "J'ai réalisé que certaines de mes amitiés de longue date étaient structurées autour de nos insécurités partagées. Lorsque j'ai commencé à transformer ma relation avec moi-même, ces amitiés sont devenues étrangement inconfortables. Plutôt que de les abandonner, j'ai eu des conversations honnêtes sur mon parcours, et certaines de ces relations ont évolué avec moi, tandis que d'autres se sont naturellement distancées."

Le soutien social positif fonctionne à plusieurs niveaux, offrant à la fois :

- Un **miroir réfléchissant** qui vous aide à voir vos angles morts
- Un **filet de sécurité** qui amortit l'impact des rechutes
- Une **source d'inspiration** qui élargit votre vision des possibles
- Une **communauté de pratique** qui normalise le changement

Cet entourage constructif devient particulièrement crucial lors des périodes de vulnérabilité où les anciens schémas d'auto-sabotage tendent à ressurgir avec force.

◥ Célébrer les petites victoires

Au-delà de la reconnaissance générale des progrès évoquée précédemment, la célébration intentionnelle et structurée des petites victoires constitue une stratégie puissante pour maintenir votre élan de transformation à long terme.

Ces célébrations ne sont pas de simples récompenses, mais des rituels significatifs qui renforcent votre nouvelle identité émergente et consolident les circuits neuronaux associés à vos comportements constructifs.

D'après la neuropsychologue BJ Fogg, auteur de Tiny Habits et spécialiste du changement comportemental : "*La célébration est l'ingrédient secret du changement durable. Lorsque vous célébrez immédiatement après un comportement souhaité, vous créez une association positive qui renforce ce comportement au niveau neurologique.*[47] "

Pour intégrer efficacement cette pratique dans votre parcours :

- Définissez clairement ce qui constitue **une victoire digne de célébration**
- **Créez un répertoire varié** de célébrations adaptées à différents contextes
- Assurez-vous que ces célébrations génèrent une authentique émotion positive
- Rendez certaines célébrations visibles pour renforcer votre engagement
- **Adaptez l'ampleur de la célébration** à la significativité de l'accomplissement

Pierre, ancien procrastinateur chronique de 43 ans, partage : "J'ai développé toute une gamme de célébrations, depuis un simple 'Yes !' accompagné d'un poing levé quand je commence une tâche que j'aurais habituellement reportée, jusqu'à des dîners spéciaux pour les projets terminés dans les délais. Ces micro-moments de fierté ont progressivement transformé mon identité d'éternel retardataire en celle d'une personne fiable et productive."

La pratique régulière de la célébration transforme graduellement votre relation émotionnelle avec les comportements que vous cherchez à cultiver, les rendant intrinsèquement plus attrayants et satisfaisants.

C.   Transformer l'auto-sabotage en auto-soutien

Les clés d'une motivation durable

Pour transformer durablement les schémas d'auto-sabotage, il est essentiel de comprendre et de cultiver une motivation qui résiste à l'épreuve du temps et des obstacles. Cette motivation durable diffère fondamentalement de l'enthousiasme passager ou de la discipline forcée.

Les recherches contemporaines en psychologie de la motivation, notamment la théorie de l'autodétermination développée par Deci et Ryan[48], identifient trois ingrédients essentiels à la motivation intrinsèque durable :

1. **L'autonomie** : le sentiment de choisir librement vos actions plutôt que d'être contrôlé par des forces externes ou des "devrais" intériorisés.

2. **La compétence** : l'expérience régulière de maîtrise et de progrès, la sensation que vos efforts produisent des résultats tangibles.

3. **L'appartenance** : la connexion significative avec d'autres personnes autour de vos aspirations et de vos efforts.

Pour cultiver ces trois dimensions :

- **Reformulez vos objectifs** en termes personnellement significatifs plutôt qu'en obligations externes
- **Structurez votre parcours** pour garantir des expériences régulières de succès et de progression
- **Créez ou rejoignez des communautés** centrées sur les valeurs et aspirations que vous souhaitez incarner

La motivation durable émerge également de l'alignement entre vos objectifs conscients et vos motivations plus profondes, parfois inconscientes. De plus, la psychologue Lisa Feldman Barrett dévoile à travers ses dernières études la théorie selon laquelle le cerveau est une machine à prédire[49] : " *Les cerveaux fonctionnent plutôt par prédiction et non par réaction. Tous les cerveaux anticipent constamment les besoins de l'organisme et tentent d'y répondre avant qu'ils ne se manifestent. Ils cherchent à réduire l'incertitude pour survivre et prospérer dans des circonstances qui ne sont que partiellement prévisibles.* " Ainsi, pour ancrer durablement les schémas permettant de transformer l'auto-sabotage en auto-soutien, vous devez reprogrammer le système prédictif de votre cerveau. Lorsque vous créez consciemment des expériences d'auto-soutien répétées, vous aidez votre cerveau à générer de nouvelles prédictions positives qui remplacent progressivement les anciennes attentes négatives.

Cette reprogrammation se réalise par trois pratiques essentielles :

Premièrement, familiarisez votre cerveau avec l'auto-soutien. Créez délibérément des micro-moments quotidiens où vous vous traitez avec bienveillance. Ces expériences, même brèves, fournissent à votre cerveau les données nécessaires pour commencer à prédire que l'auto-soutien est votre nouvelle norme.

Deuxièmement, célébrez explicitement vos victoires. Chaque fois que vous vous soutenez plutôt que de vous saboter, marquez ce moment dans votre conscience. Cette amplification émotionnelle positive renforce les circuits neuronaux associés à l'auto-soutien, rendant ces comportements plus accessibles à l'avenir.

Troisièmement, visualisez régulièrement votre futur en tant que personne qui se soutient naturellement. En créant mentalement ce modèle prédictif, vous offrez à votre cerveau une destination claire vers laquelle orienter ses prédictions. Comme l'explique Lisa Feldman Barrett, *"le cerveau tentera toujours de réduire l'incertitude"* – donnez-lui donc une certitude positive vers laquelle tendre.

Sylvie, cadre dans l'humanitaire de 48 ans, témoigne : "Pendant des années, j'ai essayé de me motiver à écrire un livre sur mon expérience professionnelle parce que mes collègues me disaient que je 'devais' le faire. Je procrastinais sans cesse. Ce n'est qu'en reconnectant ce projet à mon désir profond de transmettre des leçons qui pourraient aider la nouvelle génération que j'ai trouvé une motivation stable qui m'a portée jusqu'à la publication."

La motivation authentique et durable ne se force pas, elle se cultive en créant les conditions intérieures et extérieures qui la favorisent naturellement.

La construction d'une confiance solide

La confiance en soi authentique - distincte de l'arrogance ou de la surcompensation - constitue un antidote puissant aux tendances d'auto-sabotage. Contrairement à la conception populaire, cette confiance n'est pas un trait de personnalité fixe ou inné, mais une capacité qui se développe progressivement à travers des expériences spécifiques.

La confiance authentique combine deux éléments complémentaires :

1. **La confiance en ses compétences** : la croyance réaliste en sa capacité à accomplir des tâches spécifiques, fondée sur l'expérience et la pratique.

2. **La confiance fondamentale** : une assurance plus profonde en sa capacité à faire face aux difficultés, même dans l'incertitude ou l'échec.

Pour développer méthodiquement cette confiance :

- Engagez-vous dans la pratique délibérée des compétences importantes pour vous
- **Documentez vos succès passés** pour créer un réservoir d'expériences positives
- **Exposez-vous graduellement** à des situations légèrement au-delà de votre zone de confort
- Développez des stratégies de résilience pour rebondir après les échecs
- **Entourez-vous de personnes** qui croient authentiquement en votre potentiel

La neuroscience confirme que la confiance se construit littéralement dans le cerveau à travers des expériences répétées qui renforcent certains circuits neuronaux. Par exemple, la neurologue Tara Swart, célèbre pour ses recherches sur la neuroplasticité et la santé mentale[50] précise que : *"La confiance n'est pas une qualité abstraite mais une configuration neuronale qui se renforce chaque fois que nous prenons un risque calculé et que nous en tirons des leçons, que le résultat soit positif ou négatif."*

Marc, enseignant de 55 ans devenu conférencier, raconte : "Ma timidité maladive sabotait toutes mes tentatives de partager mon expertise. J'ai commencé par prendre la parole dans de petits groupes bienveillants, puis progressivement dans des contextes moins prévisibles. Chaque expérience, même imparfaite, renforçait ma confiance. Aujourd'hui, je parle régulièrement devant des salles de plusieurs centaines de personnes - non pas sans nervosité, mais avec la confiance que je peux gérer cette nervosité."

La confiance authentique ne consiste pas à éliminer le doute ou la peur, mais à développer la certitude que vous pouvez avancer malgré ces sentiments, transformant ainsi le terrain fertile de l'auto-sabotage.

L'alignement avec ses valeurs profondes

L'auto-sabotage prospère souvent dans les espaces de désalignement entre nos actions quotidiennes et nos valeurs fondamentales. À l'inverse, lorsque nos comportements sont en cohérence avec ce qui compte vraiment pour nous, nous accédons à une source de motivation et de résilience remarquablement puissante.

Les valeurs, contrairement aux objectifs, ne sont pas des destinations à atteindre mais des directions à suivre, des qualités d'être et d'agir que nous choisissons de cultiver tout au long de notre vie. Elles fournissent un cadre de référence stable qui peut nous guider même dans les périodes d'incertitude ou de changement.

D'ailleurs le psychologue Steven Hayes le met particulièrement en exergue dans un article questionnant sur le rôle des valeurs[51] : " *Et lorsque vos expériences douloureuses sont au service de vos objectifs et de vos valeurs, la douleur elle-même devient beaucoup plus facile à supporter.* "

Pour clarifier et mobiliser vos valeurs fondamentales :

- **Identifiez ce qui compte vraiment** pour vous, au-delà des attentes externes
- **Définissez comment ces valeurs** se manifestent concrètement dans vos choix
- Évaluez régulièrement l'alignement entre vos actions et vos valeurs
- Utilisez vos valeurs comme boussole lors des décisions difficiles
- Célébrez les moments où vous incarnez pleinement vos valeurs essentielles

Cet alignement crée une cohérence intérieure qui diminue considérablement l'espace disponible pour l'auto-sabotage, tout en renforçant votre sentiment d'intégrité personnelle.

Fatima, avocate de 46 ans, témoigne : "Pendant des années, j'ai saboté ma carrière en évitant certaines responsabilités, tiraillée entre le succès professionnel et ma présence familiale. Ce n'est qu'en clarifiant mes valeurs profondes - la justice et la présence authentique - que j'ai pu redéfinir ma pratique légale d'une façon qui honore ces deux aspects. Cette clarté a fait disparaître une grande partie de mes comportements d'auto-sabotage."

Cette connexion consciente à vos valeurs ne garantit pas l'absence de difficultés, mais elle transforme votre relation à ces difficultés, les rendant significatives plutôt que simplement aversives.

Le développement d'une vision inspirante

Au-delà des techniques spécifiques et des pratiques quotidiennes, la transformation durable de l'auto-sabotage nécessite une vision inspirante qui mobilise vos ressources les plus profondes et oriente votre parcours à long terme.

Cette vision n'est pas simplement un objectif ou une image mentale statique, mais une orientation dynamique qui donne sens et cohérence à votre cheminement personnel. Elle agit comme un aimant qui attire vos actions dans une direction significative, même lorsque le chemin exact n'est pas entièrement visible.

Comme l'explique le psychologue Martin Seligman, fondateur de la psychologie positive : "*Une vie épanouissante transcende la recherche du plaisir et la poursuite d'objectifs isolés. Elle s'ancre dans un sentiment de contribution à quelque chose qui nous dépasse et nous survivra.*[52]" Cette idée résonne avec la notion de transcender les plaisirs personnels pour un objectif plus grand : la vision inspirante.

Pour développer une vision personnelle véritablement inspirante :

- **Explorez ce qui vous anime** au niveau le plus fondamental
- **Imaginez l'impact** que vous souhaitez avoir sur le monde
- **Identifiez l'héritage** que vous aimeriez laisser
- Connectez vos aspirations personnelles à des besoins collectifs
- Permettez à cette vision d'évoluer avec vous au fil du temps

Une vision authentiquement inspirante active des régions cérébrales associées à la motivation intrinsèque et à la résilience, créant un état neurologique propice au dépassement des schémas limitants.

Raymond, ancien cadre financier de 59 ans devenu mentor pour jeunes entrepreneurs, partage : "Pendant la première moitié de ma carrière, j'ai saboté ma santé et mes relations pour atteindre des objectifs qui, au fond, ne me passionnaient pas vraiment. C'est en développant une vision centrée sur la transmission de mon expérience aux nouvelles générations que j'ai trouvé une énergie nouvelle et durable. Cette vision m'a naturellement libéré de nombreux comportements autodestructeurs qui semblaient auparavant insurmontables."

Cette vision inspirante transforme la nature même de votre relation avec vous-même. L'auto-sabotage, qui semblait autrefois une force irrésistible, devient progressivement un simple obstacle sur un chemin dont la direction et la valeur sont clairement perçues - un obstacle que vous êtes maintenant équipé pour surmonter.

Conclusion : de l'auto-sabotage à l'auto-alliance

Au terme de ce chapitre, nous avons parcouru un chemin qui nous a conduits des mécanismes souvent inconscients de l'auto-sabotage vers la possibilité d'une relation fondamentalement différente avec nous-mêmes - une relation que nous pourrions appeler l'auto-alliance.

Cette transformation ne consiste pas à éliminer magiquement toutes vos limitations ou à atteindre un état idéalisé de perfection personnelle. Elle représente plutôt un changement profond dans votre façon d'être en relation avec l'ensemble de votre expérience - y compris vos imperfections, vos vulnérabilités et vos tendances humaines à l'autolimitation.

L'auto-alliance émerge lorsque vous cessez de vous considérer comme votre propre adversaire pour vous reconnaître comme une multiplicité de forces et de tendances qui, lorsqu'elles sont comprises avec compassion et guidées avec sagesse, peuvent s'harmoniser dans une direction significative.

Comme l'a si justement observé Carl Jung : *"Je ne suis pas ce qui m'est arrivé, je suis ce que je choisis de devenir."* Ce choix de devenir n'est pas un acte unique ou héroïque, mais un engagement quotidien à cultiver une relation plus consciente, plus bienveillante et plus alignée avec vous-même.

Rappelez-vous que ce parcours n'est pas linéaire. Il y aura des moments de progrès rapide et des périodes de régression apparente. Des couches plus profondes d'auto-sabotage peuvent émerger à mesure que vous progressez. C'est précisément dans ces moments qu'il est crucial de vous rappeler que ces défis ne sont pas des signes d'échec, mais des opportunités d'intégration et d'approfondissement.

Comme en témoigne Sophie, directrice d'une ONG de 52 ans : "Après vingt ans de travail sur moi-même, je ne dirais pas que mes tendances à l'auto-sabotage ont disparu. Mais ma relation avec elles a été transformée. Je les reconnais plus rapidement, je les accueille avec plus de bienveillance, et je m'en libère plus aisément. Ce qui était autrefois mon plus grand adversaire est devenu une source précieuse d'informations sur mes besoins et mes vulnérabilités."

Le véritable succès dans ce parcours ne se mesure pas à l'absence de tendances auto-sabotantes, mais à votre capacité croissante à les reconnaître avec lucidité, à les accueillir avec compassion, et à les transformer avec sagesse.

Dans cette perspective plus large, même les moments où vous retombez dans d'anciens schémas deviennent des occasions de renforcer cette auto-alliance fondamentale - à condition que vous les abordiez avec la même bienveillance que vous accorderiez à un ami cher en difficulté.

Que votre parcours vous mène progressivement d'une relation d'adversité avec vous-même vers une relation d'alliance - une alliance qui vous permet non seulement de réaliser plus pleinement votre potentiel, mais aussi de contribuer au monde avec votre unicité enfin libérée.

Exercices pratiques et outils

Guide d'utilisation des outils pratiques

Les exercices qui suivent sont vos compagnons de transformation. Chacun répond à un besoin spécifique :

- **Journal de conscience quotidien** : pour développer votre capacité d'observation bienveillante au quotidien (10 min/jour)
- **Grille d'observation des schémas** : pour cartographier vos tendances sur plusieurs semaines et identifier les schémas récurrents
- **Plan d'action personnalisé** : pour créer une stratégie sur mesure face à vos schémas prioritaires
- **Rituels de soutien quotidien** : pour ancrer le changement dans des pratiques régulières
- **Fiches de suivi des progrès** : pour visualiser votre évolution et maintenir la motivation
- **Exercices complémentaires** : pour approfondir votre compréhension avec des approches plus élaborées

Conseil pour débuter : commencez par l'exercice qui vous attire spontanément. C'est souvent celui dont vous avez le plus besoin maintenant. Vous pourrez explorer les autres progressivement.

Journal de conscience quotidien

Objectif : Développer une conscience aiguisée de vos schémas d'auto-sabotage

Pratique : Consacrez 10 minutes chaque soir à répondre à ces questions :

- Quels moments d'auto-sabotage ai-je observés aujourd'hui ?
- Quelles pensées, émotions ou situations les ont précédés ?
- Quels besoins légitimes ces comportements tentaient-ils de satisfaire ?
- Quelles alternatives constructives aurais-je pu explorer ?

Conseil : Abordez cet exercice avec curiosité et bienveillance, évitant l'autocritique.

Grille d'observation des schémas

Objectif : Cartographier systématiquement vos tendances spécifiques à l'auto-sabotage

Pratique : Créez un tableau à quatre colonnes :

1. Comportement d'auto-sabotage
2. Déclencheurs (situations, personnes, états intérieurs)
3. Besoins ou peurs sous-jacents
4. Stratégies alternatives potentielles

Complétez ce tableau progressivement sur plusieurs semaines, en y ajoutant de nouvelles observations.

Conseil : Cherchez les schémas récurrents plutôt que les incidents isolés.

Plan d'action personnalisé

Objectif : Développer une stratégie sur mesure pour transformer vos schémas principaux

Pratique : Pour chaque forme majeure d'auto-sabotage identifiée, élaborez un plan d'action structuré :

1. Description précise du schéma à transformer
2. Objectif spécifique et mesurable
3. Trois actions concrètes pour contrecarrer ce schéma
4. Ressources et soutiens à mobiliser
5. Obstacles potentiels et stratégies pour les surmonter
6. Indicateurs de progrès
7. Célébrations prévues pour les réussites

Conseil : Commencez par un ou deux schémas prioritaires plutôt que de disperser vos efforts.

Rituels de soutien quotidien

Objectif : Ancrer vos nouvelles approches dans des pratiques régulières et soutenantes

Pratique : Développez des rituels adaptés à différents moments de votre journée :

- **Rituel du matin** : Intention, visualisation, pratique corporelle
- **Micro-pauses** : Moments de recentrage pendant la journée
- **Rituel du soir** : Réflexion, célébration, gratitude

Personnalisez ces rituels en fonction de vos besoins et préférences spécifiques.

Conseil : La cohérence est plus importante que la durée. Même des rituels de quelques minutes peuvent être transformateurs s'ils sont pratiqués régulièrement.

Fiches de suivi des progrès

Objectif : Maintenir la motivation en rendant visible votre évolution

Pratique : Créez un système simple pour suivre vos progrès :

- Identifiez 3-5 comportements spécifiques à observer
- Notez quotidiennement leur fréquence/intensité
- Évaluez hebdomadairement les tendances
- Ajustez vos stratégies en fonction des résultats

Conseil : Équilibrez mesures quantitatives (fréquence des comportements) et qualitatives (votre expérience subjective).

Ces outils ne sont pas destinés à être utilisés comme une prescription rigide, mais comme un point de départ à adapter à votre situation unique. Sélectionnez ceux qui résonnent le plus avec votre style d'apprentissage et vos défis spécifiques, et modifiez-les librement pour qu'ils vous servent au mieux dans votre parcours de transformation.

Exercices pratiques complémentaires

Voici deux exercices supplémentaires qui approfondiront votre travail pour transformer l'auto-sabotage. Ces outils puissants combinent différentes approches - psychologie cognitive, archétypes jungiens et sagesse bouddhiste - pour vous offrir une perspective riche et nuancée sur vos mécanismes intérieurs.

Exercice 1 : Les cinq étapes de libération de l'auto-sabotage

Cet exercice vous guide à travers un processus complet pour identifier, comprendre et transformer une situation spécifique d'auto-sabotage.

◥ Étape 1 : Repérer une situation concrète d'auto-sabotage

Prenez quelques minutes pour identifier une situation récente où vous avez senti que vos propres pensées ou comportements ont freiné votre progression :

- **Choisissez un événement précis** : Un rapport que vous avez repoussé jusqu'à la dernière minute, une conversation importante que vous avez évitée, une occasion de vous exprimer que vous avez laissée passer.
- **Détaillez les circonstances** : Notez le contexte, les personnes impliquées et surtout les émotions que vous avez ressenties avant, pendant et après.
- **Identifiez les conséquences** : Qu'avez-vous perdu ou manqué à cause de ce comportement ? Comment vous êtes-vous senti après ?

Exemple : "Lors de notre réunion d'équipe, j'avais préparé une idée pour améliorer notre processus, mais au moment de parler, j'ai gardé le silence. J'ai ressenti une boule au ventre, puis de la frustration envers moi-même. J'ai perdu une occasion de contribuer et me suis senti invisible."

◢ Étape 2 : Reconnaître le schéma en jeu

Votre auto-sabotage s'inscrit probablement dans un schéma cognitif plus large qui s'est formé au fil de votre histoire personnelle. Identifiez celui (ou ceux) qui semble le plus présent dans la situation que vous avez décrite :

Schémas primaires :

- Abandon/Instabilité : "Je serai toujours abandonné"
- Méfiance/Abus : "Les autres vont profiter de moi"
- Carence affective : "Personne ne peut m'aimer vraiment"
- Imperfection/Honte : "Je suis fondamentalement inadéquat"
- Impuissance : "Je n'ai aucun contrôle sur ma vie"

Schémas secondaires :

- Exclusion/Isolement social : "Je n'appartiens à aucun groupe"
- Dépendance/Incompétence : "Je ne peux pas me débrouiller seul"
- Vulnérabilité : "Une catastrophe peut survenir à tout moment"
- Échec : "Je vais inévitablement échouer dans mes entreprises"
- Droits personnels exagérés : "Je mérite un traitement spécial"
- Assujettissement : "Je dois faire plaisir aux autres avant tout"
- Sacrifice de soi : "Les besoins des autres passent avant les miens"
- Recherche d'approbation : "Ma valeur dépend de ce que les autres pensent"
- Négativité/Pessimisme : "Tout finit toujours mal"
- Surcontrôle/Inhibition émotionnelle : "Je ne dois pas montrer mes émotions"
- Exigences élevées/Critique excessive : "Rien n'est jamais assez bien"

- Punition : "Les erreurs méritent d'être sévèrement punies"

Étape 3 : Identifier la voix intérieure

Les archétypes jungiens nous aident à comprendre les différentes "sous-personnalités" qui peuvent s'exprimer en nous :

- Posez-vous cette question puissante : "Qui parle en moi lorsque je me sabote ?"
- Est-ce le Critique intérieur qui juge impitoyablement ?
- L'Enfant blessé qui craint d'être rejeté ?
- Le Perfectionniste qui n'est jamais satisfait ?
- L'Imposteur qui se sent illégitime ?

Donnez un nom ou une image à cette voix. Cette personnification vous permettra de créer une distance saine avec elle et de comprendre qu'elle n'est qu'une partie de vous, pas votre essence entière.

Étape 4 : Comprendre la peur fondamentale

Dans la tradition bouddhiste, l'auto-sabotage peut être vu comme une manifestation de l'attachement à un "moi" que l'ego cherche à protéger :

- Quelle peur profonde nourrit votre comportement ? Peur du rejet ? De l'échec ? Du succès ?
- Comment cette peur, qui cherche à vous protéger, finit-elle par vous limiter ?
- Quelle illusion sur vous-même maintient-elle en place ?

Étape 5 : Créer une stratégie de libération

Maintenant que vous avez une vision plus claire de votre schéma d'auto-sabotage, développez une approche à trois niveaux pour le transformer :

1. **Recadrage cognitif** : Identifiez la pensée limitante ("Je vais me ridiculiser") et transformez-la en une perspective plus équilibrée ("Je peux partager mon point de vue, et même si tout n'est pas parfait, ma contribution a de la valeur").

2. **Pratique d'ancrage** : Créez un rituel rapide de retour au présent (3 respirations profondes, contact avec vos pieds au sol) pour vous recentrer lorsque vous sentez le schéma s'activer.

3. **Action concrète** : Définissez un petit pas courageux que vous pouvez faire immédiatement pour contrer le schéma. Cette action doit être spécifique et réalisable dans les 24-48 heures.

Terminez par un bref rituel de libération : notez la peur qui alimente votre auto-sabotage sur un papier, relisez-la avec compassion, puis déchirez-la symboliquement ou visualisez-là se dissolvant dans la lumière.

Exercice 2 : La grille d'observation des schémas

Cette grille structurée vous permettra de documenter et d'analyser systématiquement vos épisodes d'auto-sabotage. Réservez quelques minutes chaque fois que vous remarquez un comportement auto-limitant pour compléter cette grille (voir page suivante).

Comment utiliser cette grille efficacement

1. **Régularité** : Complétez la grille dès que possible après avoir remarqué un épisode d'auto-sabotage, quand les détails sont encore frais dans votre esprit.

2. **Honnêteté bienveillante** : Soyez franc avec vous-même, mais sans jugement. L'objectif est la compréhension, pas l'auto-critique.

3. **Analyse des tendances** : Après avoir documenté plusieurs situations, recherchez les schémas : y a-t-il des contextes récurrents ? Des pensées qui reviennent systématiquement ?

4. **Approfondissement progressif** : Au fil du temps, vous remarquerez peut-être des schémas plus subtils ou des déclencheurs que vous n'aviez pas identifiés initialement.

5. **Célébration des progrès** : Notez également les moments où vous avez réussi à interrompre un schéma d'auto-sabotage avant qu'il ne se déploie complètement.

Cette grille devient particulièrement puissante lorsqu'elle est utilisée en conjonction avec les stratégies de transformation que nous avons explorées tout au long de ce chapitre. Elle vous offre la clarté cognitive nécessaire pour mettre en œuvre des changements durables.

DATE / MOMENT	SITUATION / CONTEXTE	SCHÉMA IDENTIFIÉ	PENSÉES AUTOMATIQUES	ÉMOTIONS RESSENTIES	COMPORTEMENTS RÉACTIONS	CONSÉQUENCES	PISTES DE RECADRAGE
Ex. 15 mars, 10h	Réunion d'équipe, présentation de projet	Imperfection / Honte	"Ils vont trouver mon travail médiocre"	Anxiété, peur, honte	J'ai minimisé mon travail et parlé trop vite	Contribution sous-évaluée, frustration	"Mon travail a de la valeur et mérite d'être présenté clairement"

Ces exercices vous invitent à devenir un observateur bienveillant de vos propres mécanismes intérieurs. En pratiquant régulièrement, vous développerez progressivement une conscience plus aiguë de vos schémas d'auto-sabotage et, plus important encore, une capacité accrue à les transformer.

Rappelez-vous que l'objectif n'est pas la perfection mais le progrès. Chaque moment de conscience, chaque petit pas vers un comportement plus aligné avec vos aspirations profondes est une victoire à célébrer sur le chemin de votre épanouissement.

Les 10 points clés lutter contre l'auto-sabotage

1. Reconnaître l'auto-sabotage comme un mécanisme de protection

Votre tendance à vous freiner n'est pas un défaut de caractère, mais un mécanisme de protection mis en place par votre esprit. Comprendre que ces comportements auto-limitants ont initialement servi à vous protéger est la première étape vers leur transformation.

2. Identifier vos saboteurs intérieurs spécifiques

Chacun de nous possède un ensemble unique de "saboteurs" intérieurs - le Critique, le Perfectionniste, la Victime, le Protecteur ou le Juge. En apprenant à reconnaître ces voix distinctes plutôt qu'à les considérer comme "la vérité", vous gagnez le pouvoir de dialoguer avec elles plutôt que d'être dominé par elles.

3. Cultiver une présence attentive et bienveillante

La conscience sans jugement est votre outil le plus puissant. En développant la capacité d'observer vos pensées et comportements avec curiosité plutôt qu'avec critique, vous créez l'espace nécessaire pour de nouveaux choix. Cette présence attentive est le fondement de toute transformation durable.

4. Comprendre les racines de vos comportements limitants

Vos schémas d'auto-sabotage sont souvent ancrés dans des expériences formatrices de votre passé et des croyances adoptées très tôt. En reconnaissant ces origines avec compassion, vous pouvez commencer à désactiver leur emprise sur votre présent.

5. Adopter l'auto-compassion comme base de transformation

Contrairement aux idées reçues, l'auto-compassion n'est pas de la complaisance, mais un puissant catalyseur de changement. Traiter vos erreurs et vos luttes avec la même bienveillance que vous offririez à un ami cher crée le terrain fertile dont toute croissance authentique a besoin.

6. Transformer le dialogue intérieur toxique

Le langage que vous utilisez avec vous-même façonne profondément votre expérience. En remplaçant le dialogue intérieur critique par des conversations plus nuancées et constructives, vous reprogrammez littéralement votre cerveau pour le succès et l'épanouissement.

7. Établir des routines et des environnements soutenants

Les changements durables s'appuient sur des structures concrètes. En créant délibérément des routines quotidiennes, des rituels d'ancrage et des environnements qui soutiennent vos aspirations, vous rendez le changement non seulement possible mais naturel.

8. Célébrer activement chaque progrès, même modeste

La célébration n'est pas une récompense accessoire, mais un ingrédient essentiel du changement. En reconnaissant consciemment vos avancées, même minimes, vous renforcez les circuits neuronaux associés aux nouveaux comportements et cultivez une motivation intrinsèque durable.

9. S'entourer stratégiquement de soutien positif

La transformation personnelle est rarement un voyage solitaire. Entourez-vous intentionnellement de personnes qui croient en votre potentiel, reflètent votre meilleur vous, et vous soutiennent avec honnêteté et bienveillance dans votre croissance.

10. Aligner vos actions sur vos valeurs profondes

Ultimement, surmonter l'auto-sabotage consiste à créer une cohérence entre qui vous êtes profondément et comment vous vivez quotidiennement. En clarifiant vos valeurs essentielles et en les incarnant dans vos choix quotidiens, vous construisez une vie d'authenticité et d'épanouissement où l'auto-sabotage n'a plus sa place.

Ces dix principes ne sont pas des étapes séquentielles, mais des pratiques interconnectées qui se renforcent mutuellement. Revenez-y régulièrement, particulièrement dans les moments de doute ou de confusion. Rappelez-vous que la transformation n'est pas une destination mais un chemin – et chaque pas conscient sur ce chemin est déjà une victoire.

Chapitre 8 : Tisser une toile de soutien avec son réseau

Aucun grand accomplissement ne se réalise en solitaire. Derrière chaque réussite se cache une constellation de relations qui ont nourri, soutenu et catalysé la transformation. Dans les moments de doute comme dans les périodes d'élan, ce sont ces connexions humaines qui font souvent la différence entre l'abandon et la persévérance.

En période de transition, qu'elle soit professionnelle ou personnelle, votre réseau devient un véritable capital — non pas au sens mercantile du terme, mais comme un écosystème vivant qui vous permet de croître et de vous épanouir. Isabelle, directrice des ressources humaines ayant traversé une reconversion vers l'entrepreneuriat social à 48 ans, me confiait récemment : *"J'ai compris que ma transformation ne dépendait pas uniquement de mes compétences, mais de la qualité des personnes qui m'entouraient. Sans ce réseau qui m'a portée, jamais je n'aurais eu le courage d'aller jusqu'au bout."*

Ce chapitre vous invite à porter un regard neuf sur la dimension relationnelle de votre développement. Loin des approches de réseautages superficielles, nous explorerons l'art de tisser des liens authentiques et durables qui nourrissent votre cheminement vers l'accomplissement. Ce travail relationnel s'appuie sur les fondations que vous avez posées dans les chapitres précédents, particulièrement votre capacité à vous montrer authentique (chapitre 4) et votre clarté sur vos valeurs profondes (chapitre 5).

Dans la première section, nous apprendrons à cartographier les parties prenantes de votre parcours. Tels des astronomes identifiant les constellations, vous découvrirez comment reconnaître les différents types de soutien dont vous avez besoin et les rôles clés qui influencent votre développement.

La deuxième section vous guidera dans l'art de cultiver des relations ressourçantes. Car une relation de qualité ne s'improvise pas — elle se cultive avec attention, présence et réciprocité. Vous explorerez les pratiques qui permettent de créer et maintenir des liens qui vous élèvent plutôt que de vous épuiser.

Enfin, la troisième section vous montrera comment investir stratégiquement dans un réseau dédié à votre projet d'accomplissement. Vous apprendrez à construire un cercle de confiance et à l'activer avec intention pour soutenir vos aspirations les plus profondes.

Le psychologue Abraham Maslow l'avait bien compris lorsqu'il plaçait le besoin d'appartenance comme fondamental dans sa hiérarchie des besoins humains. Ce n'est qu'en nous sentant soutenus et reliés que nous pouvons pleinement explorer notre potentiel et aspirer à l'auto-actualisation.

Il est temps de transformer la vision individualiste du succès en une approche plus complète, où la force du collectif devient un levier puissant de votre épanouissement.

Bienvenue dans l'exploration de cette dimension essentielle de votre voyage intérieur : **le passage de la solitude à la solidarité.**

Section 1 : Cartographier les parties prenantes de son parcours

Imaginez votre parcours de vie comme une expédition à travers des territoires variés — certains familiers, d'autres totalement inconnus. Sur cette route, vous n'êtes pas seul. Des compagnons de voyage, aux guides expérimentés, en passant par les sages qui connaissent le terrain, chacun joue un rôle unique dans votre progression.

La première étape pour tisser une toile de soutien efficace consiste à cartographier consciemment cet écosystème relationnel. Cette carte devient votre boussole pour naviguer les eaux parfois tumultueuses du changement.

A.   Identifier les différents types de soutien nécessaires

Tout comme un jardin a besoin de différents éléments pour s'épanouir — soleil, eau, nutriments, protection — votre croissance personnelle requiert diverses formes de soutien.

Le mentor qui guide et inspire

Le mentor est cette personne qui a parcouru un chemin similaire au vôtre et qui accepte de partager sa sagesse acquise. Contrairement à l'idée reçue, un mentor n'est pas nécessairement plus âgé ou plus haut placé dans la hiérarchie — c'est simplement quelqu'un qui possède une expérience pertinente pour votre parcours.

Manuel, plombier de 52 ans, a trouvé son mentor en la personne d'Amina, 36 ans, entrepreneure qui avait elle-même créé sa société de services à domicile après des années comme technicienne. *"Elle m'a aidé à voir au-delà des aspects techniques pour comprendre comment construire une entreprise solide,"* explique-t-il. *"Son mentorat a transformé ma vision de mon métier."*

La relation de mentorat se caractérise par sa profondeur et sa durée. Elle repose sur la confiance et une forme de transmission qui va bien au-delà des simples conseils pratiques — le mentor transmet souvent des valeurs, une philosophie, une éthique.

Le coach qui challenge et structure

Si le mentor guide, le coach, lui, challenge. Son rôle est de vous aider à structurer votre démarche, à clarifier vos objectifs et à maintenir votre cap face aux obstacles.

Selon Robert Dilts, il existe six niveaux de coaching, basés sur son **modèle des niveaux logiques de changement** ou *pyramide de Dilts*. Ces niveaux sont utilisés pour structurer l'apprentissage et la transformation individuelle ou organisationnelle. Ils sont hiérarchisés comme suit :

1. **Environnement :** les conditions externes dans lesquelles une personne évolue.

2. **Comportements :** les actions concrètes réalisées par une personne.

3. **Capacités :** les compétences et aptitudes développées.

4. **Croyances et valeurs :** les convictions profondes et ce qui est important pour l'individu.

5. **Identité :** la perception de soi-même.

6. **Spiritualité/Mission :** le niveau le plus élevé, lié au sens profond, à la mission ou à l'appartenance à quelque chose de plus grand que soi.

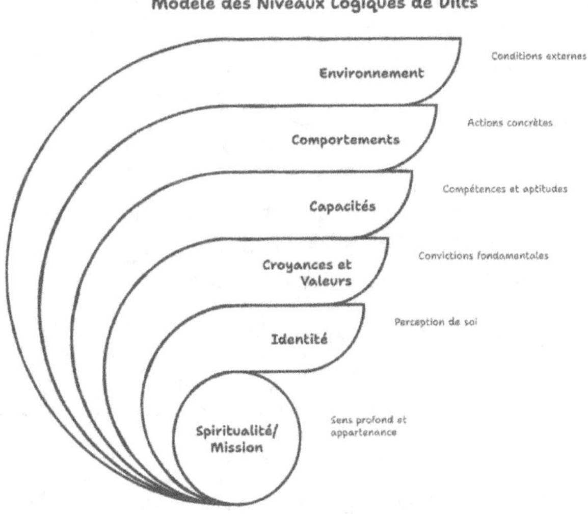

Modèle des Niveaux Logiques de Dilts

Chaque niveau influence les autres, et le coaching peut intervenir à différents niveaux pour faciliter le changement et l'alignement des aspirations personnelles ou professionnelles[53]. Chacun répond à des besoins différents dans votre parcours.

La relation avec un coach est généralement plus formelle et limitée dans le temps. Elle vise des objectifs spécifiques et mesurables. Un bon coach ne vous dit pas quoi faire — il vous pose les questions qui vous permettent de trouver vos propres réponses.

◥ Les pairs qui comprennent et encouragent

"La solitude est le poison silencieux de toute transition," me confiait Claire, institutrice devenue formatrice pour adultes à 45 ans. "Ce qui m'a sauvée, c'est mon groupe de pairs — d'autres professionnels en reconversion qui comprenaient exactement ce que je traversais."

Les pairs offrent un soutien unique : ils vivent des défis similaires aux vôtres, parlent le même langage et peuvent partager tant les difficultés que les victoires. Ce soutien horizontal crée un espace de validation émotionnelle essentiel.

Les cercles de pairs, qu'ils soient formels (comme les groupes de co-développement professionnel) ou informels (groupes d'amis en transition), permettent de normaliser les doutes et de partager les apprentissages en temps réel.

◥ Les experts qui conseillent et orientent

À la différence des mentors qui offrent une vision globale, les experts apportent un éclairage pointu sur des domaines spécifiques. Leur valeur réside dans leur connaissance approfondie d'un sujet particulier.

Ces experts peuvent être des conseillers financiers, des spécialistes en droit, des professionnels de la santé, ou toute personne possédant une expertise dont vous avez besoin ponctuellement. Leur intervention est souvent ciblée et technique.

La recherche en psychologie positive menée par Martin Seligman[54] démontre que l'accès à des expertises variées augmente significativement nos chances de réussite face à des défis complexes — non pas parce que nous déléguons nos décisions, mais parce que nous les prenons de façon mieux informée.

B. Reconnaître les rôles clés dans son développement

Au-delà des types de soutien, certaines personnes jouent des rôles spécifiques dans votre parcours. Apprendre à les identifier vous permet d'apprécier leur contribution unique et de cultiver ces relations avec intention.

◥ Les alliés naturels : famille et amis proches

Vos alliés naturels sont ceux qui vous soutiennent inconditionnellement, parfois simplement parce qu'ils vous aiment. Ne sous-estimez jamais la puissance de ce soutien fondamental.

Rachid, 58 ans, ouvrier devenu artisan d'art, raconte : "Ma femme a cru en moi avant même que je croie en moi-même. Son soutien n'était pas basé sur une analyse de mes compétences, mais sur une connaissance profonde de qui je suis vraiment."

Ces alliés naturels offrent souvent un port d'attache émotionnel dans la tempête du changement. Leur valeur ne réside pas tant dans leurs conseils (qui peuvent parfois être biaisés par leur proximité) que dans leur présence constante et leur acceptation.

◥ Les catalyseurs professionnels : collègues et partenaires

Dans la sphère professionnelle, certaines relations ont le pouvoir d'accélérer votre développement. Un supérieur qui vous confie un projet ambitieux, un collègue qui vous ouvre son réseau, un partenaire qui complète parfaitement vos compétences — tous peuvent jouer ce rôle de catalyseur.

Sofia, 42 ans, cadre intermédiaire dans le secteur bancaire, a vu sa carrière prendre un tournant décisif grâce à un collègue : "Thomas m'a invitée à co-présenter un projet auquel je n'aurais jamais osé m'attaquer seule. Cette collaboration m'a donné une visibilité et une crédibilité qui ont transformé ma trajectoire professionnelle."

La théorie des *"liens faibles"*[55] du sociologue Mark Granovetter est particulièrement pertinente ici : ce sont souvent les personnes avec qui nous avons des liens professionnels moins étroits qui nous ouvrent les portes les plus inattendues, simplement parce qu'elles nous connectent à des réseaux différents des nôtres.

◥ Les inspirations : modèles et sources d'idées

Certaines personnes vous influencent sans même le savoir — à travers leurs écrits, leurs parcours ou leur exemple. Ces modèles peuvent être des personnalités publiques, des auteurs, ou simplement des individus dont vous admirez la façon d'être.

Contrairement aux relations directes, le lien avec ces inspirations est souvent asymétrique. Pourtant, leur impact peut être profond. En psychologie, on parle de "modeling" — l'apprentissage par observation et imitation de comportements admirés.

"Je n'ai jamais rencontré Simone Veil," partage Marine, fonctionnaire de 50 ans ayant entrepris une reconversion dans le conseil en politiques publiques, "mais son exemple de courage et d'intégrité m'a guidée dans mes choix les plus difficiles."

Les révélateurs : ceux qui nous poussent hors de notre zone de confort

Parfois, les personnes les plus importantes dans notre parcours ne sont pas celles qui nous réconfortent, mais celles qui nous bousculent. Un professeur exigeant, un client particulièrement difficile, un enfant qui pose des questions dérangeantes — tous peuvent jouer ce rôle de révélateur.

Le psychologue Lev Vygotsky parle de "*zone proximale de développement*" — cet espace entre ce que nous savons faire seuls et ce que nous pouvons accomplir avec l'aide d'une personne plus avancée. Les révélateurs nous poussent précisément dans cette zone d'apprentissage optimal.

Pascal, artisan de 60 ans, évoque avec émotion : "C'est mon apprenti de 19 ans qui m'a forcé à remettre en question des méthodes que j'utilisais depuis trente ans. Sa naïveté apparente cachait une perspective fraîche qui m'a fait évoluer alors que je pensais n'avoir plus rien à apprendre."

C.   De la cartographie à l'action

Maintenant que vous comprenez les différents types de soutien et les rôles essentiels dans votre développement, il est temps de passer à l'action. Prenez un moment pour cartographier votre propre écosystème relationnel.

Sur une feuille, tracez quatre quadrants représentant les types de soutien : mentors, alliés, pairs et experts. Dans chaque espace, notez les personnes qui jouent ou pourraient jouer ce rôle dans votre parcours. Identifiez également les espaces vides — là où vous pourriez bénéficier d'un type de soutien que vous n'avez pas encore.

Cette carte n'est pas statique — elle évoluera à mesure que votre parcours se déploie. Certaines personnes y occuperont plusieurs rôles, d'autres n'y feront que des apparitions ponctuelles mais significatives.

L'essentiel est de reconnaître que personne ne peut vous offrir tous les types de soutien dont vous avez besoin. Cette prise de conscience vous libère des attentes irréalistes et vous permet d'apprécier chaque relation pour ce qu'elle est vraiment.

Comme l'exprime si bien le proverbe africain : "Si tu veux aller vite, marche seul. Si tu veux aller loin, marchons ensemble." Votre réseau n'est pas un luxe — c'est une nécessité pour toute transformation durable.

Construction d'un réseau de soutien complet

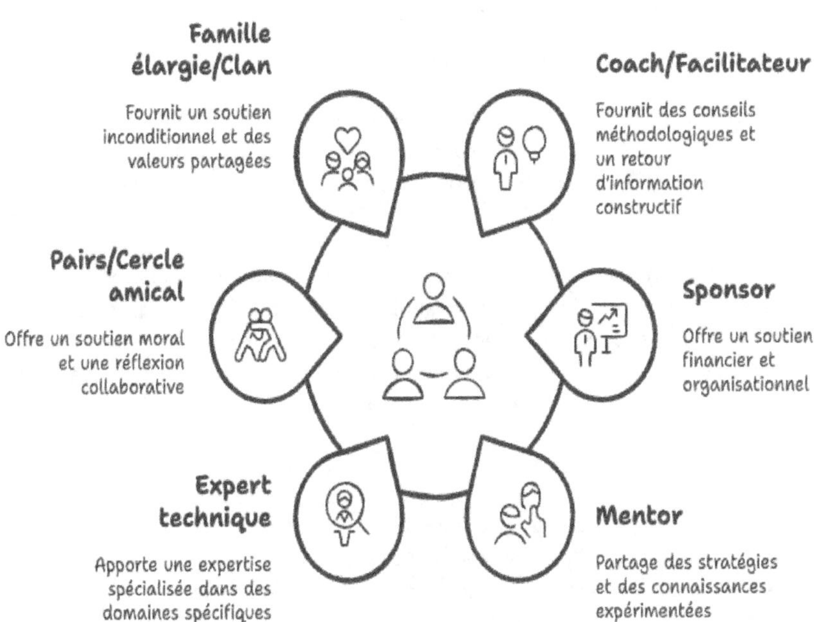

Section 2 : Cultiver des relations qui ressourcent

Les relations qui nous entourent peuvent soit nous élever vers nos plus hautes aspirations, soit nous maintenir dans des schémas limitants. Comme le disait si justement l'entrepreneur Jim Rohn : "*Vous êtes la moyenne des cinq personnes que vous fréquentez le plus.*" Cette observation, bien que simplifiée, nous rappelle l'influence profonde que nos relations exercent sur notre développement personnel.

La qualité de votre réseau ne se mesure pas au nombre de connexions, mais à leur profondeur et à leur capacité à vous ressourcer. Une seule relation authentique peut avoir plus d'impact qu'une centaine de contacts superficiels. Il s'agit maintenant d'apprendre à cultiver ces liens qui nourrissent véritablement votre parcours et soutiennent votre transformation.

A.   Créer des liens authentiques

L'authenticité est au cœur de toute relation enrichissante. Dans un monde où les interactions sont souvent précipitées et superficielles, l'art de créer des liens véritables devient une compétence précieuse.

L'art de l'écoute active

L'écoute active est bien plus qu'entendre — c'est être pleinement présent à l'autre. Lorsque vous écoutez activement, vous suspendez temporairement vos jugements et votre besoin de répondre pour véritablement accueillir ce que l'autre partage.

Karim, enseignant de 43 ans, a transformé ses relations professionnelles en pratiquant l'écoute active : "J'ai réalisé que je passais la plupart de mes conversations à préparer mentalement ma réponse plutôt qu'à vraiment écouter. Quand j'ai commencé à être pleinement présent, mes collègues ont ressenti la différence et se sont ouverts de façon surprenante."

Pour pratiquer l'écoute active :

- Accordez toute votre attention à la personne qui parle
- Observez aussi bien les mots que le langage corporel
- Posez des questions ouvertes qui approfondissent la compréhension
- Reformulez occasionnellement pour vérifier que vous avez bien compris
- Résistez à l'impulsion d'interrompre ou de juger

Le psychologue Carl Rogers, pionnier de l'approche centrée sur la personne, soulignait que l'écoute véritable crée un espace sécurisant où l'autre peut se révéler authentiquement. C'est le fondement de toute relation profonde.

Le partage vulnérable et sincère

« *La vulnérabilité n'est pas un signe de faiblesse, mais de courage.* » Comme l'a démontré la chercheuse Brené Brown[56], c'est en osant nous montrer tels que nous sommes, avec nos forces et nos fragilités, que nous créons les conditions de l'authenticité.

Cette authenticité dans les relations trouve ses racines dans le travail que vous avez entrepris au chapitre 4 pour révéler votre véritable nature. Plus vous êtes aligné avec qui vous êtes vraiment, plus vous attirez naturellement des personnes en résonance avec votre essence. Comme nous l'avons exploré avec le cercle d'or de Simon Sinek, connaître votre 'pourquoi' profond vous permet non seulement de vous révéler authentiquement, mais aussi de reconnaître intuitivement ceux qui partagent des valeurs similaires. Votre authenticité devient ainsi votre boussole relationnelle.

Le partage vulnérable ne signifie pas tout révéler à tout le monde. Il s'agit plutôt d'une ouverture progressive et appropriée au contexte de la relation.

Claudine, aide-soignante de 56 ans, témoigne : "Toute ma vie, j'ai gardé une façade de force. C'est seulement quand j'ai osé partager mes doutes sur ma reconversion professionnelle avec quelques personnes choisies que j'ai découvert un soutien incroyable et des opportunités que je n'aurais jamais imaginées."

La vulnérabilité crée un effet miroir : lorsque vous vous montrez authentique, vous donnez inconsciemment la permission à l'autre de faire de même, approfondissant ainsi la relation.

La réciprocité dans les échanges

Les relations ressourçantes reposent sur un équilibre d'échange. Cette réciprocité ne signifie pas une comptabilité exacte des services rendus, mais plutôt un flux naturel de donner et recevoir qui enrichit chacun.

"*La réciprocité transformationnelle va au-delà du simple échange transactionnel,*" explique le sociologue Robert Putnam dans son travail sur le capital social[57]. "*Elle crée des liens de confiance qui permettent des échanges plus profonds et durables.*"

Thomas, 38 ans, entrepreneur, partage : "Dans mon réseau d'entrepreneurs, nous avons une règle tacite : avant de demander, offre quelque chose. Cette dynamique a créé une communauté où chacun se sent valorisé plutôt qu'utilisé."

La réciprocité demande une conscience de ce que vous recevez et de ce que vous pouvez offrir - qu'il s'agisse de temps, d'expertise, de soutien émotionnel ou simplement d'une présence attentive.

La bienveillance comme fondation

La bienveillance est l'intention sincère de contribuer au bien-être de l'autre. Elle crée un terrain fertile où les relations peuvent s'épanouir en toute sécurité.

Marie, agricultrice de 40 ans, observe : "Dans notre coopérative, les relations qui durent sont celles où chacun se réjouit sincèrement du succès des autres. La bienveillance mutuelle nous a permis de traverser ensemble des saisons difficiles."

La bienveillance se manifeste par :

- L'absence de jugement hâtif
- La présomption des bonnes intentions de l'autre
- Le soutien dans les moments difficiles
- La célébration authentique des succès

Les neurosciences confirment que les actes de bienveillance libèrent de l'ocytocine, renforçant les liens de confiance et contribuant au bien-être mutuel - créant ainsi un cercle vertueux qui approfondit la relation.

La Bienveillance

B. Nourrir les relations existantes

Créer des liens est une chose, les maintenir en est une autre. Comme un jardin qui demande une attention régulière, vos relations ont besoin d'être activement entretenues pour continuer à fleurir.

◥ Maintenir un contact régulier et significatif

Dans notre monde hyperconnecté, nous confondons souvent connexion et relation. Un simple "J'aime" sur les réseaux sociaux ne remplace pas une conversation authentique.

La clé n'est pas la fréquence absolue des contacts, mais leur qualité et leur régularité adaptée à la nature de la relation. Certains liens se nourrissent de rencontres quotidiennes, d'autres s'épanouissent avec des contacts moins fréquents mais plus profonds.

"J'ai créé un système simple," partage Ahmed, chauffeur de bus de 45 ans. "Chaque dimanche soir, j'identifie trois personnes importantes avec qui je n'ai pas échangé récemment, et je planifie un appel ou un café dans la semaine. Ce petit rituel a transformé la profondeur de mes amitiés.

Pour maintenir des contacts significatifs :

- Privilégiez la qualité à la quantité
- Variez les modes d'interaction (en personne, appels vidéo, messages personnalisés)
- Créez des rituels de connexion adaptés à chaque relation
- Soyez présent aux moments clés de la vie de l'autre

◥ Célébrer les succès mutuels

La psychologue Shelly L. Gable[58] a découvert que notre façon de réagir aux bonnes nouvelles des autres est plus prédictive de la qualité de la relation que notre réponse à leurs difficultés. Le concept de « capitalisation », défini comme l'art de répondre de manière active et constructive aux succès des autres. Ses recherches portent sur la manière dont les réactions aux événements positifs ont un impact sur les relations et le bien-être individuel. Gable a introduit cette idée dans ses études sur la communication interpersonnelle, en soulignant que les réponses actives et constructives aux bonnes nouvelles partagées peuvent renforcer les relations et accroître le bonheur à la fois de celui qui les partage (capitalisateur) et de celui qui y répond.

Célébrer authentiquement les réussites des autres nécessite de dépasser l'envie ou la comparaison pour se réjouir sincèrement de leur bonheur.

Fatima, 52 ans, employée municipale, raconte : "Quand ma collègue a obtenu la promotion que nous visions toutes les deux, j'ai choisi de célébrer sincèrement sa réussite plutôt que de m'apitoyer. Cette décision a non seulement préservé notre amitié, mais l'a approfondie - et, ironiquement, a ouvert pour moi des opportunités inattendues."

Pour célébrer efficacement les succès :

- Exprimez un enthousiasme authentique
- Posez des questions pour permettre à l'autre de savourer pleinement sa réussite
- Reconnaissez les efforts et qualités qui ont mené au succès
- Partagez la joie dans votre cercle commun

Offrir son soutien de manière proactive

Les relations les plus nourrissantes sont celles où le soutien arrive parfois avant même d'être demandé. Cette proactivité démontre une attention particulière aux besoins de l'autre.

"Le soutien proactif est le ciment invisible des communautés résilientes," observe le sociologue Émile Durkheim. Il crée un filet de sécurité social qui permet à chacun de prendre des risques et de se relever après les échecs.

Victor, ouvrier du bâtiment de 59 ans, partage : "Quand j'ai perdu mon emploi, c'est Martin qui m'a appelé pour m'informer d'une opportunité avant même que je ne commence à chercher. Ce n'est pas tant l'information qui m'a touché, mais le fait qu'il ait pensé à moi sans que j'aie à demander."

Le soutien proactif peut prendre diverses formes :

- Partager une ressource pertinente pour un projet en cours
- Proposer votre aide lors d'une période que vous savez chargée
- Anticiper un besoin basé sur votre connaissance de l'autre
- Être présent dans les moments difficiles sans attendre d'être sollicité

◤ Exprimer sa gratitude

La gratitude est peut-être l'outil le plus puissant et pourtant le plus sous-utilisé pour nourrir nos relations. Les recherches en psychologie positive montrent qu'exprimer régulièrement sa reconnaissance renforce non seulement les liens, mais améliore aussi le bien-être de celui qui l'exprime.

Sylvie, infirmière de 48 ans, témoigne : "J'ai commencé à écrire une note de gratitude hebdomadaire à une personne différente de mon entourage. Cette pratique simple a transformé mes relations et ma perception des autres."

La gratitude authentique va au-delà d'un simple "merci" automatique :

- Elle est spécifique, nommant précisément ce que vous appréciez
- Elle reconnaît l'effort ou l'intention derrière le geste
- Elle exprime l'impact positif que l'autre a eu sur vous
- Elle est exprimée sans attente de retour

Le professeur Robert Emmons, spécialiste de la gratitude, a démontré que cette pratique régulière transforme non seulement nos relations, mais aussi notre cerveau, nous rendant plus attentifs aux aspects positifs de notre vie sociale[59].

C. Le courage de faire évoluer ses relations

Cultiver des relations ressourçantes implique parfois de transformer celles qui existent déjà - et dans certains cas, de laisser aller celles qui nous épuisent systématiquement.

Le psychothérapeute Matthew Kelly[60] suggère d'aborder chaque relation importante avec cette question : *"Cette relation me permet-elle de devenir la meilleure version de moi-même ?"* Si la réponse est non, trois options s'offrent à vous : transformer la relation, redéfinir ses limites, ou parfois, prendre de la distance.

Choisir consciemment vos relations n'est pas un acte d'égoïsme, mais de respect - tant envers vous-même qu'envers l'autre. C'est reconnaître que certaines connexions appartiennent à une saison particulière de notre vie, tandis que d'autres sont destinées à nous accompagner tout au long de notre parcours.

Inspirez-vous de Bruce Lee « *Soyez comme l'eau qui se fraye un chemin à travers les fissures. Ne vous affirmez pas, mais adaptez-vous à l'objet, et vous trouverez un moyen de le contourner ou de le traverser. Si rien en vous n'est figé, les choses extérieures se dévoileront d'elles-mêmes.* » C'est dans cet équilibre que réside le secret des relations véritablement ressourçantes.

Section 3 : Investir dans le réseau dédié à son projet d'accomplissement

À ce stade de votre parcours, vous avez identifié les différents types de soutien dont vous avez besoin et commencé à cultiver des relations nourrissantes. Il est maintenant temps d'affiner votre approche en créant délibérément un réseau axé sur votre projet d'accomplissement personnel.

Cette démarche n'a rien de manipulateur ou d'intéressé. Au contraire, elle témoigne d'une intention claire et d'une responsabilité assumée envers votre vision. Comme le souligne la sociologue Margaret Wheatley : "*Les réseaux intentionnels sont la structure naturelle de tout changement profond.*"[61]

A.   Construire un cercle de confiance

Si votre réseau global peut être vaste, votre cercle de confiance, lui, sera nécessairement plus restreint. Il s'agit d'un groupe sélect de personnes avec qui vous pouvez partager vos aspirations les plus profondes et vos doutes les plus intimes.

Identifier les personnes alignées avec nos valeurs

L'alignement des valeurs est le fondement de toute relation de confiance durable. Il ne s'agit pas de s'entourer de clones qui pensent exactement comme vous, mais de personnes dont les valeurs fondamentales résonnent avec les vôtres.

René, artisan boulanger de 55 ans, témoigne : "Pendant des années, j'ai essayé de m'intégrer dans des cercles d'entrepreneurs qui valorisaient avant tout la croissance rapide et les profits. Je me sentais constamment en décalage. C'est seulement quand j'ai trouvé un groupe qui partageait ma vision de l'artisanat durable et de l'excellence que j'ai pu véritablement m'épanouir."

Pour identifier cet alignement :

- Clarifiez d'abord vos propres valeurs essentielles
- Observez les comportements, pas seulement les discours
- Recherchez la cohérence entre les paroles et les actions
- Soyez attentif à votre ressenti en présence de l'autre

La théorie de la proximité sociale développée par le psychologue Theodore Newcomb[62] confirme que nous formons naturellement des liens plus forts avec ceux qui partagent nos valeurs fondamentales, créant ainsi un environnement de sécurité psychologique essentiel à notre développement.

◥ Créer des rituels de partage et d'entraide

Les rituels structurent et renforcent les relations. Ils transforment des intentions abstraites en pratiques concrètes et régulières.

"Dans notre groupe de reconversion professionnelle, nous avons instauré un rituel mensuel que nous appelons 'Célébrations et Défis'," explique Nadia, ancienne commerciale de 46 ans devenue consultante en développement durable. "Chacun partage une victoire et un obstacle. Ce simple rituel a créé une dynamique puissante de soutien mutuel."

D'autres formats de rituels ont prouvé leur efficacité :

- **Le cercle de gratitude mensuel** : Chaque membre partage trois reconnaissances du mois écoulé et une intention pour le mois à venir.

- **Les marches inspirantes** : Une promenade hebdomadaire à deux où l'on alterne 20 minutes d'écoute profonde chacun.

- **Le dîner tournant des possibles** : Chaque mois, un membre reçoit et présente un projet ou un rêve sur lequel le groupe fait un brainstorming bienveillant.

Les rituels efficaces présentent plusieurs caractéristiques :

- Ils sont réguliers et prévisibles
- Ils ont un objectif clair
- Ils impliquent activement tous les membres
- Ils évoluent naturellement avec le temps pour rester pertinents

La neuroscience nous enseigne que les rituels libèrent des neurotransmetteurs comme la dopamine et l'ocytocine, renforçant le sentiment d'appartenance et la solidarité du groupe.

◥ Établir des objectifs communs

Lorsque des personnes poursuivent un objectif partagé, leurs liens se renforcent naturellement. Ces objectifs communs deviennent un puissant catalyseur de cohésion et d'entraide.

Dans son ouvrage "Drive"[63], Daniel Pink identifie trois éléments qui motivent profondément les humains : **l'autonomie, la maîtrise et le sens.** Les objectifs communs nourrissent ces trois dimensions, créant ainsi un environnement propice à l'épanouissement collectif.

Jérôme, 60 ans, ancien cadre dans l'industrie, raconte : "Après ma préretraite, j'ai rejoint un collectif de mentors seniors qui accompagne des jeunes entrepreneurs. Notre objectif commun de transmission intergénérationnelle a créé entre nous des liens plus forts que ceux que j'avais développés en trente ans de carrière."

Pour établir des objectifs communs efficaces :

- Assurez-vous qu'ils résonnent avec les aspirations individuelles de chacun
- Formulez-les en termes clairs et inspirants
- Définissez des étapes intermédiaires mesurables
- Célébrez ensemble les progrès réalisés
-

◤ Maintenir des frontières saines

Paradoxalement, les relations les plus nourrissantes sont celles où des frontières claires sont respectées. Ces limites permettent à chacun de préserver son intégrité et son autonomie. Gardez à l'esprit, la citation du psychologue Mark Groves[64], spécialiste des frontières relationnelles, qui explique : " *Les murs empêchent tout le monde d'entrer, mais les frontières apprennent aux gens où se trouve la porte.*"

Françoise, enseignante de 52 ans, témoigne : "Dans notre cercle de développement professionnel, nous avons établi des règles claires : confidentialité totale, feedback uniquement lorsqu'il est sollicité, et respect du temps de parole. Ces simples principes ont créé un espace où chacun peut se montrer authentique sans crainte."

Les frontières saines incluent :

- La clarté sur ce que vous êtes prêt à partager ou non
- Le respect de vos limites énergétiques et temporelles
- La capacité à dire non sans culpabilité
- L'acceptation que les autres aient aussi leurs propres frontières

La recherche en psychologie positive montre que les personnes capables de maintenir des frontières saines développent des relations plus profondes et plus durables, fondées sur le respect mutuel plutôt que sur la dépendance.

Importance des frontières saines

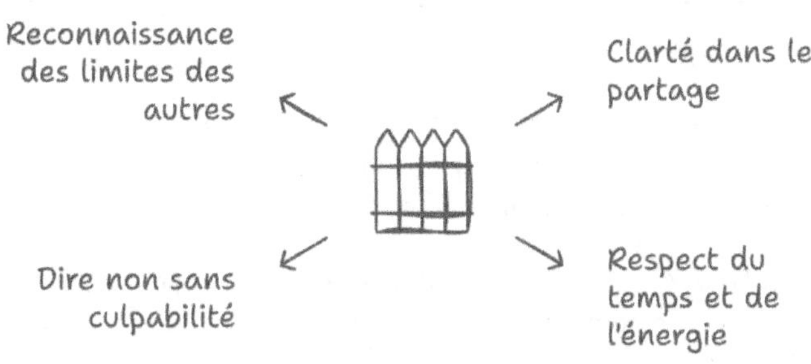

B. Activer son réseau avec intention

Construire un réseau ne suffit pas - il faut l'activer avec intention pour qu'il devienne un véritable catalyseur de votre projet d'accomplissement.

Participer à des communautés d'intérêt

Les communautés d'intérêt rassemblent des personnes partageant une passion ou un objectif commun. Ces espaces offrent un terrain fertile pour développer des relations significatives ancrées dans un contexte partagé.

"*Les communautés d'apprentissage sont les incubateurs naturels de l'innovation personnelle*", elles créent un contexte où la transformation individuelle est soutenue par une culture collective. Les travaux de Jean Lave, notamment en collaboration avec Etienne Wenger, soulignent que l'apprentissage est fondamentalement un processus social et qu'il se produit par la participation à des communautés de pratique[65]. Leur concept d'**apprentissage situé** souligne l'importance de l'interaction sociale et de l'immersion dans des pratiques socioculturelles pour un apprentissage significatif

Omar, 42 ans, chauffeur-livreur passionné d'écriture, partage : "Rejoindre un cercle d'écrivains amateurs a transformé mon hobby solitaire en une véritable pratique de développement personnel. Nous nous poussons mutuellement à progresser, non par compétition, mais par inspiration réciproque."

Pour tirer le meilleur parti des communautés d'intérêt :

- Choisissez des groupes alignés avec vos valeurs et aspirations
- Commencez par écouter et observer avant de contribuer activement
- Engagez-vous régulièrement plutôt que sporadiquement
- Recherchez la diversité des perspectives au sein d'intérêts communs

◥ Organiser des rencontres régulières

Prendre l'initiative d'organiser des rencontres vous positionne naturellement comme un connecteur au sein de votre réseau, tout en vous assurant que ces interactions soutiennent véritablement votre parcours.

"Les initiateurs de rencontres régulières sont les architectes invisibles du capital social d'une communauté," observe Robert Putnam dans ses recherches sur la cohésion sociale[66].

Amina, 58 ans, infirmière en reconversion vers le conseil en santé publique, raconte : "J'ai lancé un petit-déjeuner mensuel avec quatre autres professionnels en transition. Ce simple rituel est devenu notre ancre collective - un espace où nos doutes trouvent écho et nos petites victoires sont célébrées."

Pour organiser des rencontres qui ressourcent véritablement :

- Définissez clairement l'intention de chaque rencontre
- Créez un cadre à la fois structuré et convivial
- Variez les formats selon les objectifs (discussion, atelier pratique, partage d'expérience)
- Sollicitez régulièrement des retours pour faire évoluer ces espaces

◥ Contribuer activement aux échanges

La qualité de ce que vous recevez de votre réseau est directement proportionnelle à la valeur que vous y apportez. La contribution active crée un cercle vertueux d'échange et d'enrichissement mutuel.

Cette idée rejoint le concept d'économie du don théorisé par l'anthropologue Marcel Mauss[67] : dans les communautés résilientes, la valeur circule librement sans comptabilité stricte, créant ainsi une abondance collective.

Gisèle, 49 ans, comptable devenue formatrice, observe : "J'ai découvert que plus je partageais généreusement mes connaissances et mon expérience, plus je recevais en retour - non pas nécessairement des mêmes personnes, mais du réseau dans son ensemble."

Pour contribuer de manière significative :

- Identifiez vos forces uniques et comment elles peuvent servir les autres
- Partagez vos apprentissages, même ceux issus de vos échecs
- Posez des questions qui stimulent la réflexion collective
- Connectez activement des personnes qui pourraient s'enrichir mutuellement

Devenir soi-même une ressource pour les autres

Il existe une sagesse profonde dans l'adage "*On enseigne mieux ce qu'on a besoin d'apprendre.*" Devenir une ressource pour les autres dans votre domaine de développement accélère votre propre progression.

La philosophe et militante Angela Davis exprime cette idée avec force : "*Vous devez agir comme si c'était possible de transformer le monde radicalement. Et vous devez le faire tout le temps.*"

Michel, 54 ans, ancien cadre administratif reconverti en accompagnateur de transitions professionnelles, témoigne : "C'est en commençant à partager mon expérience de reconversion que j'ai véritablement intégré mes propres apprentissages. Chaque personne que j'aide éclaire un nouvel angle de ma propre transformation."

Pour devenir une ressource précieuse :

- Documentez votre parcours et les leçons apprises
- Développez votre capacité à articuler clairement vos expériences
- Restez humble et ouvert à continuer d'apprendre
- Créez des outils ou ressources que vous pouvez partager

C. L'art de l'équilibre relationnel

Comme pour tout aspect du développement personnel, l'investissement dans votre réseau requiert un équilibre délicat. Il ne s'agit ni de vous isoler dans une quête purement individuelle, ni de vous disperser dans une multitude de relations superficielles.

La clé réside dans ce que le philosophe Aristote appelait la "phronesis" ou sagesse pratique - cette capacité à discerner le juste équilibre adapté à votre situation unique. Certaines périodes de votre vie appelleront à un réseau étendu et diversifié, d'autres à un cercle plus restreint mais profond.

Comme l'explique la théorie des cercles concentriques du sociologue Peter Blau[68], nous entretenons naturellement différents niveaux d'intimité relationnelle - du cercle intime des confidents aux connexions plus périphériques. Chaque niveau joue un rôle unique dans notre écosystème social.

L'essentiel est que votre réseau vous ressemble et qu'il évolue naturellement avec vous, reflétant à chaque étape l'authenticité de votre parcours et la sincérité de vos aspirations.

À travers cet investissement conscient dans un réseau aligné avec votre projet d'accomplissement, vous créez non seulement un environnement propice à votre propre transformation, mais vous contribuez également à l'émergence d'une culture collective où chacun peut s'épanouir pleinement.

Cycle d'équilibre relationnel

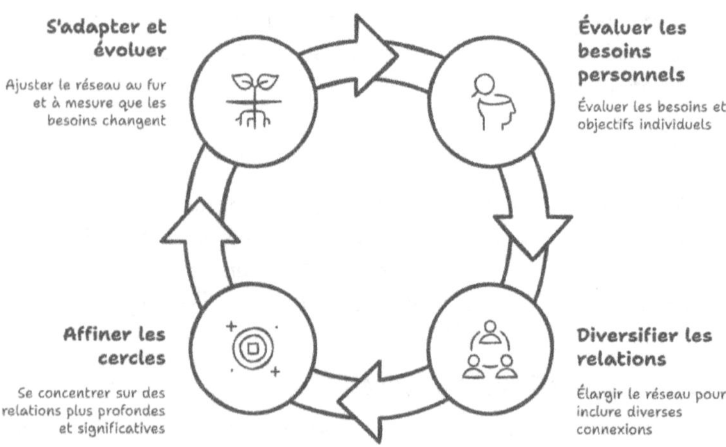

Conclusion :

◥ De la solitude à la solidarité

Le voyage de transformation personnelle n'est pas celui d'un héros solitaire, mais plutôt une aventure collective où chaque relation significative devient un fil de cette tapisserie unique qu'est votre vie. En parcourant ce chapitre, vous avez découvert comment transformer votre approche des relations, passant d'interactions parfois aléatoires à un réseau intentionnel qui soutient véritablement vos aspirations les plus profondes.

Nous avons commencé par cartographier les différentes parties prenantes de votre parcours — mentors qui guident, coachs qui challengent, pairs qui comprennent, et experts qui éclairent. Vous avez appris à reconnaître ces rôles essentiels et à apprécier leur contribution unique à votre développement. Comme les différents instruments d'un orchestre, chacun apporte sa tonalité particulière à l'harmonie de votre croissance.

Nous avons ensuite exploré l'art de cultiver des relations qui ressourcent véritablement. L'écoute active, le partage vulnérable, la réciprocité et la bienveillance sont devenus vos outils pour créer des liens authentiques. Vous avez découvert que maintenir ces relations précieuses demande une attention délibérée — des contacts réguliers et significatifs, la célébration des succès mutuels, le soutien proactif et l'expression sincère de gratitude.

Enfin, vous avez appris à investir stratégiquement dans un réseau dédié à votre accomplissement, en construisant un cercle de confiance ancré dans des valeurs partagées et en l'activant avec intention pour soutenir votre vision.

◥ La force du collectif dans la réalisation de soi

Ce que nous découvrons au cœur de ce travail relationnel est profondément paradoxal : c'est souvent à travers notre connexion aux autres que nous trouvons notre voie la plus authentique. Contrairement à l'image romantique du génie solitaire, la véritable réalisation de soi émerge généralement au sein d'une communauté nourrissante.

Cette vérité est inscrite dans notre biologie même. Nos cerveaux sont littéralement câblés pour la connexion. Les neurosciences confirment que nos moments de créativité les plus puissants, nos intuitions les plus profondes et notre bien-être le plus complet surviennent lorsque nous nous sentons en sécurité et soutenus par des relations de confiance.

◥ L'importance de donner autant que de recevoir

L'échange est au cœur de toute relation épanouissante. Votre réseau n'est pas simplement là pour vous soutenir — il vous invite également à contribuer. Dans ce cycle vertueux de donner et recevoir, vous découvrez une vérité profonde : nous nous enrichissons en nous donnant.

La réalisation de soi n'est pas un sommet que l'on atteint pour contempler seul le paysage. C'est plutôt un territoire fertile que l'on cultive ensemble, où chacun apporte ses dons uniques et récolte la richesse collective.

◥ La création d'un héritage à travers le partage

En tissant consciemment votre toile de soutien, vous ne transformez pas seulement votre propre vie — vous participez à un mouvement plus vaste de connexion humaine. Chaque relation authentique que vous cultivez crée des ondulations d'influence positive qui s'étendent bien au-delà de votre cercle immédiat.

Votre héritage le plus précieux ne sera peut-être pas ce que vous avez accompli personnellement, mais la façon dont vous avez enrichi la vie des autres par votre présence, votre soutien et votre sagesse partagée.

◥ Un pas vers l'action

Le moment est venu de passer de la compréhension à l'action. Les exercices pratiques qui suivent vous guideront pas à pas pour évaluer votre réseau actuel, cartographier vos relations clés, initier des conversations significatives et élargir votre cercle de soutien.

N'attendez pas que votre réseau idéal se forme spontanément. Comme un jardinier attentif, commencez dès aujourd'hui à semer, cultiver et nourrir les relations qui feront fleurir votre potentiel.

Rappelez-vous cette vérité simple mais profonde : nous sommes plus forts ensemble. En transformant votre voyage de la solitude à la solidarité, vous ne découvrirez pas seulement la meilleure version de vous-même — vous contribuerez à créer un monde où chacun peut s'épanouir pleinement.

Construire un réseau de soutien

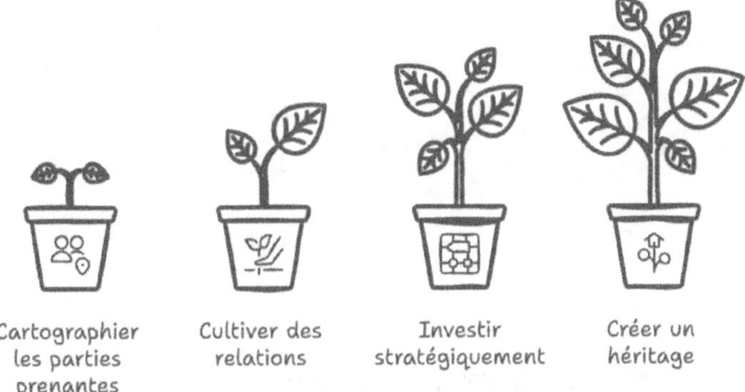

Le poète John Donne l'avait compris lorsqu'il écrivait : "*Aucun homme n'est une île.*"[69] Dans la toile interconnectée de notre humanité partagée se trouve peut-être notre plus grand potentiel d'épanouissement.

Exercices pratiques et outils

Avant de plonger dans ces outils, prenez le temps de faire le point ou vous aérez l'esprit. Cette section regorge d'exercices conçus pour vous accompagner sur la durée, non pour vous submerger. Comme un jardinier patient qui ne plante pas toutes ses graines le même jour, choisissez l'outil qui résonne le plus avec votre besoin actuel. Les autres vous attendront, prêts à vous servir quand le moment sera venu. Votre réseau se construit pas à pas, relation par relation. Faites-vous confiance pour avancer à votre rythme.

La compréhension sans action reste théorique. C'est pourquoi je vous propose maintenant des outils concrets pour transformer les concepts de ce chapitre en réalités tangibles dans votre vie. Ces exercices vous guideront pas à pas pour évaluer, développer et activer votre réseau de soutien avec intention et authenticité.

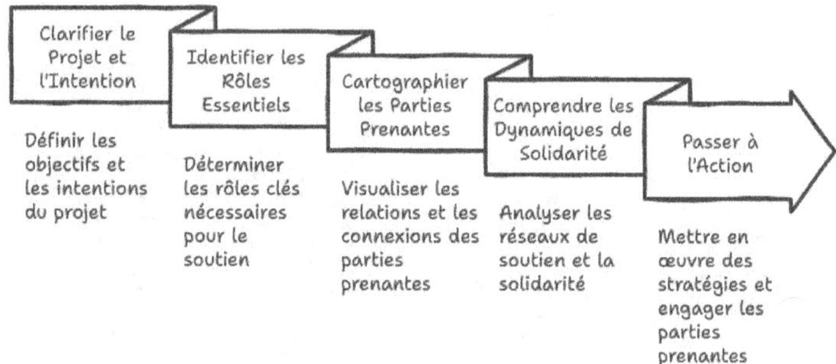

Auto-évaluation de votre réseau actuel

Le miroir relationnel

Prenez un moment pour réfléchir honnêtement à l'état actuel de votre réseau de soutien. Cet exercice vous permettra d'identifier les forces et les lacunes de votre écosystème relationnel.

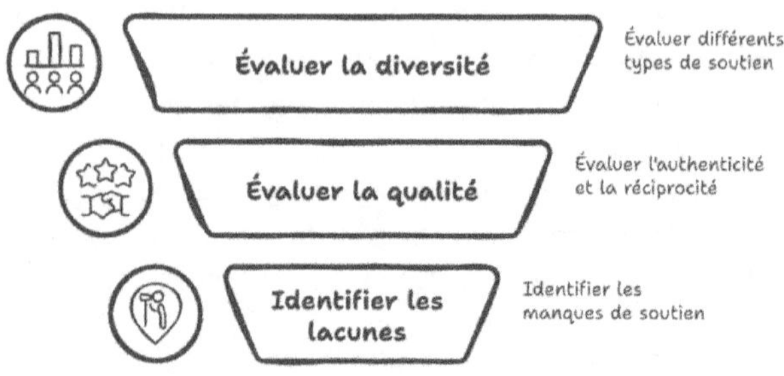

1. **Diversité du soutien**

   Sur une échelle de 1 à 10, évaluez la présence dans votre vie de chaque type de soutien :
   - Mentors qui vous inspirent et vous guident : ___/10
   - Coachs qui vous challengent et vous responsabilisent : ___/10

- o   Pairs qui comprennent votre réalité et vos défis : ___/10
- o   Experts qui vous apportent des connaissances spécifiques : ___/10

2.   **Qualité des relations**

Pour les 5-7 personnes les plus importantes dans votre parcours actuel, notez de 1 à 10 :

- o   Le niveau d'authenticité que vous ressentez avec chacune : ___/10
- o   La régularité et la profondeur de vos échanges : ___/10
- o   Le degré d'alignement avec vos valeurs fondamentales : ___/10
- o   La réciprocité dans la relation : ___/10
- o

3.   **Analyse des lacunes**

Répondez aux questions suivantes par écrit :

- o   Quel type de soutien manque le plus dans mon réseau actuel ?
- o   Quelle compétence ou perspective me serait particulièrement utile ?
- o   Quelles relations actuelles mériteraient d'être approfondies ?
- o   Y a-t-il des relations qui me drainent plus qu'elles ne me nourrissent ?

Conseil de sagesse : Soyez indulgent avec vous-même pendant cet exercice. Il ne s'agit pas de vous juger, mais de créer une base honnête pour votre développement relationnel. Comme le dit si bien le proverbe africain : "*Si tu veux aller vite, marche seul. Si tu veux aller loin, marchons ensemble.*"

Template pour cartographier vos relations clés

La carte de votre tribu

Cette visualisation puissante vous permettra de voir clairement votre écosystème relationnel et d'identifier les opportunités de développement.

Matériel nécessaire : Une grande feuille de papier (format A3 idéalement), des crayons de couleur ou des marqueurs.

Instructions :

1.   **Créez votre centre**

Au milieu de la page, dessinez un cercle et inscrivez-y votre nom et votre projet d'accomplissement principal.

2. **Établissez vos cercles concentriques**

   Autour de vous, tracez trois cercles représentant différents niveaux de proximité :
   - Cercle intérieur : Votre clan proche (relations essentielles)
   - Cercle intermédiaire : Vos alliés (relations importantes)
   - Cercle extérieur : Votre communauté élargie (relations occasionnelles)

3. **Placez les personnes clés**

   Pour chaque personne significative dans votre parcours, créez un symbole ou écrivez son nom au bon endroit selon sa proximité avec vous et votre projet.

4. **Codez par couleur et par rôle**

   Utilisez un système de couleurs pour différencier les types de soutien :
   - Vert : Les mentors qui vous guident et vous inspirent
   - Rouge : Les coachs qui vous challengent
   - Bleu : Les pairs qui vous comprennent et vous encouragent
   - Jaune : Les experts qui vous conseillent et vous orientent
   - Violet : Les alliés qui vous offrent un soutien émotionnel

5. **Indiquez les connexions**

   Tracez des lignes entre les personnes qui se connaissent, créant ainsi une visualisation de l'interconnexion de votre réseau.

6. **Identifiez les opportunités**

   Avec un crayon d'une couleur différente, marquez :
   - Les espaces où vous aimeriez ajouter un nouveau type de soutien
   - Les relations que vous souhaitez approfondir
   - Les connexions potentielles à créer entre différentes personnes de votre réseau

Activation immédiate : Une fois votre carte terminée, prenez une photo et gardez-la accessible sur votre téléphone. Consultez-la régulièrement, en particulier avant de prendre des décisions importantes ou lorsque vous vous sentez isolé(e) dans votre parcours.

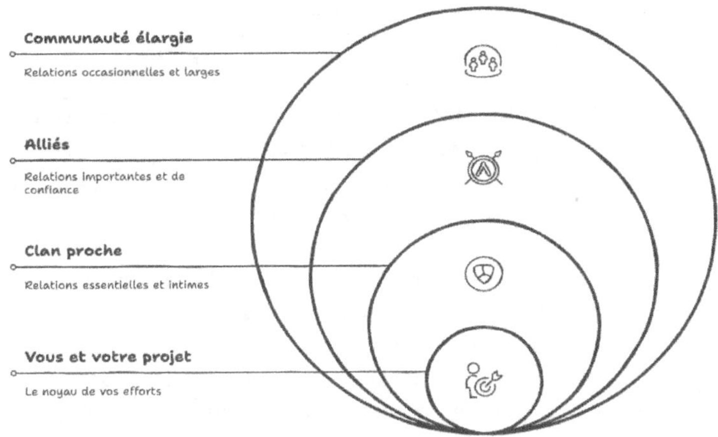

Guide pour initier des conversations significatives

◥ L'art de la connexion authentique

Les conversations profondes ne surviennent pas par hasard - elles sont le fruit d'une intention claire et d'une présence véritable. Voici comment transformer des échanges ordinaires en moments de connexion significative.

Préparation intérieure

- Prenez quelques respirations profondes avant la rencontre
- Clarifiez votre intention : que souhaitez-vous donner et recevoir dans cet échange ?
- Adoptez une posture de curiosité sincère et d'ouverture

◥ Questions catalyseurs de profondeur

Lorsque vous souhaitez approfondir une relation, ces questions peuvent ouvrir la porte à des échanges plus authentiques :

1. Pour une première connexion significative
   - "Qu'est-ce qui vous passionne vraiment dans votre parcours actuel ?"
   - "Quel a été un tournant important dans votre développement personnel ou professionnel ?"

- ○   "Quelle est la leçon la plus précieuse que vous ayez apprise récemment ?"
2. Pour renforcer une relation existante
   - ○   "Comment puis-je vous soutenir le plus utilement dans cette période de votre vie ?"
   - ○   "Quelles sont les valeurs qui vous guident lorsque vous traversez des moments difficiles ?"
   - ○   "Qu'est-ce qui vous apporte le plus de joie dans ce que vous construisez actuellement ?"
3. Pour solliciter un soutien spécifique
   - ○   "J'admire particulièrement votre capacité à [compétence spécifique]. Seriez-vous ouvert(e) à partager votre expérience sur ce sujet ?"
   - ○   "Je traverse actuellement [situation] et je pense que votre perspective pourrait m'être précieuse. Auriez-vous un moment pour échanger à ce sujet ?"
   - ○   "Votre parcours dans [domaine] m'inspire beaucoup. Comment avez-vous surmonté [obstacle spécifique] sur votre chemin ?"

◥ L'art de l'écoute transformationnelle

1. **Pratiquez l'écoute à trois niveaux**
   - ○   Niveau 1 : Écoutez les mots et les faits
   - ○   Niveau 2 : Percevez les émotions et le non-verbal
   - ○   Niveau 3 : Captez les aspirations profondes et les valeurs exprimées implicitement
2. **Technique du reflet amplificateur** Après une partage significatif, reformulez ce que vous avez entendu en mettant en lumière la force ou la sagesse que vous percevez dans ce qui a été dit. Exemple : "*Ce que j'entends dans votre expérience, c'est une capacité remarquable à transformer les obstacles en opportunités d'apprentissage...*"

Rituel d'intégration : Après chaque conversation significative, prenez 3 minutes pour noter ce qui vous a le plus touché ou inspiré, et une action concrète que cette conversation vous invite à entreprendre.

Plan d'action pour élargir votre cercle de soutien

La stratégie des cercles concentriques

Développer intentionnellement votre réseau de soutien demande une approche structurée et authentique. Ce plan en 30 jours vous guidera pas à pas.

Semaine 1 : Cultiver le cercle existant

- **Jour 1-2** : Identifiez 3 relations clés que vous souhaitez approfondir
- **Jour 3-5** : Planifiez un moment de qualité avec chacune de ces personnes
- **Jour 6-7** : Exprimez votre gratitude de façon spécifique à 5 personnes de votre réseau actuel

Semaine 2 : Explorer de nouvelles connexions

- **Jour 8-10** : Recherchez 2 communautés ou groupes alignés avec vos valeurs et aspirations
- **Jour 11-12** : Participez à un événement ou une rencontre dans l'une de ces communautés
- **Jour 13-14** : Initiez une conversation significative avec au moins une nouvelle personne

Semaine 3 : Activer les connexions latentes

- **Jour 15-17** : Identifiez 3 personnes avec qui vous avez perdu contact mais qui pourraient être des ressources précieuses
- **Jour 18-21** : Renouez contact en partageant sincèrement où vous en êtes et ce que vous appréciez chez elles

Semaine 4 : Contribuer et créer de la valeur

- **Jour 22-25** : Offrez une forme de soutien ou de partage à 3 personnes de votre réseau
- **Jour 26-28** : Créez une occasion de rassembler quelques personnes de différentes sphères de votre vie

- **Jour 29-30** : Réfléchissez aux apprentissages du mois et établissez votre plan pour les 30 jours suivants

Plan de développement du réseau sur 30 jours

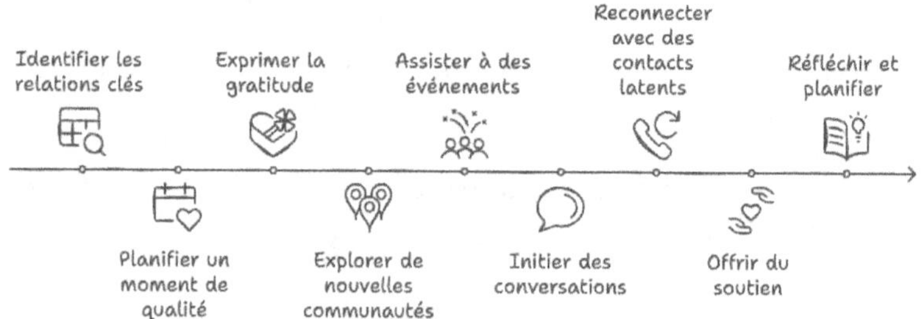

Les 3 principes d'or pour un élargissement authentique

1. **Qualité avant quantité**
   Privilégiez toujours des connexions significatives plutôt qu'un grand nombre de contacts superficiels.
2. **Donner avant de recevoir**
   Abordez chaque nouvelle relation en vous demandant d'abord comment vous pouvez apporter de la valeur.
3. **Célébrer la diversité des perspectives**
   Cherchez intentionnellement à inclure dans votre cercle des personnes aux parcours, origines et expériences variés.

Engagement d'action : Choisissez *maintenant* une action spécifique de ce plan que vous vous engagez à réaliser dans les 48 prochaines heures. Notez-le ici et programmez-la dans votre agenda.

Action spécifique pour les prochaines 48 heures :

____

____

____

Principes pour un Réseau de Soutien Amélioré

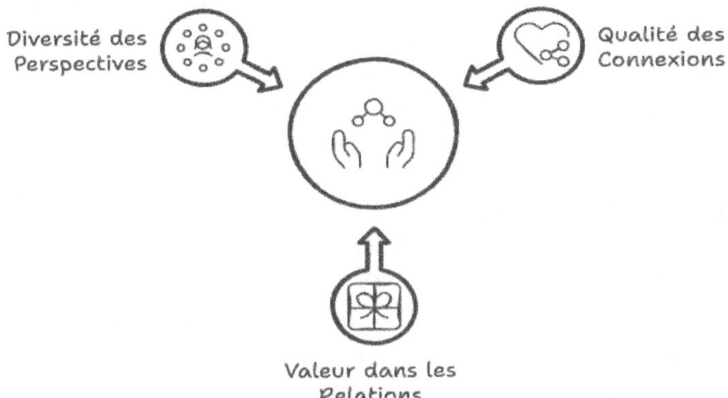

Ces outils et exercices ne sont que le début de votre voyage vers un réseau de soutien épanouissant. N'hésitez pas à les adapter à votre situation unique et à les revisiter régulièrement. Rappelez-vous que, comme tout jardin florissant, votre réseau relationnel demande une attention constante mais légère, et qu'il s'épanouit davantage avec de la patience et de la bienveillance qu'avec de la précipitation.

La véritable magie se produit lorsque vous commencez à voir les connexions se former d'elles-mêmes entre les différentes personnes que vous avez rassemblées dans votre cercle. Comme dans tout écosystème sain, la diversité et l'interconnexion créentune résilience dont tout le monde bénéficie.

10 points clés pour construire votre réseau de soutien

1. ## Personne ne s'épanouit en solitaire

   Rappelez-vous que les plus grands accomplissements résultent rarement d'un parcours isolé. Votre réseau n'est pas un luxe, mais une nécessité pour toute transformation durable. Chaque relation significative est une étoile dans la constellation qui illumine votre chemin.

2. ## Diversifiez votre écosystème relationnel

   Ne cherchez pas le mentor parfait qui répondrait à tous vos besoins. Cultivez plutôt un équilibre entre les guides qui inspirent, les coachs qui challengent, les pairs qui comprennent et les experts qui éclairent. Cette diversité crée un environnement complet pour votre croissance.

3. ## L'authenticité attire l'authenticité

   Les connexions superficielles engendrent des résultats superficiels. Osez-vous montrer tel que vous êtes, avec vos forces et vos vulnérabilités. Ce courage ouvre la porte à des relations véritablement nourrissantes où chacun peut être pleinement lui-même.

4. ## L'écoute est votre superpouvoir relationnel

   La qualité de votre présence à l'autre transforme radicalement vos interactions. Pratiquez l'écoute à trois niveaux : les mots, les émotions, et les aspirations profondes. Dans un monde où chacun parle, celui qui écoute véritablement devient un trésor rare.

5. ## La vulnérabilité crée des ponts invisibles

   Partager vos doutes et vos défis n'est pas un signe de faiblesse, mais de courage authentique. Ces moments de vérité créent une résonance qui permet aux autres de se reconnaître en vous. C'est dans ces espaces partagés que naissent les connections les plus profondes.

6. ## Donnez avant de recevoir

   Approchez chaque relation en vous demandant d'abord : "Comment puis-je contribuer ?" Cette générosité d'esprit transforme la dynamique relationnelle et crée un cycle vertueux d'abondance collective. Paradoxalement, c'est souvent en donnant que nous recevons le plus.

7. **Créez un cercle de confiance intentionnel**
Entourez-vous délibérément de personnes alignées avec vos valeurs fondamentales. Ce n'est pas la proximité ou l'ancienneté d'une relation qui compte, mais sa capacité à vous élever et à soutenir votre meilleure version. Choisissez consciemment votre "tribu".

8. **Activez votre réseau avec régularité et intention**
Une relation sans entretien est comme un jardin sans soin - elle s'étiole. Créez des rituels simples mais significatifs pour maintenir vivantes vos connexions importantes. Un message sincère, un appel attentif ou un café régulier peuvent faire toute la différence.

9. **Respectez l'équilibre des frontières**
Les relations les plus nourrissantes sont celles où chacun peut être authentique tout en respectant l'espace de l'autre. Apprenez à dire non avec grâce et à recevoir un refus sans le prendre personnellement. Ces frontières saines créent paradoxalement plus d'intimité véritable.

10. **Voyez votre réseau comme un héritage vivant**
Votre impact le plus durable ne sera peut-être pas ce que vous avez accompli, mais les vies que vous aurez touchées et enrichies. En tissant des liens authentiques, vous créez des ondulations positives qui se propagent bien au-delà de votre cercle immédiat, formant un héritage relationnel qui vous survivra.

"Un arbre seul ne fait pas une forêt." Les connexions que vous cultivez aujourd'hui deviendront les racines profondes qui vous soutiendront demain. N'attendez pas que votre réseau idéal se forme de lui-même - commencez dès maintenant à tisser intentionnellement cette toile précieuse qui vous portera vers votre pleine réalisation.

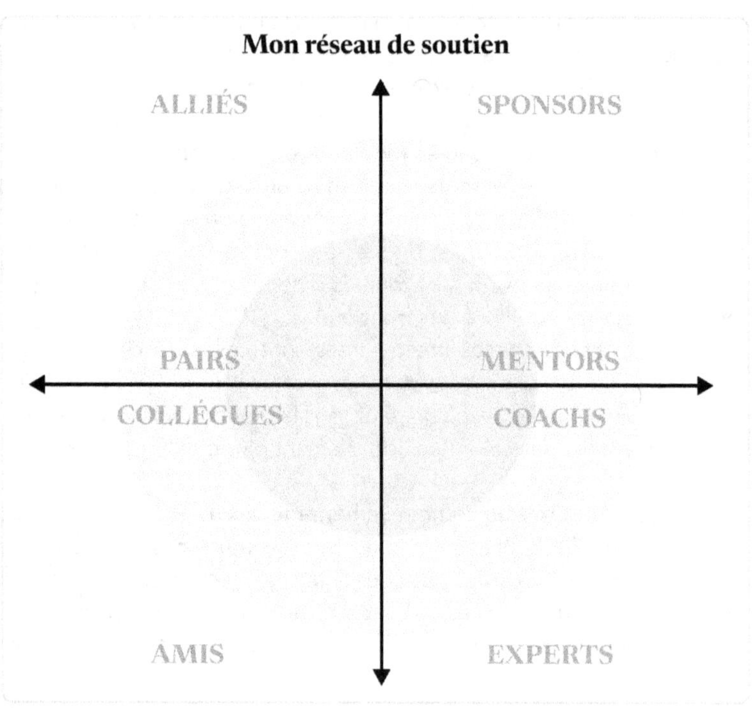

https://playbook.kristy-blog.fr/exercices/1005

Chapitre 9 : Transmettre son histoire - de l'expérience personnelle à l'inspiration collective

"Les histoires constituent le tissu même de notre humanité. En partageant la vôtre, vous n'illuminez pas seulement votre chemin, mais vous éclairez aussi celui des autres."

Introduction

Votre histoire est unique. Personne d'autre n'a vécu exactement les mêmes expériences que vous, avec votre perspective particulière et les enseignements que vous en avez tirés. Cette singularité représente un trésor dont la valeur dépasse votre parcours individuel – c'est un legs potentiel pour ceux qui vous entourent et pour les générations futures.

Pendant des millénaires, les sociétés humaines ont transmis leur sagesse à travers des récits. Avant l'écriture, avant les livres, avant l'ère numérique, c'était par la parole que s'échangeaient les connaissances essentielles, les leçons de vie cruciales et les valeurs fondamentales. Cette tradition ancestrale de partage des histoires personnelles reste aujourd'hui l'un des outils les plus puissants de connexion humaine et de transformation.

Pensez à l'impact qu'ont eu sur vous les récits des autres. Peut-être avez-vous été profondément touché par le témoignage d'une collègue qui a réinventé sa carrière après un burnout, trouvant finalement sa véritable vocation. Ou peut-être que l'histoire de cet artisan qui, à cinquante ans passés, a osé transformer sa passion en entreprise florissante, vous a inspiré à reconsidérer vos propres possibilités. Les histoires nous montrent ce qui est possible – elles élargissent notre champ des possibles.

Lorsque vous partagez votre parcours, surtout les moments de transition ou de défi, vous offrez bien plus qu'une simple anecdote. Vous donnez :

- Un miroir dans lequel d'autres peuvent reconnaître leurs propres défis
- Une carte qui révèle des chemins jusqu'alors invisibles
- Une preuve vivante qu'il est possible de surmonter l'adversité
- Une connexion humaine qui dissipe le sentiment d'isolement

Partager n'est pas qu'un acte altruiste – c'est également un puissant catalyseur de votre propre croissance. Comme l'a découvert Sophie, ingénieure devenue formatrice en intelligence émotionnelle, *"C'est seulement en articulant mon histoire que j'ai vraiment compris sa cohérence. Les parties qui semblaient être des détours se sont révélées être exactement ce dont j'avais besoin pour mon chemin."*

Dans ce chapitre, nous explorerons l'art et la science du partage d'histoire personnelle. Nous commencerons par préparer le terrain, en identifiant ce qui rend votre histoire unique et digne d'être racontée. Ensuite, nous apprendrons à la construire avec authenticité, en équilibrant vulnérabilité et message inspirant. Nous examinerons les différents canaux par lesquels vous pouvez la transmettre, qu'ils soient écrits, oraux ou créatifs. Nous verrons comment véritablement inspirer et impacter votre audience, et enfin, nous vous fournirons des exercices pratiques pour vous aider à concrétiser ce processus.

Que vous souhaitiez partager votre histoire avec vos proches, votre communauté professionnelle ou un public plus large, ce chapitre vous guidera pas à pas. Car votre histoire mérite d'être entendue. Et quelqu'un, quelque part, a besoin de l'entendre.

Prêt à transformer votre expérience personnelle en un héritage qui inspire ? Tournons la page et commençons.

Ce chapitre vous invite à passer de l'exploration intérieure des chapitres précédents à l'expression extérieure - non pas pour répéter votre travail de découverte, mais pour distiller de vos révélations ce qui peut servir et inspirer les autres.

Section 1 : Préparer le terrain de son récit

A. Identifier ce qui rend votre histoire unique

Chacun de nous possède une histoire qui lui est propre, tissée de moments ordinaires et extraordinaires, d'épreuves et de triomphes, de choix difficiles et de rencontres décisives. Cette singularité est votre plus grande force. Accepter que votre parcours ne ressemble à aucun autre est la première étape pour partager une histoire authentique et inspirante.

Marcel, ébéniste de 52 ans, a longtemps cru que son parcours d'artisan autodidacte n'intéresserait personne. "J'ai quitté l'école à 16 ans pour travailler avec mon père dans son atelier. Je pensais que ce n'était pas assez glamour pour être raconté." C'est en partageant son histoire lors d'une soirée communautaire qu'il a réalisé combien sa résilience face aux difficultés économiques et sa fidélité à son art touchaient profondément les autres.

Pour identifier l'essence unique de votre histoire, posez-vous ces questions :

- Quelles circonstances particulières ont façonné votre parcours ?
- Quels obstacles avez-vous surmontés d'une manière qui vous est propre ?
- Quelles valeurs fondamentales ont guidé vos choix aux moments cruciaux ?
- Quelles perspectives uniques avez-vous développées grâce à vos expériences ?

Souvenez-vous que ce qui vous semble banal peut être précisément ce qui résonnera avec les autres. Comme l'explique la psychologue Brené Brown, "*La vulnérabilité est le berceau de l'innovation, de la créativité et du changement.*" Vos luttes quotidiennes, vos doutes et vos petites victoires sont souvent les éléments les plus universels de votre histoire.

B.   Reconnaître les moments clés de transformation

Toute histoire personnelle puissante comporte des points de bascule – ces instants où tout a changé. Parfois, ces moments sont évidents : une promotion inattendue, un diagnostic médical, une rencontre fortuite. D'autres fois, ils sont subtils : une conversation qui ouvre une nouvelle perspective, un livre qui bouleverse votre vision du monde, une décision apparemment mineure qui s'avère déterminante.

Amina, ancienne cadre financière devenue entrepreneure sociale à 40 ans, identifie son moment de transformation ainsi : "Ce n'était pas lorsque j'ai démissionné. C'était trois mois avant, quand j'ai visité cette coopérative de femmes au Sénégal et que j'ai compris que mon expertise pouvait servir une cause plus grande que moi-même."

Pour cartographier vos moments de transformation :

1. **Tracez une ligne de temps** de votre vie, en notant les événements significatifs.
2. **Identifiez les séquences avant/après** – ces périodes où vous avez commencé à penser, à ressentir ou à agir différemment.
3. **Explorez les catalyseurs** – ce qui a précipité ces changements.

4.   **Observez les schémas répétitifs** – les thèmes récurrents qui révèlent vos valeurs profondes.

Connexion avec votre travail précédent : Si vous avez exploré votre voyage du héros au chapitre 2, reprenez votre schéma narratif - ces moments de transformation correspondent souvent aux "épreuves" et "révélations" que vous avez identifiées. De même, l'arbre généalogique créé au chapitre 3 peut révéler des schémas familiaux qui éclairent vos propres moments de bascule. Cette fois, l'angle est différent : vous cherchez les éléments qui résonneront le plus avec votre audience.

La théorie des "*moments décisifs*" développée par les frères Heath[70] suggère que ces instants partagent souvent quatre éléments : élévation, perspicacité, fierté et connexion. En revisitant vos propres moments décisifs, vous pourrez extraire la substance même de votre histoire. Ce concept explore la manière dont certaines expériences brèves peuvent se démarquer et avoir un impact durable sur notre vie. Les auteurs affirment que les moments décisifs ne sont pas le fruit du hasard, mais qu'ils peuvent être créés intentionnellement en comprenant et en exploitant des éléments spécifiques.

◥ Quatre éléments clés des moments décisifs

Les frères Heath identifient quatre éléments cruciaux qui contribuent à créer des moments mémorables et marquants, résumés par l'acronyme EPIC :

1.   **L'élévation** : Ces moments s'élèvent au-dessus de la routine quotidienne, créant un sentiment de plaisir ou d'engagement. Ils impliquent souvent un attrait sensoriel, une rupture avec le scénario (introduction d'une surprise ou d'une nouveauté) ou une stimulation de l'excitation émotionnelle.

2.   **La bascule** : les moments particuliers qui conduisent à des prises de conscience personnelles ou à des changements de perspective. Ils se produisent souvent lorsque les individus « trébuchent sur la vérité », découvrant quelque chose de profond sur eux-mêmes ou sur leur environnement.

3.   **La fierté** : Les moments de fierté célèbrent les réalisations, les étapes importantes ou les actes de courage. Ces expériences renforcent l'estime de soi et commémorent les personnes à leur meilleur niveau. Les frères Heath soulignent que les organisations n'investissent souvent pas assez dans la reconnaissance, alors que celle-ci peut être très gratifiante pour les individus.

4.   **La connexion** : Les moments déterminants sont souvent d'ordre social,

renforçant les liens entre les personnes par le biais d'expériences partagées. Qu'il s'agisse de vulnérabilité, d'objectifs communs ou d'interactions réactives, ces moments approfondissent les relations et favorisent l'unité. Par exemple, des activités de groupe synchronisées ou des luttes significatives peuvent créer des liens solides.

Créer des moments décisifs

Les frères Heath affirment que les moments décisifs ne doivent pas être laissés au hasard, mais qu'ils peuvent être conçus intentionnellement. En intégrant un ou plusieurs des quatre éléments dans les expériences, les individus et les organisations peuvent créer des moments qui comptent.

Les moments qui transforment notre vie ne sont pas seulement des accidents heureux ou malheureux du destin. Vous pouvez activement les reconnaître, les amplifier et même les créer. Votre histoire ne se limite pas à subir des événements – vous pouvez devenir l'architecte conscient des moments qui définiront votre parcours.

Imaginez ces moments décisifs comme des pierres précieuses dispersées sur votre chemin. Certaines sont déjà là, attendant simplement que vous les remarquiez. D'autres peuvent être façonnées par vos mains, polies par votre attention délibérée, et transformées en joyaux qui illumineront non seulement votre propre parcours, mais aussi celui des autres. Pour créer intentionnellement des moments décisifs dans votre vie :

Invitez l'élévation dans votre quotidien : sortez régulièrement de vos routines. Créez des rituels qui marquent des transitions importantes. Célébrez les étapes, même modestes, de manière mémorable. Thomas, artisan de 36 ans, a transformé chaque premier jour du mois en une "journée d'exploration" où il s'engage à essayer quelque chose de totalement nouveau. "Ces journées sont devenues les chapitres les plus vivants de mon histoire," confie-t-il.

Recherchez activement les moments de bascule : posez-vous régulièrement des questions profondes. Explorez des environnements qui défient vos présupposés. Entourez-vous de personnes qui pensent différemment. La vérité qui peut transformer votre vie existe souvent juste à la périphérie de votre vision actuelle.

Orchestrez des expériences de fierté – pour vous-même et pour les autres : établissez des défis personnels significatifs, puis créez des rituels pour marquer leur accomplissement. Reconnaissez vos victoires, même les plus petites. Documentez vos progrès d'une manière qui vous permettra de revisiter ces moments de croissance.

Cultivez délibérément la connexion : les liens profonds ne se créent pas par hasard. Créez des espaces de vulnérabilité partagée. Engagez-vous dans des défis collectifs significatifs. Recherchez des expériences qui créent ce sentiment d'unité que les psychologues appellent "synchronicité émotionnelle".

Lorsque vous identifiez et cultivez consciemment ces moments décisifs, vous enrichissez non seulement votre vie, mais vous créez aussi les points culminants de l'histoire que vous partagerez un jour. Ces moments deviennent les "scènes emblématiques" de votre récit personnel – celles qui resteront gravées dans la mémoire de ceux qui vous écouteront.

Exercice de réflexion : Prenez un moment pour vous demander : "Quel moment décisif pourrais-je intentionnellement créer dans ma vie ce mois-ci ?" Peut-être s'agit-il d'une conversation courageuse que vous repoussez, d'une expérience sensorielle immersive qui pourrait vous élever au-dessus du quotidien, ou d'un défi personnel qui marquerait une étape importante dans votre croissance.

Rappelez-vous que les histoires les plus captivantes ne sont pas celles où les choses arrivent simplement au personnage principal – mais celles où le protagoniste fait des choix audacieux qui transforment sa destinée. Vous êtes à la fois l'auteur et le personnage principal de votre histoire. Écrivez-la avec intention.

C.   Clarifier l'intention derrière le partage

Avant de partager votre histoire, prenez le temps de clarifier pourquoi vous souhaitez la raconter. Votre intention colore tout – le contenu que vous choisissez, la manière dont vous le présentez, et l'impact que vous aurez.

Joaquin, enseignant de 63 ans, a partagé son parcours d'immigrant devenu éducateur lors d'une convention pédagogique : "Mon intention n'était pas de me mettre en avant, mais de montrer aux jeunes enseignants issus de milieux défavorisés qu'ils peuvent transformer leur vécu difficile en outil pédagogique puissant."

Voici quelques intentions communes et légitimes :

- Inspirer d'autres à surmonter des obstacles similaires
- Créer une connexion authentique avec votre communauté

- Donner du sens à vos propres expériences
- Contribuer à un changement social ou organisationnel
- Transmettre un héritage aux générations futures
- Guérir de vos propres blessures en les exprimant

L'authenticité de votre intention sera ressentie par votre audience. Comme le dit Simon Sinek dans sa théorie du "Cercle d'Or" : "*Les gens n'achètent pas ce que vous faites, ils achètent pourquoi vous le faites.*" De même, vos auditeurs ne seront pas tant touchés par les événements de votre histoire que par l'intention et le sens que vous leur donnez.

D. Définir l'impact que vous souhaitez avoir

Une histoire partagée sans vision de son impact est comme une flèche tirée sans cible. Pour maximiser la portée de votre récit, visualisez précisément comment vous souhaitez que votre audience se sente, pense ou agisse après l'avoir entendu.

Sarah, ancienne sans-abri devenue travailleuse sociale à 35 ans, a partagé son histoire lors de formations pour des professionnels du secteur : "*Je voulais qu'ils repartent en voyant leurs bénéficiaires différemment – pas comme des cas à gérer, mais comme des personnes dont l'histoire n'est pas terminée.*"

Pour définir l'impact souhaité, demandez-vous :

- Quelle émotion espérez-vous susciter ? (Inspiration, courage, compassion...)
- Quelle perspective voulez-vous modifier ?
- Quelle action concrète souhaitez-vous encourager ?
- Quel mythe ou idée reçue voulez-vous démanteler ?

Selon l'expert en neuroscience du storytelling Paul Zak[71], les histoires qui captent l'attention et génèrent de l'empathie déclenchent la libération d'ocytocine – l'hormone de la confiance et de la connexion. Cette réaction biologique peut littéralement changer la façon dont les gens pensent et agissent après avoir entendu votre histoire.

Exercice : Cartographie d'intention

Prenez une feuille de papier et divisez-la en quatre quadrants. Dans chaque section, répondez aux questions suivantes :

Quadrant 1 : Mon unicité

Listez 3-5 aspects de votre parcours qui sont vraiment uniques ou qui vous définissent. *(Astuce : relisez votre voyage du héros du chapitre 2 et vos découvertes généalogiques du chapitre 3 sous ce nouvel angle du partage)*

Quadrant 2 : Mes transformations

Identifiez 2-3 moments où vous avez profondément changé, et notez l'avant/après.

Quadrant 3 : Mon intention

Complétez cette phrase : "Je souhaite partager mon histoire parce que..."

Quadrant 4 : Mon impact

Décrivez précisément comment vous voulez que votre audience se sente ou agisse après avoir entendu votre histoire.

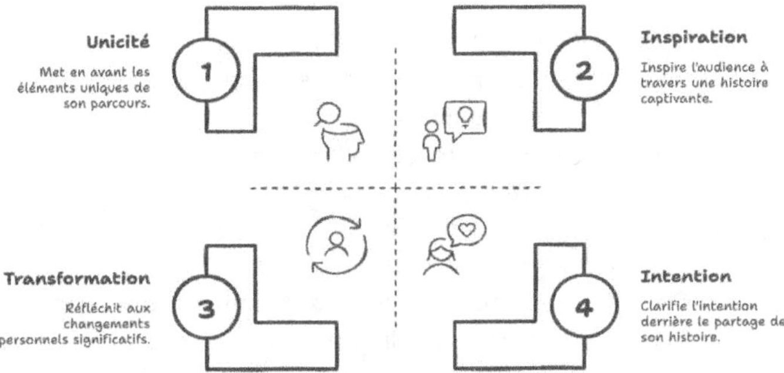

Préparer le terrain de votre récit n'est pas une étape à négliger. C'est le fondement sur lequel tout le reste s'appuiera. En prenant le temps d'identifier ce qui rend votre histoire unique, de reconnaître vos moments clés de transformation, de clarifier votre intention et de définir l'impact souhaité, vous créez les conditions pour un partage qui résonnera profondément avec les autres.

Souvenez-vous que votre histoire n'est pas seulement à propos du passé – c'est un pont vers l'avenir que vous souhaitez créer, pour vous-même et pour ceux qui vous écouteront.

Section 2 : Choisir ses canaux de transmission

Votre histoire mérite d'être partagée de la façon qui lui rendra le mieux justice. Comme l'architecte choisit ses matériaux en fonction de sa vision, vous devez sélectionner le canal de transmission qui amplifiera la puissance de votre récit. Cette décision n'est pas anodine : chaque médium possède ses propres forces, défis et résonances.

La théorie de la richesse des médias, développée par Richard L. Daft et Robert H. Lengel[72], nous enseigne que différents canaux de communication varient dans leur capacité à transmettre des informations complexes et émotionnelles. Plus l'histoire est nuancée et chargée d'émotion, plus le médium devrait être "riche" – c'est-à-dire capable de transmettre des signaux multiples simultanément.

Choisissez votre canal non seulement en fonction de vos compétences et préférences, mais aussi selon votre public cible et l'impact que vous souhaitez produire. Explorons ensemble les principales options qui s'offrent à vous.

A. Les supports écrits

L'écriture offre une profondeur unique pour l'exploration de soi et le partage réfléchi. Comme l'explique le psychologue James Pennebaker, pionnier de la recherche sur l'écriture expressive[73], *"Mettre des mots sur des expériences émotionnelles permet non seulement de mieux les comprendre, mais aussi de les intégrer dans notre histoire personnelle."*[74]

◥ Journal intime

Le journal intime constitue souvent la première étape du voyage narratif. Cet espace privé vous permet de :

- **Explorer sans filtres** : Dans cet espace protégé, vous pouvez vous exprimer librement, sans crainte du jugement.
- **Créer une continuité** : Selon la théorie de l'identité narrative de Dan McAdams[75], tenir un journal régulier nous aide à maintenir un sentiment de cohérence personnelle à travers le temps.
- **Découvrir des schémas** : L'écriture quotidienne révèle souvent des thèmes récurrents que vous n'auriez pas remarqués autrement.
- **Préparer le terrain** : Ce qui commence comme une réflexion privée peut devenir la base d'un partage plus élaboré.

Plateformes et outils :

- **Cahiers dédiés** : Moleskine, Leuchtturm1917, ou tout simple carnet que vous choisissez
- **Applications** : Day One[76], Journey[77], Stoic[78]
- **Méthodes structurées** : Bullet Journal[79], Morning Pages (3 pages d'écriture libre chaque matin)

Veuillez noter, qu'il y a une réelle vertu à rédiger sur le papier les réflexions personnelles, cela participe à l'articulation spirituelle, intellectuelle, émotionnelle et fonctionnelle de votre développement. J'ai personnellement expérimenté diverses applications numériques, un journal numérique sur Word, mais le carnet de notes est de loin le média qui permet de canaliser les pensées.

Passage à l'action :

1. Commencez par 10 minutes d'écriture quotidienne sur un aspect de votre histoire
2. Utilisez des amorces comme "Un moment décisif dans mon parcours a été..." ou "Je n'ai jamais dit à personne que..."
3. Relisez vos entrées mensuellement pour identifier les thèmes récurrents
4. Sélectionnez les passages qui pourraient servir de base à un partage plus large

Le journal intime n'est pas seulement thérapeutique ; c'est un laboratoire où vous distillez la signification de vos expériences avant de les partager avec le monde.

◤ Mémoires

Les mémoires offrent une structure plus formelle pour raconter votre parcours. Contrairement à l'autobiographie qui couvre toute une vie, les mémoires se concentrent sur une période spécifique ou un thème central.

- **Créer un arc narratif** : Les mémoires vous permettent d'organiser votre expérience en une structure cohérente avec un début, un milieu et une fin.
- **Contextualiser votre histoire** : Vous pouvez situer votre parcours dans un cadre historique, social ou culturel plus large.
- **Laisser un héritage tangible** : Comme l'affirme le sociologue Maurice Halbwachs dans ses travaux sur la mémoire collective, nos histoires personnelles contribuent à une compréhension plus large de l'expérience humaine.

Plateformes et outils :

- **Autoédition** : Amazon KDP, Bookelis, BookOnDemand, Publishroom, …
- **Accompagnement d'écriture** : Ateliers d'écriture, Masterclass, coaching littéraire
- **Organisateurs de manuscrit** : Scrivener, Microsoft Word avec plan détaillé

Passage à l'action :

1. Commencez par un plan simple : identifiez 10 scènes cruciales de votre histoire
2. Écrivez 2.500 mots par semaine, cinq semaines de suite
3. Rejoignez un groupe d'auteurs ou un atelier d'écriture pour obtenir retours et soutien
4. Fixez un délai réaliste et célébrez chaque chapitre terminé

Les mémoires exigent discipline et persévérance, mais offrent une profondeur inégalée pour explorer et partager les nuances de votre parcours.

◤ Blog personnel

Le blog représente un hybride fascinant entre journal intime et publication publique, offrant immédiateté et interaction.

- **Construire progressivement** : Vous pouvez partager votre histoire par fragments, permettant une évolution organique.

- **Créer une communauté** : La théorie des "publics en réseau" de Danah Boyd[80] suggère que les blogs créent des espaces partagés où se forment des communautés autour d'expériences similaires.
- **Recevoir des retours immédiats** : Les commentaires peuvent enrichir votre propre compréhension de votre histoire.

Plateformes et outils :

- **Plateformes conviviales** : WordPress, Wix, Medium, Substack
- **Outils de newsletter** : Mailjet, Brevo, ConvertKit (pour transformer vos articles en newsletter)
- **Analyseurs de contenu** : Grammarly, Hemingway App (pour améliorer la clarté)

Passage à l'action :

1. Créez un blog avec un nom qui reflète l'essence de votre histoire
2. Rédigez 5 articles piliers qui couvrent les aspects fondamentaux de votre parcours
3. Établissez un calendrier de publication réaliste (hebdomadaire ou bimensuel)
4. Répondez aux commentaires pour nourrir le dialogue

Dans notre monde hyperconnecté, le blog reste un outil flexible pour partager votre parcours en temps réel.

◣ Articles

L'écriture d'articles pour des magazines, journaux ou plateformes spécialisées permet d'atteindre un public plus large et diversifié.

- **Distiller votre message** : La contrainte de longueur vous force à extraire l'essence de votre expérience.
- **Atteindre un public ciblé** : Les publications thématiques permettent de toucher précisément les personnes qui bénéficieraient le plus de votre témoignage.
- **Gagner en crédibilité** : Les recherches en psychologie sociale montrent que la publication dans des médias reconnus augmente la légitimité perçue de votre message.

Plateformes et outils :

- **Plateformes participatives** : HuffPost, Thrive Global, Psychology Today
- **Magazines spécialisés** : Recherchez les publications dans votre domaine d'expertise
- **Médias locaux** : Journaux régionaux, magazines communautaires

Passage à l'action :

1. Identifiez 3-5 publications dont le lectorat bénéficierait de votre histoire
2. Étudiez leur style et leurs rubriques
3. Rédigez une proposition d'article (pitch) de 250 mots
4. Commencez par des plateformes ouvertes aux contributions extérieures

Les articles représentent un excellent moyen de partager des aspects spécifiques de votre histoire avec un public ciblé.

B. Les supports oraux

La tradition orale reste l'une des formes les plus puissantes de transmission. La voix humaine, avec ses intonations, pauses et émotions, crée une connexion immédiate que l'écrit peut difficilement égaler.

Cercles de parole

Enracinés dans des traditions ancestrales, les cercles de parole créent un espace sacré pour le partage authentique.

- **Cultiver l'écoute profonde** : ces espaces incarnent ce que le philosophe Martin Buber appelait la relation "Je-Tu" – une rencontre authentique où chaque personne est pleinement présente.
- **Construire une résilience collective** : la théorie de la résilience communautaire suggère que le partage d'histoires en groupe renforce la capacité collective à surmonter l'adversité.
- **Créer un espace sécurisé** : ces cercles offrent un cadre protégé où la vulnérabilité devient une force.

Plateformes et ressources :

- **Groupes existants** : cercles de femmes, groupes de soutien, clubs de développement personnel

- **Espaces communautaires** : bibliothèques, centres culturels, cafés philosophiques
- **Plateformes virtuelles** : Meetup, Eventbrite pour créer votre propre cercle

Passage à l'action :

1. Recherchez des cercles existants dans votre communauté ou en ligne
2. Participez d'abord comme auditeur pour comprendre la dynamique
3. Préparez une version de 5-10 minutes de votre histoire
4. Si aucun cercle n'existe, invitez 4-6 personnes de confiance pour en créer un

Les cercles de parole conviennent particulièrement aux histoires sensibles qui bénéficient d'une réception immédiate et empathique.

Conférences

Les conférences permettent de toucher un public plus large tout en conservant la dimension humaine du contact direct.

- **Structurer pour l'impact :** selon les principes du storytelling de Nancy Duarte, une conférence efficace suit un rythme alternant entre "ce qui est" et "ce qui pourrait être".
- **Utiliser le langage corporel** : la communication non-verbale amplifie considérablement votre message, comme l'ont démontré les recherches d'Albert Mehrabian[81].
- **Créer un moment collectif** : une conférence réussie crée ce que le sociologue Émile Durkheim appelait "*l'effervescence collective*" – un sentiment partagé qui unit l'audience.

Plateformes et opportunités :

- **Réseaux établis** : TEDx, Pecha Kucha, Moth Storytelling
- **Événements professionnels** : Conférences dans votre secteur, forums d'entreprise
- **Rencontres locales** : Rotary Club, associations professionnelles, universités populaires

Passage à l'action :

1. Développez une présentation de 15-20 minutes qui distille l'essence de votre histoire
2. Enregistrez-vous pour affiner votre prestation

3. Commencez par de petits groupes bienveillants
4. Proposez votre intervention à des événements locaux en expliquant clairement sa valeur

Qu'il s'agisse d'un TED Talk ou d'une présentation communautaire, la conférence transforme votre histoire en expérience collective.

▼ Podcasts

Le podcast, qui connaît un essor remarquable, combine l'intimité de la voix avec la commodité de l'écoute à la demande.

- **Créer une intimité auditive** : Les chercheurs en psychologie des médias notent que la voix seule crée une connexion particulièrement intime avec l'auditeur.
- **Développer un format sériel** : Vous pouvez déployer votre histoire en épisodes, permettant une exploration approfondie.
- **Atteindre une audience nichée** : La théorie de la "longue traîne" de Chris Anderson explique comment les podcasts peuvent trouver un public dédié, même pour des sujets très spécifiques.

Plateformes et outils :

- **Pour être invité** : Podcastle, MatchMaker.fm, RadioGuestList (pour trouver des podcasts)
- **Pour créer le vôtre** : Anchor, Buzzsprout, Podbean
- **Équipement accessible** : Microphone Blue Yeti, Rode NT-USB, écouteurs de monitoring

Passage à l'action :

1. Identifiez 10 podcasts dont le thème s'aligne avec votre histoire
2. Préparez un pitch concis expliquant la valeur de votre témoignage
3. Contactez les podcasteurs avec une proposition personnalisée
4. Ou lancez votre propre podcast en commençant par 5-6 épisodes pilotes

Le podcast offre une flexibilité narrative exceptionnelle, que vous choisissiez un format monologue, interview ou documentaire.

▼ Vidéos témoignages

La vidéo ajoute la dimension visuelle, créant une expérience complète pour votre audience.

- **Montrer autant que raconter** : la psychologie cognitive confirme que l'information transmise simultanément par les canaux visuels et auditifs est mieux retenue.
- **Humaniser votre histoire** : voir vos expressions faciales et votre langage corporel crée une connexion empathique immédiate.
- **Créer un document durable** : la vidéo capture non seulement vos mots, mais aussi votre présence, créant un héritage multidimensionnel.

Plateformes et outils :

- **Diffusion large** : YouTube, Vimeo, TikTok pour des formats courts
- **Réseaux sociaux** : Instagram Reels, Facebook Live, LinkedIn Video
- **Équipement abordable** : Smartphone récent avec trépied, micro-cravate, anneau lumineux

Passage à l'action :

1. Commencez par une vidéo de 3-5 minutes résumant un aspect clé de votre parcours
2. Utilisez un script ou des points-clés mais évitez de lire mot à mot
3. Enregistrez dans un environnement calme avec un fond simple
4. Publiez d'abord auprès d'un cercle restreint pour gagner en confiance

De YouTube aux plateformes sociales, les options pour partager des témoignages vidéo n'ont jamais été aussi accessibles.

C. Les supports créatifs

Parfois, les mots seuls ne suffisent pas. Les approches créatives offrent des voies alternatives pour partager des expériences qui défient la description directe.

◥ Photos et albums commentés

L'image fixe possède une puissance évocatrice unique, surtout lorsqu'elle est contextualisée.

- **Capturer l'ineffable :** Selon la théorie de la "ponctuation" de Roland Barthes[82], certaines images peuvent communiquer une vérité émotionnelle que les mots ne peuvent qu'approximer.
- **Créer une chronologie visuelle :** Les albums permettent de visualiser l'évolution d'une histoire à travers le temps.

- **Stimuler la mémoire sensorielle** : Les recherches en neurosciences montrent que les images activent des réseaux de mémoire riches et multisensoriels.

Plateformes et outils :

- **Albums physiques** : Shutterfly, Mixbook, Artifact Uprising
- **Plateformes numériques** : Instagram, Flickr avec descriptions détaillées
- **Expositions** : Galeries locales, cafés communautaires, événements popup

Passage à l'action :

1. Rassemblez 20-30 photos représentant des moments clés de votre parcours
2. Rédigez de courts textes (100-200 mots) expliquant leur signification
3. Organisez-les chronologiquement ou thématiquement
4. Partagez d'abord avec des proches avant d'élargir votre audience

Un album commenté, qu'il soit physique ou numérique, crée une expérience immersive qui invite l'audience à entrer dans votre monde.

◥ Art et création

La création artistique offre un langage symbolique puissant pour exprimer des vérités personnelles profondes.

- **Transcender les limites du langage** : L'art-thérapie nous enseigne que la création permet d'exprimer des expériences qui résistent à la verbalisation directe.
- **Transformer la douleur** : Le concept de sublimation de Freud explique comment l'art peut transformer des expériences difficiles en créations significatives.
- **Inviter à une expérience partagée** : L'art crée ce que le philosophe John Dewey appelait une "expérience esthétique" – un moment de communion entre le créateur et l'observateur.

Plateformes et approches :

- **Arts visuels** : Peinture, collage, dessin - exposés dans des galeries communautaires
- **Performance** : Théâtre, danse, musique - lors d'événements locaux
- **Écriture créative** : Poésie slam, fiction inspirée de votre vie - partagée en lectures publiques

Passage à l'action :

1. Explorez différents médiums pour trouver celui qui résonne avec votre histoire
2. Prenez un cours d'initiation dans la forme artistique choisie
3. Créez un projet spécifique qui capture l'essence de votre parcours
4. Partagez votre œuvre lors d'un petit événement avec des proches avant de l'exposer plus largement

Peinture, sculpture, musique, danse – chaque médium offre un langage unique pour raconter votre histoire.

◥ Storytelling digital

À l'intersection de la technologie et de la narration, le storytelling digital offre des possibilités fascinantes.

- **Combiner de multiples médias** : La théorie de l'apprentissage multimédia de Richard Mayer suggère que l'intégration de texte, images, audio et vidéo crée une expérience d'apprentissage plus riche.
- **Créer des récits interactifs** : La participation active de l'audience renforce l'engagement et la mémorisation.
- **Atteindre une audience globale** : Les plateformes numériques transcendent les barrières géographiques, permettant à votre histoire de résonner à l'échelle mondiale.

Plateformes et outils :

- **Création simplifiée** : Canva, Adobe Express, StoryMap JS
- **Sites web personnels** : Squarespace, WordPress, Wix
- **Expériences interactives** : Twine (pour histoires interactives), H5P, Tally en mode arbre de décision

Passage à l'action :

1. Choisissez un aspect de votre histoire qui bénéficierait d'une présentation multimédia
2. Esquissez un storyboard simple avec 5-7 segments clés
3. Rassemblez photos, clips audio, courtes vidéos et textes explicatifs
4. Créez un prototype simple et demandez des retours avant de le finaliser

Des sites web aux applications mobiles en passant par la réalité virtuelle, les frontières du storytelling digital continuent de s'étendre.

Votre prochaine étape

Le canal parfait est celui qui vous fait dire "oui" intérieurement - celui qui vous excite et vous effraie peut-être un peu, tout en étant réalisable. Ne vous sentez pas obligé de tout faire. Commencez par un seul format qui résonne avec vous.

Exercice de discernement : Prenez une feuille de papier et divisez-la en trois colonnes :

1. **Canaux qui m'attirent** (notez ceux qui vous parlent instinctivement)
2. **Mes forces naturelles** (ce que vous faites bien : écrire, parler, créer...)
3. **Mon public cible** (qui bénéficierait le plus de mon histoire)

Là où ces trois colonnes se recoupent se trouve probablement votre point de départ idéal.

Les canaux qui m'attirent	Mes forces naturelles	Mon public cible

Un pas à la fois

Cette richesse d'options peut sembler vertigineuse - c'est normal. Rappelez-vous : vous n'avez pas besoin de tout explorer. Les maîtres conteurs n'ont pas commencé en maîtrisant tous les formats. Ils ont trouvé leur voix dans UN canal qui leur parlait profondément.

Votre mission aujourd'hui n'est pas de tout conquérir, mais de faire un premier pas authentique. Même les plus grands orateurs ont commencé par partager leur histoire à une seule personne. C'est déjà suffisant. C'est déjà puissant.

Souvenez-vous : partager votre histoire n'est pas un événement unique, mais un processus. Commencez doucement, dans un espace sécurisant, puis élargissez progressivement. Votre courage à faire ce premier pas inspirera d'autres à faire de même, créant un puissant effet d'ondulation.

Quelle que soit la voie que vous choisissez, l'authenticité reste votre plus grand atout. Votre histoire, partagée avec intention et cœur, trouvera son chemin vers ceux qui en ont besoin.

Section 3 : Inspirer et impacter

A. Créer une résonance avec son audience

Imaginez un moment où quelqu'un a partagé une histoire qui vous a touché au plus profond de votre être. Vous avez senti cette connexion immédiate, ce moment où votre cœur a reconnu une vérité que vous n'aviez peut-être jamais exprimée. C'est ça, la résonance. Et c'est exactement ce que votre histoire peut créer.

Pourquoi la résonance est-elle si puissante ? Parce que nous sommes câblés pour les histoires. Parce que dans un monde de séparation, nous cherchons désespérément à nous sentir moins seuls. Votre courage à partager votre vérité crée ce pont invisible entre les âmes.

La résonance n'est pas accidentelle. Elle se cultive délibérément :

Commencez par la vérité brute. Pas la version polie. Pas la version acceptable. La vérité. Celle qui vous fait trembler un peu quand vous l'exprimez. C'est dans cette zone inconfortable que la magie opère. Comme l'a découvert chaque grand leader, c'est votre vulnérabilité – non votre perfection – qui connecte.

Parlez au cœur, pas seulement à l'esprit. Les faits informent, mais les émotions transforment. Quand vous partagez comment vous vous êtes senti pendant cette réunion où votre idée a été rejetée, comment votre estomac s'est noué et comment vos rêves ont semblé s'écrouler, vous créez un espace où les autres peuvent dire : "*Moi aussi.*"

Concrétisez l'abstrait. Ne dites pas que vous étiez "*inquiet pour l'avenir.*" Dites que vous vous réveilliez à 3h du matin, fixant le plafond, vous demandant comment vous alliez annoncer à vos enfants que vous deviez déménager. Les détails spécifiques sont les crochets auxquels s'accrochent les cœurs des autres.

Passez à l'action maintenant :

1. Identifiez le moment où vous vous êtes senti le plus seul dans votre parcours
2. Décrivez-le avec tous vos sens – ce que vous voyiez, entendiez, ressentiez
3. Partagez cette description avec une personne de confiance
4. Demandez-lui : "Quelle partie vous a fait dire 'moi aussi' ?"

La résonance commence par une personne. Une seule connexion authentique. Et c'est ainsi que les révolutions silencieuses démarrent.

B.   Encourager d'autres à partager leur histoire

Votre courage est contagieux. Quand vous osez partager, vous changez l'atmosphère autour de vous. Vous créez un environnement où d'autres peuvent penser : *"Si elle peut le faire, peut-être que je le peux aussi."*

Pourquoi encourager les autres ? Parce que chaque histoire libérée libère à son tour d'autres histoires. Parce que la transformation n'est jamais vraiment complète jusqu'à ce qu'elle se propage. Parce que votre histoire n'est qu'une pièce d'un puzzle beaucoup plus grand.

Les grands leaders savent que leur impact se mesure non pas à leur voix, mais aux voix qu'ils ont aidées à émerger :

Posez des questions qui ouvrent des portes. *"Qu'est-ce que cela évoque pour toi ?"* est infiniment plus puissant que *"As-tu aimé mon histoire ?"* La première crée un espace, la seconde demande validation. L'une invite à la participation, l'autre à l'approbation.

Célébrez le courage, pas la perfection. Quand quelqu'un partage, même maladroitement, reconnaissez d'abord la bravoure. *"Merci pour ton courage"* avant *"voici comment tu pourrais améliorer ton récit."*

Créez des espaces sécurisés, puis des espaces courageux. Les personnes partagent d'abord quand elles se sentent en sécurité. Puis elles grandissent quand elles se sentent encouragées à prendre des risques. Votre rôle est de faciliter les deux.

Passez à l'action maintenant :

1.   Invitez trois personnes à un *"café d'histoires"* informel
2.   Commencez par partager une petite partie de votre histoire
3.   Puis posez simplement : "Y a-t-il quelque chose dans votre parcours qui résonne avec cela ?"
4.   Écoutez. Vraiment écoutez. Comme si rien d'autre n'existait en ce moment.

N'attendez pas de vous sentir "expert" pour créer cet espace. Les meilleurs facilitateurs sont souvent ceux qui se considèrent encore en apprentissage.

◤ Alternatives pour les personnalités introverties

L'introversion n'est pas un obstacle au partage – c'est simplement une invitation à emprunter des chemins différents. Si les projecteurs vous épuisent et si les grands groupes vous vidaient de votre énergie, voici comment vous pouvez partager votre histoire avec autant d'impact, mais d'une manière qui honore votre nature :

Embrassez la profondeur plutôt que l'étendue. Les introvertis excellent souvent dans les conversations individuelles significatives. Une seule personne profondément touchée peut créer plus de changement qu'une salle entière vaguement intéressée. Comme l'écrivait Susan Cain dans "Quiet" : "*Il existe différentes manières d'être puissant.*"

Utilisez l'écrit comme votre première voix. L'écriture vous donne l'espace pour réfléchir et affiner avant de partager. Un courriel soigneusement composé à un mentor qui traverse une situation similaire. Une lettre à un jeune professionnel dans votre domaine. Une série de post réfléchis sur un blog personnel. Ces formats vous permettent de partager avec intention, sans l'épuisement des interactions immédiates.

Créez, puis diffusez. Produisez votre histoire dans un format qui vous donne le contrôle – un article, un enregistrement audio, une série de photos avec textes – puis laissez d'autres vous aider à le diffuser. Vous n'avez pas besoin d'être présent à chaque moment du partage pour avoir un impact.

Passez à l'action maintenant (version introvertie) :

1. Identifiez une personne qui pourrait vraiment bénéficier de votre histoire
2. Écrivez-lui une lettre personnelle ou un courriel partageant l'aspect de votre parcours le plus pertinent pour elle
3. Demandez-lui, si elle le souhaite, de transmettre vos réflexions à une autre personne qui pourrait en bénéficier
4. Créez un petit "jardin numérique" – un espace en ligne où vous pouvez planter vos pensées et les laisser grandir à leur rythme

N'oubliez pas : certaines des voix les plus influentes de l'histoire appartenaient à des introvertis qui ont trouvé leur propre façon de partager leur vérité.

C. Bâtir une communauté de soutien

Les histoires individuelles sont puissantes. Les histoires collectives changent le monde. Quand nous tissons nos récits ensemble, nous créons quelque chose de plus grand que la somme de nos expériences individuelles.

Pourquoi une communauté ? Parce que le changement durable ne se produit jamais seul. Parce que nous avons besoin de reflets et d'échos pour approfondir notre propre compréhension. Parce que nos points aveugles deviennent visibles dans le regard bienveillant des autres.

Voici comment les communautés transformatives se construisent :

Commencez minuscule, pensez immense. Trois personnes engagées peuvent faire plus qu'une foule de spectateurs passifs. Ne vous inquiétez pas de la taille. Inquiétez-vous de l'authenticité. Comme tout grand mouvement l'a prouvé, ça commence toujours par un petit groupe de personnes profondément investies.

Établissez des rituels, pas juste des règles. Les communautés prospèrent grâce aux rituels qui ancrent l'expérience partagée. Un simple cercle d'ouverture où chacun partage une victoire récente. Une bougie allumée pour marquer le début d'un espace sacré de partage. Ces petits gestes créent continuité et appartenance.

Équilibrez structure et spontanéité. Trop de structure étouffe la vie ; trop peu crée le chaos. Trouvez le rythme qui permet aux histoires d'émerger naturellement tout en avançant vers une vision partagée.

Passez à l'action maintenant :

1. Identifiez 2-3 personnes dont les valeurs s'alignent avec les vôtres
2. Proposez une rencontre mensuelle avec un thème spécifique
3. Créez un rituel simple d'ouverture et de clôture
4. Après trois rencontres, évaluez ensemble : " *Qu'est-ce qui nous nourrit ici ?* "

Une communauté ne se construit pas en un jour. Mais chaque fois que vous créez un espace où les histoires peuvent être partagées en toute sécurité, vous posez une brique dans la cathédrale de la transformation collective.

D. Mesurer l'impact de son partage

L'impact de votre histoire est souvent invisible. Comme une graine plantée dans l'obscurité, elle germe loin de votre regard. Et pourtant, c'est peut-être dans ce travail invisible que se trouve la plus grande transformation.

Pourquoi mesurer l'impact ? Non pas pour gonfler votre ego, mais pour affiner votre message. Non pas pour compter les "likes", mais pour comprendre quelles parties de votre histoire créent des ponts vers les autres.

Les impacts les plus profonds se révèlent souvent de façons surprenantes :

Cherchez les signes de transformation, pas d'approbation. Une personne qui vous dit " *j'ai pris une décision après avoir entendu votre histoire* " vaut mille compliments sur votre éloquence. L'impact réel change les comportements, pas juste les opinions.

Écoutez les échos, pas les applaudissements. Quand quelqu'un vous dit " *j'ai partagé votre histoire avec mon frère qui traverse exactement ça* ", vous avez créé quelque chose qui vit au-delà de vous. C'est l'impact qui se multiplie.

Observez les questions, pas les affirmations. Étrangement, l'une des preuves les plus puissantes d'impact est quand votre histoire suscite des questions profondes. Cela signifie qu'elle a pénétré au-delà de la surface, qu'elle remue quelque chose d'essentiel.

Passez à l'action maintenant :

1. Créez un simple "journal d'impact" où vous notez les réactions inattendues
2. Après chaque partage, demandez-vous : " *Qui a semblé particulièrement touché ?* "
3. Contactez cette personne quelques semaines plus tard avec une question simple : " *Y a-t-il quelque chose dans mon histoire qui a résonné avec vous après coup ?* "
4. Soyez ouvert aux surprises – souvent ce n'est pas la partie que vous pensiez qui a eu le plus d'impact

N'oubliez jamais : parfois votre plus grand impact viendra d'une personne que vous ne rencontrerez jamais, qui a entendu votre histoire par l'intermédiaire de quelqu'un d'autre.

E.   Faire évoluer son récit dans le temps

Votre histoire n'est pas figée dans le marbre. Elle est vivante, respirante et en constante évolution – tout comme vous. Ce qui était vrai hier peut se révéler incomplet aujourd'hui. Ce qui semblait être une fin peut n'être qu'un chapitre.

Pourquoi faire évoluer votre récit ? Parce que vous évoluez. Parce que la compréhension s'approfondit avec le temps. Parce que le sens émerge dans les couches successives de perspective.

Les histoires qui durent sont celles qui grandissent :

Revisitez régulièrement les "vérités" de votre histoire. Ce qui semblait être un échec cuisant peut apparaître, cinq ans plus tard, comme le détournement le plus précieux de votre parcours. Laissez votre sagesse actuelle réinterpréter votre expérience passée.

Ajoutez des dimensions, pas juste des chapitres. L'évolution n'est pas seulement une question d'ajouter de nouveaux événements. C'est aussi approfondir votre compréhension des anciens. C'est voir les schémas que vous ne pouviez pas percevoir quand vous étiez au milieu de l'expérience.

Intégrez les échos que votre histoire a créés. Une des plus belles évolutions de votre récit inclut comment il a touché d'autres vies. Ces réactions deviennent partie intégrante de votre histoire plus large.

Passez à l'action maintenant :

1.   Prenez une histoire personnelle que vous avez partagée il y a plus d'un an
2.   Demandez-vous : " Qu'est-ce que je comprends différemment aujourd'hui ? "
3.   Identifiez un élément que vous ajouteriez maintenant
4.   Partagez cette version mise à jour avec quelqu'un qui connaît l'originale

Comme le dit la sagesse japonaise du kintsugi, qui répare les poteries brisées avec de l'or, chaque révision de votre histoire peut rendre visible sa beauté unique – et ses précieuses fissures.

F. Votre histoire change le monde

N'en doutez jamais : votre histoire a un pouvoir que vous ne pouvez pas mesurer. Dans un monde affamé d'authenticité, votre vérité est un festin. Dans un monde de divisions, votre vulnérabilité est un pont.

Vous souvenez-vous d'une histoire qui a changé votre vie ? Une conversation, un livre, un discours qui a modifié votre trajectoire ? Votre histoire peut être ce moment pour quelqu'un d'autre.

Alors partagez-la. Affinez-la. Laissez-la évoluer. Créez des espaces où d'autres peuvent partager les leurs. Et observez comment, un cœur à la fois, vous contribuez à tisser une nouvelle tapisserie d'humanité – plus authentique, plus compatissante, plus connectée.

Ce n'est pas juste votre histoire. C'est notre histoire. Et ensemble, nous pouvons l'écrire différemment.

Exercices pratiques et outils

Vous tenez entre vos mains tout ce dont vous avez besoin pour commencer à partager votre histoire de manière significative. Les exercices qui suivent ne sont pas de simples activités – ils sont des invitations à l'action, des ponts entre votre intention et votre impact. Choisissez ceux qui vous parlent, commencez là où vous êtes, et rappelez-vous que chaque pas compte, aussi petit soit-il.

Journal de réflexion guidée

Le journal est souvent la première porte vers le partage authentique. C'est un espace privé où vous pouvez explorer sans jugement avant de présenter votre histoire au monde.

◥ Exercice 1 : Les 7 moments pivots

Objectif : Identifier les moments décisifs qui ont façonné votre parcours.

Instructions :

1. Prenez un cahier dédié à votre histoire
2. Sur sept pages consécutives, écrivez-en haut : "Moment pivot #1", "Moment pivot #2", etc.
3. Chaque jour pendant une semaine, remplissez une page en décrivant un moment qui a changé la trajectoire de votre vie
4. Pour chaque moment, répondez à :
   - Que s'est-il passé exactement ?
   - Quelles émotions avez-vous ressenties ?
   - Quelle décision avez-vous prise à la suite de cet événement ?
   - Comment votre vie aurait-elle été différente sans ce moment ?
   -

◥ Exercice 2 : La lettre à votre ancien moi

Objectif : Reconnaître votre évolution et extraire la sagesse de votre parcours.

Instructions :

1. Choisissez un moment difficile de votre passé
2. Écrivez une lettre à la personne que vous étiez alors
3. Partagez les leçons que vous avez apprises depuis

4.   Offrez la compassion et les conseils que vous auriez aimé recevoir
5.   Terminez par : "Ce que j'aimerais que tu saches par-dessus tout..."

◥ Exercice 3 : Le journal des petites victoires

Objectif : Reconnaître les réussites quotidiennes qui constituent votre histoire de résilience.

Instructions :

1.   Chaque soir pendant 21 jours, notez :
     o   Une petite victoire que vous avez remportée aujourd'hui
     o   Un obstacle que vous avez surmonté
     o   Une qualité que vous avez manifestée
2.   Après trois semaines, relisez et entourez les mots qui reviennent
3.   Ces mots récurrents révèlent souvent les thèmes centraux de votre histoire

Questions d'auto-exploration

Ces questions vous guideront vers les aspects de votre histoire qui méritent d'être partagés. Prenez votre temps – la profondeur vient de la réflexion patiente.

◥ La série des "Pourquoi"

Répondez à ces questions en plongeant toujours plus profond. Pour chaque réponse, demandez-vous "pourquoi ?" au moins trois fois pour atteindre vos motivations fondamentales :

1.   Quelle partie de mon histoire suis-je le plus fier(ère) de partager ?
2.   Quel aspect de mon parcours est-ce que j'hésite à révéler ?
3.   Qui pourrait bénéficier le plus d'entendre mon histoire ?
4.   Quelle émotion aimerais-je que mon histoire évoque chez les autres ?
5.   Qu'est-ce que je veux que les gens fassent différemment après avoir entendu mon histoire ?

◥ La carte des contrastes

Complétez ces phrases pour révéler les transformations clés de votre parcours :

1.   "Avant, je pensais que... maintenant je sais que..."
2.   "Avant, j'avais peur de... maintenant j'ose..."
3.   "Avant, je me définissais par... maintenant je me définis par..."

4. "Je croyais que jamais je ne pourrais... jusqu'à ce que..."
5. "La leçon la plus difficile que j'ai apprise est..."

◢ Les questions du cercle de confiance

Choisissez trois personnes qui vous connaissent bien et demandez-leur :

1. "Selon toi, quelle est la force qui me définit le mieux ?"
2. "Quelle histoire m'as-tu entendu raconter qui t'a marqué ?"
3. "Quel changement as-tu observé chez moi au fil du temps ?"

Notez leurs réponses et observez les schémas. Souvent, les autres voient en nous des qualités et des histoires que nous prenons pour acquises.

Techniques de storytelling

Ces techniques vous aideront à transformer vos expériences brutes en récits captivants qui résonnent profondément avec votre audience.

◢ La structure SPA (Situation-Problème-Action)

Cette structure simple mais puissante fonctionne pour presque toutes les histoires :

1. **Situation** : Décrivez le contexte initial. Où étiez-vous dans votre vie ? Quelles étaient vos croyances ? Utilisez des détails sensoriels pour créer une image vivante.
2. **Problème** : Identifiez le défi qui a tout changé. Quel obstacle s'est présenté ? Qu'avez-vous ressenti face à ce défi ? Quelles étaient les conséquences potentielles ?
3. **Action** : Partagez comment vous avez répondu. Quelles décisions avez-vous prises ? Quelles ressources avez-vous découvertes en vous ? Comment la situation s'est-elle résolue ?
4. **Apprentissage** : (Ajoutez cette dimension essentielle) Quelle sagesse avez-vous tirée de cette expérience ? Comment cela a-t-il changé votre perception ?

Exemple :

*   **Situation** : "J'avais 42 ans, un poste stable dans la finance, et pourtant chaque matin je me réveillais avec cette sensation de vide..."
*   **Problème** : "Puis est arrivée cette restructuration. Mon équipe allait être dissoute, et pour la première fois en 15 ans, je me trouvais face à l'inconnu..."

- **Action** : "Au lieu de me précipiter vers un poste similaire, j'ai pris une décision qui a surpris tout le monde, moi la première..."
- **Apprentissage** : "C'est là que j'ai compris que ce que je prenais pour une catastrophe était en réalité ma libération..."

◥ La technique des 5 sens

Pour rendre votre histoire mémorable, intégrez des détails sensoriels :

1. Pour un moment clé de votre histoire, notez :
   - Ce que vous **voyiez** (l'expression sur un visage, la lumière dans la pièce)
   - Ce que vous **entendiez** (des mots exacts, des sons ambiants)
   - Ce que vous **ressentiez** physiquement (tension dans les épaules, nœud à l'estomac)
   - Ce que vous **sentiez** (odeurs particulières qui ancrent le souvenir)
   - Ce que vous **goûtiez** (si applicable)
2. Intégrez ces détails sensoriels quand vous racontez ce moment. Ils créent une expérience immersive pour votre audience.

L'arc de transformation

Cette technique vous aide à structurer votre histoire autour de votre évolution personnelle :

1. **Identité initiale** : "J'étais quelqu'un qui..."
2. **Catalyseur du changement** : "Puis est arrivé le moment où..."
3. **Lutte interne** : "Je me suis retrouvé(e) confronté(e) à...."
4. **Nouveau comportement** : "C'est alors que j'ai commencé à...."
5. **Identité transformée** : "Aujourd'hui, je suis devenu(e)..."

Ressources pour approfondir

◥ Livres essentiels

- **"Oiseau par oiseau" de Anne Lamott** – Pour maîtriser l'écriture authentique
- **"Le héros aux mille visages" de Joseph Campbell** – Pour comprendre la structure universelle des histoires transformatives
- "TED Talks : The Official TED Guide to Public Speaking" de Chris Anderson – Pour perfectionner l'art de raconter oralement

- **"Le pouvoir de la vulnérabilité" de Brené Brown** – Pour explorer la connexion entre authenticité et impact

◥ Plateformes et communautés

- **The Moth** (themoth.org) – Organisation dédiée à l'art du storytelling personnel
- **StoryCorps** (storycorps.org) – Initiative qui préserve et partage les histoires des gens ordinaires
- **National Storytelling Network** (storynet.org) – Ressources et formations sur le storytelling
- **Narrative 4** (narrative4.com) – Organisation qui utilise l'échange d'histoires pour développer l'empathie

◥ Outils numériques

- **StoryCorps App** – Pour enregistrer et archiver des histoires personnelles
- **Storycatcher** – Application guidant la création d'histoires personnelles
- **Journey** – Journal numérique avec fonctionnalités de réflexion guidée
- **Dictaphone** - Une application simple pour enregistrer vos histoires au fur et à mesure

Plan d'action personnalisé

Ce plan vous guidera du journal intime au partage public, à votre propre rythme. Adaptez-le à vos besoins et à votre personnalité.

◥ Étape 1 : Explorer (Semaines 1-2)

- Consacrez 20 minutes par jour à l'écriture guidée
- Complétez l'exercice des 7 moments pivots
- Identifiez les 3 thèmes récurrents de votre histoire

◥ Étape 2 : Façonner (Semaines 3-4)

- Choisissez l'aspect de votre histoire que vous souhaitez partager d'abord
- Appliquez la structure SPA à cet élément de votre histoire
- Enregistrez-vous en racontant cette histoire (pour vous-même uniquement)
- Révisez et affinez jusqu'à ce que cela sonne authentique

◥ Étape 3 : Partager en cercle restreint (Semaines 5-6)

- Identifiez 1-3 personnes de confiance
- Partagez votre histoire dans un cadre sécurisant
- Demandez un retour spécifique : "Quelle partie a résonné le plus avec toi ?"
- Intégrez les retours qui résonnent avec votre intention

◥ Étape 4 : Élargir (Semaines 7-8)

- Choisissez un canal de transmission qui vous convient
- Créez une première version pour ce format
- Partagez avec un groupe légèrement plus large
- Célébrez ce pas important, quelle que soit la réception

◥ Étape 5 : Évoluer (Continu)

- Tenez un journal des impacts observés
- Revisitez votre histoire tous les 3-6 mois
- Ajoutez de nouvelles dimensions à mesure que vous évoluez
- Explorez progressivement de nouveaux canaux de transmission

◤ Votre engagement personnel

Pour ancrer votre intention, complétez cette déclaration et placez-la où vous la verrez quotidiennement :

Je, _____________________, m'engage à partager mon histoire de

_____________________ parce que je crois que

_______________________________________.

Dans les 30 prochains jours, je ferai au moins un pas concret en

_______________________________________.

Je me rappellerai que mon histoire est un cadeau, pas seulement pour moi, mais pour tous ceux qui cherchent _____________________.

Signature : _____________________ Date : _____________

Ces outils et exercices sont vos alliés dans cette aventure de partage. Rappelez-vous que l'authenticité est plus importante que la perfection, et que même les histoires les plus impactantes ont commencé par un premier pas hésitant. Votre histoire mérite d'être racontée – commencez aujourd'hui.

Exercice bonus : la lettre au petit moi - un conte pour l'enfant intérieur

Un rendez-vous annuel avec votre histoire la plus précieuse

Il existe une magie particulière dans les histoires que nous nous racontons. Et peut-être que la plus puissante de toutes est celle que vous n'avez jamais partagée – l'histoire que l'adulte que vous êtes devenu aurait voulu raconter à l'enfant que vous étiez.

Cet exercice vous invite à créer un rituel annuel unique : un rendez-vous avec votre jeune moi, où vous transformez votre parcours en un conte de fées personnalisé. Cette pratique n'est pas une simple réflexion – c'est un pont entre qui vous étiez et qui vous êtes devenu, un acte de guérison et de célébration enveloppé dans la magie du conte.

Comment pratiquer "La lettre au petit moi"

Note de bienveillance : Cet exercice peut remuer des émotions profondes. C'est normal et c'est sain. Avant de commencer, créez un cocon de sécurité : choisissez un moment où vous ne serez pas dérangé, préparez une boisson réconfortante, ayez des mouchoirs à portée de main. Si des émotions fortes émergent, accueillez-les avec tendresse. Elles sont le signe que vous touchez quelque chose d'important.

◥ Étape 1 : Créez un rendez-vous sacré

Choisissez une date significative – votre anniversaire, le Nouvel An, ou tout autre jour spécial pour vous. Marquez-la sur votre calendrier comme un rendez-vous incontournable. Prévoyez une heure ininterrompue dans un lieu qui nourrit votre créativité.

◥ Étape 2 : Rencontrez votre jeune vous

Avant de commencer à écrire, fermez les yeux et visualisez-vous enfant. Quel âge avez-vous ? Comment êtes-vous habillé ? Quels sont vos espoirs, vos peurs, vos rêves à cet âge ? Établissez une connexion émotionnelle avec cette version de vous.

◥ Étape 3 : Écrivez votre conte de fées personnel

Commencez votre histoire comme les contes de votre enfance :

"Il était une fois un enfant nommé [votre prénom] qui vivait [détail sur votre enfance]. Ce que personne ne savait à propos de cet enfant, c'est qu'il/elle portait en lui/elle un pouvoir magique – le pouvoir de [qualité spéciale que vous reconnaissez maintenant] ..."

Racontez ensuite votre histoire comme une aventure fabuleuse, où les défis deviennent des dragons à affronter, les mentors sont des sages enchanteurs, et les leçons apprises sont des trésors magiques. Ne minimisez ni les difficultés ni les triomphes – transformez-les en éléments d'un conte héroïque.

Incluez une section où le *"Vous du futur"* (un personnage mystérieux et bienveillant) apparaît pour offrir trois sagesses que vous auriez aimé connaître plus tôt.

Terminez par une fin ouverte qui suggère de nombreuses aventures à venir : *"Et bien que cette histoire continuera de s'écrire pendant de nombreuses années, l'enfant savait désormais que..."*

◥ Étape 4 : Partagez le moment

Une fois votre conte écrit, trouvez un moyen de le "partager" symboliquement avec votre jeune vous :

- Lisez-le à haute voix, peut-être devant une photo d'enfance
- Enregistrez-le-en lisant comme une histoire du soir
- Illustrez-le simplement avec des dessins, comme dans un livre d'enfant
- Créez un petit rituel de "remise" du conte (comme allumer une bougie)

Prendre soin de soi après l'exercice : Après avoir complété ce rituel, offrez-vous un moment de douceur. Une promenade dans la nature, un bain chaud, un appel à un ami bienveillant. Vous venez de faire un acte courageux de guérison intérieure. Honorez ce courage en prenant soin de vous.

◥ Étape 5 : Préservez et construisez

Conservez chaque conte dans un "Livre de Vie" spécial. Au fil des ans, vous créerez une collection précieuse de votre évolution. Remarquez comment l'histoire change, comment votre perspective sur votre jeune vous évolue, et quelles nouvelles sagesses émergent chaque année.

Pourquoi cet exercice transforme

Cette pratique opère à plusieurs niveaux profonds :

Elle guérit l'enfant intérieur. En racontant votre histoire comme un conte, vous offrez à votre jeune vous exactement ce dont il ou elle avait besoin : la validation que ses défis étaient réels, l'assurance que tout ira bien, et la perspective que seul le temps peut apporter.

Elle révèle des schémas invisibles. Transformés en éléments de conte de fées, les thèmes récurrents de votre vie deviennent plus évidents. Vous commencez à voir l'arc narratif plus large de votre existence.

Elle recadre les difficultés. Les moments difficiles deviennent des "épreuves du héros" dans votre conte, leur donnant un sens et une place dans votre parcours.

Elle célèbre votre sagesse acquise. En formulant explicitement les leçons apprises, vous honorez votre croissance et cristallisez vos apprentissages.

Comme l'a si bien dit la psychologue Clarissa Pinkola Estés : "*Les histoires sont des médicaments... Elles ont un pouvoir tel qu'elles n'ont pas besoin de prescription, ne sont pas rationnées, et nous pouvons les prendre aussi souvent que nécessaire.*[83]"

Votre histoire, racontée à l'enfant que vous étiez, est peut-être le médicament le plus puissant que vous puissiez vous offrir. Elle affirme que malgré tout ce que vous avez traversé, vous êtes devenu le héros ou l'héroïne dont votre jeune vous avait besoin.

Et c'est peut-être le conte de fées le plus important que vous partagerez jamais – celui qui dit : "***Tu as toujours été assez. Et regarde tout ce que tu es devenu.***"

Les 10 clés essentielles du partage d'histoire

1. Votre histoire est un trésor unique

Personne d'autre n'a vécu exactement ce que vous avez vécu, avec votre perspective. Cette singularité n'est pas un handicap – c'est votre plus grand atout. Ce qui vous semble ordinaire peut être extraordinaire pour quelqu'un d'autre.

2. L'intention guide l'impact

La clarté de votre intention est le gouvernail de votre partage. Demandez-vous toujours : *"Pourquoi est-ce que je partage cela ?"* Une intention authentique résonne plus profondément qu'une histoire parfaitement racontée.

3. La vulnérabilité crée les ponts les plus solides

C'est dans vos moments de vérité brute que se forge la connexion la plus puissante. Ce n'est pas votre perfection qui inspire – c'est votre humanité. Osez montrer vos failles, elles sont les fenêtres par lesquelles la lumière entre.

4. Chaque histoire mérite son canal

Votre message et votre personnalité déterminent le véhicule idéal. Qu'il s'agisse de l'écrit, de l'oral ou d'expressions créatives, honorez votre nature authentique. L'introversion n'est pas un obstacle – c'est une invitation à emprunter des chemins différents.

5. Les détails spécifiques portent l'universel

Plus vous êtes précis dans les détails de votre expérience, plus vous touchez à l'universel. Ne dites pas "j'étais anxieux" – décrivez le tremblement de vos mains. C'est dans ces détails que les autres se reconnaissent.

6. Une histoire partagée est une histoire qui grandit

Votre récit n'est jamais figé. Chaque partage l'enrichit, chaque écoute le transforme. Permettez à votre histoire d'évoluer alors que votre compréhension s'approfondit avec le temps.

7. L'écoute est la moitié du partage

Créer des espaces où d'autres peuvent partager en retour multiplie l'impact de votre histoire. La résonance véritable est un dialogue, pas un monologue. Quand vous recevez l'histoire d'un autre, vous honorez votre propre parcours.

8. L'impact se mesure en profondeur, pas en largeur

Une seule personne profondément touchée vaut mieux qu'une foule simplement divertie. Cherchez les signes de transformation réelle – les questions profondes, les décisions prises, les histoires partagées à leur tour.

9. Commencez là où vous êtes

N'attendez pas d'être "prêt" ou d'avoir l'histoire "parfaite". Le premier pas maladroit est infiniment plus puissant que le chef-d'œuvre jamais partagé. Commencez petit, dans un espace sécurisant, puis élargissez progressivement.

10. Votre histoire change le monde, une personne à la fois

Ne sous-estimez jamais le pouvoir d'un récit authentique. Dans un monde affamé de vérité, votre vulnérabilité est un acte de courage qui inspire les autres à faire de même. Et c'est ainsi que, silencieusement mais sûrement, nous transformons notre culture.

Rappelez-vous : ce n'est pas la perfection de votre récit qui compte, mais le courage de le partager. Quelqu'un, quelque part, a besoin d'entendre précisément l'histoire que vous avez à offrir. Votre voix est le don que seul vous pouvez donner.

La question n'est plus de savoir si votre histoire mérite d'être racontée – elle le mérite. La question est : *quel sera votre premier pas concret pour la partager ?*

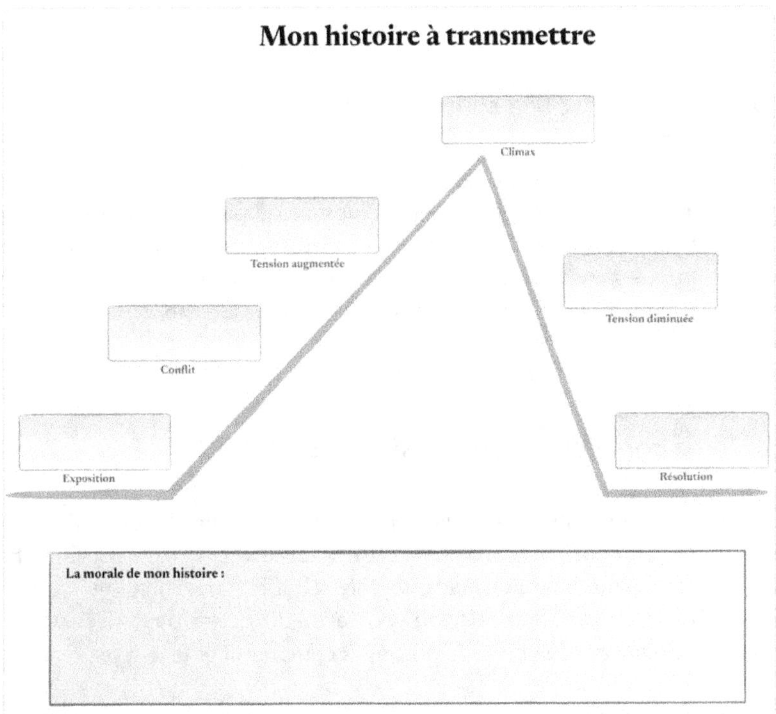

Cet exercice utilise la base de la pyramide de Freitag : ce diagramme décrit les cinq étapes clés d'une histoire, offrant un cadre conceptuel pour la rédaction d'une histoire du début à la fin.

Consignes pour compléter votre histoire à transmettre

▼ Exposition

Décrivez le point de départ de votre histoire

Plantez le décor de votre vie avant la transformation. Qui étiez-vous ? Quelles étaient vos croyances, vos habitudes, votre environnement ? Identifiez clairement votre "monde ordinaire" - cette réalité que vous teniez pour acquise avant que tout ne change. Soyez authentique et précis dans votre description, car c'est le fondement de votre récit de transformation.

◥ Conflit

Identifiez le défi qui a tout déclenché

Quel événement, quelle prise de conscience ou quel obstacle a bouleversé votre équilibre ? Décrivez ce moment où votre réalité a été remise en question. Le conflit peut être externe (licenciement, divorce, déménagement) ou interne (remise en question de vos valeurs, prise de conscience). Ce point de bascule est crucial car il marque le début de votre voyage de transformation.

◥ Tension augmentée

Explorez comment le défi s'est intensifié

Comment la situation s'est-elle complexifiée ? Quelles tentatives avez-vous faites pour résoudre votre problème ? Décrivez les obstacles supplémentaires rencontrés, les émotions amplifiées, les enjeux qui sont devenus plus importants. C'est le moment de votre récit où vous avez dû puiser dans des ressources insoupçonnées et développer de nouvelles compétences face à l'adversité.

◥ Climax

Décrivez le moment décisif de votre transformation

Identifiez ce moment pivot où tout a basculé. Quelle décision cruciale avez-vous prise ? Quelle révélation avez-vous eue ? C'est l'instant où vous avez franchi un point de non-retour, où vous avez compris que vous ne seriez plus jamais la même personne. Ne vous censurez pas - capturez l'intensité émotionnelle et la profondeur de cette expérience transformatrice.

◥ Tension diminuée

Partagez comment la situation a commencé à se résoudre

Comment les choses ont-elles commencé à s'améliorer après le point culminant ? Quelles nouvelles perspectives se sont ouvertes ?

Décrivez la façon dont vous avez intégré vos apprentissages et comment vous avez commencé à vous adapter à votre nouvelle réalité. C'est un temps de réflexion, d'acceptation et de premiers pas vers une nouvelle version de vous-même.

▼ Résolution

Décrivez qui vous êtes devenu(e)

Comment cette expérience vous a-t-elle transformé(e) ? Quelles nouvelles compétences, perspectives ou relations avez-vous développées ? Décrivez votre "nouveau normal" - cette version plus sage et plus résiliente de vous-même. La résolution n'est pas nécessairement une fin heureuse parfaite, mais plutôt un état d'harmonie retrouvée à un niveau supérieur de conscience et de compréhension.

▼ La morale de mon histoire

Résumez la sagesse essentielle acquise

Quelle est la leçon fondamentale que vous retirez de cette expérience ? Quel message souhaitez-vous transmettre à ceux qui vous liront ? Formulez en quelques phrases puissantes l'essence de votre transformation et la sagesse que vous avez gagnée. Cette morale n'est pas seulement votre héritage personnel, mais aussi un don que vous offrez à ceux qui suivront un jour un chemin similaire.

Conseil pour approfondir : En racontant votre histoire, restez fidèle à votre vérité émotionnelle. Les détails factuels importent moins que l'authenticité de votre expérience vécue et des transformations intérieures qui en ont résulté. Votre vulnérabilité est votre force - c'est elle qui rendra votre histoire véritablement inspirante pour les autres.

Chapitre 10 : Réaliser vos rêves, du présent au futur

Introduction

Vous voici arrivé à un moment décisif de votre parcours. Ce n'est pas une fin, mais plutôt le commencement d'une nouvelle phase extraordinaire dans l'aventure qu'est votre vie. Tout au long de ce livre, vous avez exploré les territoires fascinants de votre identité, revisité votre histoire, et redécouvert les forces qui sommeillaient en vous. Maintenant, le moment est venu de transformer ces découvertes en une vision concrète pour votre avenir.

Les grands changements de vie commencent rarement par des actions spectaculaires, mais plutôt par de petites décisions courageuses prises jour après jour. Comme l'affirmait la poétesse Mary Oliver : "*Que ferez-vous de votre unique et précieuse vie ?*"[84] Cette question résonne maintenant avec une clarté nouvelle, n'est-ce pas ?

Dans ce chapitre final, nous allons célébrer ensemble le chemin déjà parcouru, renouer avec vos rêves les plus profonds - ceux de l'enfant que vous étiez et ceux de l'adulte que vous êtes devenu - et projeter avec audace votre vision d'un avenir désirable. Nous transformerons ensuite cette vision en action concrète, car les rêves sans action restent des fantômes qui ne prennent jamais forme.

Je vous invite à aborder ce chapitre avec ouverture et détermination. Imaginez-vous dans cinq, dix, ou même vingt-cinq ans, contemplant le chemin parcouru depuis aujourd'hui. Quelle histoire souhaitez-vous pouvoir raconter ? Quelles montagnes aurez-vous gravies ? Quelles vies aurez-vous touchées ?

Le moment est venu d'écrire les prochains chapitres de votre vie avec intention et courage. Rappelez-vous que les plus grands accomplissements commencent toujours par une simple décision : celle de commencer. Votre avenir vous attend. Créons-le ensemble.

Section 1 : Célébrer le chemin parcouru

Avant de vous projeter vers l'avenir, prenons un moment pour honorer le chemin que vous avez déjà parcouru. Cette reconnaissance n'est pas un simple exercice de gratification personnelle, mais une étape essentielle pour construire un futur solide et authentique.

◥ Le courage d'entreprendre le voyage de la découverte de soi

Le simple fait d'avoir ouvert ce livre et de l'avoir lu jusqu'ici démontre un courage remarquable. Dans un monde qui valorise l'action constante et la productivité, vous avez choisi de faire une pause pour vous interroger sur l'essentiel.

Pensez à Maria, directrice financière dans une entreprise internationale qui, à 48 ans, a pris la décision courageuse de consacrer trois mois à réexaminer ses choix de vie après deux décennies de carrière ininterrompue. "J'ai réalisé que je n'avais jamais vraiment choisi ma vie, mais plutôt suivi un chemin tracé par les attentes des autres," confie-t-elle. "Prendre du recul a été la décision la plus difficile, mais aussi la plus libératrice de ma vie."

Ce courage de s'arrêter, d'observer et de questionner est rare. Vous l'avez manifesté. Prenez un moment pour apprécier cette force en vous.

◥ Les apprentissages clés et les prises de conscience majeures

Prenez quelques instants pour réfléchir aux découvertes que vous avez faites au fil de ces pages. Quelles vérités avez-vous reconnues sur vous-même ? Quelles convictions limitantes avez-vous commencé à remettre en question ?

La prise de conscience est le premier pas vers la transformation. Comme l'explique le psychiatre Carl Jung : *"Tant qu'on n'a pas rendu l'inconscient conscient, il continuera à diriger votre vie et vous l'appellerez le destin."*

Notez ici les trois prises de conscience les plus significatives que vous avez eues pendant ce parcours :

1.
2.
3.

◥ La transformation des obstacles en opportunités de croissance

Les défis que vous avez rencontrés sur votre chemin n'étaient pas des punitions, mais des invitations à grandir. Imaginez Marc, artisan ébéniste de 52 ans, qui a perdu l'usage partiel de sa main droite à la suite d'un accident. Au lieu d'abandonner son métier, il a développé de nouvelles techniques qui lui ont permis non seulement de continuer, mais d'innover dans son art. "Ce que je considérais comme ma fin professionnelle est devenu le début d'une nouvelle façon de travailler le bois," explique-t-il. "Mes limitations m'ont forcé à voir des possibilités que je n'aurais jamais explorées autrement."

Quels obstacles avez-vous transformés en tremplins ? Quelles leçons précieuses avez-vous tirées de vos plus grands défis ? Ces expériences constituent votre capital de sagesse, un trésor inestimable pour votre chemin à venir.

◥ Lister ce que vous n'aimez plus faire

Avant de dessiner votre futur, faisons le bilan de ce qui appartient désormais au passé. Cette fois, avec la sagesse accumulée au fil de ces pages, vous pouvez identifier avec une clarté nouvelle ce qui doit être honoré puis relâché. Prenez quelques minutes pour noter :

- Les activités qui vous épuisent au lieu de vous énergiser
- Les situations qui vous ennuient profondément
- Les responsabilités que vous assumez par obligation, non par choix
- Les relations qui vous vident plutôt que de vous nourrir

Yasmine, enseignante de 39 ans, raconte comment cet exercice a transformé sa vie : "En réalisant que je n'aimais pas la gestion administrative qui occupait 60% de mon temps, j'ai pu redéfinir mon rôle pour me concentrer sur ce que j'aime vraiment : l'enseignement direct aux élèves. J'ai retrouvé ma passion."

◤ Identifier ce qui vous enchante

Pour contrebalancer ce que vous n'aimez plus, explorez maintenant ce qui vous fait vibrer, ce qui vous met dans un état de flow où le temps semble s'arrêter.

Réfléchissez aux moments où vous avez ressenti :

- Une profonde satisfaction
- Un sentiment d'accomplissement naturel
- Une énergie renouvelée malgré l'effort fourni
- Une impression d'être exactement là où vous deviez être

Ces moments révèlent vos talents naturels et vos passions authentiques - les ingrédients essentiels de votre avenir épanouissant.

◤ La reconnaissance de votre force intérieure

Au terme de ce parcours d'introspection, une vérité fondamentale émerge : vous possédez en vous une force remarquable. Cette force s'est manifestée chaque fois que vous avez surmonté un obstacle, chaque fois que vous avez osé remettre en question une croyance limitante, chaque fois que vous avez choisi la voie de l'authenticité plutôt que celle de la facilité.

Cette force intérieure n'est pas un talent inné réservé à quelques privilégiés - c'est une capacité que vous avez cultivée à travers vos expériences, vos luttes et vos victoires. Elle constitue le socle sur lequel vous bâtirez votre avenir.

Comme le rappelle l'ancien ouvrier devenu entrepreneur social, Karim : "Ce n'est qu'en reconnaissant ma propre résilience face aux échecs que j'ai pu me lancer dans des projets qui me paraissaient auparavant impossibles. Notre plus grande force n'est pas l'absence de peur, mais la capacité d'avancer malgré elle."

Section 2 : Reconnecter avec vos rêves profonds

Maintenant que vous avez honoré votre parcours et reconnu votre force intérieure, il est temps de renouer avec vos aspirations les plus authentiques - celles qui guident votre âme depuis longtemps.

A. Les rêves d'enfance : retrouver leur essence et leur message

Nos rêves d'enfance sont bien plus que de simples fantaisies. Ils contiennent souvent l'essence de ce qui nous fait vraiment vibrer, avant que les "il faut" et les "tu dois" de la société n'aient recouvert notre voix intérieure.

Sofia, aujourd'hui chef d'entreprise dans le secteur de l'économie circulaire, se souvient comment la redécouverte d'un de ses rêves d'enfance a transformé sa carrière : "Petite, je passais des heures à créer des vêtements pour mes poupées avec des tissus récupérés. J'avais oublié cette passion jusqu'à ce que je retrouve un vieux cahier de croquis. J'ai réalisé que mon désir de créer quelque chose de beau à partir de matériaux recyclés avait toujours été là. Cela a complètement réorienté ma vision entrepreneuriale."

▼ Première exploration : dialogue avec votre enfant intérieur

Cette première rencontre avec l'enfant que vous étiez se veut une conversation intime et bienveillante. Plus tard dans ce chapitre, nous approfondirons cette connexion à travers un rituel plus structuré.

Prenez une feuille et écrivez une lettre à l'enfant que vous étiez à 10 ans. Parlez-lui de votre vie actuelle, des choix que vous avez faits, des obstacles que vous avez surmontés. Puis, posez-lui ces questions essentielles :

- o   De quoi rêvais-tu à cette époque ?
- o   Qu'est-ce qui te rendait vraiment heureux/heureuse ?
- o   Qu'aimerais-tu me rappeler que j'ai peut-être oublié ?

Après avoir écrit cette lettre, prenez un moment pour identifier trois rêves d'enfance qui résonnent encore en vous aujourd'hui. Pour chacun d'eux, demandez-vous :

1. Quelle essence de ce rêve peut être réalisée dans ma vie actuelle ?
2. Quelle valeur profonde se cache derrière ce désir ?
3. Quelle action simple pourrais-je entreprendre dès maintenant pour honorer ce rêve ?

▼ Les valeurs cachées derrière ces premiers désirs

Nos rêves d'enfance révèlent souvent nos valeurs fondamentales. L'enfant qui rêvait d'être médecin cherchait peut-être à exprimer son désir d'aider les autres. Celui qui voulait être explorateur manifestait possiblement un besoin profond de liberté et de découverte.

Comme l'explique le psychologue Abraham Maslow : "Ce qu'un homme peut être, il doit l'être. Ce besoin, nous pouvons l'appeler accomplissement de soi."

En reconnaissant les valeurs sous-jacentes à vos rêves d'enfance, vous pouvez trouver des façons créatives de les honorer dans votre vie actuelle, même si la forme extérieure diffère de ce que vous imaginiez enfant.

B. Les rêves d'adulte : faire le point sur vos aspirations actuelles

Avec la maturité, nos rêves évoluent naturellement. Cette évolution n'est pas un abandon, mais un enrichissement. Vos aspirations d'aujourd'hui intègrent la sagesse de vos expériences tout en restant fidèles à l'essence de ce qui vous anime.

L'évolution de vos désirs avec la maturité

Pierre, ancien cadre reconverti en menuisier à 45 ans, témoigne : "Jeune, je rêvais de grandes réussites visibles, de reconnaissance. Aujourd'hui, mon rêve est de créer des objets qui durent, qui portent mon empreinte silencieuse. C'est le même besoin de laisser une trace, mais exprimé d'une façon plus alignée avec mes valeurs profondes."

Prenez un moment pour réfléchir :

- o   Comment vos rêves ont-ils mûri avec le temps ?
- o   Quels nouveaux désirs ont émergé que vous n'auriez pas imaginés auparavant ?
- o   Quelles aspirations sont restées constantes, même si leur forme a changé ?

L'alignement entre vos rêves et vos valeurs

Un rêve qui n'est pas aligné avec vos valeurs profondes restera toujours insatisfaisant, même s'il se réalise. C'est pourquoi tant de personnes atteignent "le succès" selon les critères extérieurs mais continuent de ressentir un vide intérieur.

Identifiez vos cinq valeurs fondamentales et vérifiez si vos aspirations actuelles les reflètent vraiment. Cet alignement est la clé d'une satisfaction durable.

La réconciliation entre idéal et réalité

Nos rêves doivent être ambitieux pour nous inspirer, mais aussi ancrés dans la réalité pour se concrétiser. Cette tension créative entre l'idéal et le possible est ce qui donne vie à nos aspirations.

Comme l'exprime Elena, artiste et mère solo qui a créé son atelier à domicile : "J'ai dû adapter mon rêve d'être une artiste reconnue internationalement à ma réalité de parent célibataire. Plutôt que d'abandonner, j'ai trouvé comment intégrer ma pratique artistique dans ma vie quotidienne. Cette contrainte m'a rendue plus disciplinée et paradoxalement plus productive."

La vraie magie opère lorsque nous cessons d'opposer nos idéaux à notre réalité pour commencer à les faire danser ensemble.

Section 3 : Projeter votre futur désirable

Maintenant que vous avez reconnecté avec vos aspirations profondes, il est temps de les projeter dans l'avenir avec précision et audace. Car comme le dit Napoléon Hill : "*Un objectif n'est rien d'autre qu'un rêve doté d'une échéance.*"

En inscrivant des dates précises - 2030, 2035, 2050 - vous ancrez vos rêves dans une réalité temporelle concrète. Ces années ne sont pas si lointaines : dans cinq ans, les enfants d'aujourd'hui seront adolescents, dans dix ans, une nouvelle génération entrera sur le marché du travail. Votre futur se construit en parallèle de ces évolutions tangibles.

L'exercice "capsule vers le futur"

Cet exercice puissant vous invite à voyager mentalement dans le temps pour créer une vision détaillée de votre futur à différents horizons. Il ne s'agit pas d'une simple rêverie, mais d'une projection intentionnelle qui mobilisera votre esprit conscient et inconscient vers la réalisation de cette vision.

Vision 2030 : Dans 5 ans

Imaginez que nous sommes en 2030. Vous vous réveillez un matin particulièrement satisfaisant. À quoi ressemble votre vie ?

Votre vie personnelle et relationnelle :

- Où habitez-vous et avec qui ?
- Comment commence votre journée idéale ?
- Quelles relations nourrissent votre âme ?
- Quel équilibre avez-vous trouvé entre vie personnelle et professionnelle ?
- Comment prenez-vous soin de votre santé et de votre bien-être ?

Votre développement professionnel :

- Quelle est votre activité principale ?
- Quelles compétences avez-vous développées ou maîtrisées ?
- Quel impact a votre travail sur votre sentiment d'accomplissement ?
- Qui sont vos collaborateurs, mentors ou partenaires ?
- Quelle réputation avez-vous dans votre domaine ?

Votre impact dans le monde :

- o   Comment contribuez-vous à votre communauté ?
- o   Quelles causes vous tiennent à cœur ?
- o   Quel héritage commencez-vous à construire ?

Carmen, aide-soignante devenue formatrice en soins palliatifs, partage : "Cette projection à cinq ans m'a permis de voir que je souhaitais transformer mon expérience directe auprès des patients en formation pour les soignants. J'ai pu organiser mon parcours pour acquérir progressivement les qualifications nécessaires. Sans cette vision claire, je serais probablement restée dans mon poste initial, frustrée par l'impossibilité de transmettre ce que j'avais appris."

◥ Vision 2035 : Dans 10 ans

Projetez-vous maintenant plus loin, en 2035. Cette perspective élargie vous permet d'envisager des transformations plus profondes et des accomplissements majeurs.

Les accomplissements majeurs :

- o   Quels objectifs significatifs avez-vous atteints ?
- o   Quels projets de longue haleine ont porté leurs fruits ?
- o   Quelles reconnaissances avez-vous reçues ?

Les transformations personnelles :

- o   Comment avez-vous évolué intérieurement ?
- o   Quelles qualités avez-vous cultivées ?
- o   Quelles limites avez-vous dépassées ?

L'héritage que vous construisez :

- o   Quelles graines plantées aujourd'hui donnent maintenant leurs fruits ?
- o   Qui bénéficie de vos contributions ?
- o   Quelle est votre œuvre principale ?

◥ Vision 2050 : Le long terme

Cette projection lointaine vous invite à considérer votre vie dans sa globalité et à réfléchir à l'empreinte que vous souhaitez laisser.

Votre contribution à la société :

- o Quel changement durable avez-vous contribué à créer ?
- o Quelles initiatives que vous avez lancées continuent sans vous ?

L'empreinte que vous souhaitez laisser :

- o Comment souhaitez-vous être remémoré ?
- o Quelles valeurs avez-vous incarnées tout au long de votre parcours ?

Le monde auquel vous aspirez :

- o Quelles évolutions sociétales espérez-vous voir se réaliser ?
- o Comment votre action s'inscrit-elle dans ces transformations plus larges ?

"Cette vision à long terme m'a permis de développer une résilience face aux obstacles quotidiens," explique Amadou, entrepreneur social dans le domaine de l'éducation. "Quand je me heurte à une difficulté, je me reconnecte à cette vision de 2050 où des milliers d'enfants bénéficient des méthodes d'apprentissage que nous développons aujourd'hui. Cela donne un sens à chaque effort, à chaque nuit blanche."

Prenez le temps de documenter vos visions pour ces trois horizons. Utilisez non seulement des mots, mais aussi des images, des dessins ou des collages qui représentent cette vie future. Plus votre vision sera détaillée et sensorielle, plus elle aura de pouvoir d'attraction sur votre présent.

Section 4 : Passer à l'action

Une vision sans action reste un rêve éveillé. Cette section vous guidera dans la transformation de vos aspirations en réalités tangibles.

A. Les trois engagements essentiels

Envers vous-même

Le premier engagement, et le plus fondamental, est celui que vous prenez envers vous-même. Il s'agit d'honorer votre vérité intérieure et d'accorder la priorité à votre développement personnel.

Rédigez un contrat personnel qui stipule :

- Comment vous vous traiterez avec bienveillance et respect
- Les limites que vous vous engagez à maintenir
- Le temps et les ressources que vous consacrerez à votre croissance

Jeanne, ancienne cadre supérieure devenue consultante indépendante, témoigne : "Mon engagement envers moi-même incluait une promesse de ne plus travailler au-delà de 19h et de prendre un vrai week-end par semaine. Cette simple décision a complètement transformé ma santé mentale et ma créativité."

Envers vos rêves

Le deuxième engagement concerne vos aspirations elles-mêmes. Trop souvent, nous laissons nos rêves s'effacer face aux urgences quotidiennes.

Engagez-vous à :

- Maintenir vos rêves visibles (par exemple en créant un tableau de vision)
- Parler ouvertement de vos aspirations avec des personnes de confiance
- Réserver du temps chaque semaine pour avancer vers vos objectifs
- Célébrer chaque petit pas accompli

Envers votre développement continu

Le troisième engagement concerne votre croissance continue. Notre monde évolue rapidement, et votre capacité à apprendre et à vous adapter sera votre atout le plus précieux.

Cet engagement peut inclure :

- Un plan d'apprentissage annuel
- Un cercle de pairs pour échanger et progresser ensemble
- Des moments réguliers de réflexion et d'intégration
- Une ouverture aux feedback constructifs

B. Créer votre feuille de route

Les premières actions concrètes

Identifiez trois actions que vous pouvez entreprendre dans les 48 heures pour commencer à concrétiser votre vision. Ces actions doivent être :

- Simples et réalisables

- Entièrement sous votre contrôle
- Génératrices d'élan positif

Thomas, plombier de 54 ans qui rêvait de créer sa propre entreprise, raconte : "Ma première action a été simplement d'appeler un ami entrepreneur pour un café. Cette conversation de deux heures m'a donné plus d'informations pratiques que des semaines de recherche en solitaire. Le lendemain, j'ai créé un simple logo pour mon projet, ce qui l'a rendu soudain plus réel."

Les rituels de transformation

Pour soutenir votre évolution sur le long terme, instaurez des rituels quotidiens, hebdomadaires et mensuels qui vous reconnectent à votre vision et renforcent votre engagement.

Ces rituels peuvent inclure :

- Une méditation matinale centrée sur vos objectifs
- Une revue hebdomadaire de vos progrès
- Une retraite personnelle trimestrielle pour ajuster votre cap

La psychologie positive a démontré que les rituels réguliers sont bien plus efficaces que les efforts sporadiques intenses pour créer un changement durable.

Les points de validation réguliers

Déterminez comment et quand vous évaluerez vos progrès. Ces points de validation ne sont pas des occasions de vous juger, mais plutôt des opportunités d'apprentissage et d'ajustement.

Prévoyez :

- Des moments d'auto-évaluation (mensuelle, trimestrielle, annuelle)
- Des rencontres avec un mentor ou un groupe de pairs
- Des célébrations pour chaque jalon atteint

"Mes points de validation trimestriels sont devenus l'ancre de ma transformation," explique Nadia, enseignante devenue écrivaine à mi-temps. "Au début, je craignais ces moments d'évaluation, mais j'ai appris à les voir comme des conversations bienveillantes avec moi-même plutôt que comme des jugements."

Vous avez maintenant entre les mains tous les éléments pour transformer vos aspirations en réalité vivante. Les trois exercices qui suivent sont des cadeaux que vous vous offrez - des moments sacrés pour approfondir et ancrer ce travail de création consciente. Choisissez celui qui résonne le plus fort en vous aujourd'hui. Les autres vous attendront, patients gardiens de possibilités futures.

Exercices pratiques : donner vie à vos rêves

Les idées sans action restent des fantômes de possibilités. Pour ancrer profondément les concepts explorés dans ce chapitre, je vous propose trois exercices transformateurs. Chacun vous invite à explorer vos rêves sous un angle différent – passé, présent et futur – créant ainsi un pont tangible entre vos aspirations et votre réalité quotidienne.

Ces exercices ne sont pas de simples activités à cocher sur une liste. Ce sont des rituels de transformation, des moments sacrés que vous vous offrez pour honorer ce qui est vraiment important. Abordez-les avec présence et intention, en leur accordant l'espace et le temps qu'ils méritent.

Exercice 1 : reconnexion aux rêves d'enfance

Objectif

Retrouver la pureté et l'authenticité de vos aspirations premières, souvent porteuses d'une sagesse que les années d'adaptation sociale ont pu masquer.

Cet exercice va au-delà du simple dialogue exploré précédemment. Il s'agit cette fois d'un rituel de reconnexion profonde, utilisant l'écriture libératrice, la visualisation active et l'intégration créative pour transformer vos découvertes en actions tangibles.

Déroulement

Étape 1 : Écriture libératrice (15 minutes)

Dans un espace calme et confortable, prenez votre journal et répondez avec spontanéité aux questions suivantes :

- Quels étaient mes rêves les plus chers quand j'étais enfant ?
- Quelles activités me faisaient complètement perdre la notion du temps ?
- Quels rêves ai-je mis de côté en grandissant, et pourquoi ?
- Comment ces aspirations d'enfance résonnent-elles dans ma vie actuelle ?

Laissez votre main écrire librement, sans censure ni jugement.

Étape 2 : Rencontre avec votre enfant intérieur (10 minutes)

Fermez les yeux et respirez profondément. Visualisez-vous enfant, à l'âge où vos rêves étaient encore intacts et vibrants. Observez-vous en train de jouer, de créer, de rêver à votre avenir.

Approchez-vous de cet enfant avec tendresse et posez-lui directement ces questions :

- "Qu'est-ce qui te rend vraiment heureux ?"
- "Qu'est-ce que tu désires au plus profond de toi ?"
- "Qu'aimerais-tu me rappeler que j'ai peut-être oublié ?"

Écoutez attentivement ses réponses. Elles peuvent venir sous forme de mots, d'images ou de sensations.

Étape 3 : Intégration (10 minutes)

Notez les insights reçus pendant votre visualisation, puis réfléchissez :

- Comment pourrais-je honorer ce rêve d'enfance dans ma vie actuelle, même de façon symbolique ?
- Quelle petite action pourrais-je entreprendre dès cette semaine pour raviver cette flamme ?

Exercice 2 : rituel onirique

Objectif

Créer une passerelle entre votre conscience quotidienne et la sagesse plus profonde de votre inconscient, en vous inspirant des pratiques traditionnelles qui honorent les rêves comme source de guidance.

Déroulement

Étape 1 : Préparation de l'espace sacré (10 minutes)

Choisissez un soir où vous pourrez vous coucher sans précipitation. Créez un environnement propice :

- Allumez une bougie
- Si possible, ouvrez une fenêtre pour sentir l'air de la nuit

- Rassemblez un ou deux objets symboles de vos aspirations (un livre, une photo, un objet naturel)

Étape 2 : Invocation intentionnelle (5 minutes)

Asseyez-vous confortablement et prononcez à voix haute ou en silence une invocation personnelle. Par exemple : "Je m'ouvre à la sagesse qui réside en moi. Cette nuit, que mes rêves m'apportent clarté et guidance sur mon chemin. Je suis prêt(e) à recevoir les messages qui serviront mon plus grand bien."

Si cela vous parle, vous pouvez vous inspirer des traditions kanak ou aborigènes en honorant la connexion à la terre et aux ancêtres dans votre invocation.

Étape 3 : Geste symbolique (2 minutes)

Effectuez un simple rituel d'offrande comme :

- Verser quelques gouttes d'eau sur une plante
- Déposer une fleur ou une feuille près de votre lit
- Dessiner un symbole important pour vous sur un petit papier à glisser sous votre oreiller

Étape 4 : Capture matinale (10 minutes)

Placez votre journal et un stylo à portée de main avant de vous endormir. Au réveil, avant même de consulter votre téléphone, notez tous les fragments de rêves dont vous vous souvenez.

Pour l'interprétation, posez-vous ces questions :

- Quels symboles ou images se sont manifestés ?
- Quelles émotions ai-je ressenties ?
- Y a-t-il un message ou une intuition qui émerge de ce rêve ?

◥ Exercice 3 : Ligne du temps onirique

<u>Objectif</u>

Matérialiser vos aspirations futures en créant une vision claire et inspirante de votre parcours à venir, ancrée dans une perspective à long terme.

<u>Déroulement</u>

Étape 1 : Création de votre ligne temporelle (15 minutes)

Sur une grande feuille de papier, tracez une ligne horizontale. Divisez-la en trois sections correspondant à trois horizons : 5 ans, 10 ans et 20 ans.

Pour chaque horizon temporel, créez trois espaces verticaux représentant :

- Votre vie personnelle et relationnelle
- Votre développement professionnel
- Votre contribution au monde

Étape 2 : Projection inspirée (30 minutes)

Pour chaque intersection sur votre grille, posez-vous ces questions et notez ou dessinez vos réponses :

- Comment je souhaite me sentir à ce moment de ma vie ?
- Quelles réalisations m'apporteraient satisfaction ?
- Avec qui je partage ces moments ?
- Quelle est ma contribution unique ?

Inspirez-vous des traditions qui valorisent la relation à la communauté en vous demandant :

- Comment mes aspirations bénéficient-elles aussi à mes proches et à ma communauté ?
- Quel héritage suis-je en train de construire ?

Étape 3 : Visualisation immersive (15 minutes)

Fermez les yeux et voyagez mentalement à travers ces trois périodes. Pour chacune :

- Imaginez-vous aussi clairement que possible
- Ressentez les émotions liées à ces accomplissements
- Écoutez ce que vous vous dites à vous-même dans ces moments

Étape 4 : Ancrage dans l'action présente (10 minutes)

Pour chaque horizon, identifiez :

- Une action fondatrice que vous pouvez entreprendre dans les 30 prochains jours
- Un rituel régulier qui vous rapprocherait de cette vision
- Une compétence à développer qui soutiendrait cette aspiration

DIMENSIONS	Horizon 5 ans (2030)	Horizon 10 ans (2035)	Horizon 25 ans (2050)
Vision de Soi			
• Qui je suis			
• Comment je me sens			
• Mes valeurs clés			
Vie Personnelle			
• Relations & Famille			
• Santé & Bien-être			
• Lieu de vie & Style de vie			
Réalisations			
•Accomplissements professionnels			
• Projets personnels			
• Apprentissages & Croissance			
Impact & Héritage			
• Contribution à la communauté			
• Impact sur le monde			
• Legs aux générations futures			
Ressources & Moyens			
• Compétences à développer			
• Ressources nécessaires			
• Soutiens à mobiliser			
Connection Profonde			
• Message des ancêtres			
• Symbole de force			
• Sagesse à transmettre			
Actions Concrètes			
• Premiers pas (3-6 mois)			
• Jalons intermédiaires			
• Rituels à installer			

Ces exercices ne sont pas de simples activités intellectuelles mais des invitations à l'action transformatrice. Ils créent des ponts entre vos aspirations intérieures et votre réalité concrète. Prenez le temps de les réaliser avec authenticité et engagement.

La magie ne réside pas dans leur exécution parfaite, mais dans la sincérité avec laquelle vous vous y engagez. Chaque petit pas compte. Chaque rêve mérite d'être honoré. Chaque vision d'avenir commence à se réaliser dès l'instant où vous la nourrissez de votre attention consciente.

Comme le dit si bien l'anthropologue Margaret Mead[85] : "*Ne doutez jamais qu'un petit groupe de citoyens réfléchis et engagés puisse changer le monde. En fait, c'est la seule chose qui l'ait jamais fait.*" De la même façon, ne doutez jamais du pouvoir transformateur de vos rêves, nourris par votre engagement et votre action quotidienne.

Section 5 : Préparer la suite du voyage

Votre développement personnel ne s'arrête pas à la dernière page de ce livre. Au contraire, ce n'est que le début d'une aventure plus vaste.

◣ Introduction aux enjeux du monde en mutation

Le monde traverse des transformations sans précédent : révolution numérique, défis environnementaux, évolutions sociétales profondes... Ces changements créent autant de défis que d'opportunités pour votre cheminement personnel.

Comme l'observe le philosophe Edgar Morin : "*Nous sommes entrés dans une ère où les plus grandes certitudes sont devenues incertaines. (…) l'homme, confronté de tous côtés aux incertitudes, est emporté dans une nouvelle aventure. Il faut apprendre à affronter l'incertitude, car nous vivons une époque changeante où les valeurs sont ambivalentes, où tout est lié. *" Cette incertitude, bien que déstabilisante, ouvre aussi un espace pour la créativité et la réinvention.

◣ L'importance de comprendre son environnement

Votre développement personnel ne se produit pas en vase clos. Il est intimement lié aux systèmes dans lesquels vous évoluez : votre famille, votre entreprise, votre communauté, la société.

En développant une compréhension nuancée de ces systèmes, vous pouvez :

- Identifier les tendances émergentes qui affecteront votre chemin
- Repérer les opportunités cachées dans les transformations en cours
- Contribuer positivement aux changements nécessaires

"Comprendre les mutations de mon secteur m'a permis de me positionner non comme victime du changement, mais comme acteur de la transformation," témoigne Robert, ancien ouvrier textile reconverti dans la formation professionnelle après la délocalisation de son usine.

Conclusion

Au terme de ce chapitre final, prenons un moment pour intégrer tout ce que nous avons exploré ensemble.

La synthèse des apprentissages clés

Tout au long de ce livre, vous avez :

- Exploré votre histoire personnelle et honoré votre parcours unique
- Reconnecté avec vos aspirations profondes et leur signification
- Projeté votre vision d'un avenir désirable et aligné avec vos valeurs
- Élaboré une feuille de route concrète pour transformer cette vision en réalité
- Préparé le terrain pour un développement continu dans un monde en mutation

Ces apprentissages ne sont pas de simples concepts intellectuels, mais des graines vivantes plantées dans le jardin de votre conscience.

L'importance de rester connecté à sa vision

Dans les jours, les semaines et les mois à venir, vous rencontrerez inévitablement des obstacles et des distractions. C'est dans ces moments qu'il sera crucial de vous reconnecter à la vision que vous avez élaborée.

Comme le rappelle l'ancienne athlète devenue coach Samira : "La vision n'est pas une destination, mais une étoile du nord qui guide chacun de nos pas, même dans l'obscurité."

L'invitation à rejoindre la communauté des personnes en transformation

Vous n'êtes pas seul dans cette quête. Des milliers d'autres personnes sont engagées dans un parcours similaire, chacune avec ses défis et ses découvertes uniques.

Envisagez de :

- Rejoindre un groupe de discussion ou un cercle de développement personnel
- Participer à des événements réunissant des personnes en transition
- Contribuer à des initiatives collectives alignées avec vos valeurs

Dans ces communautés, vous trouverez non seulement du soutien, mais aussi l'inspiration et les perspectives nouvelles qui enrichiront votre propre cheminement.

Le rappel de votre pouvoir de création

En définitive, le message le plus important que je souhaite vous transmettre est celui-ci : vous êtes le créateur ou la créatrice de votre vie. Non pas dans un sens magique ou simpliste, mais dans votre capacité profonde à faire des choix conscients, à cultiver une vision inspirante et à prendre des actions alignées jour après jour.

Comme l'a si bien dit Viktor Frankl, survivant des camps de concentration : "*Entre le stimulus et la réponse, il y a un espace. Dans cet espace se trouve notre pouvoir de choisir notre réponse. Dans notre réponse réside notre croissance et notre liberté.*"

Ce pouvoir ne vous affranchit pas des réalités extérieures, mais il vous permet de les aborder avec une présence et une intention qui transforment fondamentalement votre expérience de vie.

Alors que vous fermez ce livre, rappelez-vous que vous n'avez pas simplement lu des pages - vous avez amorcé une transformation. Chaque insight, chaque prise de conscience, chaque engagement pris est maintenant une partie de vous.

Le futur dont vous rêvez commence aujourd'hui, avec le prochain pas que vous choisirez de faire. Quelle direction prendrez-vous ?

10 Points essentiels pour réaliser vos rêves

1. Honorez votre parcours unique

Prenez le temps de célébrer le chemin déjà parcouru. Chaque obstacle surmonté, chaque leçon apprise a forgé votre force intérieure. Cette reconnaissance n'est pas une simple gratification, mais le socle solide sur lequel bâtir votre avenir.

2. Redécouvrez la sagesse de l'enfant en vous

Vos rêves d'enfance portent l'essence de ce qui vous fait vibrer. En reconnectant avec ces aspirations premières, vous retrouvez une boussole authentique, libérée des "il faut" et des "tu dois" qui ont pu obscurcir votre voix intérieure.

3. Alignez vos aspirations avec vos valeurs profondes

Un rêve qui résonne avec vos valeurs essentielles vous procurera une satisfaction durable. Identifiez vos cinq valeurs fondamentales et vérifiez si vos aspirations actuelles les reflètent vraiment. Cet alignement est la clé d'un accomplissement authentique.

4. Projetez-vous dans votre futur désirable

Créez une vision détaillée de votre vie future à différents horizons (5, 10, 25 ans). Plus votre vision sera précise et sensorielle, plus elle exercera un pouvoir d'attraction sur votre présent. Documentez-la non seulement avec des mots, mais aussi avec des images qui parlent à votre cœur.

5. Prenez trois engagements essentiels

Engagez-vous d'abord envers vous-même en honorant vos besoins et vos limites. Puis engagez-vous envers vos rêves en les maintenant visibles dans votre quotidien. Enfin, engagez-vous envers votre développement continu, votre atout le plus précieux dans un monde en constante évolution.

6. Commencez par des actions simples et concrètes

Identifiez trois actions que vous pouvez entreprendre dans les 48 heures pour donner vie à votre vision. Ces premiers pas, aussi modestes soient-ils, créent l'élan positif indispensable à toute transformation durable. Rappelez-vous, c'est par les petites décisions quotidiennes que naissent les grands changements.

7. Instaurez des rituels de transformation

Créez des rituels quotidiens, hebdomadaires et mensuels qui nourrissent votre vision. Ces pratiques régulières, ancrées dans votre quotidien, sont bien plus efficaces que les efforts sporadiques intenses pour soutenir votre évolution à long terme.

8. Embrassez la tension créative entre idéal et réalité

Vos rêves doivent être suffisamment ambitieux pour vous inspirer, tout en restant ancrés dans la réalité pour se concrétiser. Cette danse entre l'idéal et le possible n'est pas un compromis, mais une force créatrice qui donne vie à vos aspirations.

9. Rejoignez une communauté d'âmes en chemin

Vous n'êtes pas seul dans cette quête. En vous connectant à d'autres personnes engagées dans une démarche similaire, vous trouverez non seulement du soutien, mais aussi l'inspiration et les perspectives nouvelles qui enrichiront votre propre parcours.

10. Revendiquez votre pouvoir de création

Entre chaque situation et votre réaction se trouve un espace de liberté. Dans cet espace réside votre pouvoir de choisir consciemment, de cultiver une vision inspirante et de prendre des actions alignées jour après jour. Vous êtes l'auteur de votre vie, et chaque jour vous offre une page blanche pour écrire la suite de votre histoire.

Rappelez-vous que le futur dont vous rêvez commence maintenant, avec le prochain pas que vous choisirez de faire. Quel sera-t-il ?

Conclusion générale – une page blanche à écrire

Vous voici à la fin d'un chemin, et pourtant… tout commence.

Ce livre est une invitation. Une invitation à regarder en vous avec honnêteté, curiosité, et bienveillance. Une invitation à explorer vos racines, vos rêves, vos forces, vos doutes. Une invitation à construire, pas à pas, une vie plus alignée, plus consciente, plus incarnée.

Mais ce livre est surtout **une boîte à outils pour continuer**, pour créer, pour tisser. Une boîte à outils que vous pouvez utiliser seul, à deux, en famille, avec des amis, avec des collègues, dans des cercles intimes ou dans des espaces professionnels. Une boîte accessible à toutes et à tous, sans condition de diplôme, de moyens, ou de statut. Car se connaître est un droit. Et grandir spirituellement devrait une possibilité offerte à chacun.

Dans un monde où tant de repères s'effacent, où la crise de sens devient un mal partagé, **le développement personnel devient un acte citoyen, une posture d'avenir, un chemin de cohérence**. S'engager dans la formation tout au long de la vie, cultiver un état d'esprit de croissance, apprendre à désapprendre… voilà les fondations d'une liberté intérieure capable de traverser les incertitudes.

Chacun de nous peut être un vecteur de transformation : pour soi, pour les autres, pour la société. Les rôles que nous jouons évoluent : parent, enfant, mentor, partenaire, collègue, citoyen… Et dans chacun de ces rôles, il est possible d'apporter plus de conscience, plus de clarté, plus de sens.

Cette connaissance profonde de vous-même que vous avez cultivée tout au long de ce livre n'est pas une fin en soi. Elle devient votre boussole intérieure, votre point d'ancrage solide depuis lequel vous pourrez désormais naviguer et décoder la complexité du monde qui vous entoure. Car comprendre qui vous êtes vraiment est le premier pas pour comprendre votre place unique dans la grande tapisserie de l'existence.

Ce livre est un manifeste. Il ne donne pas de réponses toutes faites. Il propose des chemins, des reflets, des ancrages. Il est là pour vous rappeler que, même au cœur du doute, vous êtes porteurs de ressources insoupçonnées. Que vous pouvez être votre propre guide, tout en marchant avec les autres. Que votre histoire, aussi singulière soit-elle, est un fragment précieux du grand récit collectif.

Il reste maintenant une page blanche.

Cette page, c'est la vôtre.

Elle commence demain matin, ou peut-être dès maintenant.

Elle s'écrit avec vos rêves, vos choix, vos valeurs.

Elle s'écrit avec le courage d'avancer, d'essayer, de tomber, de recommencer.

Elle s'écrit avec la conviction qu'il n'est jamais trop tard pour devenir pleinement soi.

Alors, prenez un stylo. Et commencez.

https://playbook.kristy-blog.fr/exercices/1014

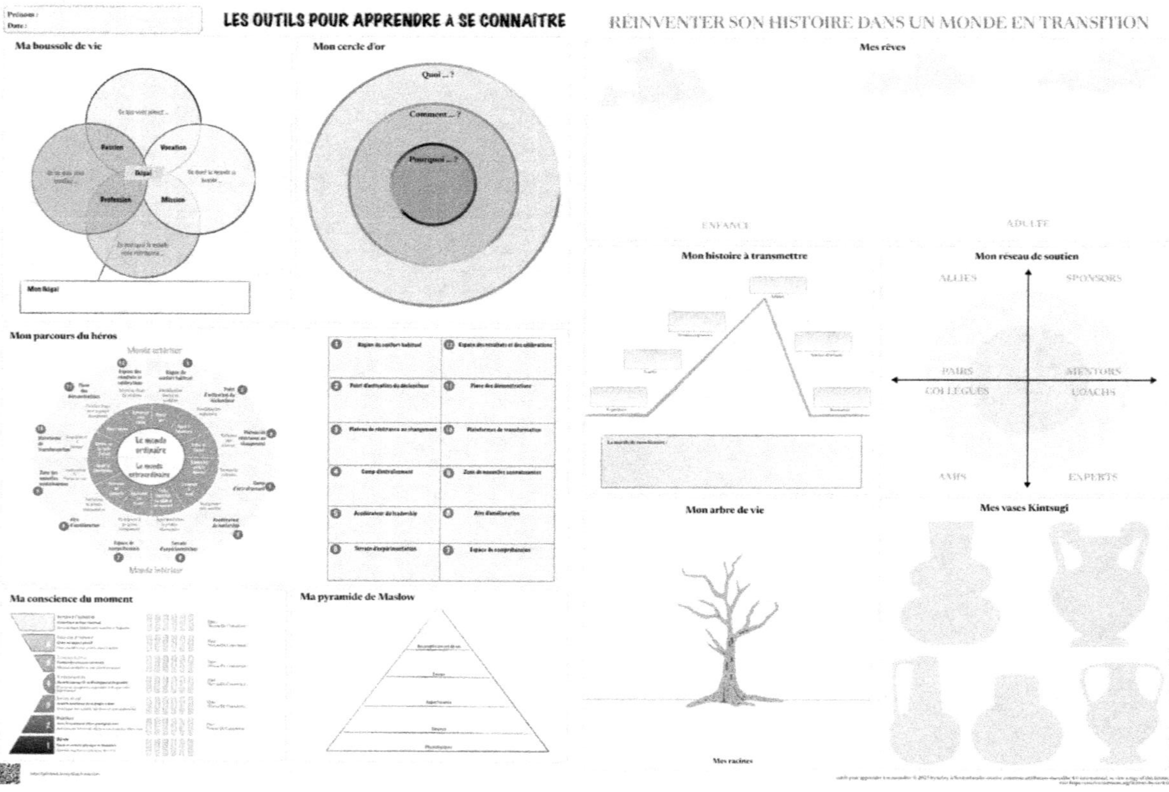

A propos du projet littéraire

Ce projet littéraire est né d'une profonde réflexion sur la nature des transformations qui façonnent nos vies individuelles et collectives. Dans un monde caractérisé par des changements constants et accélérés, naviguer les transitions de vie devient à la fois un défi et une opportunité de croissance sans précédent.

Mon ambition avec ce projet est de vous offrir non pas des solutions toutes faites, mais une cartographie précieuse et des outils éprouvés pour naviguer dans les eaux parfois tumultueuses du changement. Je crois profondément que chaque transition, même la plus déstabilisante, contient les germes d'une évolution profonde et authentique.

À travers ces pages, je partage avec vous le fruit de mes recherches, de mon expérience professionnelle dans l'accompagnement des transformations organisationnelles, et de mon propre parcours de vie. Ce n'est pas un manuel théorique détaché de la réalité, mais une invitation à une exploration vivante et incarnée.

La structure des trois livres

Cette trilogie de livres a été conçue comme un compagnon fidèle pour vous guider à travers vos propres transitions, qu'elles soient professionnelles, personnelles ou existentielles. Chaque livre aborde une dimension essentielle du processus de transformation.

Livre Un - Apprendre à se connaître

Ce premier livre vous invite à plonger dans l'exploration de votre paysage intérieur. Avant de pouvoir transformer quoi que ce soit, nous devons comprendre qui nous sommes véritablement. Ce livre vous guide à travers un processus d'éveil à la conscience de soi, d'exploration de vos racines, de vos valeurs fondamentales et de votre identité authentique.

Vous découvrirez comment votre histoire personnelle a façonné votre présent, et comment reconnaître les schémas qui vous limitent ou vous propulsent. C'est le fondement essentiel sur lequel pourra s'édifier toute transformation durable.

Livre Deux - Décoder le monde

Le deuxième livre élargira la perspective pour comprendre le contexte plus large dans lequel s'inscrivent nos transformations individuelles. Nous vivons une époque de transitions multiples et interconnectées – écologiques, technologiques, sociétales, géopolitiques.

Ce livre vous aidera à développer une compréhension systémique du monde en mutation, à identifier les mégatendances qui façonnent notre avenir collectif, et à cultiver les compétences essentielles pour naviguer dans la complexité et l'incertitude. Cette conscience élargie vous permettra d'aligner vos transformations personnelles avec les courants profonds qui restructurent notre monde.

Livre Trois - Développer son projet de transformation

Le troisième livre vous accompagnera dans la concrétisation de votre projet de transformation. Armé d'une connaissance approfondie de vous-même et d'une compréhension nuancée du monde, vous êtes prêt à définir et à réaliser les changements qui donneront sens et direction à votre vie.

Vous y trouverez des méthodologies pratiques pour concevoir votre quête personnelle, mobiliser les ressources nécessaires, surmonter les obstacles inévitables, et créer un impact durable. Ce livre est une invitation à passer de la réflexion à l'action transformatrice.

Les actualités du projet seront mises en ligne sur mon blog : kristy-blog.fr

https://playbook.kristy-blog.fr/ : le cahier d'exercices en ligne proposant des activités supplémentaires pour prolonger vos réflexions et supporter votre exploration. Ils seront mis à jour régulièrement.

Compte Instagram du livre : https://www.instagram.com/boussoledevie/

Vers le blog	Vers le cahier d'exercices

Vos retours sont appréciés

Votre présence dans ces pages a donné vie à ce livre. Merci d'avoir consacré votre temps précieux à cette exploration de la conscience.

Ces chapitres représentent d'innombrables heures de travail, portés par une seule intention : vous offrir des outils pour illuminer votre chemin intérieur.

Si ces réflexions ont résonné en vous, votre témoignage sur la plateforme où vous avez découvert ce livre ou sur Babelio permettrait à d'autres chercheurs de sens de rejoindre cette aventure. N'hésitez pas à transmettre ce livre à votre entourage.

Mais au-delà des mots, c'est la vie plus consciente que vous choisirez de créer qui reste la plus belle récompense de ce travail.

Avec gratitude pour notre chemin partagé !

L'invitation à poursuivre l'exploration avec le Livre 2

Le deuxième livre de cette série vous guidera dans l'exploration approfondie de ces mutations et vous offrira des outils pour naviguer avec sagesse dans ce monde en transformation. Vous y découvrirez comment :

- Décoder les tendances qui façonneront l'avenir
- Développer la résilience nécessaire face aux changements rapides
- Contribuer à un avenir plus harmonieux et durable

Ce prochain voyage vous permettra d'élargir encore votre perspective et d'ancrer votre transformation personnelle dans un contexte plus vaste.

Sortie prévue : fin 2025

À PROPOS DE L'AUTEUR

Kristy est une passionnée à l'intersection de la technologie, de l'innovation RH et de la transformation digitale. En tant que Chief Products & Technology Officer chez bluenove, elle orchestre avec passion le développement de solutions d'intelligence collective qui redéfinissent l'engagement citoyen et la collaboration à grande échelle.

Son parcours professionnel, forgé au sein d'entreprises de renom comme Decathlon, Bouygues Construction, EADS et Airbus Group, témoigne de sa capacité à intervenir dans des environnements complexes et en constante évolution. Diplômée du prestigieux CIFFOP, diplôme spécialisé en Ressources Humaines de l'Université Paris 2 Panthéon-Assas et de l'École Polytechnique Executive Education, elle allie expertise technique et une vision humaniste.

À travers ses écrits, Kristy partage les leçons tirées de ses propres transitions professionnelles et personnelles. Son approche unique combine rigueur analytique et profonde empathie, offrant aux lecteurs des outils concrets pour naviguer les changements avec sérénité et confiance.

Profil professionnel LinkedIn :
https://www.linkedin.com/in/kanamo/

Les théories, philosophies et outils principaux par chapitre

#	Chapitre	Théories, philosophie (évolutions culturelles)	Outils (évolutions culturelles)
1	S'éveiller à la conscience de soi	Kaizen (Japon) : Amélioration continue Ubuntu (Afrique du Sud) : « Je suis parce que nous sommes »	Pyramide de Maslow, Modèle de Richard Barrett Exercice de connexion communautaire
2	Embrasser son voyage initiatique	Le voyage du héros (Joseph Campbell, Occident) Dharma (Inde) ou Destinée (traditions amérindiennes)	Le Voyage du Héros (exemples multiculturels) Exercice de réflexion sur le Dharma
3	Explorer ses racines	Psychogénéalogie (Occident) Traditions amérindiennes/aborigènes : Connexion aux ancêtres et à la terre	Arbre généalogique (dimension spirituelle) Arbre de vie (inspiré des traditions africaines)
4	Révéler son authenticité	Le Cercle d'Or (Simon Sinek, Occident) Wu Wei (Chine, Taoïsme) : « Agir sans effort »	Le Cercle d'Or (intégration de la méditation guidée) Exercice de méditation sur l'alignement
5	Créer sa boussole de vie	Ikigaï (Japon) Pachamama (Amérique du Sud) : Connexion à la Terre-Mère	Ikigaï (dimension écologique et communautaire) Exercice de réflexion sur les valeurs environnementales
6	Transcender les obstacles	Growth Mindset (Carol Dweck, Occident) Kintsugi (Japon) : « La beauté des cicatrices »	Transformer les échecs en leçons (activité créative) Exercice de symbolisation des cicatrices
7	Apprivoiser l'auto-sabotage	Archétypes de Jung (Occident) Enseignements bouddhistes sur l'ego et l'attachement	Tactiques pour bloquer l'auto-sabotage (incluant la méditation) Exercice de libération des peurs
8	Tisser son réseau de soutien	Théorie des parties prenantes (Occident) Concept de Tribu (cultures africaines/amérindiennes)	Cartes des parties prenantes (réflexion sur la solidarité communautaire) Exercice de contribution communautaire
9	Transmettre son histoire	Arc narratif (Occident) Traditions orales africaines/amérindiennes : Transmission de la sagesse	Storytelling (techniques multiculturelles) Exercice de narration intégrant des éléments culturels
10	Rêves d'enfance : tremplin pour l'avenir	Psychanalyse (Freud, Jung : accès à l'inconscient) Rêves Kanak (communication avec les ancêtres, signification collective) Dreamtime (Aborigènes d'Australie)	Exercice de (re)connexion aux rêves d'enfance (écriture, visualisation) Rituel onirique (inspiré des pratiques kanak/aborigènes) Ligne du temps onirique (projection à 5, 10, 20 ans)

Table des matières

Chapitre 6 : Transcender les obstacles - le pouvoir de l'état d'esprit 201

Chapitre 9 : Transmettre son histoire - de l'expérience personnelle à l'inspiration collective 336

Notes de fin

Chapitre 1

[1] https://fr.wikipedia.org/wiki/Pyramide_des_besoins
[2] Acronyme de l'anglais « Fear Of Missing Out »
[3] https://storyrh.fr/2024/06/23/la-pyramide-de-maslow-nest-pas-un-escalier/ ; https://revuehemispheres.ch/la-pyramide-tronquee-des-besoins/
[4] https://www.psychologytoday.com/us/blog/positively-media/201111/social-networks-what-maslow-misses-0
[5] https://www.valuescentre.com/articles/theoretical-support-for-the-barrett-model
[6] Alain, Propos sur le bonheur (1925), https://www.philomag.com/articles/10-grandes-citations-philosophiques-sur-le-bonheur-decryptees#:~:text=Alain%2C%20Propos%20sur%20le%20bonheur%20(1925)

Chapitre 2

[7] https://www.barrettacademy.com/books/what-my-soul-told-me
[8] https://fr.wikipedia.org/wiki/Le_H%C3%A9ros_aux_mille_et_un_visages
[9] https://youtu.be/xvaPF_y-fiU?si=rYQtFipNkIMzYuYX
[10] https://www.duarte.com/resources/books/resonate/
[11] https://alpertonga.com/2022/08/19/the-heros-journey-in-evolutionary-change-management/ , https://businessmap.io/blog/heros-journey-evolutionary-change-management

Chapitre 3
[12] https://cultureforlife.ca/
[13] https://ich.unesco.org/fr/peuples-autochtones ; publication sur les savoirs autochtones https://unesdoc.unesco.org/ark:/48223/pf0000391860/PDF/391860fre.pdf.multi
[14] culturalsurvival.org
[15] survivalinternational.fr
[16] Leçon inaugurale d'Edith Heard au Collège de France sur l'épigénétique et la mémoire cellulaire prononcée le jeudi 13 décembre 2012, https://books.openedition.org/cdf/2257 ; https://youtu.be/fA5SYHTvA20?si=Pfhh-YrHCFnLOroR
[17] https://www.passeportsante.net/sante-mentale/memoire?doc=memoire-cellulaire
[18] https://www.nature.com/articles/s41467-018-05445-5
[19] https://cmbm.org/mind-body-resources/
[20] https://www.ifemdr.fr/conference-de-boris-cyrulnik-sur-la-transmission-du-trauma-aux-generations-suivantes/

21 https://www.monpsyetmoi.com/la-therapie-narrative-un-levier-puissant-pour-soigner-anxiete-et-depression/

22 https://www.retrouversonnord.be/CBCMC_Cycles.htm

Chapitre 4

23

https://www.ted.com/talks/simon_sinek_how_great_leaders_inspire_action?language=fr

Chapitre 5

24 Sur les tactiques de visualisation défensives pour l'esprit https://cepmindset.com/5-keys-to-effective-visualization/

25 Vladimir Nabokov, Autres Rivages

26 Marian Wright Edelman, fondatrice du Children's Defense Fund (Fonds de défense des enfants) https://quoteinvestigator.com/2019/04/18/staircase/

27 Simon Sinek on Intensity versus Consistency, RSA short, https://youtu.be/y5OV3RmXhbg

28 Antoine de Saint Exupéry, Citadelle, https://leanetneuros.com/2021/04/29/lavenir-tu-nas-point-a-le-prevoir-mais-a-le-permettre/

Chapitre 6

29 https://passiondapprendre.com/p-Anais_Alliot_Softskills_Mag

30 https://shs.cairn.info/revue-staps-2008-1-page-9?lang=fr

31 https://psychosynthese.fr/index.php/2023/10/21/viktor-frankl/

32 La théorie de « l'effet de vague » décrit comment une action ou un événement initial peut se propager vers l'extérieur, influençant les personnes, les systèmes ou les environnements bien au-delà de son contexte d'origine. Il s'agit d'une métaphore dérivée des vagues concentriques créées lorsqu'une pierre est jetée dans l'eau. https://philonotes.com/2023/05/what-is-ripple-effect-theory

Chapitre 7

33 https://news.mit.edu/1999/habits Ann M. Graybiel, neuroscientifique au MIT, a joué un rôle de premier plan dans l'étude des fondements neurologiques des habitudes, et notamment de la manière dont des circuits cérébraux

34 https://www.psychologytoday.com/us/blog/evil-deeds/200806/essential-secrets-of-psychotherapy-the-inner-child

35 https://rickhanson.com/velcro-for-the-bad-teflon-for-the-good/

36 https://www.positiveintelligence.com/saboteurs/

37 https://talentwhisperers.com/Saboteurs/#Spiritual

38 https://debphelps.com/wp-content/uploads/2018/09/Self-Compassion_-The-Proven-Pow-Kristin-Neff.pdf

39 https://youtu.be/DdZZ7sTX840

---

40 https://jamesclear.com/quotes/you-do-not-rise-to-the-level-of-your-goals-you-fall-to-the-level-of-your-systems

41 https://drdavidhamilton.com/the-power-of-acceptance-its-not-about-giving-up/

42 https://dn790006.ca.archive.org/0/items/TheSixPillarsOfSelfEsteem_201811/The-Six-Pillars-of-Self-Esteem.pdf

43 https://youtu.be/XD6N8bsjOEE?si=Sc0pOgOpEvDRpFya

44 Marlatt, G. A. (1985). Relapse prevention : Theoretical rationale and overview of the model. In G. A. Marlatt & J. R. Gordon (Eds.), Relapse prevention (1st ed., pp. 280–250). New York: Guilford Press.

45 https://immunotherapie-du-changement.fr/le-livre/

46 https://www.ted.com/talks/nicholas_christakis_the_hidden_influence_of_social_networks?language=fr

47 https://ideas.ted.com/how-you-can-use-the-power-of-celebration-to-make-new-habits-stick/

48 https://fr.wikipedia.org/wiki/Th%C3%A9orie_de_l%27autod%C3%A9termination

49 https://www.scientificamerican.com/article/simplistic-fight-or-flight-idea-undervalues-the-brains-predictive-powers/

50 https://psychsolutions.ca/unlocking-the-secrets-of-neuroplasticity-dr-tara-swarts-insights-for-improved-mental-health/

51 https://www.psychologytoday.com/us/blog/get-out-of-your-mind/201803/what-good-are-values-if-you-cant-live-them

52 Authentic Happiness, Martin E.P. Seligman, Chapter 14, https://www.bookey.app/book/authentic-happiness/quote

Chapitre 8

53 https://www.horizonrh.ma/2021/02/19/niveaux-logiques-de-changement-pnl/

54 https://ppc.sas.upenn.edu/learn-more/perma-theory-well-being-and-perma-workshops

55 https://www.sfu.ca/complex-systems-frameworks/frameworks/strategies/strength-of-ties.html

56 https://uploads.mwp.mprod.getusinfo.com/uploads/sites/82/2022/12/Brown_le_pouvoir_de_la_vulnerabilite.pdf

57 Les travaux de Robert Putnam sur le capital social mettent l'accent sur son rôle dans la promotion de la confiance, de la collaboration et de l'engagement civique au sein des communautés. Il définit le capital social comme « *les liens entre les individus - les réseaux sociaux et les normes de réciprocité et de confiance qui en découlent* » et le considère comme un élément crucial pour la construction et le maintien de la démocratie. Voir son entretien dans l'article du New-York Times

https://www.nytimes.com/2024/07/13/magazine/robert-putnam-interview.html?unlocked_article_code=1.7E0.6pax.8Yh_6BMvA-Dx&smid=url-share

58 https://www.taylorfrancis.com/chapters/edit/10.4324/9780203732496-6/things-go-right-intrapersonal-interpersonal-benefits-sharing-positive-events-shelly-gable-harry-reis-emily-impett-evan-asher

59 https://greatergood.berkeley.edu/article/item/why_gratitude_is_good

60 Matthew Kelly', The Rhythm of Life: Living Every Day With Passion and Purpose, écouter sa lecture de son œuvre sur sa chaîne Youtube : https://youtu.be/Q0OLQcNULJQ?si=slUl5zmlHEVVFDJq

61 https://i2insights.org/2024/11/12/emergence-and-change/

62 Newcomb, T.M. (1960). Varieties of interpersonal attraction. In D. Cartwright & A. Zander (Eds.), "Group dynamics: Research and theory" (2nd ed., pp. 104-119).

63 https://www.danpink.com/books/drive/

64 https://www.moniquaplantewellness.com/setting-healthy-boundaries-in-relationships/

65 https://infed.org/mobi/jean-lave-etienne-wenger-and-communities-of-practice/

66 https://en.wikipedia.org/wiki/Bowling_Alone

67 http://www.sietmanagement.fr/theorie-du-doncontre-don-donnerrecevoirrendre-m-mauss/#:~:text=Marcel%20Mauss%20(1923)%2C%20dans,une%20forme%20de%20contrat%20social%20%C2%BB.

68 La théorie des « cercles concentriques » de Peter Blau est étroitement liée à ses travaux plus généraux sur la différenciation, l'inégalité et l'intégration sociales. Ce concept contraste avec l'idée plus connue de « cercles sociaux transversaux », qu'il a développée pour analyser la manière dont les structures sociales influencent les relations entre les groupes. Cercles concentriques : dans le contexte des travaux de Blau, les cercles concentriques font référence à un modèle dans lequel les affiliations des individus sont imbriquées hiérarchiquement dans les groupes. L'appartenance à un groupe prédit fortement l'appartenance à d'autres groupes apparentés. Cette structure crée des réseaux homogènes et étroitement liés, caractérisés par une grande loyauté envers le groupe et une interaction limitée entre les groupes. Une telle configuration renforce souvent les divisions sociales et les structures hiérarchiques, car les individus sont confinés à des associations qui se chevauchent et qui correspondent à leur identité de groupe primaire https://pmc.ncbi.nlm.nih.gov/articles/PMC3670200/

69 https://allpoetry.com/No-man-is-an-island

Chapitre 9

70 The Power Of Moments: Why Certain Experiences Have Extraordinary Impact by Chip and Dan Heath. https://heathbrothers.com/books/the-power-of-moments/

71 https://futureofstorytelling.org/case-study/the-neuroscience-of-good-storytelling/

72 https://fr.wikipedia.org/wiki/Th%C3%A9orie_de_la_richesse_des_m%C3%A9dias

73 https://psychologyfanatic.com/expressive-writing/

74 https://www.apa.org/news/podcasts/speaking-of-psychology/expressive-writing ; https://youtu.be/hzeg4HrqJ9Y?si=DPct9h7X7V0nap_f

[75] https://www.psychomedia.qc.ca/lexique/definition/identite-narrative

[76] https://dayoneapp.com/

[77] https://journey.cloud/fr

[78] https://www.getstoic.com/

[79] https://bulletjournal.com/

[80] https://www.danah.org/papers/TakenOutOfContext.pdf

[81] Indépendamment du monologue interne de la personne, l'auditeur fera probablement confiance à la forme de communication prédominante qui, selon les conclusions du professeur Mehrabian, est non verbale (38 % + 55 %), plutôt qu'au sens littéral des mots (7 %). https://www.demeter-sante.fr/2022/11/19/les-3v-de-mehrabian/

[82] https://www.psychaanalyse.com/pdf/THEORIE DU TEXTE ROLAND BARTHES.pdf

[83] La citation de Clarissa Pinkola Estés provient de son œuvre majeure "Femmes qui courent avec les loups" (*Women Who Run With the Wolves* en version originale), publiée en 1992. Dans ce livre profondément transformateur, Pinkola Estés, psychanalyste jungienne et conteuse, explore la psyché féminine à travers les contes et mythes du monde entier. Ce passage figure dans le chapitre où elle développe le pouvoir guérisseur des histoires. Sa vision des contes comme "médicine" pour l'âme résonne avec tant de force aujourd'hui, alors que nous redécouvrons l'impact thérapeutique des récits personnels.

Chapitre 10

[84] https://www.centrepleineconscience.fr/meditation-pleine-conscience-mbsr/poeme-de-mary-oliver-journee-dete

[85] Cette citation reflète la philosophie générale de Mead et son engagement en faveur du changement social. Elle a été largement utilisée pour inspirer des mouvements prônant la justice, l'égalité et le progrès, notamment des campagnes contre le mariage des enfants et d'autres problèmes de société. Par exemple, des initiatives telles que « Girls Not Brides » s'appuient sur cette idée en mobilisant les efforts de la base pour s'attaquer à des problèmes profondément enracinés par le biais de la collaboration et d'un engagement soutenu.

https://www.fillespasepouses.org/articles/quest-ce-qui-est-possible-quand-on-sengage-dans-la-construction-du-mouvement-/

Le dépôt légal : juin 2025

Achevé d'imprimer en France en juin 2025

Pour le compte de Kristy Anamoutou (41)

Le dépôt légal : juin 2025